Basler Stadtbuch 1994

Herausgegeben von der Christoph Merian Stiftung

Redaktion: Beat von Wartburg

Lektorat: Claus Donau

Christoph Merian Verlag, Basel

Basler Stadtbuch 1994

Ausgabe 1995   115. Jahr

Die in diesem Buch enthaltenen Beiträge decken sich
in ihrer Auffassung nicht immer mit den Ansichten
der Herausgeberin und der Redaktion.

Dem dokumentarischen Charakter des Stadtbuchs
entsprechend wurden Stil und Orthographie der einzelnen
Beiträge nur soweit nötig verändert.

Beraterinnen und Berater der Redaktion

Dr. Rolf d'Aujourd'hui	Bodenforschung, Urgeschichte
Thomas Bally	Architektur, Städtebauliches
Richard Beglinger	Schulwesen, Erziehung
Dr. Hans Briner	Regio, Partnerschaft
Prof. Dr. Alfred Bürgin	Industrie
Dorothea Christ	Kunst
Dr. Jürg Ewald	BL, Partnerschaft
Dr. Christoph Eymann	Gewerbe, Handwerk
Peter Felber	Kirchliches, Ökumene
Christian Fluri	Theater, Musik
Prof. Dr. Thierry A. Freyvogel	Wissenschaft
Prof. Dr. Werner Gallusser	Landschaft, Umwelt
Dr. Rudolf Grüninger	Bürgergemeinde, Städtisches
Gerhard Kaufmann	Riehen, Bettingen
Dr. Marie-Agnes Massini	Medizin, Spitalwesen
Dr. Beat Münch	Universität
Prof. Dr. Martin Schaffner	Geschichte
Dr. Géza Teleki	Wirtschaft, Arbeitgeber
Bettina Volz-Tobler	Museen, Sammlungen
Verena Zimmermann	Film

Gestaltung: Josef Hodel, Basel
Photo Umschlag: Thomas Kneubühler
Vorsatzblätter: Marianne Leupi
Lithos: Werner Druck AG, Basel
Repro Team, Bern
Satz und Druck: Werner Druck AG, Basel
Einband: Buchbinderei Flügel, Basel

© 1995 by Christoph Merian Stiftung

ISBN 3-85616-062-0

Eine Reihe geschichtlicher Beiträge eröffnet das neue Basler Stadtbuch. Sie alle sind historischen Jubiläen, zurückliegenden Ereignissen gewidmet. Weshalb ‹Geschichte›? Wozu Jubiläen? Sind wir ihrer nicht längst überdrüssig? Klammern wir uns nicht an Jahreszahlen – nur um sie als Anlass für Festlichkeiten zu benutzen? In dubio jubilo, im Zweifel wird gefeiert? Geschichte als Disziplin muss sich neu behaupten. In einer sich rasch verändernden Welt ist der Blick nach vorne gefragt; was hinter uns liegt, scheint nur für Ewiggestrige bedeutend, oder für das nostalgische Gemüt. Und wenn schon ‹Blick in die Geschichte›, dann nur mit den bewährten, wenn auch ins Wanken geratenen Deutungsmustern. Spätestens seit dem Zerfall und Ausverkauf der grossen Ideen und Ideologien jedoch ist klar, dass es kein ein für allemal gültiges, unverrückbares Geschichtsbild gibt, kein abgeschlossenes historisches Wissen und keine überzeitlich gültige Methode der Geschichtsschreibung. Dies gilt nicht nur für die ‹Historie›, sondern ebenso für die Zeitgeschichte – und damit auch für das Basler Stadtbuch.

Darin steckt ein Auftrag. Geschichtsbetrachtung ist der Versuch, mit einem durch die Gegenwart bedingten Interesse Vergangenes zu befragen – offen, neugierig, bereit, einmal gefundene Ansichten und Einsichten neuen Erkenntnissen anzupassen. Mit seinen Beiträgen und historischen Reflexionen bietet das Basler Stadtbuch – selbst eine Quelle künftiger Geschichtsschreibung – Orientierungslinien. Es will zugleich die Identität, die Besonderheit unserer Stadt und ihrer Bewohnerinnen und Bewohner bewahren und bestärken. Auch deshalb widmet diese Stadtbuchausgabe einen zentralen Themenblock den Museen, ihrem Umgang mit dem kulturellen Erbe und dessen Vermittlung in der Gegenwart. Mit vorgefundenen Spuren und mit der Chronikfunktion des Stadtbuches setzt sich schliesslich auch die Gestalterin der Vorsätze, die Künstlerin Marianne Leupi, in ihren Originalgraphiken auseinander.

Den Beiträgen und Themen, die dieses Buch einleiten, ist eines gemeinsam: sie sprechen von den Beziehungen Basels zur Region, zur Schweiz, zu Europa. Es ist, auch für heutige politische Entscheide, nicht unerheblich zu wissen, dass die erste Eisenbahnlinie auf Schweizerboden in Basel eröffnet wurde; dass Leonhard Euler nach Russland auswanderte, weil er in St. Petersburg bessere Perspektiven als Wissenschaftler sah; dass Sebastian Brant, Rechtsgelehrter und Verfasser des ‹Narren Schyff›, des ersten Bestsellers der Buchgeschichte, die Stadt nach ihrem Beitritt zur Eidgenossenschaft verliess und später mit Spott überhäufte, weil er ihr nur im Reich und im Verband mit den oberrheinischen Partnerstädten eine Zukunft gab; nicht zuletzt ist es auch wichtig (und spannend), die Bedeutung einer Schlacht wie jener von St. Jakob an der Birs neu zu betrachten und dabei die Rolle Basels zwischen den damaligen Machtblöcken zu beleuchten.

‹Basel und seine Beziehungen zur Region und zur Welt› – das Thema zieht sich weiter durch dieses Stadtbuch. Es steht im Mittelpunkt der Standortfrage der Messe Basel und der Industrie: Konzentriert sich die Messe wieder auf Basel, so dokumentiert ein anderes Basler Unternehmen seine Internationalität mit einem kosmopolitischen Architekturpark im Nachbarland; und wird dort, in Weil, Baukunst aus aller Welt importiert, so exportieren Basler Architekturbüros international anerkannte Bauprojekte. Einer der vielen Drähte, die Basel mit der ‹Welt› verbinden, ist nicht zuletzt das Tropeninstitut, das kürzlich seinen fünfzigsten Geburtstag feierte. Doch auch der in unserer Stadt traditionell hohe Anteil der ausländischen Wohnbevölkerung, und damit die Aufgabe von Integration und Partizipation, stellt die Frage nach den Einstrahlungen und der Ausstrahlung Basels. Sie war ein Leitmotiv für die Beiträge von Kunstschaffenden aus Literatur und Photographie: So pointiert die Sicht des rumänischen Schriftstellers Ion Mureşan auf Basel, so eindrücklich ist der photographische Blick des Baslers Daniel Spehr auf das vom Bürgerkrieg heimgesuchte Georgien.

Einige Beiträge im neuen Basler Stadtbuch, wie der Kommentar zu den zahlreichen Direktionswechseln in Basler Institutionen, vermitteln ein nicht immer schmeichelhaftes Bild von unserer Stadt. Doch wem wäre mit einer Postkartenansicht Basels gedient? 1994 war insgesamt kein euphorisches Jahr, die wirtschaftliche Konjunktur blieb immer noch gedämpft, die häufiger werdenden Nachrichten über Arbeits-platzausgliederungen in der chemischen Industrie stimmen nachdenklich. Gerade in solchen Zeiten sind Wachheit, offene Augen und Ohren, Kritik und Zuversicht gefragt.

Anlass zum Optimismus gibt es jedenfalls. Ist es nicht eine Auszeichnung für Basel, dass hier eine innovative Drogenpolitik entstehen konnte, die vom Volk mitgetragen wird? Ist es nicht Fortschritt, wenn in Basel Befürworter und Kritiker der Gentechnologie gemeinsam die öffentliche Meinungsbildung gestalten? Und stimmt nicht auch das hohe Qualitätsniveau zahlreicher neuer Prestigebauten, und damit das Qualitätsbewusstsein der Bauherren, optimistisch? In der Offenheit liegt die Zukunft.

Auch im vergangenen Jahr erlebte das Beratergremium des Stadtbuches einige Wechsel. Für ihr grosses Engagement danken wir sehr herzlich: Dr. Christoph Eymann (Gewerbe, Handwerk), Dr. Peter Hagmann (Musik), Hans Hasler (Chronik), Paul Schorno (Theater) und Dr. Mathias Stauffacher (Universität). Als neue Berater dürfen wir Christian Fluri (Theater, Musik) und Dr. Beat Münch (Universität) begrüssen.   *Beat von Wartburg*

Inhalt

Bildung und Wissenschaften

Fasnacht

Chronik

Charles Stirnimann

1894: Freisinnig und radikaldemokratisch

100 Jahre Basler FDP

Die Geschichte des schweizerischen Bundesstaates mit seiner bürgerlich-liberalen Verfassung von 1848 ist eine Erfolgsgeschichte. Die in ihrer Fortschrittlichkeit im reaktionären Metternich'schen Europa einzigartige und revolutionäre Bundesgründung war und blieb auf lange Zeit hinaus eng mit der ‹freisinnigen Staatspartei› verknüpft. Der Freisinn war Schöpfer und Ausgestalter des Bundesstaates; keine parteipolitische Strömung in Europa – weder die Bewegungen der französischen Radikalen noch die des britischen Liberalismus – besass eine vergleichbare Schlüsselstellung in der nationalen Politik wie die ‹freisinnige Staatspartei› von 1848 bis in die Zeit des Zweiten Weltkrieges.

Das ‹freisinnige Basel›

Im Gefolge der im Jahre 1874 total revidierten Bundesverfassung forderten die Freisinnigen auch für den Kanton Basel-Stadt ein neues kantonales Grundgesetz. Im Zentrum standen die Postulate nach Einführung von Initiative und Referendum sowie einer leistungsfähigen, vollamtlichen Regierung; eine moderne, auf dem Departementalsystem beruhende Verwaltung sollte geschaffen werden. Es galt, vom antiquierten Ratsherrenregiment Abschied zu nehmen und gleichzeitig den seit 1801 bestehenden, nie funktionierenden Dualismus Kanton/Stadtgemeinde zum Verschwinden zu bringen. Mit der bereits 1875 zustandegekommenen neuen Kantonsverfassung begann die Ära des ‹freisinnigen Basel›. Bis zur Einführung des Proportionalwahlrechts auf kantonaler Ebene im Jahre 1905 dominierte der Freisinn das politische Leben der Polis in Legislative und Exekutive, oft mit absoluten Mehrheiten. Hauptgegner der von Wilhelm Klein (1825–1887) geführten Freisinnigen waren in dieser Epoche die alten konservativen Eliten, die sich 1896 als Konservative Partei und 1905 als Liberale Partei konstituierten. Der politische Katholizismus und die Sozialdemokratie hingegen formierten sich bis zum Ersten Weltkrieg vorerst als eigentliche Gegengesellschaften, deren politischer Einfluss auf das Gemeinwesen durch die Barriere des Majorzsystems (im Kanton bis 1905 und im Bund bis 1919) stark reduziert blieb.

Basel wird im üppig wuchernden Schrifttum der Basiliensia gerne als Humanistenstadt, als Musikstadt, als Kunststadt oder als Museenstadt gerühmt; dabei wird übersehen, dass Basel seit den siebziger Jahren des 19. Jahrhunderts vor allem eine gewaltig wachsende Industriestadt war. Nach der Kantonstrennung hatten gemäss der ersten kantonalen Volkszählung von 1835 nur etwas mehr als 23 000 Menschen im Stadtkanton gelebt. In den folgenden achtzig Jahren bis zum Ersten Weltkrieg hatte sich die Bevölkerung rund versechsfacht; 1910 lebten bereits 135 918 Menschen im Kanton Basel-Stadt. Die Freisinnig-Demokratische Partei Basels war, im Gegensatz zu den alteingesessenen Liberalkonservativen, eine in sozialer Hinsicht ausgesprochen heterogene Partei der neu Zugewanderten. Ihre 1894 erfolgte Gründung war eher eine Neuorganisation und Neustrukturierung der seit Jahrzehnten existierenden freisinnigen Vereine als eine eigentliche Neugründung. Im gleichen Jahr fand auf Landesebene der Zusammenschluss der kantonalen Formationen zur Gründung der Freisinnig-Demokratischen Partei der Schweiz statt.

11

Bildungs- und Sozialpolitik

Schon in der zweiten Hälfte der achtziger Jahre des letzten Jahrhunderts ertönte der Ruf nach einer Totalrevision der Verfassung, nicht nur von den Freisinnigen, auch von der Arbeiterpartei Basel unter ihrem Führer Eugen Wullschleger, der 1886 auf der freisinnigen Liste, zusammen mit dem Arbeitervertreter Wilhelm Arnold, in den Grossen Rat gewählt worden war.

Am 2. Dezember 1889 akzeptierte der Grosse Rat mit einem Mehr von nur 8 Stimmen den Verfassungsentwurf. Die Stimmberechtigten hiessen zwei Monate danach die Verfassung mit einem Zweidrittelsmehr gut. Freisinnige und Arbeiterpartei hatten den Abstimmungskampf Seite an Seite geführt.

Die vom Freisinn befürworteten schulpolitischen Anliegen waren im neuen Grundgesetz verankert. Die Sozialpolitik sowie die Förderung des Erziehungswesens und der Volksbildung wurden zur Staatsaufgabe, der Schulunterricht für alle Kinder innerhalb der gesetzlichen Altersgrenze für obligatorisch erklärt. An den öffentlichen Schulen war der Unterricht fortan unentgeltlich, die Lehrmittel in den unteren und mittleren Schulen wurden von nun an kostenlos zur Verfügung gestellt.

Zur Weckung des Solidaritätsbewusstseins über alle gesellschaftlichen und konfessionellen Schranken hinweg sollte den Eltern der Zwang auferlegt werden, ihre schulpflichtigen Kinder in die öffentliche Schule zu schicken. Dieses radikaldemokratische Postulat steht in einer Linie mit der ‹Ecole obligatoire, gratuite et laïque› Jules Ferrys in der jungen Dritten Republik Frankreichs. Die Schliessung der katholischen Schule per Volksabstimmung im Jahre 1884 passt in dieses Bild des propagierten Laizismus mit kulturkämpferischen Tönen. Durch die Verbesserung der Chancengleichheit im Bildungssystem den sozialen Ausgleich anzustreben, entsprach dem Herzstück des sozialpolitischen Verständnisses der Freisinnigen in jener Epoche.

Eine Zäsur in der Geschichte des lokalen Freisinns, aber auch des schweizerischen Bundesstaates, bilden die Jahre des Ersten Weltkrieges, an deren Ende die drohende soziale Verelendung breitester Schichten der Arbeiterschaft im November 1918 zum Landesstreik führte. Angesichts des klassenkämpferischen Aufbäumens der sozialistischen Linken schloss sich der Freisinn mit den Liberalkonservativen, der Bürger- und Gewerbepartei und den Katholiken zum ‹Nationalen Block› zusammen, um der vermeintlich drohenden Revolutionsgefahr Herr zu werden. Im Gegensatz zum Bund jedoch, wo der sozialpolitische Aufbruch lediglich ephemer blieb, nahmen in Basel die freisinnigen ‹Radikaldemokraten› bereits in den zwanziger Jahren, über die politischen Blöcke hinweg, mit der Linken systematisch den Aufbau des ‹sozialen Basel› durch eine aktive Bildungs- und Sozialpolitik in Angriff. In der Ära Fritz Hauser (SP-Regierungsrat 1918–1941), des langjährigen sozialdemokratischen Vorstehers des Erziehungsdepartements, ist in allen wesentlichen bildungspolitischen Fragen die Zusammenarbeit von freisinniger RDP und SP unübersehbar. Neben dem Schulgesetz von 1929 oder dem Universitätsgesetz von 1937 ist auch die Schaffung der Maturitätskurse für Berufstätige in der zweiten Hälfte der dreissiger Jahre erwähnenswert. Der Sozialdemokrat Gustav Wenk, langjähriger Vorsteher des Departements des Innern, betrieb in der Zwischenkriegszeit eine beispielhafte Sozialpolitik, seit 1931 wirkte als sein Departementssekretär und engster Mitarbeiter der Radikaldemokrat Emil Jenny.

Die Jahre der Bedrohung

Die konsequent antinationalsozialistische Grundhaltung der Basler Radikaldemokraten und der ‹National-Zeitung› in den dreissiger Jahren und während des Zweiten Weltkriegs steht in deutlichem Kontrast zum Zürcher Freisinn sowie zu den Genfer oder Waadtländer ‹Radicaux›, die sich nach dem militärischen Zusammenbruch der Dritten Republik im Sommer 1940 bereits am gesamteuropäischen Ende von Demokratie und Parlamentarismus wähnten. Die scharfe Ablehnung des Kommunismus hat die Basler Radikaldemokraten nie blind gemacht für die tödlichen Gefahren des Nationalsozialismus. Das republikanische Selbstbewusstsein gegenüber dem Europa der Diktatu-

Die scharfe Ablehnung des Kommunismus hat die Radikaldemokraten nie blind gemacht für die Gefahren des Nationalsozialismus. Wahlplakat für die Grossrats- und Regierungsratswahlen von 1938. ▷

ren wird eindrücklich belegt durch die Stellungnahmen der Partei und der ihr nahestehenden ‹National-Zeitung›, die beide für die Spanische Republik in den Jahren des Bürgerkrieges von 1936 bis 1939 Partei ergriffen; die Haltung der ‹National-Zeitung› stand somit in starkem Gegensatz zur übrigen helvetischen Presselandschaft, mit Ausnahme der KP- und SP-Organe. In Überwindung des Generalstreiktraumas verhinderte die RDP in den späten dreissiger Jahren mit ihrer vermittelnden und mässigenden Politik die Bildung eines rechtsbürgerlichen Blocks gegen die sozialdemokratische Regierungsmehrheit (‹Rotes Basel› 1935–1950). Sie hat damit zum Wohle des baselstädtischen Gemeinwesens den Weg des Dialogs und des Kompromisses eingeschlagen und im Parteienspektrum eine Schlüsselrolle eingenommen.

Die Nachkriegszeit

Die nach Stalingrad und El Alamein im Jahre 1943 mit Macht einsetzende Debatte über die soziale und wirtschaftliche Neugestaltung der Nachkriegsordnung fand in den Reihen der Basler Radikaldemokraten grossen Widerhall. Bedeutsam war vor und während des Krieges der Aufstieg einer neuen Generation junger Akademiker in der Partei sowie die Ablösung von Parteinotabeln wie Ernst Thalmann (Ständerat 1928–1935) oder Victor Emil Scherer (Ständerat 1919–1925, Nationalrat 1929 bis 1941).

Der aus der katholischen Innerschweiz, aus Flüelen im Kanton Uri, stammende Alfred Schaller repräsentiert musterhaft den Typ des jungen Sozialaufsteigers. 1938 war er dreissigjährig als Vertreter der Radikaldemokraten in den Basler Grossen Rat gewählt worden. Sein eigentlicher politischer Aufstieg fällt jedoch in die Kriegsjahre, wo er als Direktor des Schifffahrtsamtes im Jahre 1944 mit dem Präsidium der Kantonalpartei betraut wurde. Von 1947 bis 1978 gehörte Schaller auch dem Nationalrat an, 1967 als dessen Präsident. 1950 erfolgte seine Wahl in den Regierungsrat des Kantons Basel-Stadt. Bereits am sozialpolitischen Parteitag der FDP Schweiz am 14./15. April 1943 hatte er ein Grundsatzreferat gehalten, in dem er sein persönliches sozialpolitisches Credo, mit stark linksfreisinnigen Zügen, entwickelt hatte. Mit seiner sozialpolitischen Programmatik und der Forderung nach einem modernen Arbeitsrecht ergaben sich wichtige Gemeinsamkeiten mit der politischen Linken. Die Durchsetzung bedeutsamer sozialpolitischer und arbeitsrechtlicher Errungenschaften, wie der gesetzliche Ferienanspruch oder der erste Gesamtarbeitsvertrag (GAV) in der Basler Chemieindustrie (1945), zeugen von dieser Aufbruchstimmung. Als die AHV am 1. Januar 1948 ihre Tätigkeit aufnahm, gleichsam als Auftakt zum Jubiläumsjahr ‹100 Jahre schweizerischer Bundesstaat›, war zwar das Problem der Altersarmut noch keineswegs gelöst; dennoch war ein historischer Durchbruch erzielt worden, der das Prinzip der staatlichen Sozialversicherung und des Rechts auf ein Alter in Würde gesetzlich verankerte. Es wäre vermessen, die Schaffung der AHV als einen Erfolg freisinniger Politik darzustellen, denn auf schweizerischer Ebene erfolgte die Durchsetzung nicht wegen, sondern trotz des freisinnigen Vorstehers des Departements des Innern, Bundesrat Walter Stampfli;

aber auch hier gehörten die Basler Radikaldemokraten zu den eifrigen Verfechtern der Vorlage. Als kantonaler Finanzdirektor in den Jahren der beispiellosen Hochkonjunktur und der
Konkordanz der fünfziger und sechziger Jahre
war Alfred Schaller in der beneidenswerten
Lage, immer die nötigen Mittel für eine innovative Bildungs- und Sozialpolitik zur Verfügung
stellen zu können.

1972: Wahlerfolg und Namenswechsel

Bei den Regierungsratswahlen von 1972 gelang
es den Freisinnigen, ihre Führungsposition im
bürgerlichen Lager aufrechtzuerhalten. Mit der
Wahl ihrer Kandidaten Arnold Schneider und
Kurt Jenny konnten sie den Führungsanspruch
gegenüber den Liberalen behaupten. Der im
gleichen Jahr erfolgte Namenswechsel von
‹Basler Radikaldemokraten› zu ‹Freisinnig-Demokratische Partei› erfolgte primär aufgrund
des Begriffs ‹radikal›, der angesichts der
‹Neuen Linken› (1968er Bewegung) als Hypo-
thek empfunden wurde. Der verschiedentlich
vorgetragene Vorwurf, damit sei auch eine politische Gewichtsverschiebung, gleichsam eine
Verabschiedung von den mittelständischen
Wählern hin zu einer Filiale des Zürcher Wirt-
schaftsfreisinns, verbunden gewesen, ist zu
pauschal: Die heterogene soziale Zusammensetzung der Parteimitgliedschaft, das Fortdau-
ern eines Angestellten- und Beamtenflügels
relativieren diese These.
Die verstärkte Thematisierung wirtschaftspoli-
tischer Aspekte seit den frühen siebziger Jahren
durch den Basler Freisinn ist im Kontext einer
zunehmenden Kritik der ‹Konsumgesellschaft›
und der ‹Leistungsgesellschaft› durch die
‹Neue Linke› jener Jahre zu sehen. Die in der
Nachkriegszeit geschmiedete Konkordanz der
grossen bürgerlichen Parteien mit der Sozialdemokratie zeigt erste Risse: Der Grundkonsens
über die gesellschaftliche, politische und soziale Orientierung der fünfziger und sechziger
Jahre beginnt sich aufzulösen.

Krise der Parteien

Der Krisendiskurs begleitet alle politischen
Parteien seit Jahrzehnten. Mit Politikverdros-

Freier Weg den Jungen
Bildung für alle

Radikale   Liste 1

Radikale Liste 1
für die
Werke des
öffentlichen
Wohls

◁
Bildungs- und
Sozialpolitik als
Konstanten radikal-
demokratischer
Politik. Wahlpla-
kate aus den frühen
sechziger Jahren.
◁

senheit wurde schon in den dreissiger Jahren von rechtsradikalen Kräften gegen das ‹System› polemisiert. In der Krise befinden sich heute jedoch nicht allein die politischen Parteien, sondern eine Gesellschaft als Ganzes, in der die Entsolidarisierung und der Verlust von Gemeinsinn bereits ein gefährliches Mass erreicht haben. Gleichzeitig erleben wir die Metamorphose des Staatsbürgers zum Staatskunden. Das Regiment der Mittelmässigen ist in der politischen Arena, über alle Parteien hinweg, schon weit fortgeschritten. Es muss uns mit Sorge erfüllen, dass qualifizierte Persönlichkeiten ihre Erfüllung allein im beruflichen und privaten Bereich, je länger je weniger aber in der Politik suchen und finden. Währenddes-

sen wird das politische Leben zunehmend von missionarischen Betroffenheitsaposteln und larmoyanten Bauchrednerinnen auf der einen Seite, rechtspopulistischen Vereinfachern und Götzendienern des Marktes auf der anderen Seite beherrscht. Auch darf Politik nicht einfach an Marketingspezialisten, Finanzfachleute und Medienbeauftragte delegiert werden. Parteien und Politiker müssen wieder den Mut aufbringen, Profil zu zeigen, klar und deutlich zu sagen, was für unser Gemeinwesen erstrebenswert ist und was nicht. Die Verteidigung des Status quo als politisches Projekt reicht nicht mehr aus. Gerade heute sind die Freisinnigen aufgerufen, die republikanischen Tugenden ‹freien Sinnes› neu zur Geltung zu bringen.

Als erster deutsch-schweizerischer Kanton führte Basel-Stadt 1966 das Frauenstimm- und -wahlrecht ein. Wahlplakat aus Anlass der ersten Grossrats- und Regierungsratswahlen mit Beteiligung der Frauen aus dem Jahre 1968. ▷

Literatur

Kurt Jenny, Vor hundert Jahren hiess das Basler Stimmvolk die noch heute geltende Kantonsverfassung gut, in: Basler Stadtbuch 1990, hrsg. von der Christoph Merian Stiftung, Basel 1991, S. 43–47.
Walter Lüthi, Der Basler Freisinn von den Anfängen bis 1914, hrsg. von der Gesellschaft für das Gute und Gemeinnützige, Basel 1983.
Charles Stirnimann, Das ‹Rote Basel› 1935–1938, Quellen und Forschungen zur Basler Geschichte, Bd. 13, Basel 1988.
Charles Stirnimann, Der Weg in die Nachkriegszeit 1943–1948. Ein Beitrag zur politischen Sozialgeschichte des ‹Roten Basel›, Basel 1992, Vgl. zu Alfred Schaller speziell S. 112–126.

Hansrudolf Schwabe

1844: Anschluss an die Welt

Die erste Eisenbahn auf Schweizerboden

Am 15. Juni 1844 rollte, von Saint-Louis her kommend, der erste planmässige Eisenbahnzug mit der Dampflokomotive ‹Napoléon› über die Schweizer Grenze nach Basel. Die zuerst einspurige, nach 1850 aber doppelspurig verlegte Strecke verlief schnurgerade, mit nur einem schwachen Bogen in südöstlicher Richtung beim Areal des heutigen Bahnhofs St. Johann. Das Gleis war längs der jetzigen Vogesenstrasse auf einen kleinen Damm gelegt, und der provisorische Endbahnhof befand sich bei der Einmündung der Vogesenstrasse in den St. Johanns-Ring, noch ausserhalb der Stadtmauer.

Das betriebliche und personelle Zentrum der Bahn lag in Mülhausen, genauer gesagt bei den dortigen Industriellen Nicolas und André Koechlin. Nicht von ungefähr trug die erste, im August 1839 in der mechanischen Werkstätte von André Koechlin in Mülhausen fertiggestellte Lokomotive den Namen ‹Napoléon›: der Kaiser wurde in der Industriestadt, die erst 1798 französisch geworden war, auch nach seinem Sturz weiterhin verehrt.

Nicolas Koechlin besass Textilfabriken bei Thann. Um sie zu betreiben, war unter anderem Kohle nötig, die auf dem Wasserweg nach Mülhausen gelangte. Der Transport von dort in die Vogesentäler geschah zunächst mit Hilfe von Pferden. Um die aufwendige Weiterbeförderung zu erleichtern, liess der initiative Nicolas Koechlin 1839 die Eisenbahnlinie Mülhausen-Thann bauen, eine der frühesten Bahnlinien auf dem Kontinent. Aber bereits hatten er und seine Brüder Edouard und André weiterführende Ideen: Die Eisenbahn sollte Mülhausen auch mit den Städten Strassburg und Basel verbinden. Die Konzession bis zur französischen Grenze war im Namen des Königs Louis-Phi-lippe bereits im Januar 1838 erteilt worden. Die Linie wurde gebaut, trotz aller politischen und technischen Schwierigkeiten, die von Nicolas Koechlin und seinem Bahningenieur François Bazaine, dem späteren Feldmarschall, zu überwinden waren. Bereits am 26. Oktober 1840 fuhr der erste Zug in den Bahnhof von Saint-Louis ein, geführt von der Lokomotive ‹La Ville de Bâle›, die natürlich André Koechlin konstruiert hatte.

Basel und die Eisenbahn

Zur Einweihungsfeier in Saint-Louis am 25. Oktober 1840 erschienen 150 geladene Gäste aus Basel, darunter Bürgermeister Karl Burckhardt-Paravicini und viele Mitglieder des Rats. Vor einem Spalier von Reitern des 11. fanzösischen Dragonerregiments stellte Bürgermeister Burckhardt die baldige Weiterführung der Bahn nach Basel in Aussicht. Ein Konvoi von sechs-und vierspännigen Equipagen und zweispännigen Omnibussen fuhr anschliessend nach Basel, wo im neuen Stadtcasino 200 Tafelgäste, an ihrer Spitze Nicolas Koechlin, die schweizerisch-französische Freundschaft feierten. «L’idée de fêter à Bâle l’arrivée du chemin de fer à Saint-Louis est un maître-coup de Nicolas Koechlin qui désire compléter cette ligne et rencontre des obstacles dans la ville suisse», schrieb ‹L’Industriel Alsacien› und hatte mit seiner Meinungsäusserung sicher recht.

Tatsächlich fand in Basel, aber auch in der übrigen Schweiz der Gedanke, eine ausländische Eisenbahn könne ins Gebiet der Eidgenossenschaft einfahren, nicht nur Freunde. Die noch immer feste Stadtmauer zu durchbrechen, um den Bahnhof auf Stadtgebiet anzulegen, schien verwerflich, um nicht zu sagen verbrecherisch.

△
Ausschnitt aus dem
‹Malerischen Plan
der Stadt Basel›,
aufgenommen und
herausgegeben von
Friedrich Mähly,
1847.
Der französische
Bahnhof von 1845
mit dem Eisen-
bahntor ist minutiös
eingetragen.

Ein französischer Bahnhof innerhalb der Stadtmauern von Basel bewirke, so schrieb die
‹Neue Zürcher Zeitung›, «dass hier eine eidgenössische Stadt französische Uniform
anziehe». Im Basler Grossen Rat und in der
Bürgerschaft entbrannte ein erbitterter Streit
zur Frage, ob die Eisenbahn ‹intra muros›,
innerhalb der Mauern, ankommen könne, oder
ob sie ‹extra muros› bleiben müsse. Nur mit
vier Stimmen Mehrheit stimmte schliesslich der
Grosse Rat am 12. Juni 1843 zu, den Basler
Bahnhof innerhalb der Stadtmauer anzulegen.
Zudem beschloss er, für den Bahnhofsbau den
Mauerring beim St. Johanns-Tor nach aussen zu
verlegen und ein verschliessbares Eisenbahntor
zu errichten. Im Herbst begannen die Bauarbeiten, wurden aber bis zur Einfahrt des ersten
Zuges am 15. Juni 1844 keineswegs fertig.

Der Bahnhof auf dem Schällemätteli

Das Schällemätteli, eine unbebaute Fläche ausserhalb der alten, aber innerhalb der neuen
Stadtmauer war nach dem Schällewärgg
benannt, dem Arbeitsplatz der Häftlinge, die
sich mit einer angehängten kleinen Glocke
kenntlich machen mussten. An der Lottergasse,
der heutigen Spitalstrasse, befanden sich in
Nebengebäuden des ehemaligen Predigerklo-
sters das Gefängnis und das Irrenhaus, wo die
‹lottrigen› Leute untergebracht waren. Aufs
Schällemätteli kam nun der neue Bahnhof zu
stehen.
Der Bau der Bahnstrecke nach Basel und des
französischen Bahnhofes wurde vor allem deshalb so schnell vorangetrieben, weil im Sommer 1844 das grosse eidgenössische Schützen-

fest auf der Schützenmatte und zugleich die 400-Jahrfeier der Schlacht bei St. Jakob, eine im Vorfeld des Sonderbundkrieges auch politisch wichtige Manifestation der Einheit des Schweizervolkes, stattfinden sollten. Vor diesen Festivitäten war eine kostspielige Einweihungsfeier für die Bahn nicht tunlich, und so fuhr Koechlins ‹Napoléon› zwar vielleicht mit einigen Blumen geschmückt, aber ohne jede Offizialität vor die Stationsbaracke an der Vogesenstrasse. Gemäss dem im Staatsarchiv Basel erhaltenen Fahrplan verkehrten fünf Zugspaare täglich auf der Strecke nach Basel, ein Zug musste gar in Basel übernachten. Bereits im April 1845 brannte das hölzerne Stationshäuschen ab und wurde, bis der definitive Bahnhof fertig war, durch einen in aller Eile nach Basel gebrachten Schuppen aus Ribeauvillé ersetzt.

Der Bau des ‹definitiven› französischen Bahnhofes an der verlängerten Lottergasse schritt unter der Leitung des technischen Direktors Camille Polonceau rasch voran. Polonceau, später Chefingenieur der Linie Paris-Orléans und unter anderem Erbauer der Pariser Gare d'Austerlitz, wurde als einer der grossen Eisenbahnfachleute des 19. Jahrhunderts berühmt. Sein Basler Bahnhof allerdings hat nur gerade fünfzehn Jahre, von 1845 bis 1860, Bestand gehabt. Das recht grossstädtisch anmutende Bahnhofsgebäude mit seiner schlossähnlichen Einfahrt von der Strasse her war vom Mülhauser Architekten Jean-Baptiste Schacre entworfen worden. Zwei Häuschen, das eine für den Portier, das andere für Signalwärter und Lampisten, waren mit dem Hauptbau durch einen bogenförmigen Gitterzaun verbunden. Das aus Vogesenstein errichtete Stationsgebäude vor der Bahnsteighalle wies ein erhöhtes Mittelrisalit auf und war an der Vorderfront mit einer Markise versehen. Güterschuppen sowie Lokomotiv- und Wagenremisen vervollständigten die recht umfangreiche, grosszügige Bahnanlage, deren Baukosten von der Eisenbahngesellschaft übernommen worden waren.

Von Basel-Stadt hingegen erbaut und finanziert war die markante Besonderheit des Basler französischen Bahnhofs: die neue Stadtmauer mit dem Eisenbahntor. «Der Herr mache die Riegel deiner Thore fest und segne die Kinder darinnen», heisst es nach dem 147. Psalm auf dem 1845 aquarellierten und 1847 als Stahlstich ver-

Das Basler Eisenbahntor, bei der heutigen Pestalozzistrasse von Melchior Berri 1844/45 erbaut. ▷

In der Mitte das ‹Schällemätteli›. Links das in die Stadtmauer eingefügte Eisenbahntor, rechts das St. Johanns-Tor. ▷

◁ Feierliche Eröffnung des definitiven Bahnhofs in Basel am 11. Dezember 1845. Vor dem eingefahrenen Zug der Ehrengäste steht ein Detachement der Standestruppe von Basel-Stadt Spalier. Stahlstich aus der Zeitschrift ‹L'Illustration›, Paris.

Eisenbahn Thor der Station zu Basel.

Façade nach Aussen.

öffentlichen Basler Vogelschauplan von Johann Friedrich Mähly, der in minutiöser Darstellung auch das Bahnhofsareal von 1845 mit dem Eisenbahntor wiedergibt. Das schöne klassizistische Tor von Melchior Berri, geschmückt mit einer vom Bildhauer Albert Landerer geschaffenen Kriegerfigur und mit dem Stadtwappen, besass ein eisernes Fallgatter, das jeden Abend nach Einfahrt des letzten Zuges heruntergelassen und am Morgen wieder aufgezogen wurde. Es wurde von den ‹Stänzlern›, den Soldaten der Standestruppe, nach bestem Können bewacht.

Die grosse Eröffnungsfeier fand am 11. Dezember 1845 statt. Direktor Polonceau liess einen mit französischen Fahnen und den Wappenschildern von Strassburg und Basel geschmückten Sonderzug aus Königshofen bei Strassburg abfahren. In Saint-Louis stiegen geladene Gäste aus Basel, anderen Schweizer Kantonen und aus der badischen Nachbarschaft zu, und im ebenfalls reich geschmückten Basler Bahnhof empfing Bürgermeister Burckhardt die Fahrgäste und führte sie in fünfzig Pferdewagen zur Eröffnungsfeier zunächst ins neue Theater, wo

ein Konzert mit Gesangsvorträgen sie erfreute. Am nachfolgenden Bankett im Stadtcasino richtete der eidgenössische Tagsatzungspräsident Jonas Furrer aus Zürich, drei Jahre später zum ersten schweizerischen Bundespräsidenten gewählt, flammende Worte an die Besucher und rief zur nationalen und internationalen Einigkeit auf (kaum zwei Jahre danach brach in der Schweiz der Sonderbundkrieg aus). Von Basler Rednern wurde das Projekt der Weiterführung des Schienenweges als ‹Schweizerische Centralbahn› durch den Hauenstein nach Olten-Luzern und über den Gotthard nach Italien gepriesen, was wohl den Gästen aus Zürich mit ihrer Vorliebe für den Ostalpenbahn-Durchstich nicht nur angenehm in den Ohren geklungen haben mag.

Am 12. Dezember 1845 begannen die fahrplanmässigen Züge der Linie Strassburg-Basel in den neuen Bahnhof einzufahren. Nach wie vor verkehrten täglich fünf regelmässige Zugspaare, bis im Mai 1846 auch die Güterhalle mit dem Schweizer Zolldienst eröffnet und somit der Warenverkehr aufgenommen werden konnte. Nun wurde die Postübergabe, die bisher noch in Saint-Louis stattfand, in den Basler Bahnhof verlegt, und die Postkurse in die innere Schweiz fuhren nicht mehr vom Posthaus an der Stadthausgasse, sondern vom französischen Bahnhof ab.

150 Jahre danach

Wie bereits im Juni 1844 wurde das Ereignis der erstmaligen Einfahrt eines fahrplanmässigen Eisenbahnzuges auf Schweizer Boden auch 150 Jahre später nicht pompös gefeiert. Das grosse Jubiläum der Schweizer Bahnen findet erst 1997, anlässlich des 150. Jahrestages der Einweihung der Linie Zürich–Baden, statt. Immerhin konnte wenigstens in kleinem Rahmen, aber dafür gleichzeitig mit der Eröffnung der neuen Stammgleis-Anlage im kantonalen Material- und Lagerbahnhof Dreispitz und deshalb mit dem Besuch des eidgenössischen Verkehrsministers, Bundesrat Adolf Ogi, ein Fest für geladene Gäste stattfinden.

Geschmückt mit schweizerischen und französischen Fahnen, setzte sich in Saint-Louis ein historischer Dampfzug, bestehend aus der 1891 erbauten SBB-Lokomotive 5469 und drei Zweiachserwagen der Sursee-Triengen-Bahn, in Bewegung und fuhr zunächst auf der 150 Jahre alten Strecke zum Bahnhof Basel St. Johann (der seinerseits erst am 1. Januar 1902 eröffnet wurde), von dort auf der 1901 erbauten Umleitungslinie der Elsässerbahn durch den Strassburgerallee-Tunnel zum Bahnhof Basel SBB. Eine neue elektrische Lokomotive des Typs Re 460 mit ebenso modernen Wagen nahm die Gäste dort auf und brachte sie durch den neuen Schwertrain-Tunnel zum Dreispitzareal.

Heute müssen sich nicht mehr, wie vor 150 Jahren, die Fuhrleute des Strassenverkehrs gegen die Eisenbahn wehren und dem entgangenen Verdienst nachtrauern, sondern vielmehr die Bahnen gegen die Strassentransporteure. Dass, auch im Zeichen des Umweltschutzes, die Verkehrsträger sich finden und zum Nutzen aller den gemeinsamen Einsatz planen können, sei der Wunsch für die Zukunft, der an der Basler 150-Jahrfeier von Benedikt Weibel, dem Präsidenten der Generaldirektion SBB, ausgesprochen wurde.

Literatur

Hans Bauer, Die Geschichte der schweizerischen Eisenbahnen, in: Ein Jahrhundert Schweizer Bahnen 1847–1947, Jubiläumswerk des Eidg. Post- und Eisenbahndepartementes, Bd. 1, Frauenfeld 1947.
Fritz Kunz/Adolf Bucher/Carl Fingerhuth, Der Bahnhof Europas, 2. erw. Auflage, Basel 1990.

André Lefèvre, La ligne de Strasbourg à Bâle, Strasbourg 1947.
Rudolf Pleuler, Drehscheibe Basel, Entwicklung und Vielfalt des grossen europäischen Bahnknotenpunktes, Basel 1982.
Hansrudolf Schwabe, Die älteste Eisenbahn auf Schweizer Boden, 1844 / Die neueste Bahnstrecke in Basel, 1994, Basel 1994.

Gleb K. Michajlow

1594: Die Familie Euler wird in Basel eingebürgert

Die Anfänge des Basler Zweiges

Der Begründer des Basler Zweiges der Familie Euler, Hans Georg (Jörg), wurde am 11. Februar 1573 in Lindau am Bodensee getauft und übersiedelte um das Jahr 1590 nach Basel. Als Strälmacher (Kammacher) wurde er nach Erreichen der Volljährigkeit am 10. April 1594 in die Basler Bürgerschaft und am 2. Juni in die Safranzunft – eine der drei wichtigsten Herrenzünfte des damaligen Basel – aufgenommen. Damit begann die 400-jährige Basler Geschichte der Familie Euler, die einem der grössten Mathematiker aller Zeiten, Leonhard Euler, ihren Ruhm zu verdanken hat.

Eine genealogische Erforschung des Geschlechts hat Karl Euler 1955 durchgeführt. Danach lebte im 13. Jahrhundert in der Umgebung des mittelalterlichen Städtchens Lindau eine Familie, die einen doppelten Familiennamen in unbeständiger Schreibweise trug, der heute öfters in der Form ‹Euler-Schölpi› angegeben wird. Der Beiname Schölpi (aus dem alemannischen Wort ‹Schelb›, gleichbedeutend mit ‹krumm›, ‹schief›, ‹scheel›, ‹schielend›, oder, im übertragenen Sinn, ‹Schelm›) wurde erst vom Ururgrossvater Leonhards, Hans Georg, bei seiner Übersiedlung nach Basel weggelassen.

Hans Georg Euler (1573–1663) heiratete am 17. Juni 1594 die Tochter des Bürstenbinders Paul Ringsgewandt aus Nürnberg, der bereits im Jahre 1571 das Basler Bürgerrecht und die Zugehörigkeit zur Safranzunft erworben hatte. Die männlichen Nachkommen Hans-Georgs waren grossenteils ebenfalls Strälmacher und zu Safran zünftig.[1] Erst in der dritten Generation brach Paul Euler (1670–1745) mit dieser Tradition seiner direkten Vorfahren und studierte an der Theologischen Fakultät der Universität Basel. Er wurde 1701 Pfarrer, zunächst am Waisenhaus, danach zu St. Jakob bei Basel

Einbürgerungs-
urkunde vom
10. April 1594:
«Ite(m) • ist burger
worden den • 10 tag
aperelen des • 94 •
Jor Hans Jerg
nüwer von(n) lyn-
douw der steslma-
cher vn(d) hab ich
entpfangen in na-
men • myner • g •
H • dutt – 20 Fl • »

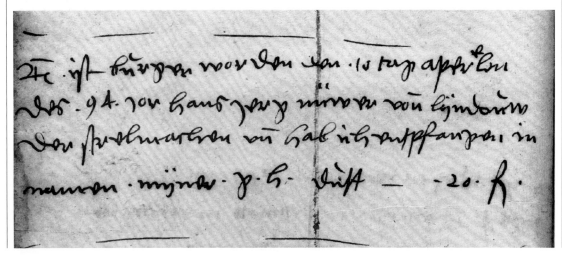

und ab 1708 im nahegelegenen Dorf Riehen. Am 19. April 1706 heiratete Paul Euler Margarethe, die Tochter des Spitalpfarrers Johann Heinrich Brucker und der Marie Magdalene Faber, die aus einer hochkultivierten Basler Familie stammte. Ihr erstes Kind war Leonhard Euler.[2]

Leonhard Euler

Geboren am 15. April 1707 in Basel, verliess Euler, noch nicht einmal 20-jährig, am 5. April 1727 seine Heimat für immer.[3] Er reiste nach St. Petersburg, wo er sich an der von Peter dem Grossen gegründeten Akademie der Wissenschaften bald zum hervorragenden Gelehrten entwickelte. Dort wirkte er während 14 Jahren (1727–1741) und fand internationale Anerkennung als der grösste Mathematiker jener Zeit.

Die folgenden 25 Jahre verbrachte Euler auf Einladung Friedrich des Grossen in Berlin (1741–1766), kehrte jedoch auf Initiative der Zarin Katharina der Grossen nach Russland zurück, wo er am 18. September 1783 starb. Seine sterblichen Überreste ruhen in St. Petersburg. Obwohl er seine Heimatstadt nie mehr besucht hatte, war Euler immer Basler Bürger geblieben und hatte in den 1750er Jahren beantragt, für sich, seine Frau und seine Kinder das Bürgerrecht zu bestätigen. Deshalb gilt Euler vor allem als Basler, obwohl er in Tat und Wahrheit der ganzen Welt gehört.

Der Beitrag Leonhard Eulers zur Entwicklung der exakten und angewandten Wissenschaften ist ausserordentlich. Er modernisierte die Newton-Leibnizsche Mathematische Analyse und verlieh ihr die Form, die sie während anderthalb Jahrhunderten beibehielt; auch fundierte er die Grundlagen der Rationalen Mechanik, untersuchte wichtige Probleme der Schiffs- und Turbinentheorie u.v.a.m. Es gibt kein Gebiet der exakten Wissenschaften, das ohne Eulers Einfluss geblieben ist. Daneben schuf er die moderne wissenschaftliche Sprache und ist damit der einzige Mathematiker der Mitte des 18. Jahrhunderts, den man auch heute noch leicht lesen kann.

Im Jahre 1738 verlor Euler sein rechtes Auge durch einen Abszess und konnte Ende der 1760er Jahre wegen des Altersstars auch mit dem linken Auge kaum noch etwas sehen.

Leonhard Euler (1707–1783). ◁

Leonhard Euler auf der 10-Franken-Note der Schweizerischen Nationalbank (Ausschnitt). ◁

Nichtsdestoweniger blieb er einer der fruchtbarsten Mathematiker der Welt. Vor mehr als 80 Jahren begann man, seine Opera omnia in 72 Bänden zu publizieren. Die Edition ist gleichwohl bis heute nicht beendet, und der wissenschaftliche Briefwechsel Eulers wird zusätzliche 8–9 Bände umfassen.

Der Ruhm Eulers reicht bis in die heutige Zeit hinein. So trägt zum Beispiel das 1992 von der Akademie der Wissenschaften Russlands gegründete Internationale Mathematische Institut in St. Petersburg seinen Namen. Unter den Arbeiten zu Leben und Wirken Leonhard Eulers ist vor allem das 1929 erschienene ausgezeichnete Werk des Basler Mathematikprofessors Otto Spiess zu erwähnen. Ein umfangreicher Gedenkband mit zahlreichen Euler gewidmeten Aufsätzen wurde zu Leonhard Eulers 200. Todestag 1983 vom Kanton Basel-Stadt herausgegeben, begleitet von einer umfassenden Bibliographie. Und eine neue, inhaltsreiche Biographie, ebenfalls von einem Basler verfasst – dem Sekretär der Euler-Kommission der Schweizerischen Akademie der Naturwissenschaften, Herrn Dr. Emil A. Fellmann –, wird in Kürze (1995) erscheinen.

Die Nachkommen Leonhard Eulers

Leonhard Euler war zwei Mal verheiratet, drei Söhne entstammen seiner ersten Ehe: Johann-Albrecht (1734–1800), Konferenzsekretär der Petersburger Akademie, Karl (1740–1790), Leibarzt in St. Petersburg, und Christoph (1743–1808), Russischer Artillerie-Generalleutnant. Die Familie Leonhard Eulers sowie seine nächsten Nachkommen und Verwandten waren Mitglieder der reformierten Kirchengemeinde. Um die Mitte des 19. Jahrhunderts erscheint jedoch auch eine bedeutende Anzahl von Lutheranern. Gleichzeitig beginnen Eheschliessungen mit Angehörigen rein russischer Familien und, in erster Linie bei der Familie Euler selbst, Übertritte zur Russisch-Orthodoxen Konfession.

Die meisten Nachkommen Leonhard Eulers wohnten vor 1917 in Russland und gehörten den verschiedensten gesellschaftlichen Kreisen und Berufen an: Ingenieure, Ärzte, Beamte, Kaufleute, Professoren, mehrere Generäle und Admirale sowie zahlreiche Beamte im Generalsrang.[4] Unter ihnen fanden sich auch drei Mitglieder der Petersburger Akademie der Wissenschaften.

Eine bedeutende Rolle spielte die Familie Euler während eines Jahrhunderts in der Geschichte der Petersburger Akademie. Amtete doch von 1769 bis zu seinem Tode im Jahre 1800 Johann Albrecht Euler als Konferenzsekretär. Danach war der aus Basel stammende Nikolaus Fuss, wissenschaftlicher Assistent von Leonhard Euler und Schwiegersohn Johann Albrechts, ständiger Sekretär der Akademie. Dessen Sohn und somit Urenkel von Leonhard, Paul Heinrich Fuss, übernahm dieses Amt von 1826 bis 1855.

Die heutige Nachkommenschaft Eulers zählt mehrere hundert Personen, die aber meistenteils von Frauenlinien abstammen und den Namen Euler verloren haben. Die wenigen verbliebenen Namensträger entstammen den Zweigen Karl und Christoph Euler und leben in Russland oder in der Schweiz. Diejenigen, die in die Schweiz zurückkehrten, taten dies erst einige Zeit nach dem Oktoberstaatsstreich von 1917, nachdem es ihnen gelang, ihre Basler Abstammung nachzuweisen. Heute leben in Basel eine der ältesten Ärztinnen der Stadt, Frau Katharina Euler (geb. 1903)[5] und der Bauingenieur und ehemalige Nationalrat Alexander Euler (geb. 1929) sowie dessen Tochter, die Tierärztin Marina Euler (geb. 1959). Ausserdem leben in und um Zürich noch zwei Neffen von Frau Katharina Euler mit ihren Kindern sowie ein Neffe von Alexander Euler.

Die Wiedereinbürgerung der Familie Euler in Basel gelang dem Vater des ehemaligen Nationalrats Alexander Euler (nach der Tradition dieses Zweiges auch Alexander, der 4.) im Jahre 1930 erst nach einem komplizierten Juristenstreit: Sie wurde davon abhängig gemacht, ob seine Vorfahren die russische Staatsbürgerschaft vor oder nach 1848 erhalten hatten. Wäre dies vor der Gründung des Bundesstaats geschehen, so wäre das alte Basler Bürgerrecht verloren gewesen. Nach dem Gutachten namhafter Experten des ehemaligen Russischen Reiches gelang es zu bestätigen, dass sein Grossvater Alexander (der 2.) erst 1856 die russische Staatsangehörigkeit bekam, und dass sein Urgrossvater General Alexander (der 1.) 1846 für seine Verdienste nur ad personam die russische Staatsangehörigkeit erhielt, zusammen mit dem Adelsdiplom des Russischen Reiches. Heute besitzt die Familie Euler nicht nur – wie bereits vor 400 Jahren – das Basler Bürgerrecht; auch wurde Alexander Euler (der 5.) 1993 in den Bürgergemeinderat der Stadt Basel gewählt, wo er als Mitglied der Einbürgerungskommission an Einbürgerungsentscheiden mitwirkt.

Anmerkungen

1 Eulers Familienwohnsitze befanden sich damals u.a. an der Steinentorstrasse und am Rümelinsplatz.
2 Zu Hans Georgs Nachkommenschaft zählte auch der deutsch-schwedische Biochemiker und Nobelpreisträger Hans von Euler-Chelpin (1873–1964).
3 Die anderen Zweige der direkten Nachkommenschaft waren später erloschen oder verliessen die Schweiz, meistens in Richtung Deutschland.
4 Für die Genealogie der Nachkommen Leonhard Eulers cf. Amburger und Michajlow 1994.
5 Ihr Sohn, russischer Fürst, Wladimir Obolensky (1932–1991) war Frauenarzt in Basel.

Literatur

Erik Amburger/Gleb Michajlow, Die Nachkommen Leonhard Eulers in den ersten sechs Generationen, in: Basler Zeitschrift für Geschichte und Altertumskunde, Bd. 94, Basel 1994.
Karl Euler, Das Geschlecht Euler-Schölpi, Geschichte einer alten Familie, Giessen 1955.
Leonhard Euler, Beiträge zu Leben und Werk, Basel 1983.
Emil A. Fellmann, Leonhard Euler, Reinbek bei Hamburg 1995.
Otto Spiess, Leonhard Euler, Ein Beitrag zur Geistesgeschichte des XVIII. Jahrhunderts, Frauenfeld & Leipzig 1929.

Katharina Euler, geb. 1903, Ärztin (Photo 1941).
◁

Alexander Euler, geb. 1929, Nationalrat 1979–1991, Bürgergemeinderat ab 1993.
◁

1494: In Basel erscheint Sebastian Brants ‹Narrenschiff›

Thomas Wilhelmi

‹Zů schyff zů schyff brůder: Eß gat, eß gat›

Sebastian Brants literarisches Hauptwerk, das ‹Narren Schyff›, erschien im Februar 1494, «uff die Vasenaht, die man der narren kirchwich nennet», in Basel im Verlage des mit Brant befreundeten Geistlichen Johann Bergmann von Olpe. Da Bergmann keine eigene Druckerei unterhielt, besorgte der um 1481 zugezogene Michael Furter den Druck des mit 114 Holzschnitten kunstvoll illustrierten Buches. Furter war von den späten achtziger Jahren an wiederholt für Bergmann tätig. Die schönen Drucktypen, die beim ‹Narren Schyff› zur Anwendung kamen (wie auch bei einigen anderen im Auftrage Bergmanns bei Furter hergestellten Drucken), befanden sich vermutlich im Besitz des Verlegers Bergmann. Furter wohnte von 1483 an im Haus ‹zum Brückelein› an der Rheingasse (heute Teil von Nr. 12) und hatte dort, in der dazugehörenden ‹hofstatt›, seine Offizin. Im Jahre 1500 dislozierte er in ein Haus ‹zer Monen› am Marktplatz, eingangs der Freien Strasse. Seinen Verkaufsladen betrieb er, ob- wohl selber der Safranzunft angehörend, in den Jahren nach 1491 in den Arkaden der Schlüsselzunft. So wurde das druck- und literaturgeschichtlich bedeutende ‹Narren Schyff› also an der Rheingasse kunstvoll gedruckt und an der Freien Strasse erfolgreich verkauft. Das Buch wurde zum grössten Erfolg in der deutschen Literatur bis zu Goethes ‹Werther› (1774). Kein anderes literarisches Werk erlebte damals eine ähnliche Verbreitung, kein anderes übte einen so nachhaltigen Einfluss auf die spätere Literatur und auf die Kunst aus.

Brant lässt in seinem ‹Narren Schyff› 112 verschiedene Narren auftreten: Gestalten aller Art, die sich mit ihrem Verhalten nicht nur lächerlich machen, sondern auch gegen Gottes Ord-nung und Gebote verstossen. Selbstverständlich kommen die sieben Hauptsünden vor: Hoffart, Neid, Zorn, Trägheit, Habsucht, Unkeuschheit und Masslosigkeit, dann erscheinen aber auch Quacksalberei, Schwatzhaftigkeit, Streit- und Prozesssucht, Modenarrheiten, Aberglauben, Pfründenjägerei, Geldheirat und manch anderes Laster. Alle damals denkbaren Narreteien werden aufs Korn genommen, kein Stand, keine Bevölkerungsgruppe bleibt verschont. So erscheint im ersten Kapitel auch der ‹Büchernarr›, der Gelehrte; ihm lässt Brant den ‹vordantz›, weil er gerade in ihm sich selbst wiederfinden musste.

Eine völlig neue Erfindung war das ‹Narren Schyff› indessen nicht. Sowohl die Gestalt des Narren als auch das Schiffsmotiv waren durchaus schon vorher bekannt: in Volksbräuchen, in der Literatur und in der Kunst. Der Narr war nicht nur der für Belustigung sorgende Komiker, nicht nur der Fasnachtsnarr, sondern auch der von der Weisheit abgekommene, in Gottesferne agierende Mensch. Mit seiner Moralsatire wollte Brant die Menschen belehren, zur Vernunft bringen, zur Weisheit und Gottseligkeit zurückführen.

Der unerhörte Erfolg des Buches gründete in dem offenbar viele spätmittelalterliche Menschen ansprechenden Inhalt, in der recht volkstümlichen Sprache, die auch für ein weniger gelehrtes Publikum verständlich war, und auch in der künstlerischen Ausgestaltung. Der junge Albrecht Dürer hatte im Auftrag Bergmanns und Brants die Holzschnitte angefertigt. Nach Dürers Weggang, vermutlich im Winter 1492/1493 wegen der Pest, stellten drei andere, uns namentlich nicht bekannte Künstler die noch fehlenden Illustrationen her.

Angesichts des grossen Erfolgs wurde das ‹Narren Schyff› sogleich nachgedruckt: nicht nur in Basel, sondern auch in Nürnberg, Strassburg und Reutlingen, als damals nicht unerlaubte, aber doch unerwünschte Raubdrucke. Seine europäische Verbreitung fand das Werk durch die Übersetzung ins Lateinische: 1497 liess Brants Schüler Jakob Locher die ‹Stultifera navis› erscheinen. Einige Jahre später folgte in Paris eine weitere (sehr freie) lateinische Fassung, die als Grundlage für französische und englische Ausgaben diente. Auch später wurde das ‹Narren Schyff› ein ums andere Mal frei bearbeitet und in der Literatur und Kunst in mannigfaltiger Weise zitiert und verwendet.

Sebastian Brant – Jurist, Politiker, Poet

Als Verfasser des 1494 in Basel erschienenen ‹Narren Schyff› ist Sebastian Brant einigermassen bekannt. Dass er im Hauptberuf Jurist war und als solcher zunächst Dozent an der Universität Basel, hernach Stadtschreiber in seiner Vaterstadt Strassburg, ist hingegen weniger bekannt. Brant war in einer Zeit des Umbruchs, am Übergang vom Mittelalter zur Neuzeit, eine der führenden Persönlichkeiten des wissenschaftlichen, literarischen und politischen Lebens am Oberrhein.

Sebastian Brant kam 1457 als Sohn des begüterten Strassburger Gastwirts und Ratsherrn Diebold Brant (†1468) zur Welt. Sein Grossvater, Handwerksmeister und Ratsherr, vertrat 1444 die Interessen der Stadt Strassburg im Prozess gegen Johannes Gutenberg und befehligte die Quartiermiliz. Die Familie Brant stammte aus Speyer, wo sie eine Mühle in Besitz hatte. Sebastian Brant dürfte zunächst die Stiftsschule zu St. Thomas besucht haben; hernach war er Schüler am Kollegiatstift in Baden-Baden. Nicht eindeutig belegt ist sein anschliessender Besuch der weitum berühmten Lateinschule Ludwig Dringenbergs in Schlettstadt, an der gleichzeitig auch Jakob Wimpfeling und Peter Schott Schüler waren. Mit ihnen war Brant nach eigener Aussage «von Kindesbeinen an» befreundet. Möglicherweise wohnte er im nahegelegenen Dambach bei dem nebenberuflich als Lehrer an der Schlettstadter Lateinschule tätigen Kaplan Johannes Müller (er

nannte sich lateinisch ‹Molitor›), der ihm zusätzlichen Privatunterricht erteilte.

Aufenthalt in Basel

Sicheren biographischen Boden betreten wir mit Brants Studienbeginn im Oktober 1475 an der Universität Basel. Wie damals üblich, absolvierte er zunächst zwei Semester bei den Artisten. So hörte er bei Johann Matthias Gengenbach Vorlesungen über lateinische Poesie; bei dem gelehrten Scholastiker Johann Heynlin dürfte er Unterricht in Philosophie genossen haben; Grundkenntnisse der griechischen Sprache erwarb er wohl bei dem ausserhalb der Universität lehrenden Griechen Andronikos Kontoblakes oder dessen Schüler Johannes Reuchlin. Nach Humanistenart latinisierte er alsbald seinen deutschen Familiennamen und nannte sich nun zuweilen ‹Titio› (lat.: das brennende Scheit). Nach Abschluss dieser propädeutischen Ausbildung wandte er sich dem Studium der Jurisprudenz zu und erlangte bereits im Winter 1477/78 den Grad eines Baccalaureus. Nach dieser Zwischenprüfung studierte er, stets in Basel, noch auffällig lange: den Grad des

Lizentiaten erwarb er erst im Jahre 1483 oder 1484, ‹Doctor utriusque iuris› wurde er 1489. Brant war der erste Jurist, der gleichzeitig in beiden Rechten, dem kanonischen und dem zivilen, promovierte.

Von etwa 1478 an erteilte er Unterricht an der Universität Basel. Als Baccalaureus hatte er die Anfängerkurse im Eherecht abzuhalten, später dozierte er die übrigen Bereiche der Jurisprudenz. Daneben war er, als Nachfolger des verstorbenen Matthias Gengenbach, Dozent der lateinischen Poesie. Professor der Jurisprudenz blieb er bis zum Sommer 1500. Die angesehene und auch gut bezahlte Stelle eines Ordinarius' für Römisches Recht erhielt er allerdings nicht; ihm wurde 1495 mit Ulrich Krafft (Crato) ein wenig bedeutender Mann vorgezogen. 1490 publizierte er die ‹Expositiones sive declarationes omnium titulorum iuris›, ein juristisches Lehrbuch, das rasch und weit über Basel hinaus eifrige Verwendung fand und an zahlreichen Orten, insgesamt über fünfzigmal, nachgedruckt wurde.

Brant war jedoch nicht nur an der Universität aktiv. Er betätigte sich gelegentlich auch als juristischer Gutachter und Berater und war Richter am markgräflichen Gericht, wo es galt, Streitfälle zwischen Markgräflern und Baslern zu beurteilen. Und von den späten siebziger Jahren an trat er als Verfasser zahlreicher lateinischer Gedichte in Erscheinung: Gedichte auf die Jungfrau Maria und Heilige, aber auch Gedichte über Naturereignisse (Hochwasser von 1480, Meteorit von Einsisheim 1492, Missgeburten usw.) sowie Lobgedichte auf einige Rektoren der Basler Universität.

Kurz vor 1490 begann Brants intensive Zusammenarbeit mit einigen Basler Druckern und Verlegern. Freundschaftlich verbunden war er mit dem vermögenden Geistlichen Johann Bergmann von Olpe, in dessen wohl aus Liebhaberei betriebenem Verlag er als ständiger Berater und Mitarbeiter auftrat. Er betätigte sich aber auch in den Offizinen von Furter, Amerbach, Froben, Petri, Wolff und Kesler. Bei Dutzenden von Druckwerken war Brant als Lektor, Korrektor, Herausgeber, Übersetzer, Kommentator und Autor beteiligt; bei weiteren Druckwerken aus Basler Pressen kann seine Beteiligung nur angenommen werden, so etwa bei der illustrierten Ausgabe des ‹Ritters von Turn› (1493) und der Ausgabe des Columbusbriefes (1493).

1485 heiratete Brant Elisabeth, eine Tochter des Messerschmieds, Sechsers der Schmiedenzunft und Ratsherrn Heinrich Bürgi (Burgis), und erwarb 1489 das Haus ‹zum Sunnenlufft› an der Augustinergasse (Nr. 1); 1498 konnte er zwei benachbarte Häuser (heute Teil von Nrn. 1 und 3) hinzuerwerben. Für sein Wohnhaus verfasste er die folgende Inschrift:

«Aura mihi nomen dedit sol, inde ego solis Aura vocor: penetrant Phoebus et aura domum.»

(lat.: Luft und Sonne gaben mir den Namen, also heisse ich Sonnenluft: Phoebus und die Lüfte durchdringen dieses Haus.)

Umzug nach Strassburg

Nach dem Ende des Schwabenkrieges im September 1499 zeichnete sich der Beitritt Basels zur Eidgenossenschaft ab. Brant, reichstreu gesinnt, konnte einer politischen Verbindung Basels mit den rauf- und kriegslustigen, an gei-

Haus ‹zum Sunnenlufft› in der Augustinergasse 1. Brant war zwischen 1489 und 1500 Besitzer dieser Liegenschaft und lebte hier. ▽

Bereits nach zwei Jahren erlangte Brant in Strassburg die Stelle des Stadtschreibers. Er war nun Berater des aus Zunftvertretern sowie Adligen und Handelsherren zusammengesetzten Magistrats, bereitete die Geschäfte vor und führte das Protokoll sowie die amtliche Korrespondenz. Damit hatte er eine überaus einflussreiche Stellung inne, einerseits wegen seines juristischen Sachverstands und seiner hervorragenden Kenntnis der laufenden Geschäfte, andererseits wegen seiner persönlichen Beziehungen zu Kaiser Maximilian.

Bald machte er sich energisch an die Reorganisation der Verwaltung der freien Reichsstadt Strassburg, die damals rund 17 000 Einwohner zählte und ein ausserordentlich bedeutendes Handels-, Wirtschafts- und Kulturzentrum war. Er reglementierte vieles neu oder zum erstenmal: so verfasste er Zunft- und Prozessionsordnungen und brachte die alten Privilegien der Stadt in gehörige Form. Diese ‹Freiheiten› der Stadt liess er sogar in Versform im Ratssaal

stigem Leben wenig interessierten Eidgenossen jenseits des Juras nicht viel abgewinnen. Rechtzeitig, bereits im Januar 1500, bewarb er sich deshalb um die Stelle des Rechtskonsulenten des Strassburger Stadtrats. Er erhielt sie ohne weiteres und trat sie im Januar des folgenden Jahres an. Einige Jahre später überschüttete er, wie andere oberrheinische Gelehrte auch, die Basler und die Eidgenossen mit Spott, so im Winter 1511/12 nach einem keineswegs erfolgreichen Raubzug der Schweizer in die Lombardei: «. . . Basel, do du bist zů geselt

> Dem stier, můstu wan im gefelt,
> In Winters frost und Hungers not
> Ußziehen mit armer rott.
> Frig werest du beliben mir gloub
> On todschlag, sund, und roub
> Iietz bistu angebunden dem stier an schwantz
> Nun můstu lernen den purentantz.»

anbringen. Mehr als einmal hatte er die Stadt gegen die Begehrlichkeiten und Einmischungsversuche von Bischof und Domkapitel zu verteidigen und wusste ihre Rechte stets erfolgreich zu wahren.

Der in Strassburg aufkommenden Reformation stand Brant abwartend gegenüber. Vom Franziskaner Thomas Murner, dem Bischof und sogar der Kurie wurde er nach 1517 des öftern angewiesen, gegen die protestantischen Aktivitäten (Predigten auf dem Marktplatz, Druck zahlreicher protestantischer Schriften in den leistungsfähigen Strassburger Offizinen) einzuschreiten. Er blieb, obwohl sonst durchaus noch aktiv, jedoch untätig. Am Reichstag von Gent im Jahre 1520 nahm er noch teil, am Reichstag von Worms im Frühjahr 1521 hingegen fehlte er, vermutlich infolge von Erkrankung. Am 10. Mai 1521 starb der Verfasser des wohl ersten ‹Bestsellers› der Geschichte in Strassburg.

Fredy Gröbli

Die ‹Narrenschiff›-Ausstellung – ein EUCOR-Projekt

Unter dem Patronat von EUCOR, der Europäischen Konföderation der Oberrheinischen Universitäten, fanden sich die vier grossen Bibliotheken von Basel, Freiburg im Breisgau, Karlsruhe und Strassburg zu einer ersten Gemeinschaftsausstellung zusammen. Sie galt dem 500jährigen Jubiläum von Sebastian Brants ‹Narren Schyff›, das «uff die Vasenaht» 1494 in Basel erschienen war, und wollte zugleich an dem Mann, der sein Leben in Strassburg und Basel verbrachte, die kulturelle Verbundenheit der Region demonstrieren. Das berühmte, aber kaum mehr gelesene Buch, seinen vielseitigen Autor und die Tradition des Narrentums, in dem es entstanden war, so umfassend zur Anschauung zu bringen, wie es hier geschah, wäre nicht möglich gewesen ohne das uneigennützige Zusammenwirken von öffentlichen Mitteln und privaten Spenden, von 21 Mitarbeiterinnen und Mitarbeitern sowie den durch Leihgaben ergänzten Bibliotheksbeständen aus den drei beteiligten Ländern.

Am vollständigsten präsentierten sich die über 120 Ausstellungsobjekte im Historischen Museum von Strassburg, wobei besondere Aufmerksamkeit den verschiedenen Erscheinungs- und Darstellungsformen des Narren geschenkt wurde. An den andern Orten zwangen Ausleih- und Raumbeschränkungen zu einer gewissen Auswahl. In Basel konzentrierte man sich auf das ‹Narren Schyff› selbst, angesichts des Genius loci in der Papiermühle, deren wissenschaftlicher Leiter anhand der Wasserzeichen nachweisen konnte, dass eben aus ihr, jedenfalls zum Teil, das Papier der ausgestellten Erstausgabe stammt. Zum ersten und für längere Zeit wohl einzigen Mal waren alle vier Drucke des Jahres 1494 aus Basel, Nürnberg, Reutlingen und Augsburg, alle drei Ausgaben von 1495 und alle lateinischen Übersetzungen aus dem 15. Jahrhundert mit dem Bilderschmuck, an dem bekanntlich Albrecht Dürer wesentlichen Anteil haben soll, an einem Ort zu sehen. Um der stets drohenden Eintönigkeit einer vorwiegend auf schriftlichen Dokumenten beruhenden Schau entgegenzuwirken, wurde der lokale Bezug auch sonst unterstrichen, so durch einen Ueli vom Vogel Gryff, dessen blaues Kostüm mit den typischen Abzeichen des Narren Besucherinnen und Besucher am Eingang begrüsste. In Basel wie in Strassburg wurde auch bei der Eröffnung eine Narrenglocke überreicht, die fortan dem Präsidenten des Grossen Rates resp. der Bürgermeisterin dient. Die Internationalität des EUCOR-Projektes bezeugte auch mit seiner durchgängigen Zweisprachigkeit der Ausstellungskatalog, herausgegeben durch den Christoph Merian Verlag, ein Katalog, der als massgebliche Publikation über den aktuellen Forschungsstand hinausführt und damit den bleibenden wissenschaftlichen Ertrag des Jubiläumsjahres festhält.

1444: St. Jakob an der Birs

Werner Meyer

Hintergründe, Verlauf und Auswirkungen der Schlacht vom 26. August 1444

Mit den vielen Schlachtfeiern, die turnusmässig in der Schweiz abgehalten werden und an blutige Ereignisse wie Morgarten, Sempach, Näfels oder Dornach erinnern, erhält der Irrglaube, kriegerische Erfolge hätten das Schicksal der Eidgenossenschaft in glückhafter Weise geprägt, stets neue Nahrung. Mit Niederlagen tut man sich schwerer: Man verschweigt sie, spielt sie herunter oder deutet sie als Sieg um. Am 26. August 1444 ist bei St. Jakob an der Birs eine eidgenössische Schar fast vollständig abgeschlachtet worden, was die patriotischen Festredner im 19. und 20. Jahrhundert nicht daran hinderte, das grässliche Gemetzel als Erfolg zu werten, dank welchem Basel und die Eidgenossenschaft aus drohender Gefahr gerettet worden seien. An der Schlachtfeier von 1944 zum Beispiel verstieg man sich zur Behauptung, der ‹Heldentod› der Eidgenossen sei notwendig gewesen, um den Krieg politisch zu gewinnen. Dass zur gleichen Zeit im Deutschen Reich die nationalsozialistische Führung ihrem Volk die Katastrophe von Stalingrad mit analogen Argumenten zu rechtfertigen versuchte, scheint bis heute niemandem aufgefallen zu sein.

Wohltuend heben sich von der blutrünstigen, irgendwie naiven, historisch jedenfalls unhaltbaren Verherrlichung des Kriegertodes, wie sie an früheren Feiern betrieben worden ist, die Worte von Regierungspräsident Christoph Stutz im Programmheft des St. Jakobs-Festes von 1994 ab: «Die Feier erinnert uns an die Schlacht und damit an unsere Verpflichtung, Konflikte anders zu lösen, als dies vor 550 Jahren der Fall war…».

Tatsächlich haben wir uns heute, am Ausgang des 20. Jahrhunderts, nicht nur von Leitbildern zu trennen, die sich am Lehrsatz von Clausewitz orientieren, ein Krieg sei die Fortsetzung der Politik mit anderen Mitteln; wir stehen auch vor der Aufgabe einer gewaltigen ideologischen Entrümpelung unseres von mythischen Scheinwelten geprägten Geschichtsbildes. Dieses füllt zwar einen wesentlichen Teil des schweizerischen Identitätsbewusstseins aus, liefert aber zur Beurteilung von politischen Entscheidungen keine stichhaltigen Argumente.

Während andere patriotische Erzählungen – man denke an Tell oder an den Rütlischwur – als Ganzes in den Bereich der Sage zu verbannen sind, gilt es bei der Schlacht von St. Jakob, die als historisches Ereignis ja unbestritten ist, die geschichtliche Wirklichkeit aus einem Wust von verherrlichenden Fehldeutungen herauszuschälen.

Im Sommer 1444 herrscht in der Schweiz und am Oberrhein ein unbeschreiblicher Kriegszustand, unter dem die Bevölkerung auf dem Lande entsetzlich leidet. Im Aargau und in der Ostschweiz raufen sich die Zürcher mit den von den übrigen Eidgenossen unterstützten Schwyzern um das Erbe des letzten, 1436 verstorbenen Grafen von Toggenburg. Territorialpolitisch ist der Konflikt um 1440 mit der Besetzung der strittigen Gebiete durch die Schwyzer entschieden worden. Die vergeblichen Versuche der Zürcher, ihre Ansprüche mit Waffengewalt durchzusetzen, haben aber einen Krieg ausgelöst, der nun seit Jahren das Land verheert, ohne dass ein Ende abzusehen wäre. Die Stadt Zürich, die mehr Schläge einstecken muss als sie auszuteilen vermag, verbündet sich daher 1442 mit dem Hause Österreich, ohne dass sich am Kräfteverhältnis viel ändert.

Am Oberrhein hat sich seit etwa 1440 ein

Schlachtfeld von St. Jakob nach Hans Asper 1546. Zahllose Eidgenossen sind im Kampf gefallen, in der Mitte die brennende Kirche von St. Jakob, vorne rechts ein Trupp der Armagnaken. Holzschnitt aus der Schweizerchronik des Johannes Stumpf. ▷

Konflikt zwischen der Stadt Basel und dem österreichischen Adel entwickelt, der sich um Standesinteressen, Wirtschaftsfragen und Herrschaftsrechte dreht und als zermürbender Kleinkrieg ausgetragen wird. Basel ist seit 1441 mit Bern und Solothurn auf zwanzig Jahre verbündet, doch werten Meinungsverschiedenheiten über die Auslegung der Vertragsverpflichtungen das Bündnis fast bis zur Wirkungslosigkeit ab.

In diesen jahrelangen Kriegsläufen ist ein eidgenössisches Kriegertum gediehen, das der obrigkeitlichen Kontrolle immer mehr entgleitet und mit Terror, Plünderung und gotteslästerlicher Grausamkeit seine eigenen Vorstellungen von Ehre und Ruhm zu verwirklichen trachtet. Das wilde, von Rachedurst erfüllte Treiben rückt jede Hoffnung auf einen friedlichen Ausgleich in weite Ferne.

Seit 1443 sucht Österreich auswärtige Hilfe.

Nach dem Waffenstillstand im Hundertjährigen Krieg zwischen Frankreich und England ist der französische König Karl VII. bereit, die beschäftigungslose Söldnertruppe der Armagnaken oder ‹Schinder› dem Hause Österreich zur Verfügung zu stellen. Die Leitung des Unternehmens wird dem Dauphin, dem französischen Kronprinzen Louis, übertragen. Er rückt im August 1444 von Langres aus über Montbéliard langsam in Richtung Basel vor; was er tatsächlich im Schilde führt, weiss niemand.

In diesen Wochen belagern die Eidgenossen erfolglos Zürich. Da stecken zwei österreichische Herren, Hans von Rechberg und Thomas von Falkenstein, Ende Juli das bernische Städtchen Brugg in Brand und ziehen sich auf die Feste Farnsburg zurück, verfolgt von etwa 300 Eidgenossen, die sich mit Hilfe von Basler Artillerie an die Belagerung der Burg machen. Deren Einnahme aber lässt auf sich warten, in

Säckingen sammeln sich österreichische Entsatztruppen, die ersten Streifscharen der Armagnaken tauchen vor Basel auf. Jetzt entschliessen sich die eidgenössischen Hauptleute vor Zürich, weitere 1200 Mann vor die Farnsburg zu schicken, um die Belagerungstruppe durch bewegliche Aktionen vor Gegenangriffen zu schützen. Als dieses Kontingent am 25. August vor der Farnsburg eintrifft, vernimmt man, dass sich ein paar hundert berittene Armagnaken bei Pratteln aufhalten. Um sie zu vertreiben, ziehen die 1200 Eidgenossen noch in derselben Nacht weiter. In Liestal schliesst sich ihnen mit 300 Mann Henmann Sevogel an, der Befehlshaber der Basler Garnison. Vermutlich hat er die Absicht, auf das Unternehmen mässigend einzuwirken, denn für die Stadt Basel, die dem Dauphin bereits Verhandlungen angeboten hat, käme jeder kriegerische Zwischenfall höchst ungelegen.

Wie sich im Morgengrauen des 26. Augusts die kampflustigen Eidgenossen bei Pratteln auf die gegnerische Reiterei stürzen und sie in die Flucht schlagen, ahnt noch niemand, dass eine Schlacht begonnen hat, die den ganzen Tag über andauern wird. Vor allem aber weiss niemand, worum es eigentlich geht. Die eidgenössischen Krieger, junge Burschen zwischen 14 und 20 Jahren, politisch völlig ahnungslos, setzen den fliehenden Armagnaken nach und überrennen dabei auch eine gegnerische Abteilung, die sich bei Muttenz aufgestellt hat. An der Birs tritt eine Gefechtspause ein, wie soll es weitergehen? Eine Umkehr würde als schmähliche Niederlage gedeutet, bei einem Stehenbleiben wäre man nach kurzer Zeit von überlegenen Feindkräften umzingelt, die kriegerische Geltungssucht drängt zum Angriff. Ein Basler Bote, der den in Raserei geratenen Haufen warnen will, wird kurzerhand erschlagen. Auch Henmann Sevogel, dessen Tod in der Schlacht bezeugt ist, fällt – möglicherweise nicht von Armagnakenhand, sondern beim Versuch, die tobenden Eidgenossen zu zügeln. Zwar haben die Hauptleute die Weisung, nicht zu weit nach Basel vorzustossen, da man nicht will, dass die eidgenössische Schar in Versuchung gerät, bei der Verteidigung der Stadt mitzuhelfen. Die unkontrollierbare Kampfeswut jedoch fegt alle politischen Bedenken hinweg. Die Eidgenossen

überqueren die Birs und stürmen bei Brüglingen auf das Plateau, wo sich heute das Dreispitzquartier ausdehnt. Hier entbrennt um 8 Uhr der mehrstündige Hauptkampf, in dem die Eidgenossen gegen eine achtfache Übermacht blutige Verluste erleiden.

In Basel verlangen die eidgenossenfreundlichen Zünftler tumultuarisch einen Ausfall zur Rettung der Bedrängten. Widerwillig gibt die Obrigkeit nach. Bei der Katharinenkapelle, wo heute das St. Jakobs-Denkmal steht, kehrt man aber ernüchtert wieder um, ohne in Feindkontakt geraten zu sein. Dieser an sich wenig rühmliche Ausgang des Unternehmens wird später die Verhandlungen zwischen Basel und dem Dauphin erleichtern.

Um die Mittagszeit wird für die zusammenschmelzende Schar der Eidgenossen die Lage immer verzweifelter. Mit letzter Kraft schlagen sie sich zu den Gebäulichkeiten der Siechenhäuser von St. Jakob durch, wo es im Laufe des Nachmittages nach kurzer Gefechtspause zum Endkampf kommt. Erst bei Einbruch der Dunkelheit geht das Gemetzel zu Ende. Verhandlungen sind am Starrsinn der Eidgenossen und am Widerstand des österreichischen Adels gescheitert, der zuletzt auch noch auf dem Schauplatz erschienen war. Knapp 200 Mann, meist Verwundete und Versprengte, kommen mit dem Leben davon. Die Armagnaken haben haben über 2000 Mann verloren.

Von den Führungskräften hat niemand diesen Kampf gewollt. Der Dauphin ist der Schlacht wohlweislich ferngeblieben, um mit dem Geschehen nicht in Verbindung gebracht zu werden. Im ganzen Kräftespiel, das nach der Schlacht anhebt, verfügt er daher über die besten Karten. Er lässt seine Truppen das Elsass plündern, um sich für die Zahlungsunfähigkeit Österreichs schadlos zu halten. An einen Einfall in die Eidgenossenschaft, in der es für ihn nichts zu gewinnen gibt, hat er von Anfang an nie ernsthaft gedacht. Mit Basel einigt er sich, indem die Stadt ihren Markt seinen Truppen zum Verscherbeln des im Elsass zusammengeraubten Plündergutes öffnet. Und da zwischen ihm und den Eidgenossen nie eine Konfliktsituation bestanden hat – abgesehen von dem absurden Zwischenfall bei St. Jakob – kommt es zu Friedensverhandlungen, die am 28. Okto-

Steinerne Geschützkugel. Das Kaliber von ca. 9 cm weist auf eine sogenannte Tarrasbüchse hin. Drei dieser leicht-kalibrigen Geschütze wurden von den Armagna-ken eingesetzt, um eine Bresche in die Gartenmauer des Siechenhauses zu schiessen. (Altfund von St. Jakob, Historisches Museum Basel.) ▷

reich ihren Abschluss finden. Im April 1445 ziehen die Armagnaken aus dem verwüsteten Elsass ab.

Sobald die Toten der Schlacht von St. Jakob in Massengräbern bestattet sind, kann man zur Tagesordnung übergehen: Der Krieg im Zürich-biet geht mit unverminderter Heftigkeit weiter, er wird erst 1450 beigelegt. Der Kampf zwischen Basel und dem österreichischen Adel dauert munter bis zur Breisacher Richtung von 1449 fort. Das ohnehin brüchige Bündnis zwischen Basel, Bern und Solothurn erlebt eine Krise nach der andern und läuft 1461 zur allgemeinen Erleichterung ab, ohne dass eine Erneuerung auch nur erwogen wird.

Die Schlacht bei St. Jakob an der Birs hat sich zwar aus einer politischen Konfliktsituation heraus entwickelt, ist aber ohne politische Absichten geschlagen worden und hat keine politischen Folgen gezeitigt. Die jungen Krieger, getrieben von ihrer Ehrsucht, sind nur für sich selber gestorben.

ber 1444 in Ensisheim mit einem sehr allgemein formulierten Freundschaftsvertrag zwischen den Eidgenossen, der Stadt Basel und dem Dauphin namens des Königs von Frank-

△
Gut erhaltenes Schwert aus dem späten 14. Jahrhundert. Bodenfund vom mutmasslichen Kampfgelände. Ob diese Waffe tatsächlich anlässlich der Schlacht bei St. Jakob verlorengegangen ist, lässt sich nicht mit Sicherheit sagen. (Histor. Museum Basel.)

Literatur

August Bernoulli, Die Schlacht bei St. Jakob an der Birs, eine kritische Untersuchung, Basel 1877.
H. Witte, Die Armagnaken im Elsass 1439–1445, Strassburg 1889.
Gedenkbuch zur Fünfhundertjahrfeier der Schlacht bei St. Jakob an der Birs vom 26. August 1444, hrsg. von der Historischen und Antiquarischen Gesellschaft zu Basel, Basel 1944 (mit Aufsätzen von Hans Georg Wackernagel, Eduard Achilles Gessler, Rudolf Riggenbach und Max Burckhardt).
Werner Geiser (Hrsg.), Ereignis – Mythos – Deutung, 1444–1994 St. Jakob an der Birs (diverse Autoren), Basel 1994 (mit umfassenden Literaturangaben).

Brigitte Meles

Die Denkmäler für die Schlacht bei St. Jakob

Das erste Denkmal von Marquard Wocher

Ende des 18. Jahrhunderts kam in Basel die Idee auf, ein Erinnerungsmal für die Schlacht von St. Jakob zu errichten, um die letzte Ruhestätte der Helden zu ehren. Das Denkmal sollte auf jenem Hügel errichtet werden, der, wie man damals glaubte, die sterblichen Reste der Eidgenossen bedeckte. 1824 wurde der neugotische Pfeiler von Marquard Wocher vor dem neu erbauten Sommercasino eingeweiht. Er bestand aus rotem Sandstein und war 12 Meter hoch.[1] Nach dem Vorbild gotischer Figurentabernakel gestaltet, enthielt er jedoch keine Figur, sondern eine Tafel mit der Widmung «Den bei St. Jakob im Jahre 1444 gefallenen Schweizern, die Bürger von Basel 1823» sowie die Wappen der beteiligten Orte. Ähnliche Denkmäler, allerdings aus Gusseisen, standen als Erinnerung an die Befreiungskriege in Berlin. Kein geringerer als Karl Friedrich Schinkel hatte sie entworfen. Am Pfeiler vor dem Sommercasino versammelten sich zum Gedenken an die Helden am 26. August in der ersten Jahrhunderthälfte Vereine und die Studentenverbindung ‹Zofingia›. Die ‹Liedertafel› sang nach der Lesung der Schlachtbeschreibung von Johannes von Müller patriotische Lieder, patriotische Reden wurden gehalten.

Der weiche Sandstein verwitterte rasch. Bereits in den 1850er Jahren war der Verfall des Denkmals unübersehbar, und nach verschiedenen Vorstössen berief der Stadtrat 1860 eine Kommission, die das Wettbewerbsprogramm für ein neues Denkmal ausarbeiten sollte.[2] Erwartungsgemäss überwogen quantitativ und qualitativ im Wettbewerb die sogenannten architektonischen Entwürfe, während nur zwei figürli-

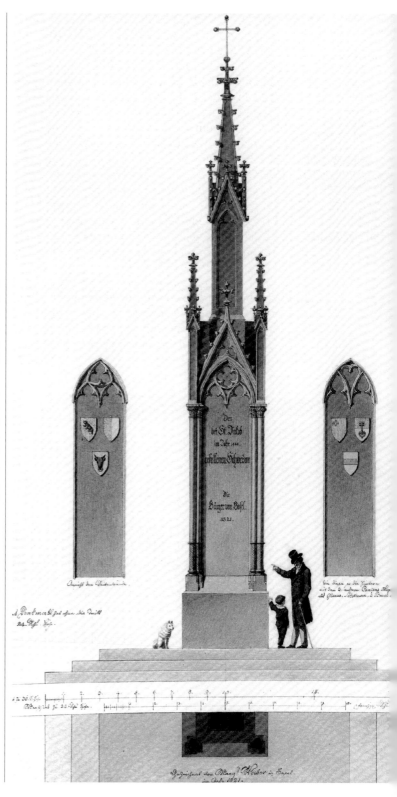

Ausführungsentwurf für das erste St. Jakobs-Denkmal von Marquard Wocher, 1821.
◁

Der jugendliche Steinwerfer, der sterbend den hochmütigen Ritter Burkart Münch erschlägt. Figur am zweiten St. Jakobs-Denkmal von Ferdinand Schlöth, 1872. ▷

che Projekte eingereicht wurden. Sie stammten von Ferdinand Lukas Schlöth (1818–1891) und Rudolf Heinrich Meili (1827–1882). Nachdem sich die Jury, der auch Jacob Burckhardt angehörte, teilweise contre cœur wieder für ein architektonisches Denkmal entschieden hatte, bewirkte die Opposition der Künstlergesellschaft und ein von ihr initiierter zweiter Wettbewerb die Wende zum Figürlichen. Nicht nur der Publikumsgeschmack hatte sich seit 1824 verändert, auch das kunstpolitische Interesse der Bürgerschaft war stärker geworden. Man hatte inzwischen anderswo zeitgemässere Denkmäler kennengelernt.[3] Der Stadtrat delegierte die Angelegenheit an die Künstlergesellschaft[4], und 1863 wurden von den Entwürfen Robert Durers und Ferdinand Schlöths Silhouetten in Originalgrösse auf dem Petersplatz zur Bemusterung aufgestellt. Für den Entwurf Schlöths hatte sich die Künstlergesellschaft bereits zuvor entschieden, und der in Rom lebende Basler Bildhauer wurde mit der Ausführung beauftragt. Von 1863 bis 1871 arbeitete er an der Skulpturengruppe, die 1872 an ihrem heutigen Standort, der Verzweigung von St. Jakobs- und Münchensteinerstrasse aufgestellt wurde.

Das zweite St. Jakobs-Denkmal von Ferdinand Schlöth

Der Sockel, ein Kreuz aus hellgrauem Solothurner Kalkstein, trägt fünf Figuren aus weissem carrarischem Marmor. Auf den Kreuzarmen kauern vier männliche Kriegerfiguren, in ihrer Mitte auf hohem Postament erhebt sich, die Arme ausgebreitet, eine überlebensgrosse weibliche Gestalt, die über drei Meter hohe Helvetia. Sie steht auf einer Plinthe, die rückseitig den Namen des Künstlers, Entstehungsort und Datum trägt. Auf der Vorderseite des Sockels steht, weithin sichtbar, die Inschrift:

UNSRE SEELEN
GOTT
UNSRE LEIBER
DEN FEINDEN

Die vier kauernden Krieger repräsentieren die mythisch überhöhten Ereignisse vor den Toren Basels am 26. August 1444. Ikonographisch sind sie in ihrer Haltung und in ihrem Ausdruck

von den drei Wächtern am Grabe Christi abzuleiten. Vorne rechts sitzt mit gesenktem Kopf der tote Fahnenträger. Seine Verletzung, ein Loch am Scheitel in der Beckenhaube, ist dem Betrachter zugewandt. In der erstarrten Linken hält er eine Fahne, in der Rechten ein abgebrochenes Schwert. Unter dem Toten liegen als Beute ein Helm und ein Reiterstreitkolben. Auf dem Kreuzarm vorne links kniet in Abwehrstellung, die Halbarte mit metallener Klinge erhoben, ein Mann reifen Alters. Seine Züge zeigen keinerlei Schmerzempfindung, trotz des tief im rechten Unterschenkel steckenden Pfeils. Er lehnt an einem Kreuz aus Stein, wohl in Anspielung auf den umkämpften Friedhof von St. Jakob. Die Figuren auf den Kreuzarmen der Rückseite sind ohne Rüstung und deutlich jünger. Der rechte Krieger verteidigt sich mit einer Armbrust und ist als alpenländischer Jäger dargestellt. Auf den Schultern trägt er ein Widderfell mit Hörnern und Hufen. (Nach antiker Überlieferung symbolisieren Hufe und Horn des Widders ungezügelte Kraft, man denke an die zahlreichen Satyrdarstellungen.) Der linke, jugendliche Krieger auf der Rückseite holt, in der Rechten einen kantigen Stein, weit zum

Wurf aus. In seiner Brust klafft eine Stichwunde, er trägt die schlichte und idealisierte Bekleidung des Innerschweizer Hirten. Vollkommen vertraut war den Zeitgenossen Schlöths, warum einer der Krieger ein Steinwerfer sein musste. Nach der wohl am häufigsten geschilderten und dargestellten Episode der Schlacht rächte er sich noch sterbend an Burkart Münch.

Am Nachmittag des 26. August 1872 wurde das Denkmal in einem feierlichen Akt enthüllt. Das Werk, Ehrung für ein gefallenes Heer, war erst nach jahrelangen öffentlichen Auseinandersetzungen zustande gekommen. Auch in der Folge prägten Widersprüche den Umgang mit Werk und Mythos: Mehrere Male wurden Waffenteile abgebrochen, der Marmor mit frischem Blut beschmiert; anlässlich der 550-Jahr-Feier schlugen Gegner der Festlichkeiten der Gestalt den Lorbeerkranz mitsamt der rechten Hand ab.

Anmerkungen

1 Zur Geschichte dieses Denkmals siehe Veronika Hänggi-Gampp, Das erste St. Jakobs-Denkmal, in: Basler Zeitschrift für Geschichte und Altertumskunde 1983, S. 127–173.
2 Die Ereignisse schilderte Max Burckhardt, Zur Geschichte des St. Jakobs-Denkmals und des St. Jakobsfestes, in: Basler Jahrbuch 1939, S. 94–126.
3 In diesem Sinne äussert sich auch der Stadtrat im ersten Ratschlag zum Denkmal am 6.11.1861.

Die Rückseite der Helvetia. Zwei Tage vor der Denkmalsenthüllung erschien in Basel das Gedicht ‹Heil dir, Helvetia›, in dem die Landesmutter zum Schutz angerufen wird. ◁

Markus Kutter

In dubio jubilo

Verständnis und Missverständnis

1992: 600 Jahre Gross- und Kleinbasel zusammen. 1994: 550 Jahre seit der Schlacht bei St. Jakob, 400. Wiederkehr des Geburtstages von Bürgermeister Wettstein. 1995: 200 Jahre Basler Frieden. 1998: 350 Jahre formelle Unabhängigkeit der Schweiz vom Reich, 200 Jahre Helvetik, 150 Jahre Bundesstaat. 2001 dann: Basel 500 Jahre im Bund. Es hagelt, schon wenn wir nur auf die kantonale und nationale Geschichte blicken, Jubiläen. Und es werden in der gleichen Zeit noch mehr, wenn wir auch der ersten Proklamation des Staates Israel (1897 erster Zionisten-Kongress in Basel) oder des Weltkriegsendes auf dem europäischen Kontinent gedenken wollen.

Warum Jubiläumsfeiern?

Jubiläen feiern hängt mit unserem Zählsystem zusammen. Es ist dezimal angelegt, also gibt es Jahrtausende, Jahrhunderte, Dezennien und Lustren; ein runder Geburtstag ist sicher der 50., ob man eher den 70. als sieben volle Dezennien oder den 75. als ein Dreivierteljahrhundert feiern soll, ist Interpretationssache. Wäre unser Zählsystem auf der 12 aufgebaut, würden wir ganz andere Jubiläen feiern.

Ein Gedenken an die Wiederkehr eines Datums ist dann angebracht, wenn es für das Schicksal der jeweiligen Gemeinschaft ein entscheidendes schien zu der Zeit, da es sich ereignete und uns noch heute bedeutungsvoll vorkommen soll. Da tut sich eine erste Schere auf: Wettsteins Geburtsjahr 1594 war für die damaligen Basler belanglos, weil Wettstein erst als Landvogt, Bürgermeister und Gesandter an die Westfälischen Friedensschlüsse für Basel und die Schweiz wichtig wurde. Es brauchte also die Leistung des erwachsenen Wettsteins, damit

sein Geburtsjahr für erinnerungswürdig gehalten werden konnte. Vom Kauf des Kleinbasel durch die Grossbasler – um es sehr vereinfacht zu sagen – wissen wir dank exakten historischen Untersuchungen, dass er 1392 kaum als «historisches» Ereignis gewertet wurde, bestenfalls als die finanztechnische Legitimierung einer politischen Situation. Es zogen wohl keine freudig erregten Trommler durch die Stadt. Das war auch beim Basler Frieden von 1795 nicht der Fall. Sein Abschluss wurde zögerlich und nur sorgfältig dosiert bekanntgegeben, bestimmt aber im kleinen Kreis der Eingeweihten hochgemut gefeiert. Für Basel war er zwar nicht politisch, wohl aber diplomatisch bedeutungsvoll; Basel spielte damals die Rolle, die Genf heute in der internationalen Politik innehat. Für Preussen war er lebenswichtig, für Polen verhängnisvoll, für die kaiserlichen Niederlande bedrohlich, für Baden der erste Schritt zum Grossherzogtum, für Frankreich der Anfang der napoleonischen Grossmachtpolitik, für das literarische Weimar bedeutete er den Auftakt zur klassischen Periode mit Goethe und Schiller.

Schlimm ist es dem Datum 1444 ergangen, St. Jakob an der Birs. Es waren keine patriotischen Eidgenossen, die damals dem französischen Dauphin den Einzug in die Schweiz verdarben; die Schlacht war die Folge einer militärischen Disziplinlosigkeit von Halbstarken. Die Basler wollten nicht um jeden Preis den Eidgenossen zu Hilfe kommen, sondern verhandelten bereits mit den Franzosen. Sie verteidigten nicht ihre Nachbarn, sondern liessen das von den Armagnaken geraubte Gut auf ihrem Markt verkaufen. Im Hintergrund war keine ausländische Eroberungssucht auszumachen, sondern ein

Bürgerkrieg zwischen den Zürchern, unterstützt von Österreich, und den eidgenössischen Bundesgenossen. Die Inszenierung der St. Jakobsfeier datiert wohl von Johannes von Müller über Rudolf Wackernagel bis nach dem Zweiten Weltkrieg – jetzt ist der Lack ab. Die Statue der Helvetia an der St. Jakobsstrasse hat – traurig genug – den Lorbeerkranz verloren. Es wird nicht leicht sein, in Zukunft wieder eine Feier zu inszenieren, vielleicht fand 1994 auch die letzte statt.

Dies festzustellen, ist nicht ironische Freude, sondern Anlass, zum Kern des Themas zurückzukehren: Verständnis und Missverständnis. Inzwischen haben wir es schwarz auf weiss: Die bisherige Interpretation der Schlacht von St. Jakob war ein – begreifliches, nachvollziehbares, sogar legitimes – Missverständnis, jetzt hat sich ein sachkundigeres Verständnis wie eine Hand unter das Tischtuch geschoben und die schönen Weingläser (mit dem Schweizerblut) umfallen lassen. Sollen wir den Historikern und Historikerinnen gram sein, dass sie uns die Fakten in neuen Zusammenhängen darlegen? Noch schärfer gesagt: Ist ein Mythos besser als die geschichtliche Wahrheit – wobei vorweg zu sagen wäre, dass der eidgenössische Krieger, der sich damals gegen die Armagnaken schlug, vielleicht eine weitere , wiederum ziemlich andere ‹Wahrheit› hätte berichten können?

Vom Nutzen der Geschichtsbetrachtung

Wir stossen auf eine beunruhigende Frage: Was ist der Nutzen der Geschichtsbetrachtung? ‹Identitätsstiftung› lautet die generelle, etwas vorschnelle Antwort. Ich erkenne mich im Ereignis – nein: in der Berichterstattung über das Ereignis (im Verständnis des Ereignisses) als derjenige, der ich bin. Als Individuum also? Gewiss nicht, oder nicht nur. Als einzelner Mensch kann ich mein Vergnügen oder mein Missfallen über die Entzauberung der Schlacht bei St. Jakob empfinden oder auch den Reichtum historischer Berichterstattung und Reflexion geniessen, aber ich bin ja nicht allein. Es geht auch darum, wie die andern Leute, meine Zeitgenossen im gleichen Lebensraum, so etwas erfahren. Es geht um uns gemeinsam, also um die Basler, die alten Eidgenossen, die Schweizerinnen und Schweizer von heute, die

Bewohner des Oberrheins, die europäischen Nachbarn. Geschichte nachvollziehen oder sich ganz einfach erzählen lassen, wie es früher einmal war und woher alles kommt, setzt einen Raum voraus, in dem sich etwas ereignete, was diesen Raum, der zugleich eine Gesellschaft ist, etwas angeht: Die Gemeinschaft erkennt sich entlang den Nachrichten aus ihrer Vergangenheit – so wie ich eben auch weiss, dass ich der Sohn meiner Eltern bin.

Wir sind seit der Französischen Revolution gewohnt, diesen Raum nationalstaatlich zu definieren; auch eine Dorfgeschichte, eine Stadtgeschichte ist in diesem Sinn nationalstaatlich. Davor war das anders; die Basler Chronik von Christian Wurstisen aus dem späten 16. Jahrhundert nannte sich zugleich die Geschichte der oberen deutschen Lande. Die Übereinstimmung von Territorium, Recht, Steuerpflicht, Währungseinheit und Machtbefugnis seit der grossen Revolution hat einen Staatsbegriff geschaffen, den unsere Vorfahren vor 1789 noch nicht kannten. Das wird gern vergessen.

So wie ich einer Familie angehöre, gehöre ich, sogar wenn ich Zuzüger bin oder meine Vorfahren Zuzüger waren, auch einer politisch und räumlich definierten Gemeinschaft im kleineren oder grösseren Rahmen an. Für unsere Nachbarn schon in Lörrach oder Hüningen ist das Datum 1444 der Schlacht bei St. Jakob an der Birs kaum von Belang – nicht weil ihre Vorfahren davon nicht betroffen gewesen wären, sondern weil sie seit vielen Jahrhunderten politisch anders organisiert sind. Sie litten nicht weniger unter Raubzügen und plündernder Soldateska, häufig waren auch die Basler daran beteiligt und vergnügten sich damit, Dorfbewohnerinnen zu vergewaltigen, das Vieh aus den Ställen zu reissen, Rebberge umzutrampeln und ganze Dörfer anzuzünden. Es gibt hier wenig zu beschönigen, Basler und Eidgenossen konnten durchaus wie Armagnaken wüten.

Was heisst also Verständnis für die Vergangenheit? Geschichte in ihrer ganzen Breite und Tiefe mit der Fülle aller abrufbarer Fakten ist nicht reproduzierbar; die ‹histoire totale› ist ein Wunschtraum, der seit der Verfügbarkeit von Archivbeständen aus dem späten Mittelalter an die Grenze der praktisch unendlichen Fülle des

Materials und der Gesichtspunkte, unter denen es begriffen werden kann, stösst. Den vorrangigen Gesichtspunkt, unter dem diese Fülle begriffen und geordnet werden konnte, lieferte der Nationalstaat des 19. Jahrhunderts. Danach durfte die Schlacht von St. Jakob als die todesmutige Aufopferung junger Kriegsvölker zur Bewahrung der hinter ihnen liegenden Schweiz verstanden werden. Und das noch nicht eidgenössische Basel konnte im Rückblick als ein Gemeinwesen begriffen werden, das von dieser ‹Heldentat› dazu bewegt wurde, in ein näheres Verhältnis zu den Eidgenossen von der anderen Seite des Jura zu treten. In Wirklichkeit, das wissen wir heute, war es nicht so, sondern diese Sicht der Dinge drängte sich seit der Helvetischen Republik und dann dem Bundesstaat von 1848 auf. Wenn heute, 50 Jahre nach dem Zweiten Weltkrieg, eine andere Interpretation möglich geworden ist, ein neues Verständnis an die Stelle alter Missverständnisse tritt, kann das auch heissen, dass der nationalstaatliche Gesichtspunkt an Bedeutung verliert.

Klio ist eine Muse

Geschichtsschreibung stellt nicht Wahrheit her, sondern blickt aus ihrer jeweiligen Gegenwart auf Vergangenes zurück. Klio, auch wenn sie sich wissenschaftlich gebärdet, gehört zum Kreis der neun Musen. Geschichte ist immer ein Bild, das heisst nicht einfach eine poetische Fiktion, aber eine gedankliche Gliederung dessen, was sich dem forschenden Historiker offenbart. Er muss auswählen, weglassen, vereinfachen. Das kann er nur, wenn er selber irgendwo steht und zum Beispiel eine Gemeinschaft im Auge hat, für die er berichtet, oder ein Interesse verfolgt, das er als Schlüssel zu einem höheren Verständnis entdeckt. Geschichte ist unendlich, ist ein grenzenloser dreidimensionaler Komplex; alles hängt von der Schnittfläche ab, die ich durch diesen Komplex lege: auf ihr erscheinen die Figuren und Muster, die die Disziplin Geschichte so faszinierend machen können. Wenn sie so beschaffen sind, dass sie andere Leute interessieren und ihnen helfen, ihre gegenwärtige Lage zu begreifen, bekommt Geschichtsbetrachtung ihren Sinn. Sie wird Anleitung zum Handeln, rät da zur Vorsicht, spendet dort Mut, wertet bestehende Zustände auf oder

offenbart ihre letzliche Zufälligkeit. Geschichte kommt vom Geschichtenerzählen; von der erzählten Geschichte zur Fiktion oder zum Mythos ist es immer nur ein kleiner Schritt.

Eine Geschichts‹wissenschaft›, die ihren Auftrag darin sieht, bestehende Mythologien ihrer Sinngebung zu entkleiden, läuft auf einem gefährlichen Grat. Sie ist auf der einen Seite redlich, weil sie den Mythos mit der abrufbaren Faktizität der tatsächlichen Ereignisse konfrontiert. Sie ist in diesem Sinn sogar moralisch. Gleichzeitig sägt sie aber auch am Ast, auf dem sie sitzt. Denn wenn die Leute sagen: Ach, da war also nichts, die Armagnaken waren einfach beschäftigungslose Söldner, Sevogel hatte das Pech, nicht in Basel zu sein, und die Eidgenossen waren ein disziplinloses Jungvolk – was soll uns dann St. Jakob noch bedeuten? Die bislang erzählte Geschichte wird bedeutungslos, aber auch die Geschichte als Disziplin verliert Gewicht, weil Kritik an einer Geschichte das Geschichtenerzählen nicht ersetzen kann – ganz einfach, weil das Publikum fehlt.

Ich plädiere nicht dafür, einen Mythos intakt zu bewahren, aber ich plädiere dafür, über die Kritik am Mythos hinaus die erzählende Funktion der Geschichte aufrecht zu erhalten. Eine Historie, die ihr (vielleicht nicht mehrheitsfähiges) Publikum aus den Augen verliert, bringt die Geschichte zwangsläufig um ihre identitätsstiftende und unterrichtende Funktion.

1501 oder 1798?

Blicken wir gerade einmal auf das Datum 2001. 500 Jahre eidgenössisches Basel. Für die Historikergeneration um 1900 war das Jahr des Beitritts zur Eidgenossenschaft doppelt legitimiert: Es bildete einen Höhepunkt von höchster Farbigkeit in der demokratischen Zunft- und bücherdruckenden Gelehrtenstadt und zeigte daneben dieses noch immer in das deutsche Reich ausstrahlende Basel als eine neue Perle im eidgenössischen Diadem. Was wunder, dass diese Generation die historischen Umstände des Beitritts besonders genau aufarbeitete. Forschungsmässig gibt es heute vermutlich wenig Neues zu entdecken, es sei denn, man betrachtet die Sache einmal anders herum: Das Reich verliert die einstige Bischofs- und jetzige Reichsstadt Basel. (Merkwürdiges Detail: Die

Wappenscheiben im Regierungsratssaal von 1520 zeigen für alle alten eidgenössischen Orte noch den Reichsadler im goldenen Feld, nur bei der Basler Scheibe sucht man ihn vergebens.) Oder man fasst einmal die Figur des Sebastian Brant ins Auge, der die Stadt, die eidgenössisch werden wollte, in Erbitterung und mit Verachtung verliess.

2001 wird man demnach nicht anders feiern können, als man es bisher schon tat – also gut, Basel wurde eidgenössisch. Historisch fallen im besten Fall ein paar neue Anekdoten ab oder subtile Spiele im Hintergrund. Kein neues Verständnis an Stelle alter Missverständnisse. Ist eine Feier, die nichts anderes als eine Re-Inszenierung sein kann, das wert?

Was aber wäre eine andere Möglichkeit? Drei Jahre vorher bietet sich das Datum 1798 an. Ein schmerzliches, schamvolles, aber auch verwegenes, in eine gedachte Zukunft greifendes Datum. Für Basel bedeutet es etwas anderes als für Bern oder Nidwalden, der Waadt hat es die Unabhängigkeit, dem Aargau, Thurgau und Tessin die Selbständigkeit geschenkt, über die innerschweizerischen Kantone brachte es bitteres Leid. Die vaterländische nationalstaatliche Geschichte aus der Sicht des (unterdessen freisinnigen) Bundesstaates von 1848 hat das Datum 1798 verdrängt, tabuisiert, abgewertet. An einem sehr verborgenen Punkt hat man es den Baslern noch immer nicht verziehen, dass sie sich 1798 freiwillig und ohne Anwesenheit französischer Truppen revolutionierten. Wilhelm Oechsli war ein Historiker von erstaunlicher Quellenkenntnis und Kompetenz, aber für den Helvetischen Entwurf und seine Protagonisten hatte er letztlich nur Verachtung übrig; Carl Hilty war da scharfsichtiger. Ich sage es einmal sehr vereinfacht: Das Verhältnis der Schweiz zur Europäischen Union gleicht in ein paar Zügen dem damaligen Verhältnis der Schweiz zu Frankreich. Die regionalen Bewegungen im Elsass und unter den süddeutschen Jakobinern hatten mehr Einfluss auf die Staatsumwälzung in Basel, als man uns bisher gesagt hat. Die Basler Drucker Flick und Haas, der in Basel arbeitende Zeichner Marquard Wocher waren für die Schweiz wichtiger, als man das wahrnehmen will. Der durch Korrekturen im letzten Augenblick gekränkte Autor der Verfassung der

Helvetischen Republik, Peter Ochs, ist in Basel unzweifelhaft die politisch bedeutungsvollste Figur zwischen Bürgermeister Wettstein und unserer Gegenwart. Basel hat ihm kein Denkmal errichtet, begraben liegt er unter dem Asphalt der Spitalstrasse. Und was mich das Entscheidende dünkt: Ohne helvetische Verfassung kein Bundesstaat von 1848. Das Fundament, das die Helvetik für die moderne Schweiz legte, wurde zwar 1848 noch einmal verändert, aber unglaublich starke Mauern sind erhalten geblieben: Gleichberechtigung, Wegfall der Grenzen im Landesinnern, erstmalige Gewaltentrennung, ein Schweizer Bürgerrecht, Steuerpflicht für jedermann, einheitliches Recht, eine gemeinsame Währung, Trennung von Einwohner- und Bürgergemeinden, eidgenössisches Postregal, ein vereinheitlichtes Grundbuch – und noch heute wählen die beiden eidgenössischen Kammern den Bundesrat nach einem Verfahren, das erstmals 1798 erprobt wurde.

Oder, um es noch einmal vereinfacht zu sagen: Für die Helvetik, diesen kühnen und in der Folge grausam missratenen Staatsentwurf, fehlt uns soviel an Verständnis, dass notwendigerweise vergröberte Missverständnisse sich einschleichen mussten. Was für eine Gelegenheit also, 1998 neben des eidgenössisch kommemorierten Datums 1848 in Basel des Jahres 1798 zu gedenken!

Allmählich dämmert es der Schweiz von heute, dass ihr Problem, wie vor 200 Jahren, ein konstitutionelles werden könnte. Wie da die eidgenössischen Räte europäisches Recht als ‹Swisslex› umettiketieren, ruft Erinnerungen wach. Die kantonale Souveränität, in der Helvetik praktisch aufgehoben, in der Mediationszeit und bei der Bundeserneuerung von 1815 wieder auferstanden, 1848 möglichst kräftig von der Bundeshoheit abgegrenzt, verliert erschreckend an Bedeutung, weil völlig andere Zwänge regieren. Schon dürfen die Abschaffung des Ständemehrs, die Erschwerung des Initiativ- und Referendumsrechtes offen diskutiert werden. Die Helvetik hatte einst die drei Urkantone mit Zug zu einem Kanton Waldstätten zusammengefügt; die Grossagglomeration Zürich greift heute schon lange in das Gebiet der Kantone Aargau, Schaffhausen, Thurgau,

Schwyz und Zug hinein. Man hört Stimmen, wie sie – mutatis mutandis – in unserem Land vor 1798 schon einmal zu vernehmen waren. Die Leute, die im Basler Rathaus im Jahr 2001 den Schatten grosser Ereignisse im voraus erkennen wollen, sitzen weniger auf den Stühlen der damaligen Zunft- und Bürgermeister als auf denjenigen eines Peter Ochs, Peter Vischer, Lukas Legrand, Peter Burckhardt, Remigius Frey, Wernhard Huber. Hätte man besser auf sie gehört, wäre die Kantonstrennung von 1833 ausgeblieben. Nun wird uns das Jahr 2001 noch die Merkwürdigkeit bescheren, dass der heutige Kanton Basel-Landschaft, der 1501 sozusagen im Rucksack der Stadt Basel eidgenössisch wurde, ein Geschichtswerk vorzulegen gedenkt, das die kantonale Souveränität dieses Gemeinwesens historisch untermauern

möchte. Die Stadt hingegen scheint die Chance verpassen zu wollen, den in ihrem Fall nicht aufgezwungenen Umbruch von 1798 nach seiner geistigen, eidgenössischen und kantonalen Tragweite abzufragen und darzustellen.

In dubio jubilo!

‹In dubio jubilo› kann also zweierlei heissen: Wo man nicht mehr recht weiss, was es eigentlich zu feiern gäbe, veranstaltet man auf jeden Fall ein Jubiläum, wie man es schon immer gemacht hat. Es könte aber auch meinen: Wo Zweifel über Tragweite und Sinn eines wiederkehrenden Datums bestehen, muss man sich dann zu einem Jubiläum entschliessen, wenn sich anstelle von Missverständnissen ein neues, vielleicht sogar erstmaliges Verständnis schaffen lässt.

Zunächst die Worte…

Auf Druck der Basler Landschaft und der fortschrittlich orientierten Eliten der Stadt verkündeten Anfang Mai 1791 der Bürgermeister sowie der Kleine und der Grosse Rat, *«dass die Leibeigenschaft, mit welcher die Landleute der Stadt zugethan sind, aufgehoben und zernichtet, sie nebst ihrer Nachkommen auf immer für leibesfreye Unterthanen erklärt seyn (…).»* Fortan sollen Stadtbürger, die Untertanen als Leibeigene beschimpfen, bestraft werden.

… dann die Taten

Doch erst 1798 setzt die Revolution in Basel auch die politische Gleichheit in die Realität um. Gleichzeitig legt der Basler Peter Ochs mit seiner Helvetischen Verfassung den eigentlichen Grundstein für den späteren Bundesstaat von 1848.

41

Gentechnologie in Basel

In den 70er und 80er Jahren stand die Atomenergie im Mittelpunkt einer gesellschaftlichen Diskussion über Wirtschaftswachstum, Wohlstand, Risiko und Ethik. An ihre Stelle ist heute die Gentechnologie getreten. Während die ethisch motivierte Kritik an der Gentechnologie nicht abnimmt, expandiert diese mit grossen Schritten. Die Forschungserfolge machen sich nicht nur auf dem Arztrezept, sondern auch auf dem Speisezettel bemerkbar.

Gleichzeitig haben sich seit Beginn der 90er Jahre die wirtschaftlichen Bedingungen deutlich verändert. Die USA und die EU, vor allem aber die Billiglohnländer machen ihre Standortvorteile geltend. Angesichts dieser Entwicklung haben alle drei grossen Basler Chemiefirmen nicht nur auf Ausbaupläne in Basel verzichtet; sie sehen sich auch gezwungen, im Zuge von Restrukturierungen ihren Personalbestand in Basel zu redimensionieren und zunehmend Produktion und Forschung ins Ausland zu verlagern.

Vor diesem Hintergrund kommt der Haltung der Basler Bevölkerung gegenüber der Gentechnologie eine grosse Bedeutung zu. Umso wichtiger sind daher Veranstaltungen, in denen die Vor- und Nachteile dieser Technologie diskutiert und der Dialog zwischen Kritikern und Befürwortern gesucht wird. Auf den folgenden Seiten vermitteln ein Vertreter der Basler Chemie, ein Vertreter der Schweizerischen Gesellschaft für Umweltschutz und ein Vertreter der Organisatoren ihre Erfahrungen beim gemeinsamen Ausstellungsprojekt ‹20 Jahre Gentechnik – Pro und Contra›. *(Red.)*

Arthur Einsele

Die Suche nach einem Dialog

Die Entwicklung der Biologie in den letzten Jahrzehnten war gekennzeichnet von einem rasanten Wissenszuwachs der Zell- und Molekularbiologie und, weltweit, einer entsprechenden Schwerpunktbildung von Forschungs- und Ausbildungsanstrengungen in diesen vielversprechenden Gebieten. Zu diesen als sehr bedeutend beurteilten Gebieten gehören heute u.a.
– die Genetik, d.h. die molekulare Genetik sowie die Gentechnologie;
– die Strukturbiologie, umfassend das Verhältnis von Struktur und Funktion biologischer Membranen sowie die Struktur von Makromolekülen;
– und schliesslich die anwendungsorientierten Disziplinen der Biologie wie der Biotechnologie.

Weiterentwicklungen in Forschungsgebieten sind immer wieder eine Folge von neuen Techniken gewesen: Durch die Entwicklung und Entdeckung beispielsweise der Mikroskopie und später der Röntgenstrukturaufklärung wurden dem Wissenschaftler immer wieder neue faszinierende Instrumente zur Verfügung gestellt, welche es ihm ermöglichten, neue Erkenntnisse in der Biologie zu finden und in praktische Anwendungen, z.B. in der Medizin, umzusetzen.

Forscher aus Basel haben wesentlich zu Weiterentwicklungen von neuen Techniken, und damit zu neuen Erkenntnissen in der Gentechnologie resp. molekularen Biologie, beigetragen. Es kann mit Fug und Recht behauptet werden, dass Wissenschaftler aus Basel zur Evolution der Erkenntnisse in der Genetik von Gregor Mendel bis zur modernen Gentechnologie vieles und wesentliches beigetragen haben. Zwei Exponenten mögen dies – neben einer Vielzahl anderer bedeutender Wissenschaftler – erleuchten: Friedrich Miescher hat am Ende des letzten Jahrhunderts bereits entdeckt, dass die Substanz im Zellkern von Mikroorganismen, die Grundlage unserer Erbmasse also, rein chemisch beschrieben werden kann. In den 60er Jahren hat Werner Arber diejenigen Grundlagen gefunden, welche heute Tausenden von Forschern in aller Welt erlauben, genetische Informationen zu entschlüsseln, zu isolieren und neu zu kombinieren, kurz gesagt: Gentechnologie in den Labors erfolgreich durchzuführen. Es ist deshalb nicht erstaunlich, dass diese neue Technologie für die in Basel forschenden Hochschulen und Unternehmen zu einer Schlüsseltechnologie geworden ist.

Der chemisch-pharmazeutische Sektor beschäftigt in der Schweiz rund 71 000 Personen oder rund 9 % der Beschäftigten der schweizerischen Industrie. Ein grosser Anteil davon ist im Raum Basel tätig. Dieser Sektor hat eine überdurchschnittlich hohe Bruttowertschöpfung pro Mitarbeiter, trägt er doch rund 23 % zur industriellen Wertschöpfung unseres Landes bei. Ein wesentlicher Teil dieser Wertschöpfung ist Export-Wertschöpfung, die letztlich über die Höhe unseres nationalen Wohlstandes entscheidet. Daneben ist die pharmazeutische Industrie sehr forschungsintensiv: auf sie entfallen rund 37 % der privatwirtschaftlichen Forschungsaufwendungen im Inland. Da etwa ein Drittel der Forschungsleistungen der Gentechnologie zugeordnet werden können, würde also ein grosses Räderwerk still stehen, wenn man diese Methode in Basel einschränken oder verbieten würde.

Die Gentechnologie kann nicht als unerwünschte Technologie aus der modernen Forschung und Produktion mit einem Handstreich entfernt werden, denn sie ist eine Methode, welche bereits vielerorts eingesetzt wird; sie ist eine wichtige Grundlage für ganze Industriezweige, ohne die auf ein wesentliches Innovationspotential verzichtet werden müsste.

Es ist ausserdem falsch zu behaupten, mit der Gentechnologie seien keine Arbeitsplätze ver-

Transgene Mäuse; Transgenen Tieren wurde ein fremdes Gen in ihr Erbgut eingefügt. Derartige Veränderungen schaffen neue Möglichkeiten für die Erforschung von Krankheiten und die Suche nach neuen Medikamenten und Therapien. Das Tierschutzgesetz und Richtlinien für die biologische Sicherheit sorgen für den Schutz von Mensch, Tier und Umwelt.   ▷

bunden: In der Schweiz dürften 2000 bis 3000 Personen in den Labors der Industrie und der Hochschule mit molekularbiologischen Methoden in der Gentechnologie arbeiten.

Heute ist Basel aber nicht nur Zentrum international anerkannter Institutionen der die Gentechnologie anwendenden Branchen, sondern seit einigen Jahren auch ein schweizerisches Zentrum der Anti-Gentechnologie-Bewegungen. Skepsis, ja sogar Angst – und vor allem Angstmacherei – haben weitgehend die unkritische Fortschrittsgläubigkeit früherer Jahrzehnte abgelöst. Die neuen Erkenntnisse in der molekularen Genetik, die in den 70er Jahren zu Werner Arbers Nobelpreis und damit zu Bewunderung und Hochgefühlen geführt haben, begegnen – vielleicht wegen Unkenntnis – einer gewissen Feindlichkeit und werden von einigen Kritikern sogar in Bausch und Bogen abgelehnt. Wie unter einem Brennglas bündeln sich die Ängste und Horrorvorstellungen der Kritiker, wenn das Wort ‹Gentechnologie› fällt. Technikfeindlichkeit in ihrer absoluten Form jedoch ist äusserst bedenklich, sogar eine gefährliche Entwicklung für unser Land, für unsere Region, welche ihre Vorrangstellung in Forschung und industrieller Produktion gerade neuen Technologien verdankt.

Die heutige Polarisierung von Kritikern und Befürwortern verhindert den politischen Konsens, auf den unsere Gesellschaft bauen muss. Die Kluft zieht sich durch viele politische Instanzen und Parteien, im Sommer 1994 wiederum auch durch Basels politische Landschaft. Man wirft sich gegenseitig fehlende Gesprächsbereitschaft sowie mangelnde Konsensfähigkeit vor. Es sind wenige, die für einen echten Brückenschlag zwischen Kritikern und Befürwortern der Gentechnik konstruktiv die Hand anbieten.

Ich bin indessen überzeugt, dass auch in Basel ein Dialog möglich ist und dass falsche Vorstellungen und vorgefasste Meinungen abgebaut werden können. Ein prominentes Beispiel dafür ist die in Basel entstandene Ausstellung ‹20 Jahre Gentechnik Pro & Contra›, die auch aus der Sicht der forschenden Industrie ein gelungenes Bild dieses schwierigen, gesellschaftspolitischen Themas vermittelte.

Abgesehen vom Ausstellungsprojekt im Natur-historischen Museum existiert in Basel eine Vielzahl von Ausstellungen und Besichtigungsobjekten im Bereich Gentechnologie, die der Öffentlichkeit zugänglich sind: Die drei Firmen Ciba, Roche und Sandoz verfügen sowohl über spezielle Ausstellungseinrichtungen als auch über Forschungslabors und Anlagen, die gerne gezeigt werden. Die Schweizerische Gesellschaft für Chemische Industrie (SGCI), zu der auch die Basler Firmen Ciba, Roche und Sandoz gehören, hat sich vor Jahren für eine breite und offene Information der Öffentlichkeit über die Chancen und die möglichen Probleme der Gentechnik ausgesprochen. Ein intensiver Dialog findet nicht nur bei Parlamentariertreffen statt, sondern auch an Kursen über Gentechnologie für Lehrer und Schüler. Pro Jahr nehmen Hunderte von Besuchern (Schüler, Studenten, Gesellschaften etc.) die Gelegenheit wahr, in den drei Basler Firmen Ciba, Roche und Sandoz die Forschungen und Anwendungen der Gentechnik mit eigenen Augen zu betrachten und sich bei intensiven Diskussionen mit dem Thema auseinanderzusetzen.

Wir sind überzeugt, dass der Abbau von Ängsten und die Erarbeitung von konstruktiven Lösungen nur im offenen Dialog möglich ist. Die chemisch-pharmazeutische Industrie unterstützt deshalb auch die GenSuisse, die Schweizer Stiftung für eine verantwortungsvolle Gentechnik. Diese Stiftung hat auch bei der Suche nach einem Dialog in Basel mitgeholfen, indem sie 1992 auf dem Barfüsserplatz eine Ausstellung über Gentechnik plaziert hat. Auch dies ist ein Beitrag für Information über die Gentechnologie.

Basel hat allen Grund, sich weiterhin für einen Dialog über Gentechnologie einzusetzen. Ihn – und damit die Gentechnologie – abzulehnen, wäre für Basel und die Schweiz fatal: eine Schweiz im Alleingang in eine geistige Isolation.[1]

Anmerkung

Silvio Borner/Aymo Brunetti/Thomas Straubhaar, Die Schweiz im Alleingang, Zürich 1994.

44

Dieter Bürgi

Dialog statt Feindbild

Die Schweizerische Gesellschaft für Umweltschutz (SGU) ist eine Fachorganisation innerhalb der Umweltbewegung. Ihr Leitmotiv lautet: Kooperation statt Konfrontation. In diesem Sinne bot die SGU Hand beim Ausstellungsprojekt ‹Gentechnik – Pro & Contra›. Kooperativer Dialog bedeutet aber alles andere als Vereinnahmung, womit der Beitrag der SGU an diese Ausstellung ersichtlich wird: die kritische Hinterfragung der vermeintlichen Chancen der Gentechnologie.

Nach wie vor erhitzt das Thema ‹Gentechnologie› die Gemüter: Euphorie und Angst halten sich die Waage. Die Realität jedoch ist dem gesellschaftlichen Diskurs weit voraus. Längst hat die neue Technologie die exklusive Forschungsebene verlassen und die Vielfalt industrieller Produktionsmethoden erweitert.

Für eine Umweltorganisation stellt sich primär die Frage nach der ökologischen Verträglichkeit einer breit angewandten Gentechnik. Auch müssen deren Auswirkungen sozial- und kulturverträglich sein, wenn sie den Kriterien nachhaltiger Entwicklung genügen soll.

Dazu ist es unumgänglich, die zahlreichen Anwendungen der Gentechnologie sowohl an einer ökologischen, als auch sozialen wie kulturellen Latte zu messen. Dies setzt in Forschung, Wirtschaft und Politik ein Bekenntnis zu weitblickender Verantwortung und gesellschaftlichem Dialog voraus. Die 1992 am Erdgipfel in Rio versammelte Weltgemeinschaft hat die Grundlagen einer nachhaltigen Entwicklung im 21. Jahrhundert in der ‹Agenda 21›, einem Aktionsplan zugunsten globaler Partnerschaft, umrissen.

Von der ökologischen Verträglichkeit ...

Heute wissen wir, wieviel etwas kostet; wir wissen aber nicht, wieviel etwas wert ist. So plündern wir die Naturressourcen, verschmutzen Boden, Wasser und Luft, nehmen folgenschwere Klimaveränderungen in Kauf, zerstören die Ökosysteme unseres Planeten: Wir konsumieren unsere Zukunft!

Oft ist davon die Rede, die Gentechnologie könne einen wesentlichen Beitrag zur Verhinderung und Entschärfung ökologischer Probleme leisten. Gemeint sind die Möglichkeiten einer ‹sanften Chemie›, ressourcenarmer Produktionsmethoden und der Entsorgung menschgemachter Umweltbelastungen. Gleichwohl dürfen beispielsweise gentechnisch unterstützte Entsorgungslösungen kein Blankoscheck sein für eine zusätzliche Schadstoffproduktion: Die Problemvermeidung geht jeder noch so vermeintlich überzeugenden technischen Lösung vor.

Von ökologischer Dimension ist die Frage, ob gentechnisch veränderte Organismen freigesetzt werden dürfen. Neben der wissenschaftlichen Diskussion des Risikopotentials ist hier auch eine gesellschaftliche Debatte über die Akzeptanz möglicher Risikofolgen zu führen. Noch steckt die Kommunikation über Risiken menschlicher Eingriffe in die Natur erst in den Anfängen. Dies trifft insbesondere auf entsprechende Aktivitäten im Mikrobereich der Gene zu.

Die raschen Fortschritte der Gentechnologie und ihr gewaltiges Entwicklungspotential führen den Menschen dazu, das Leben auf dem Planeten Erde durch entsprechendes Eingreifen seinen vermeintlichen oder tatsächlichen Bedürfnissen anzupassen. Der Gentechniker des

21. Jahrhunderts wird voraussichtlich jedes Lebewesen gentechnisch ‹verbessern› können. Damit rückt nicht mehr die einzelne Veränderung, sondern der Mix an gentechnisch manipulierten und freigesetzten Organismen ins Zentrum ökologischer Verträglichkeitsfragen: Wie sieht eine Welt aus, in der Hunderttausende von verschiedenen gentechnisch veränderten Organismen leben und neuartige Ökosysteme bilden?

... über die soziale Verträglichkeit ...

Ist die Gentechnologie der Schlüssel zur wirtschaftlichen Prosperität im 21. Jahrhundert? Auch wenn die Befürworter diesbezüglich optimistisch sind – bisher fielen die Antworten eher unbefriedigend aus. Vor allem bindet die exklusive Beschäftigung mit der Gentechnik Kreativkräfte und Finanzmittel in Forschung und Produktion. Damit verschleiert sie den Blick auf die Entdeckung und Entwicklung anderer Methoden und Techniken, die transparent, risikoarm, ökologisch sein könnten.

Die Frage nach der sozialen Verträglichkeit der Gentechnologie ist rund um den Chemiestandort Basel von besonderer Brisanz. Acht Jahre und eine wirtschaftliche Rezessionsphase nach Schweizerhalle ist die Akzeptanz gegenüber den Restrisiken, die im regionalen Hauptwirtschaftszweig bestehen, gestiegen. Dazu mögen die teils offenere Informationspolitik, aber auch Ängste vor Standortverlagerungen beigetragen haben. Mehr und mehr setzen heute die Konzernleitungen auf die gewinnträchtige Gentechnologie. Kaum abzusehen sind jedoch die Folgen, sollten sich die damit verbundenen wirtschaftlichen Erwartungen längerfristig nicht erfüllen: Die Abhängigkeit des Wirtschafts- und Lebensraumes Basel von dieser ‹Schlüsseltechnologie› könnte deren soziale Verträglichkeit arg strapazieren.

Ein breit abgestützter Risikodialog, über wirtschaftliche Sachzwänge, vorgefasste Meinungen und politische Barrieren hinweg, öffentlich geführte Gespräche über Nutzen und Gefahren der Gentechnik sind unabdingbar – auch im Sinne sozialer Verträglichkeit. Die Ausstellung ‹Gentechnik – Pro & Contra› (Oktober 93 – März 94) und deren Begleitprogramm mit kontroversen und gutbesuchten Podiumsveranstaltungen sind gelungene erste Schritte.

... zur kulturellen Verträglichkeit der Gentechnologie

Irreversible Risikofolgen der Gentechnologie sind nicht an Forschungs- und Produktionsstandorte gebunden. Daher muss die neue Qualität der Debatte, die mit der Gentechnologie-Ausstellung im Basler Naturhistorischen Museum begonnen wurde, Schule machen. Ziel muss eine Auseinandersetzung sein, die sich am Nachhaltigkeitsprinzip orientiert und die Möglichkeiten neuer Technologien an wünschbaren gesellschaftlichen Werten misst wie beispielsweise den Menschenrechten – in der schweizerischen, der europäischen, der globalen Öffentlichkeit.

Diese Debatte hat erst in einzelnen Aspekten begonnen und wird auch nicht bereits morgen abgeschlossen sein. In der Übergangszeit muss die schweizerische Rechtsetzung im Bereich der Gentechnologie der in der Bevölkerung stark verbreiteten Skepsis Rechnung tragen. Angesichts der ungeklärten Risikofragen und des ethischen Neulands ist jeder Vorbehalt verständlich und muss ernstgenommen werden. Die teils massive Kritik an der Gentechnologie, die verbreiteten Ängste vor unkontrollierbaren negativen Folgen verlangen ein nüchternes Abwägen zwischen Nutzen und Risiko. Zu den wichtigsten Forderungen gehören strenge Sicherheitsbestimmungen, eine Bewilligungspraxis, die den Schutz der Allgemeinheit vor Partikularinteressen stellt, eine transparente Kontrolle und eine verursachergerechte Schadenshaftung.

Eine Tabuisierung des Wissens über menschliche Gene ist weder möglich noch sinnvoll, das ‹Recht auf Nichtwissen› greift angesichts der Anwendungsvielfalt der Gentechnologie mit Sicherheit zu kurz. Der einzuschlagende Weg ist weder breit gebaut noch gut beleuchtet, seine Begehung keine Routine-Angelegenheit. Sein Ziel ist die gesellschaftliche Verständigung über ethisch wünschbare Grenzziehungen. Dieser Prozess ist notwendig, sollen die kulturellen Grundwerte eines humanen Zusammenlebens erhalten bleiben. Dabei müssen diese Grundwerte zwar nicht tabu sein, deren Wandel aber darf nicht allein opportunistischen Forschungs- oder Gewinninteressen gehorchen. Die Zukunft der Menschheit verdient Sorgfalt.

Die SGU schliesst keineswegs aus, dass die Gentechnologie einen Beitrag zu natur- und menschenwürdigen Lebensbedingungen rund um den Globus leisten kann. Voraussetzung ist jedoch, dass die Anwendung in Übereinstimmung mit den Prinzipien einer nachhaltigen Entwicklung erfolgt, das heisst umwelt-, sozial- und kulturverträglich.

Hans-Peter Wessels

‹20 Jahre Gentechnik – Pro & Contra› – die Ausstellung

Seit 1973 die Amerikaner Stanley Cohen und Herbert Boyer das erste gentechnische Experiment veröffentlichten, hat eine stürmische Entwicklung im Bereich der Gentechnik stattgefunden. Die neue Technologie gewann weltweit rasch an Bedeutung, parallel dazu entwickelte sich die Debatte über die Gentechnologie. Bei kaum einem anderen Thema gehen die Meinungen derart weit auseinander. Mit der Gentechnik werden sowohl Hoffnungen wie auch Ängste verknüpft; den Chancen stehen Risiken gegenüber.

Die politische Kontroverse ist geprägt von plakativen Argumenten; differenzierte Stellungnahmen kommen in der Öffentlichkeit kaum zur Geltung. Das Ziel der Ausstellung im Naturhistorischen Museum Basel war es, sachlich und ausgewogen über die Gentechnik, ihre Anwendungen und ihre möglichen Konsequenzen zu informieren. Eine Ausstellung zum Thema ‹Gentechnik› muss glaubwürdig sein, sowohl Kritikerinnen und Kritiker als auch Befürworterinnen und Befürworter müssen hinter dem Projekt stehen können.

Im Frühjahr 1992 nahmen wir deshalb Kontakt zu gentechnikkritischen und gentechnikbefürwortenden Organisationen auf. ‹Wir› – das ist eine junge Firma, die sich auf Öffentlichkeitsarbeit und Beratung in den Bereichen Umwelt und Gesundheit spezialisiert hat. Im Herbst 1992 bildeten Vertreterinnen und Vertreter des Kantons Basel-Stadt, des Bundesamtes für Umwelt, Wald und Landschaft (BUWAL), der Schweizerischen Gesellschaft für Umweltschutz (SGU), des Konsumentinnenforums Schweiz (KF) und der ‹Basler Chemie› (Ciba, Roche und Sandoz) eine paritätische Arbeitsgruppe.

An den ersten Sitzungen war das gegenseitige Misstrauen unübersehbar. Die Arbeit am gemeinsamen Projekt liess den Mitgliedern der Arbeitsgruppe jedoch keine andere Wahl, als sich mit der Argumentation des ‹Gegners› auseinanderzusetzen. So entstand mit der Zeit ein Klima des gegenseitigen Respektes, das eine konstruktive Zusammenarbeit ermöglichte.

Die Ausstellung wurde in vier Teile gegliedert: Ein erster Teil sollte sich mit der Frage befassen, was Gene sind und wie sie wirken. Im zweiten Teil sollte das Publikum in einem nachgebauten Labor einen Einblick in die Arbeitsweise der Gentechnikerinnen und Gentechniker erhalten. Der dritte Teil würde anhand verschiedenster Beispiele zeigen, wie die Gentechnik heute eingesetzt wird und wozu sie in Zukunft gebraucht werden könnte. Im vierten Teil – dem Herzstück der Ausstellung – wurde dargestellt, welche Hoffnungen und Befürchtungen mit der Gentechnik verbunden werden und welches die Diskussions- und Streitpunkte sind. Im Rahmen einer Computerumfrage sollten sich die Besucherinnen und Besucher auch selbst zur Gentechnik, ihren Chancen und ihren Risiken äussern.

Die Ausstellung sollte keine bestimmte Einstellung zur Gentechnik vermitteln, sondern die

Besucherinnen und Besucher dazu anregen, selbst über den Nutzen und die Gefahren der Gentechnik nachzudenken. Dazu wurde auch eine Reihe von kontradiktorischen Abendveranstaltungen zu den Themen ‹Gentechnik und Lebensmittel›, ‹Patentierung von Leben›, ‹Frauen und Gentechnik›, ‹Gentechnik und Umwelt› sowie ‹Zukunftsperspektiven› angeboten.

Im Dezember 1992 entschieden die beteiligten Organisationen, definitiv am Projekt teilzunehmen und den grössten Teil der Ausstellungskosten zu übernehmen. Zusätzliche finanzielle Beiträge sicherten das Schwerpunktprogramm Biotechnologie des Schweizerischen Nationalfonds, das Bundesamt für geistiges Eigentum sowie der Schweizerische Koordinationsausschuss für Biotechnologie zu.

Nun begann die Knochenarbeit: Die Arbeitsgruppe diskutierte sämtliche Exponate und redigierte den gesamten Text. Bei den entscheidenden Passagen feilschten die Mitglieder um jedes Wort. Als hartnäckiger Streitpunkt entpuppte sich beispielsweise die Auswahl der Anwendungsbeispiele: Sollten vorwiegend Anwendungen dargestellt werden, die bereits weit verbreitet sind und kaum zu Befürchtungen Anlass geben wie z. B. gentechnisch hergestellte Impfstoffe? Oder eher Beispiele, die stark kritisiert und diskutiert werden, wie z.B. gentechnisch hergestelltes Rinder-Wachstumshormon zur Steigerung der Milchleistung? Mehrere Sitzungen waren notwendig, um einen Kompromiss auszuhandeln, dem alle Beteiligten zustimmen konnten.

Am 15. Oktober 1993 eröffnete Philippe Roch, Direktor des BUWAL, die Ausstellung ‹20 Jahre Gentechnik Pro & Contra› im Naturhistorischen Museum Basel. Als «ein kleines Wunder» bezeichnete Museumsdirektor Peter Jung anlässlich der Medienkonferenz die Tatsache, dass unter der breiten Trägerschaft und bei den unterschiedlichen Haltungen der Vertreterinnen und Vertreter überhaupt eine Ausstellung zustande gekommen sei.

Bis zum Abschluss am 27. März 1994 besuchten rund 40 000 Personen die Ausstellung. Mehr als 200 Schulklassen, Vereine und andere Gruppen nahmen an Führungen teil. Während den abendlichen Podiumsveranstaltungen war

Sehen und hören, was für und was gegen Gentechnik spricht.
◁

Drehtafeln verschaffen einen Überblick über die Pro- und Contra-Argumente.
◁

die Aula des Naturhistorischen Museums meist bis auf den letzten Platz besetzt.

Aufschlussreich war die Auswertung der Computerumfrage, an der sich knapp 5400 Besucherinnen und Besucher beteiligten. Mehr als zwei Drittel von ihnen vertraten die Ansicht, das Thema Gentechnik werde in der Ausstellung ausgewogen dargestellt. Eine Mehrheit der Befragten schätzte die Gentechnik als gefährlich ein (63 %), vertrat aber gleichzeitig die Ansicht, dass sie zahlreiche Vorteile aufweise (56 %). Zu diesem Bild passt, dass 53 % der Besucherinnen und Besucher die Gentechnik zwar befürworteten, 52 % die geltenden gesetzlichen Regelungen aber als zu wenig streng empfanden.

Zwischen den einzelnen Anwendungsgebieten unterschieden die Befragten erstaunlich deutlich: Drei Viertel befürworteten beispielsweise gentechnisch hergstellte Impfstoffe und Medi-

Die ethische Diskussion nimmt einen breiten Raum ein. ▷

kamente. Schlecht schnitt hingegen die Anwendung der Gentechnik im Lebensmittelbereich ab: 68 % lehnten gentechnisch produziertes Labferment zur Herstellung von Käse ab, mehr als drei Viertel der Befragten sprachen sich gegen ‹Gentech-Tomaten› aus, die aufgrund der Behandlung länger frisch bleiben.

‹20 Jahre Gentechnik – Pro & Contra› war ein gruppendynamisches Experiment besonderer Art. In oft mühseliger Kleinarbeit gelang es, eine Ausstellung zu erarbeiten, mit der sich sowohl kritische wie auch befürwortende Kreise identifizieren konnten. Natürlich gab es auch Vorbehalte. In der Wochenzeitung vom 19. November 1993 beispielsweise schrieb Christoph Keller, Journalist und Vorstandsmitglied des Basler Appells gegen Gentechnologie, über die Ausstellung: «Am Ende bleibt der Eindruck, der von Anfang an beabsichtigt war: dass die Gentechnik, verantwortungsvoll angewendet, ein Segen ist für Mensch, Tier, Pflanze, Umwelt und für die Dritte Welt.» Mit der Ausstellung ‹20 Jahre Gentechnik – Pro & Contra› haben sich die Beteiligten darum bemüht, das Interesse der Besucherinnen und Besucher an der Materie zu stärken. Sollte es gelungen sein, eine unabhängige und differenzierte Meinungsbildung zu erleichtern, wurde ein wichtiges Ziel erreicht.

Arbeitsgruppe

Kanton Basel-Stadt: Hans-Dieter Amstutz

Bundesamt für Umwelt, Wald und Landschaft: Hans Hosbach, Kurt Weisshaupt und Guiseppe Rebuffoni

Schweizerische Gesellschaft für Umweltschutz: Dieter Bürgi

Konsumentinnenforum Schweiz: Silvia Hunziker

Basler Chemie: Christian Manzoni (Roche), Arthur Einsele (Sandoz), Anthony Dürst (Ciba) und Françoise Bieri (Pharmainformation)

Projektleitung

Hans-Peter Wessels
(Locher, Brauchbar & Partner AG)

Die Regio und ihre Grenzen

Der vom früheren Messedirektor Philippe Lévy im Stadtbuch 1992 vorgestellte Plan einer Expansion der Basler Messe in den grenznahen EG-Raum, d.h. in die elsässische oder badische Nachbarschaft, ist gescheitert. Die Regio-Idee und der Oberrheinische Wirtschaftsraum haben ihre (auch finanziellen) Grenzen. Das Konzept ‹Messe in der Stadt›, politisch breit abgestützt, ist nun für die Messe Basel wie ihren Hauptkreditgeber, die Stadt, zur beiderseitig gewinnbringenden Perspektive geworden.

Dass der Regio-Gedanke gleichwohl Früchte trägt und die Grenzen durchlässiger werden, zeigt unter anderem die Infobest Palmrain – die Informations- und Beratungsstelle für grenzüberschreitende Fragen im ehemaligen Zollhaus an der Palmrainbrücke.

(Red.)

Roland Schlumpf

Messe Basel – Neue Zukunft an altem Standort

Mit der Absage an einen Standort im grenznahen Ausland hat sich die Messe Basel gleichzeitig für eine Zukunft am bisherigen Standort im Kleinbasel entschieden. Jetzt geht es für das Unternehmen darum, die Nachteile des alten Standorts so weit zu eliminieren, dass die Vorteile der ‹Messe in der Stadt› voll zum Tragen kommen. Basel bleibt somit die Messe mit einem Umsatz von 110 Millionen Franken und 300 Angestellten vollumfänglich erhalten, die Symbiose von Messe und Stadt bleibt bestehen.

Unglückliche Leidensgeschichte

Die Leidensgeschichte um einen neuen Messestandort ist lang und unglücklich. Unter Philippe Lévy als Generaldirektor sollte das Unternehmen zu neuen Ufern aufbrechen. Es galt, den europäischen Konkurrenten die Stirn zu bieten und sich international weiterhin erfolgreich zu behaupten. Dies sei am gegenwärtigen Standort nicht möglich, war Philippe Lévys Ansicht. Die Infrastruktur der Messe entspreche nicht mehr den heutigen Anforderungen, die Hallen seien für die Aussteller schlecht zu erschliessen, unpraktisch und zu einem grossen Teil auch veraltet und unattraktiv. Für Lévy war klar: die Messe Basel braucht einen neuen, erweiterten Standort.

Nach langwierigen Abklärungen standen zwei Projekte im Vordergrund – eines in Weil, das andere in Grande Sablière in unmittelbarer Nähe zum EuroAirport Basel-Mülhausen. Die Messe war also bereit, den Sprung über die Landesgrenze zu wagen, wobei die Messeleitung von Anfang an betonte, sie bevorzuge eindeutig die Variante im Elsass. Das Projekt kam allerdings nur schleppend voran, der optimistische Zeitplan von Philippe Lévy war bald nicht mehr zu realisieren. Als dann die neue Basler Regierung das Projekt grundsätzlich zu hinterfragen begann, geschah längere Zeit nichts mehr. 1993 wurde schliesslich die Auslagerung der Messe ins grenznahe Ausland ad acta gelegt. Dabei waren es in erster Linie die finan-

△
Die zukünftige
Messe Basel liegt
mitten in der Stadt.

ziellen Aspekte, welche die Regierung veranlasst hatten, im Verwaltungsrat der Messe Basel die Notbremse zu ziehen. Das Investitionsvolumen hätte mindestens 700 Millionen Franken betragen – viel zu viel für die Messe Basel, aber auch zu viel für Basel-Stadt, dessen desolate Finanzlage schon damals wenig Spielraum liess.

Der Versuch der Messeleitung, das Projekt trinational aufzuziehen und damit an den Regiogedanken zu appellieren, hatte nur wenig Erfolg. Vor allem im finanziellen Bereich blieben die Erwartungen der Messe Basel weitestgehend unerfüllt; der Optimismus führte zwar immer wieder zu einem etwas anderen Eindruck, auf der finanziellen Ebene kam indessen die Regiosolidarität nicht zum Tragen. Je näher der Standortentscheid rückte, desto klarer wurde, dass sich die finanzielle Last nicht auf französische und deutsche Schultern abstützen liess, umso mehr, als auch dort die öffentliche Hand mit immer weniger Mitteln immer mehr

Aufgaben bewältigen musste. Diese Erkenntnis hätte allerdings schon am Anfang des Projekts, im Zusammenhang mit der Machbarkeitsstudie, gewonnen werden können. Die Messeleitung darf sich den Vorwurf nicht ersparen, allzu lange mit unrealistischen Vorstellungen ein Projekt vorangetrieben zu haben, für das die finanziell notwendigen Voraussetzungen nicht zu schaffen waren. Der Abgang von Philippe Lévy als Generaldirektor der Messe Basel im Herbst 1993 war damit eine für beide Seiten logische Folge aus dem Projektabbruch.

Messe in der Stadt...

Indem Regierung und Verwaltungsrat die Idee eines neuen Standorts im grenznahen Ausland fallen liessen, haben sie gleichzeitig ein neues Projekt lanciert, nämlich den Ausbau der Messe am aktuellen Standort. Dabei geht es nicht etwa um die Vergrösserung der Bruttohallenfläche oder der Nettofläche, die mit 172000 beziehungsweise 70000 Quadratmetern grosszügig und richtig dimensioniert ist. Vielmehr steht der Ausbau und die Verbesserung der Infrastruktur im Vordergrund, um eine vorteilhaftere Nutzung und Auslastung der Hallen zu ermöglichen. Unter den heutigen Gegebenheiten ist es ausgesprochen schwierig, verschiedene Veranstaltungen parallel durchzuführen oder auf- und abzubauen. Aufgrund der ungenügenden Zufahrtsmöglichkeiten müssen die Aussteller relativ lange Auf- und Abbauzeiten in Kauf nehmen. Zudem gibt es zu wenig Stau- und Parkraum für die Transportfahrzeuge der Aussteller. Schliesslich sind die Hallen von sehr unterschiedlicher Qualität, nicht alle verfügen über jenen Standard, der bei andern Messeplätzen mittlerweile als selbstverständlich gilt.

Um das längst erkannte Manko im Bereich der Messeinfrastruktur zu beheben, hat eine Arbeitsgruppe sechs verschiedene Varianten am und um den bestehenden Messestandort entworfen. Darunter sind ebenso spektakuläre wie heute bereits umstrittene Vorschläge zu finden – so etwa das vollständige Untergraben des Mes-

seplatzes oder die Überbauung der Rosentalanlage. In der ersten Jahreshälfte 1995 soll nun der Verwaltungsrat einen Entscheid fällen. Anschliessend ist die Zustimmung der Regierung erforderlich, danach – weil der Staat eine finanzielle Unterstützung leisten soll – auch die des Grossen Rates und möglicherweise sogar des Volkes. Die Dauer des politischen Prozesses ist schwer abzuschätzen; doch wenn nicht allzu viele und rauhe Reibungsflächen entstehen, dürfte das Projekt Infrastruktur bis zum Jahre 2000 realisiert sein. Dann könnte die Messe Basel über infrastrukturelle Voraussetzungen verfügen, die ihr ein Überleben im Messegeschäft erlauben. Dann kann sie ihre vorhandenen Stärken voll nutzen.

Zu diesen Stärken gehört nicht zuletzt der Standort selbst: Basel ist der einzige Messeplatz in einer Stadt. Alle übrigen grösseren europäischen Messeplätze liegen, teilweise ziemlich weit, vor den Toren ihrer Stadt. Dies ist sowohl für die Aussteller als auch für die Besucher weit weniger attraktiv als in Basel. Eine weitere

Die Messe *in* der Stadt ist nicht zuletzt eine Messe *für* die Stadt.
▽

52

wichtige Stärke der Messe Basel sind ihre Eigenleistungen. Das Unternehmen tritt nicht nur als Hallenvermieter auf, sondern organisiert selbst Messen, bringt verschiedene Branchen und Sparten unter einem Messethema zusammen und erreicht damit eine gute Publikumswirkung.

...und für die Stadt

Mit dem Verzicht auf eine Auslagerung der Messe aus Basel ist gewährleistet, dass ein namhafter Teil des volkswirtschaftlichen Rendements der Messe der Stadt selbst zugute kommt. Zwar erzielt das Dienstleistungsunternehmen Messe Basel lediglich einen Umsatz von jährlich rund 110 Millionen Franken, löst damit aber ein Volkseinkommen von rund 950 Millionen Franken aus, wovon etwa 370 Millionen Franken auf den Kanton Basel-Stadt entfallen. Dies ergab eine Studie der Messe Basel im Jahre 1990. Erfasst wurden dabei Reise-, Übernachtungs- und Verpflegungskosten sowie Einkäufe der Messebesucher. Noch mehr Geld

als die Messebesucher geben die Aussteller aus, und zwar für den Standbau, die Dekoration, Werbung, Verpflegung, Übernachtung, Reise und Transport. In Basel profitieren von diesem Mittelzufluss vor allem das Gastgewerbe und der Detailhandel.

Die Messe *in* der Stadt, wie sie nun beibehalten und verbessert werden soll, ist also nicht zuletzt auch eine Messe *für* die Stadt. Dies hat nichts mit Verrat am Regiogedanken zu tun. Vielmehr wurde die Idee ‹Messe Basel› den derzeitigen ökonomischen Realitäten angepasst. Vor diesem Hintergrund ist auch dem Bundesland Baden-Württemberg sein Zögern und seine Zurückhaltung bei der Finanzierung des Messeprojekts in Grande Sablière nicht zu verargen. Ebensowenig ist nun ein Beitrag aus dem Elsass an die Modernisierung der Messe in unserer Stadt zu erwarten. Stattdessen aber dürfte die Bereitschaft der Baslerinnen und Basler nun eher grösser sein, wenn es darum geht, ‹ihrer› sonst selbsttragenden Messe Basel zu einer zeitgemässen Infrastruktur zu verhelfen.

Wenn alles gut geht, dürfte das neue Messekonzept bis zum Jahre 2000 realisiert sein.
▽

Eric Jakob

Infobest Palmrain – ein Regio-Projekt

Unterschiedliche Gesetze, Verwaltungssysteme und Lebensgewohnheiten beeinflussen, ja beeinträchtigen das Zusammenleben in Grenzregionen. Mit der Schweizer EWR-Ablehnung und der Eröffnung des Europäischen Binnenmarktes anfangs 1993 hat sich diese Situation für den Raum Basel noch verschärft: Die Aussengrenze des Europäischen Wirtschaftsraumes führt nun mitten durch die Regio. Die Verwirklichung des Europäischen Binnenmarktes eröffnet zwar den französischen und deutschen Partnern ganz neue Möglichkeiten und Perspektiven – Freizügigkeit bei der Wahl des Wohn- und Arbeitsplatzes, ein länderübergreifendes soziales Netz, freier Fluss von Waren, Kapital und Dienstleistungen. Gleichzeitig entstehen dadurch aber auch neue Fragen und Probleme im Grenzland-Alltag. Und hier beginnt die Arbeit der Infobest Palmrain, der Informations- und Beratungsstelle für grenzüberschreitende Fragen am südlichen Oberrhein.

Von der Idee zur Wirklichkeit

Es sollte etwas Gemeinsames, Praktisches, Bürgernahes werden. Es sollte trinational funktionieren und modellhaft europäisch sein. Ein Pilotprojekt auf der Grundlage gegenseitiger Absprache, ohne eigene Rechtsform. Ein gänzlich neuer Weg in der grenzüberschreitenden Zusammenarbeit, mit allen Chancen und Risiken. Eine Anlaufstelle für Bürger, Verwaltungen, Vereine und Unternehmen, die helfen soll, Grenzhindernisse abzubauen, die Begegnung und Zusammenarbeit zu unterstützen und das gemeinschaftliche Bewusstsein in dieser europäischen Grenzregion zu fördern.
Die Standortfrage wurde zum ersten Prüfstein. Nach einigem politischen Hin und Her einigte man sich auf einen geeigneten Standort: Symbolträchtig ist nun die Infobest Palmrain in der ehemaligen deutsch-französischen Zollanlage bei der Palmrainbrücke untergebracht. Eröffnet wurde die Stelle am 1. Juli 1993, sie arbeitet eng mit den beiden binationalen Partnerstellen am Oberrhein in Lauterbourg (F) und in Kehl (D) zusammen. Massgeblich für den Aufbau war die Schubkraft europäischer Fördergelder. Die Gesamtkosten für die vorläufige Laufzeit bis Ende 1995 belaufen sich auf 990000 ECU (ca. 1,6 Mio. Franken); 40% werden durch das EU-Programm ‹Interreg› zur Förderung der regionalen Integration in Europa finanziert. Den Rest teilen sich die beiden Basler Kantone, der französische Staat und elsässische Gebietskörperschaften, das Land Baden-Württemberg sowie badische Gebietskörperschaften.
Die Trägerschaft ist eine Multistruktur aus 14 Partnern, die unabhängig von der jeweiligen Kofinanzierung den gemeinsamen Aufgabenkatalog festlegen. Die Federführung für dieses europäische Projekt liegt bemerkenswerterweise auf Schweizer Seite, der Baselbieter Regierungsrat Eduard Belser ist Präsident des Aufsichtsgremiums. Verantwortlich für die operationelle Abwicklung ist die Regio Basiliensis.

Antwort auf trinationale Fragen

Das Beratungsteam besteht aus einem deutschen Verwaltungsfachmann, einem französischen Juristen, einem Schweizer Germanisten und einer französischen Assistentin. Team-Geist, die gemeinsame Motivation und die Bereitschaft, sich einzulassen auf die Sichtweisen des anderen, sind Voraussetzungen für den Arbeitserfolg. Die Aufgaben der Infobest Palmrain:

– Information über Verwaltungsstrukturen, Zuständigkeiten, Rechts- und Sozialordnung, Wirtschaft und Gesellschaft der Nachbarländer sowie über die Europäische Union (EU) und den Europäischen Wirtschaftsraum (EWR);
– Beratung über Möglichkeiten der grenzüberschreitenden Zusammenarbeit und den Zugang zu EU-Fördermitteln;
– Projektvorbereitung und -begleitung vor allem für Interreg-Projekte im Mandatsgebiet und darüber hinaus auch für weitere grenzüberschreitende Vorhaben.

Die Anfragesteller liessen sich nicht lange bitten: Rund 1500 Anfragen im ersten Betriebsjahr belegen den regionalen Informationsbedarf in grenzüberschreitenden und europäischen Dingen. Es sind zu zwei Dritteln Privatpersonen und in beschränktem Ausmass kleinere Unternehmen, Vereine und Verwaltungen, welche die Dienste der Infobest Palmrain in Anspruch nehmen. Ein höheres Lohnniveau im Nachbarland, tiefere Preise für gewisse Produkte, Dienstleistungen jenseits der Grenze – für viele Grenzbewohner sind dies die wesentlichen Motive für den einmaligen oder alltäglichen Grenzübertritt. Hier liegen auch die Gründe für die starke sozioökonomische Verflechtung des Regio-Raumes. Zu den häufigsten Anfragethemen gehören Wohnsitzwechsel ins Nachbarland (vor allem ins Elsass), Grenzgänger- und Arbeitsbewilligungen, unterschiedliche Sozialversicherungssysteme, Zollprobleme, Kontaktadressen und Kontaktpersonen im Nachbarland, Studien zu Regio- und Europa-Themen, Europäische Förderprogramme, Kraftfahrzeugkauf im Ausland, Kraftfahrzeuganmeldung u.a.m.

Über die Informations- und Beratungstätigkeit hinaus nimmt die Infobest Palmrain gewisse Aufgaben bei der Abwicklung des Interreg-Programms wahr. Im Rahmen von ‹Interreg 1› (1990–1993) waren im Bereich ‹Oberrhein Mitte/Süd› rund 40 Einzelprojekte realisiert worden, darunter 22 mit Schweizer Beteiligung. Bei ‹Interreg 2› (1994–1999) fungiert die Beratungsstelle, gemeinsam mit ihren beiden Partnern, als zentrale Anlaufstelle. Sie vermittelt generelle Informationen über Interreg, hilft bei der Suche nach Projektpartnern und gibt Hilfestellungen bei der Ausarbeitung der Unterstützungsanträge und der Durchführung der Projekte. Unter dem Stichwort ‹Regio-Animation› realisiert zudem die Infobest Palmrain eigene kleine Projekte und Aktivitäten wie Informationsveranstaltungen oder Gesprächsrunden mit grenzüberschreitendem Charakter.

Das trinationale Zentrum steht allen Interessierten offen. In Zukunft dürfte sich noch stärker zeigen, dass eine derartige gemeinschaftliche Einrichtung auch ohne eigene Rechtsform und umfängliche Institutionalisierung dazu beitragen kann, die vielfältigen grenzüberschreitenden Verbindungen zu erweitern. Dies gilt besonders für Behörden und Verwaltungen, die durch eine intensive Kommunikation mit den Behörden jenseits der Grenze die dort geltenden Regelungen besser kennenlernen können, um so im eigenen Zuständigkeitsbereich vorhandene Ermessensspielräume sachgerecht und im Interesse der Bürger zu nutzen.

Gewinnerin aus mehr als 1400 Entwürfen: die neue Oberrheinfahne. Sie wurde am 10. Oktober 1994 zum ersten ‹Oberrheintag› in zahlreichen Städten und Gemeinden der Regio gehisst. ▷

Yvonne Bollag

Die Basler Lohnklage – ein Musterprozess in Sachen Gleichstellung

Das Wort ‹Lohn› leitet sich her von der indogermanischen Sprachwurzel ‹lau› – im Kampf, auf der Jagd erbeuten.[1] Wie aussagekräftig diese Wortherkunft auch heute noch ist, wissen 17 Basler Kindergärtnerinnen, Hauswirtschafts- und Textillehrerinnen aus eigener Erfahrung. Nach einem rund 12-jährigen Verfahren haben sie im März 1994 mit einem Bundesgerichtsurteil durchgesetzt, dass ihre Löhne und die ihrer Berufskolleginnen und -kollegen um zwei Lohnklassen angehoben wurden.

Das verfassungsmässige Recht: Gleicher Lohn für gleichwertige Arbeit

Seit 1981 postuliert die Bundesverfassung in Art. 4 Abs. 2: «Mann und Frau haben Anspruch auf gleichen Lohn für gleichwertige Arbeit». Mit diesem direkt und unmittelbar durchsetzbaren Grundrecht können Frauen (oder Männer), gestützt auf die Bundesverfassung, eine gerichtliche Korrektur ihres Lohnes verlangen, wenn sie nachweisen können, dass sie ohne sachliche Grundlage aufgrund ihres Geschlechtes niedriger entlöhnt werden als Männer (oder Frauen), welche die gleiche oder aber eine gleichwertige Arbeit verrichten. Trotz der Ausgestaltung als unmittelbar wirkendes Grundrecht aber gab es bisher erst ein rundes Dutzend Lohngleichheitsverfahren in der Schweiz. Der mangelnde Kündigungsschutz, das Fehlen des Verbandsklagerechts sowie das Kostenrisiko sind für die meisten Arbeitnehmerinnen unüberwindbare Hindernisse bei einer Lohnklage. Auch liegt die Beweislast, das heisst die Aufgabe, die Gleichwertigkeit der geleisteten Arbeit und das Vorliegen diskriminierender Faktoren darzulegen, bei der Klägerin. Dies ist in der Regel nur in hochkomplizierten, langwierigen Verfahren möglich. Diese bekannten Mängel[2] des Lohngleichheitsanspruches sollen mit dem neuen eidgenössischen Gleichstellungsgesetz korrigiert werden.

Vor diesem Hintergrund kommt der Basler Lohnklage in vielfacher Hinsicht die Bedeutung eines eigentlichen Musterprozesses zu. Die lange Verfahrensgeschichte zeigt, wie hürdenreich, komplex und schwierig die Durchsetzung des Anspruches ‹Gleicher Lohn für gleichwertige Arbeit› ist. Die öffentliche Diskussion zur Lohnklage offenbarte ein Verwirrspiel von Meinungen und Fakten. Deutlich wurde dabei, dass das Wissen und die Ansichten darüber, was Lohngleichheit und gleichwertige Arbeit sei, völlig verschieden sind. Die Basler Lohnklage ist aber auch ein Beispiel, das Schule macht – und Mut, sich für die Durchsetzung des Lohngleichheitsanspruches zu wehren: Im Kanton Solothurn und Freiburg haben Kindergärtnerinnen Lohnklagen eingereicht; auch in anderen Kantonen sind Vorbereitungen im Gang. Die Basler Lohnklage ist – auch das ist musterhaft – zudem einer der raren Fälle, bei denen die Gleichstellung von Frau und Mann dem Arbeitgeber deutliche Lohnmehrkosten brachte: 4 Mio. Franken sind es pro Jahr, runde 20 Mio. würde die rückwirkende Lohnkorrektur im Rahmen der fünfjährigen Verjährungsfrist für die circa 600 Angehörigen der drei genannten Berufskategorien kosten. Über diese Forderung wird zurzeit noch verhandelt.

Kriterien für gleichwertige Arbeit

Einigermassen leicht fällt es anzuerkennen, dass Frauen und Männer, die nebeneinander am Fliessband oder vor Schülerinnen und Schülern stehen – die also die *gleiche* Arbeit verrichten –

gleich entlöhnt werden sollen. Wie aber soll festgestellt werden, was gleicher Lohn für *gleichwertige* Arbeit bedeutet?

Die Massstäbe, dies zu bewerten, existieren, und zwar nicht erst, seit sich die Frage der Lohngleichheit von Frau und Mann stellt. Der Kanton Basel-Stadt kennt, wie viele Unternehmen dieser Grössenordnung, das sogenannte ‹analytische Arbeitsbewertungsverfahren›. Dabei werden die in einem Betrieb vorhandenen Stellen oder Funktionen nach einheitlichen Anforderungs- und Belastungsmerkmalen, wie beispielsweise Ausbildungskenntnisse, Verantwortungsbewusstsein, Ausdrucksfähigkeit, Geschicklichkeit, körperliche Beanspruchung, untersucht und bewertet. Das Total der Arbeitswertpunkte entscheidet über die lohnmässige Einstufung der Stelle. Dieses Verfahren ermöglicht, völlig verschiedene Funktionen miteinander zu vergleichen. *Gleichwertige* Arbeit liegt dann vor, wenn gleiche Arbeitswerte zugesprochen werden; anders ausgedrückt: eine Lohndiskriminierung kann vorliegen, wenn ungerechtfertigterweise ungleiche Arbeitswerte zugeteilt werden.

Fast zwei Jahre lang hatten die Basler Klägerinnen gemeinsam mit ihrer Anwältin Grundlagenmaterial zur Geschichte und Bewertung der Hauswirtschafts- und Textillehrerinnen sowie der Kindergärtnerinnen im Basler Lohngesetz zusammengetragen. Sie stellten fest, dass diese drei Berufskategorien die einzigen Lehrberufe im Basler Lohnsystem sind, die traditionellerweise fast ausschliesslich von Frauen ausgeübt wurden. Bei den Bewertungskriterien Verantwortungsbewusstsein, Selbständigkeit, Durchsetzungsvermögen, seelische Belastung, Takt, geistige Fähigkeiten, geistige Beanspruchung und Ausdrucksfähigkeit machten sie eine deutliche Schlechterbewertung dieser drei ‹Frauenberufe› gegenüber typisch männlichen oder geschlechtsgemischten Lehrberufen aus.

Gestützt auf dieses Material wurde die Klage erhoben mit dem Begehren, die Bewertung der ausgewählten Merkmale zu korrigieren und die drei Berufskategorien dementsprechend zwei Lohnklassen höher einzustufen. Der Regierungsrat jedoch ging nicht auf die Argumentationsebene ‹gleicher Lohn für gleich*wertige* Arbeit› ein, sondern wies das Begehren ab, mit dem Hinweis, Frauen und Männer innerhalb der drei Berufskategorien würden gleich viel verdienen, eine Lohndiskriminierung liege daher nicht vor. Im weiteren Prozessverlauf wurden sowohl vom Appellationsgericht (Urteil 1990) wie vom eingesetzten Experten (Gutachten 1993) die beanstandeten Merkmalsbewertungen differenziert untersucht. Beide Male zeigte das Ergebnis, dass alle drei Frauenberufe in diversen Merkmalen ohne sachlich gerechtfertigte Gründe tiefer eingereiht worden seien als Primarlehrkräfte bzw. andere Fachlehrkräfte.

Das Appellationsgericht erachtete die Lohndiskriminierung aufgrund des Geschlechts als erwiesen, beseitigte aber im Urteil von 1990 die Diskriminierung nicht selbst, mit dem Hinweis, das Lohnsystem stelle ein austariertes Gefüge dar, eine Änderung der Entlöhnung der drei Lehrerinnenkategorien habe notgedrungen ein neues Ungleichgewicht gegenüber anderen, nichtpädagogischen Berufen (Horizontalvergleich) zur Folge. Die festgestellte Lohndiskriminierung sei vom Gesetzgeber im Rahmen einer Lohngesetzrevision zu korrigieren.

Daraufhin gelangten die Klägerinnen an das Bundesgericht, das im Mai 1991 die Beschwerde guthiess und festhielt, Art. 4 Abs. 2 der Bundesverfassung gebe einen direkten Anspruch zur Beseitigung einer festgestellten Lohndiskriminierung. Damit wies das Bundesgericht den Fall an das Appellationsgericht zurück, das mit seinem Urteil vom Juli 1993 die Besserstellung der Klägerinnen um zwei Lohnklassen festsetzte. Der Regierungsrat vertrat hingegen die Ansicht, eine Lohndiskriminierung könne nicht als erwiesen gelten, da kein Vergleich mit *nicht*pädagogischen Berufen gezogen worden sei; dieser nämlich hätte gezeigt, dass die drei fraglichen Berufsgruppen innerhalb des gesamten Lohngefüges (d.h. verglichen mit gleichwertiger Arbeit anderer Funktionen) nicht diskriminiert würden; Lohnkorrekturen wolle der Kanton mittels einer bereits eingeleiteten Lohngesetzrevision vornehmen, weshalb er staatsrechtliche Beschwerde gegen das Urteil erhob. Das Bundesgericht trat gemäss seiner konstanten Praxis auf diese Beschwerde nicht ein und begründete dies mit dem Prinzip der Gewaltenteilung: Trägern von hoheitlicher Gewalt stehe eine staatsrechtliche

Beschwerde gegenüber Urteilen der eigenen Judikative nicht offen. Damit wurde das Urteil rechtkräftig.

Zur Bedeutung von Lohnklagen

Die Basler Lohnklage zeigt deutlich, was geschehen kann, wenn feststehende Wertgefüge mit ‹harten›, sprich prozessualen, Mitteln hinterfragt werden. Bei einer Lohnklage wie der vorliegenden wird versucht, nach objektivierbaren Massstäben Frauen- und Männerarbeit zu vergleichen. Lohnsysteme sind aber auch durch die Grundsätze von Angebot und Nachfrage und vielfach durch tarifliche Abmachungen bestimmt. Diese wiederum spiegeln die Wertmassstäbe der Beteiligten, wieviel welche Tätigkeit ‹wert› sei. In diese Wertigkeit greift ein Gerichtsurteil ein, wenn es Frauenlöhne anhebt. Selbstverständlich kann dabei eine gerichtliche Korrektur nie das ganze Lohngefüge umfassen, sondern immer nur einen Teilaspekt: den Lohn für die Arbeit der Klägerin bzw. Klägerinnen gegenüber vergleichbarer Männerarbeit beim selben Arbeitgeber. Eine Lohnklage kann also immer nur relative Lohngerechtigkeit bewirken. Lohnklagen setzen aber einen Prozess in Gang, öffentlich über den Wert von Arbeit nachzudenken. Wenn die Basler Lohnklage – gerade weil sie erfolgreich war und etwas kostet – bewirkt, dass Grossbetriebe ihre Lohnstruktur differenziert unter dem Aspekt der Lohngleichheit von Frau und Mann bei gleicher und *gleichwertiger* Arbeit überprüfen, wenn Frauen in typischen Frauenberufen selbstbewusster den Wert ihrer Arbeit wahrnehmen, dann hat der Basler Lohnkampf eine Signalwirkung. Dann hat sich auf politischer Ebene der lange Einsatz der 19 Klägerinnen (zwei sind in der Zwischenzeit verstorben) gelohnt, und ihnen gebührt dafür ebenso Dank wie den Zürcher Krankenschwestern oder den englischen Sekretärinnen, die bereits früher erfolgreiche Lohnklagen geführt haben. Wenn öffentlich der Wert von Frauenarbeit diskutiert wird, bewegen wir uns vielleicht auf eine Arbeitswelt zu, in der jegliche Arbeit, nicht nur die Erwerbsarbeit, wahrgenommen wird, in der die Verteilung aller gesellschaftlich notwendiger Arbeit diskutiert wird, und in der wir uns auch der globalen Zusammenhänge und Verant-

wortungen bewusster werden. Darin, nicht im effektiven Stundenlohn einer Textillehrerin, liegt die tiefere Bedeutung der Basler Lohnklage.

Anmerkungen

1 Duden, Etymologisches Wörterbuch, Mannheim 1963.
2 Lohngleichheit für Frau und Mann, Schlussbericht der vom eidgenössischen Justiz- und Polizeidepartement eingesetzten Arbeitsgruppe ‹Lohngleichheit›, Bern 1988.

Das Verfahren im Überblick

Juni 1981 Resolution der Kindergärtnerinnen-Konferenz an die Freiwillige Schulsynode (FSS) für eine Besserstellung typischer Frauenlehrberufe.
Ende 1981 bis 1985 Vorabklärungen durch eine Arbeitsgruppe der FSS, Beizug einer Anwältin.
Ende 1985 Beschluss der FSS, den Rechtsweg zu beschreiten und das Kostenrisiko für die 19 Einzelklägerinnen (Textil- und Hauswirtschaftslehrerinnen und Kindergärtnerinnen) zu übernehmen.
1986/87 Anwältin und Klägerinnen erarbeiten das Beweismaterial für die Lohndiskriminierung.
Oktober 1987 Antrag an den Regierungsrat, die Löhne der Klägerinnen um zwei Lohnklassen anzuheben.
Juni 1988 Ablehnung des Antrags durch den Regierungsrat.
Januar 1989 Rekurs der Klägerinnen beim Appellationsgericht.
März 1990 Urteil des Appellationsgerichtes: Feststellung der Diskriminierung, aber Rekursabweisung, da eine Korrektur Sache des Gesetzgebers sei.
August 1990 Staatsrechtliche Beschwerde der Klägerinnen beim Bundesgericht.
Mai 1991 Gutheissung der Beschwerde durch das Bundesgericht, Rückweisung ans Appellationsgericht.
Juli 1993 Urteil des Appellationsgerichtes, das, gestützt auf eine Expertise, die Lohndiskriminierung bestätigt, die Klage gutheisst und die Löhne um zwei Lohnklassen anhebt.
Dezember 1993 Staatsrechtliche Beschwerde des Regierungsrates beim Bundesgericht.
März 1994 Nichteintretensentscheid des Bundesgerichtes, da der Regierungsrat nicht klageberechtigt ist.
Ab August 1994 Vollzug des Urteils. Rund 600 Lehrkräfte in den drei Berufskategorien erhalten mehr Lohn.

Sabine Braunschweig

Maschinen, Bau und Lebensmittel
Geburtstage bei Sulzer-Burckhardt, Stamm und Bell

Anlass, sich mit einer Firmengeschichte auseinanderzusetzen, sind oft grosse Jubiläen. Doch geht es nicht allein ums Feiern; an der Entwicklung eines Unternehmens, im gesellschaftlichen und historischen Zusammenhang betrachtet, lassen sich soziale und wirtschaftliche Entwicklungen ablesen.

Die Bauunternehmung Stamm und die Maschinenfabrik Burckhardt (heute Sulzer-Burckhardt) feierten im vergangenen Jahr ihr 150. Jubiläum, das fleischverarbeitende Unternehmen Bell blickt auf 125 Jahre Firmengeschichte zurück. In den eineinhalb Jahrhunderten seit den Firmengründungen erlebte Basel einschneidende Veränderungen wie nie zuvor. Als Stamm und Burckhardt 1844 gegründet wurden, fuhr erstmals eine Eisenbahn in die Stadt. Basel war damals noch von einem Mauerring umgeben, der erst mit dem Gesetz zur Stadterweiterung von 1859 allmählich abgetragen wurde. Die Wirtschaftsstruktur der Stadt wandelte sich rasch von einer durch Zunft- und Verlagssystem geprägten Handels- und Gewerbestadt zu einem industriellen Zentrum. Mit Beginn des Industriezeitalters und dank der von der Bundesverfassung 1848 garantierten Niederlassungsfreiheit gelangten immer mehr Arbeitsuchende in die Stadt. Die starke Zunahme der Bevölkerung zwang die Stadtverwaltung, neue Aufgaben im Bereich der Infrastruktur zu übernehmen wie die Wasserversorgung, die Abfallbeseitigung, die Strassenbeleuchtung, die Verkehrserschliessung oder die Schlächterei. In jener Um- und Aufbruchszeit gründeten drei engagierte Männer mit Unterstützung ihrer Ehefrauen die Firmen Stamm, Burckhardt und Bell. Die drei Familienbetriebe konzentrierten sich auf Bereiche, die für die Menschen in der Stadt lebensnotwendig waren: Stamm baute für die wachsende Bevölkerung Wohnungen, Burckhardt entwickelte und produzierte Maschinen, die die industrielle Entwicklung vorantrieben, Bell verarbeitete und verkaufte Fleisch und Wurstwaren zur Ernährung einer kontinuierlich anwachsenden Stadtbevölkerung.

Nachdem die Unternehmungen zunächst rasch Fortschritte gemacht hatten, setzte nach 1872 eine konjunkturelle Depression ein, die über zwanzig Jahre andauerte und zu zahlreichen Konkursen und Fusionen führte. Im Zuge der verschärften Konkurrenz und einer neuen Geldmarktpolitik wurden viele Familienbetriebe in Aktiengesellschaften umgewandelt, darunter auch die drei erwähnten. Erst gegen Ende des 19. Jahrhunderts begann eine neue Ära des Aufschwungs. Motor für diese Hochkonjunktur war, durch ein weiteres Anwachsen der Bevölkerung, das Baugewerbe – ein Umstand, der Stamm rasch expandieren liess. Noch heute prägen Wohnhäuser und öffentliche Bauten, welche die Baufirma damals erstellte, einzelne Quartiere und Strassen Basels. Zur gleichen Zeit gliederte Bell der eigenen Metzgerei eine Wursterei an, eröffnete erste Filialen in Basel und anderen Schweizer Städten und betrieb in den Centralhallen das erste ‹Einkaufszentrum›. Die Maschinenfabrik Burckhardt erlebte ihren Aufschwung zunächst durch die Umstrukturierung der Seidenbandindustrie, die immer stärker mechanisiert wurde; bald darauf dehnte sie jedoch ihr Fabrikationsprogramm auf den allgemeinen Maschinenbau aus und konzentrierte sich erst sehr viel später auf Kolbenkompressoren und Vakuumpumpen.

Arbeiter des Bauunternehmens Stamm verbreitern im Jahre 1938 die Wettsteinbrücke.
◁

Der Beton wird von Hand auf Loren herbeigeschafft.
◁

Die Giesserei von Burckhardt (heute Sulzer-Burckhardt) war bis 1951 in Betrieb. ▷

Maschineneinsatz verändert die Arbeitsbedingungen: Die grosse Maschinenhalle der Firma Burckhardt. ▷

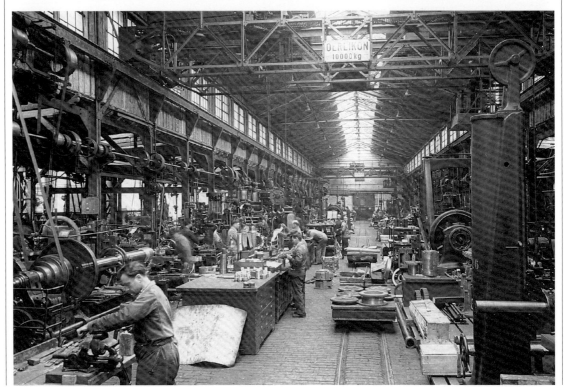

Arbeiter der Firma
Bell zerlegen
Schweineviertel,
um 1930.
◁

Arbeiter von Bell
schlachten Kühe
im städtischen
Schlachthof, um
1930.
◁

Zu einem deutlichen Einbruch der Geschäfte führte der Erste Weltkrieg. Doch bereits in der Nachkriegssituation konnten sich die drei Unternehmen dank Firmenleitungen, die mit Durchsetzungsvermögen und Weitblick die Geschäfte leiteten, rasch erholen. Auch die schwere Weltwirtschaftskrise in den dreissiger Jahren, die für zahlreiche Firmen das Aus bedeutete, zwang die drei Unternehmen nicht zum Konkurs: Mit entsprechenden Sanierungsmassnahmen gelang es, die Zeit bis nach dem Ende des Zweiten Weltkriegs zu überstehen.

Danach erlaubte eine günstige Auftragslage den deutlichen Auf- und Ausbau bei Stamm, Burckhardt und Bell. Erneut wurden die drei Firmen tiefgreifenden Veränderungen unterworfen. Im Jahre 1969 übernahm ein langjähriger Konkurrent in der Kompressorentechnik, der Sulzer-Konzern in Winterthur, das Aktienkapital von Burckhardt; die Basler Firma nannte sich nun Sulzer-Burckhardt, behielt aber ihre rechtliche Unabhängigkeit bei. Bei Stamm übergab im Jahre 1978 der letzte Namensträger seine Firma der Holderbank Financière Glarus AG.

Auch Bell wurde im Laufe der Jahrzehnte zunehmend in die Coop-Unternehmensgruppe integriert, deren Mitglied sie bereits seit 1913 war.

Infolge der weltweiten Rezession führten die Unternehmen in den vergangenen Jahren weitere Umstrukturierungen durch, um auf dem Markt erfolgreich bestehen zu können. Heute zeigen diese Anstrengungen ihre Früchte, der Aufschwung scheint vom Kopf auf die Füsse zu kommen.

Im Umfeld der drei Jubiläen bleibt festzuhalten, dass Firmengeschichte ein breites Feld für spannende Fragen öffnet. So lässt sich am Beispiel Sulzer-Burckhardt die Wechselwirkung zwischen dem Wandel der Verfahrenstechniken und den jeweiligen Arbeitsbedingungen ablesen; Stamm gibt Beispiele zur Stadtentwicklung und deren Einfluss auf das Lebensgefühl; Bell bietet Gelegenheit, den Zusammenhang zwischen Essgewohnheiten, Publikumsgeschmack und Warensortimenten zu analysieren – Fragen, die wert sind, im Rahmen historischer Forschungsprojekte intensiver untersucht zu werden.

Florierendes Unternehmen in der Ernährungsbranche: Arbeiter der Firma Bell.   ▷

Literatur

Bell A.G., Grossschlächterei und Wurstfabrik 1908–1933, Basel 1933.

Sabine Braunschweig/Martin Meier, Der Aufbruch ins Industriezeitalter, in: Leben in Kleinbasel 1392/1892/1992, Basel 1992, S. 52–130.

Bernard Degen, Das Basel der andern, Geschichte der Basler Gewerkschaftsbewegung, Basel 1986.

Hans R. Kläy, Franz Burckhardt (1809–1882) und August Burckhardt (1851–1919), ckdt Maschinenbauer aus Basel, hrsg. vom Verein für wirtschaftshistorische Studien, Meilen 1994.

Gustav Adolf Wanner, La Bell Epoque, 1869–1969, Basel 1969.

Ders., Stamm, Basel 1980.

Der Versuch einer legalen Opiatabgabe

Dass es in Basel keine offene Drogenszene wie in Zürich gibt, ist keine Selbstverständlichkeit. Die breite Diskussion, die seit längerer Zeit in den Parteien, aber auch in der Öffentlichkeit geführt worden ist, ermöglichte in Basel eine Drogenpolitik zwischen Liberalität und Repression, die – wie eine Abstimmung im Sommer 1994 zeigte – von der Mehrheit der Bevölkerung getragen wird. Luc Saner beschreibt in seinem Beitrag den politischen Meinungsbildungsprozess, Thomas Kessler erklärt die kantonale Drogenpolitik, und Stephan Laur lässt Drogenabhängige aus seinem viel beachteten Film ‹Klatschmohn› zu Wort kommen. *(Red.)*

Luc Saner

Heroin auf Rezept
Der Werdegang einer Idee

Einführung

Mit 65,6 % Ja-Stimmen hat Basels Souverän am 12. Juni 1994 die Finanzierung eines wissenschaftlichen Versuchs gutgeheissen, der die intravenöse Abgabe von Opiaten wie Morphin und Methadon, aber auch von Heroin an Abhängige auf ärztliches Rezept vorsieht.[1] Dieser drogenpolitische Durchbruch lässt sich auf ein ganzes Bündel verschiedenster Umstände zurückführen, deren Darstellung zumindest in den Grundzügen versucht werden soll.

Die Drogenkommission der Basler FDP

Als Strafverteidiger in Drogenfällen konnte ich direkt Erfahrungen mit der repressiven Drogenpolitik sammeln und dabei feststellen, dass die Repression nicht zu den gewünschten Resultaten führt. Weder gelingt es, über die abhängigen Kleinhändler zu den Grosshändlern vorzudringen, noch werden durch den sogenannten Leidensdruck die Abhängigen zum Ausstieg bewegt. Zudem erweist sich die Repression in vielem gar als kontraproduktiv. Viele Abhängige verelenden, werden kriminell und damit sozial ausgegrenzt, verlieren Arbeit und Wohnung, infizieren sich mit Aids und erkranken oder sterben an unreinen und an Drogen mit unbekanntem Reinheitsgrad. Das ganze Elend ist oft nur mit noch mehr Drogen ertragbar. Die Kraft zum Ausstieg erlahmt, statt dass sie gestärkt wird. Das Umfeld der Abhängigen leidet mit, und der Staat verlocht Millionenbeträge in Strafverfolgung und -vollzug. Der Drogenhandel selbst ist lukrativ, steuerfrei und findet einen stets wachsenden Kundenkreis. Mit anderen Worten: Ein Grossteil der Probleme ist nicht substanz-, sondern strategiebedingt; nicht die Drogen verursachen die Probleme, sondern unser Umgang mit den Drogen ist die Hauptursache der Missstände. Besonders problematisch erschien mir dabei, dass es zu gewissen Drogen für Abhängige gar keinen legalen Zugang gibt.

Mit dieser Situation konfrontiert, gründete ich im Herbst 1987 die Drogenkommission der Basler FDP. In unserem Bericht vom Mai 1988[2] empfahlen wir im Sinne einer Diskussionsgrundlage, harte Drogen, auch Heroin, auf Rezept an Abhängige abzugeben und weiche Drogen, belastet mit öffentlichen Abgaben, zu vertreiben. Zu unserer grossen Freude folgte die von Adolf Bucher präsidierte Geschäftsleitung der Basler FDP diesen Ideen mehrheitlich, und am 24. Januar 1989 fand eine denkwürdige Forumsveranstaltung statt, an der die Öffentlichkeit orientiert wurde. Das Echo beim Publikum und in den Medien, allen voran Victor Weber in der BaZ, war sehr positiv.

Der Entscheid des Bundesrates für Heroinabgabeversuche

Die Idee der Abgabe von Heroin auf Rezept an Abhängige stammt nicht von der Drogenkommission der Basler FDP. So beantwortete der Bundesrat bereits am 14. Dezember 1979 eine einschlägige Motion Leuenberger abschlägig. In England wird die Heroinabgabe seit Jahrzehnten praktiziert.[3] Doch war der Zeitpunkt für die Idee 1989 günstig, da sich die Drogenpolitik in einer insgesamt verfahrenen Situation befand. Zudem kam zum Ausdruck, dass mit der Heroinabgabe die dargelegten strategiebedingten Missstände der repressiven Drogenpolitik weitgehend eliminiert werden könnten.

Das Podium anlässlich der Forumsveranstaltung der Basler FDP zur Drogenpolitik vom 24. Januar 1989.
▽

Und die Behörden griffen die Idee auf. So lud der baselstädtische Justizdirektor Peter Facklam am 21. Februar 1989 Vertreter verschiedener Departemente sowie Mitglieder der Drogenkommission der Basler FDP zu einem Informationsaustausch ein. Das Eidg. Departement des Innern führte mit Schreiben vom 19. Juni 1989 eine Vernehmlassung zu einem Bericht der Subkommission ‹Drogenfragen› der Eidg. Betäubungsmittelkommission[4] durch, die die Idee der Heroinabgabe zur Diskussion stellte. Dabei sprachen sich erstaunlicherweise von den politischen Parteien nur die CVP, die EVP und die SVP klar gegen die Heroinabgabe aus. In der Zürcher Stadträtin Emilie Lieberherr und dem Zürcher Arzt André Seidenberg hatte die Heroinabgabe zudem zwei engagierte Verfechter gefunden.

Nun reagierte das Bundesamt für Gesundheitswesen und liess durch das Bundesamt für Justiz zwei Gutachten ausarbeiten, die mit Datum vom 2. Oktober 1990 Art. 8 Abs. 5 des Betäubungsmittelgesetzes als ausreichende Rechtsgrundlage für allfällige Heroinabgabeversuche qualifizierten. Ebenso gab das Bundesamt für Gesundheitswesen der Psychiaterin Annie Mino von der Universität Genf den Auftrag, eine wissenschaftliche Analyse über die Literatur zur kontrollierten Abgabe von Heroin und Morphin zu erstellen. Frau Mino empfahl aufgrund ihrer Recherche vom September 1990, wissenschaftliche Heroinabgabeversuche durchzuführen.[5]

Mit Schreiben vom 8. Januar 1992 führte das Eidg. Departement des Innern eine Vernehmlassung zu einer Verordnung[6] durch, die u.a. als Grundlage für Opiatabgabeversuche dienen sollte. Leider schloss der erläuternde Bericht es aus, dass auch Heroin in die Versuche einbezogen wird. Dagegen lief nicht nur die Basler FDP Sturm. Anlässlich einer Tagung der FDP der Schweiz zur Drogenpolitik vom 20./21. März 1992 ergab sich eine klare Mehrheit für Heroinabgabeversuche. Die SP, ja gar die CVP befürworteten Versuche mit Heroin. Unter dem Druck dieses Vernehmlassungsergebnisses gab der Bundesrat am 13. Mai 1992 bekannt, dass auch das Heroin in die Versuche miteinbezogen wird. Damit war ein entscheidender politischer Schritt getan.

Basels Ja zur versuchsweisen Opiatverschreibung

Neben Zürich, Bern, Thun, Olten, Zug und Schaffhausen wollte auch Basel entsprechende Versuche durchführen. Mit Ratschlag Nr. 8468 vom 23. November 1993 beantragte der Regierungsrat des Kantons Baselstadt dem Grossen Rat einen Kredit zur Finanzierung des dreijährigen Pilotprojektes für die ‹Diversifizierte ärztliche Verschreibung von Suchtmitteln›. Im Rahmen dieses wissenschaftlich begleiteten Versuchs werden 150 Schwerstabhängige nach dem Zufallsprinzip in drei Gruppen eingeteilt, an die jeweils intravenös Heroin, Morphin und Methadon unter ärztlicher Aufsicht abgegeben wird. Zudem erhalten alle Teilnehmer eine Trinklösung Methadon als Grunddosis. Regelmässige Kontrollen des Gesundheitszustandes, psychotherapeutische Gespräche und nötigenfalls Sachhilfe bezüglich Wohnen und Arbeiten ergänzen das Versuchsprogramm. Zudem beantragte die Finanzkommission dem Grossen Rat, den Ausgabenbericht Nr. 0331 B gutzuheissen, womit ein Teil der Liegenschaft Spitalstrasse 2 zur Aufnahme des Pilotprojektes saniert werden soll.

Beiden Krediten stimmte der Grosse Rat mit nur 9 resp. 11 Gegenstimmen am 19. Januar 1994 deutlich zu. Als einzige Fraktion stimmten die Schweizer Demokraten/Die Freiheitlichen dagegen.

Leider wurde gegen den Kreditbeschluss betreffend das Pilotprojekt das Referendum gleich von verschiedenen Seiten ergriffen. Zuerst traten fundamental-christliche Kreise rund um den Drogentherapieverein ‹Offene Tür› auf den Plan. Bald folgten die Schweizer Demokraten und die Freiheitlichen. Einige Unterschriften wurden von der Eidgenössisch-Demokratischen Union beigesteuert und DSP-Grossrat Kurt Freiermuth, der baselstädtische Gefängnisdirektor, profilierte sich als Einzelkämpfer.

Für den Kreditbeschluss des Grossen Rates traten aber alle im Grossen Rat vertretenen Parteien mit Ausnahme der Schweizer Demokraten und der Freiheitlichen ein, so dass ein grosses überparteiliches Komitee zur Bekämpfung des Referendums gegründet werden konnte. Dabei

engagierten sich nicht nur Politikerinnen und Politiker, sondern auch breite Bevölkerungskreise, vor allem aber grosse Teile der Ärzteschaft, kirchliche Kreise und natürlich im Drogenbereich tätige Organisationen wie der baselstädtische Drogenstammtisch. Der persönliche Einsatz von Regierungsrätin Veronica Schaller und Regierungsrat Jörg Schild taten das übrige zum erfreulichen Ergebnis dieser wichtigen Abstimmung, die Signalwirkung weit über die Kantonsgrenzen hinaus hatte und haben wird.

Möge die Heroinabgabe auf Rezept die gewünschten Wirkungen zeigen und uns allen helfen, die Drogenpolitik in vernünftige Bahnen zu lenken.

Anmerkungen

1 Victor Weber, Die Basler Drogenpolitik erhält den Segen des Volkes, in: Basler Zeitung vom 13. Juni 1994, S. 25.
2 Drogenkommission der Basler FDP, Entkriminalisierung von Drogen – Erfahrungen und Möglichkeiten, Bericht zuhanden der Geschäftsleitung der Basler FDP, Basel Mai 1988.
3 Annie Mino, Analyse scientifique de la littérature sur la remise contrôlée d'héroïne ou de morphine, Expertise im Auftrag des Bundesamtes für Gesundheitswesen, Genf 1990, S. 64–154.
4 Subkommission ‹Drogenfragen› der Eidg. Betäubungsmittelkommission, Aspekte der Drogensituation und Drogenpolitik in der Schweiz, hrsg. vom Bundesamt für Gesundheitswesen, Bern Juni 1989.
5 Vgl. Fussnote 3, S. 211.
6 Verordnung über die Förderung der wissenschaftlichen Begleitforschung zur Drogenprävention und Verbesserung der Lebenssituation Drogenabhängiger.

◁ Von mehreren Seiten wurde gegen den Kreditbeschluss des Grossen Rates das Referendum ergriffen.

△ Basels Souverän stimmte am 12. Juli 1994 mit 65,6% der Stimmen dem Versuch einer ärztlichen Opiatverschreibung zu.

Stephan Laur

Heroin: Befreiung oder Konsum pur?

Der Basler Dokumentarfilm ‹Klatschmohn – aus dem Leben mit Heroin› stiess auf ein ungewöhnlich grosses Interesse: In über zehn Schweizer und verschiedenen deutschen Städten lief er im Kino (in Basel acht Wochen lang). Im Film vermitteln Süchtige ihre Erfahrungen mit harten Drogen. Autor und Regisseur Stephan Laur stellt hier einen kleinen Ausschnitt aus den Gesprächen vor.   *(Red.)*

Als ich im Herbst 1991 in der Kulturwerkstatt Kaserne eine Veranstaltungsreihe zum Thema Sucht und Drogen organisierte, suchte ich unter anderem geeignete Filme und Videos. Doch was ich an Reportagen und TV-Sendungen finden konnte, machte mich wütend und nachdenklich: Alle möglichen Menschen – Therapeuten, Sozialarbeiterinnen, Polizisten, Ärztinnen, Anwohner und Politiker – kamen zu Wort und vermittelten oft nur ein Zerrbild der Wahrheit. Die Betroffenen selbst aber fragte kaum jemand; höchstens, dass mal in einer grossen TV-Diskussionsrunde ein paar verwahrloste Typen völlig ‹verladen› rumlallen und das Kli-

scheebild bestätigen durften, das die Medien so genüsslich auswalzen.

Meine Erfahrungen zeichneten ein ganz anderes Bild: Während der Recherchen für die Diskussionsveranstaltungen stellte ich fest, dass viele Junkies sich sehr genau artikulieren und ihre Sicht des Problems direkt vermitteln können, wenn man keine Angst vor ihnen hat und sie ohne Vorurteile und vorschnelle Belehrungen sprechen lässt. Diese Unmittelbarkeit, so dachte ich mir, wäre doch eigentlich die Grundvoraussetzung für eine demokratische Auseinandersetzung mit dem Drogenproblem. Und sie wäre Bedingung für eine wirksame Prävention. Doch da man Junkies wie Aussätzige behandelt, ihre Sucht als irgendwie ansteckend betrachtet, verweigern wir ihnen und uns diese Offenheit. Da ich gerade kein grösseres Filmprojekt hatte, drängte es sich auf, selbst Abhilfe zu schaffen und dem Zerrbild der Medien und den Vorurteilen und Ängsten vieler Menschen filmisch entgegenzuwirken. Nach langer, intensiver Arbeit ist ein Film entstanden, in dem konsequenter-

Bilder aus dem Dokumentarfilm ‹Klatschmohn – aus dem Leben mit Heroin›.   ▷

weise ausschliesslich Junkies, MethadonkonsumentInnen und eine ex-Fixerin sprechen, jedoch keine selbsternannten Fachleute.

Wir versuchten, uns möglichst unbefangen an das Thema heranzutasten. Wir wollten nicht gleich den Zeigefinger erheben und auch bei Tabuthemen offen bleiben. Deshalb fragten wir die Junkies auch danach, was sie eigentlich so gut fänden am Heroin.

Jessie, seit 22 Jahren heroinsüchtig
Sobald du den Schuss drin hast, kommt es wie eine Befreiung den Rücken rauf, in den Magen und dann ins Hirn. Du hast das Gefühl, du wirst gestreichelt.

Pascale, 9 Jahre Heroin, heute Methadon
Warm eingebettet bist du durch die Welt gegangen. Nichts konnte dich verletzen, du konntest dir so ziemlich alles erlauben.

Die Menschen, die im Film offen zu ihrer Sucht stehen, stammen aus den unterschiedlichsten Schichten: Viele von ihnen führen, wie die Mehrheit aller Heroinsüchtigen, ein bürgerliches Leben.

Gaby, 8 Jahre Heroin, heute Methadon
Es gibt Junkies und Junkies, wie es Menschen und Menschen gibt. Manche lassen sich völlig fallen. Diese Krise hatte ich nie. Ich habe immer jeden Tag geduscht. Ich dachte, ich müsse noch mehr für mich tun, damit man ja nichts merkt.

Ich hatte gute Jobs und musste gepflegt aussehen . . .

Albi, Schauspieler, 22 Jahre Heroin, heute Methadon
Es gibt so viele verschiedene Junkies, wie verschiedene Tramfahrer. Ich könnte eine mittelgrosse Kneipe mit Junkies füllen: wenn du reinkommst und nichts weisst, merkst du es nicht. Erhebungen aus Zürich zeigten, dass mehr als die Hälfte der Junkies sozial integriert ist. Natürlich gibt es auch die, die der alten Frau die Tasche wegreissen und Wahnsinstaten begehen. Das darf man nicht verharmlosen. Aber das Image der Junkies, dass alle abgefuckt im Strassengraben liegen, stimmt nicht. Das sieht jeder, der mal in ein Gassenzimmer geht. Und wenn Junkies aus therapeutischen Wohngemeinschaften kommen und ein bürgerliches Leben beginnen, werden sie meist bürgerlicher als bürgerlich und leben mit einer Wohnwandphilosophie, da ist ‹Möbel Pfister› ein Waisenknabe dagegen.

Für Heidi, ex-Fixerin und Buchautorin, sind die Junkies schlicht ein Spiegelbild unserer Gesellschaft.
Alles ist so aufgebaut, dass man immer das Gefühl hat, man muss das noch haben und noch mehr und die Fortsetzung davon: immer mehr und immer schneller. Die ganze Wirtschaft ist so aufgebaut. Und die Junkies sind die Exoten darunter. Junken ist für mich Konsum in Reinkultur. Dieses Habenwollen, das Reinknallen, die Gier, die dahinter steckt: das sehe ich auch in anderen gesellschaftlichen Zusammenhän-

gen, nur nicht so extrem und vielleicht nicht so schnell zerstörend. Aber eigentlich ist es dasselbe.

Viele der integrierten Junkies führen ein eigentliches Doppelleben.

Gaby, ex-Boutiqueleiterin (heute arbeitslos)
Es ist ein Witz: Du arbeitest im vornehmsten Geschäft und in der Pause machst du dir einen Knall. Das hat mich viel Mühe gekostet.

Albi, ex-DRS 1-Wunschkonzertonkel (heute freischaffender Schauspieler)
Als ich an meinem Geburtstag eine Sendung auf Radio DRS-1 hatte, machte ich die Ansage, trat zurück, damit mich der Techniker nicht sieht, und setzte mir einen Schuss. Die Hörer im Auto oder auf ihrem Bauernhof merkten nicht, ob ich verladen oder auf Entzug war. Das wurde mir zum Verhängnis: Ich konnte es zu lange kaschieren und führte ein Doppelleben, das mich schliesslich zerriss.

Das Versteckspiel kann jahrelang gutgehen. Doch früher oder später stürzen fast alle ab; spätestens, wenn die Sucht ihr volles Ausmass zeigt.

‹Hans› (Name geändert), Arzt, 5 Jahre Heroin
Erst dachte ich, wenn man raucht oder snifft, wird man nicht süchtig. Das war natürlich ein Trugschluss. Nach einem halben Jahr merkte ich, dass ich ‹drauf› bin. Wenn du auf Heroin bist, hast du niemanden mehr nötig. Oder du

glaubst es jedenfalls. Anfangs macht das die Droge total geil. Aber langsam vermisse ich das Bedürfnis nach Zärtlichkeit und Liebe. Im Moment treffe ich eine Frau, die mit mir arbeitet. Ich mag sie sehr und ich weiss, dass sie auf mich steht. Aber Liebe kann ich nicht empfinden: den Wunsch, sie zu umarmen oder so … Im Endeffekt stelle ich fest, dass mich diese Droge noch viel einsamer gemacht hat als vorher. Deshalb habe ich wieder einmal beschlossen aufzuhören. Ich hab's schon dreimal versucht, aber nach einer Woche war der Korken ab und ich musste wieder drücken.

Aufhören wollen alle Süchtigen immer wieder. Aber bei Heroin fällt das sehr schwer.

Däni, 9 Jahre Heroin
Seitdem ich drücke, habe ich oft gesagt: jetzt höre ich auf, ab morgen nehme ich kein Heroin mehr. Wenn du deinen Kick gemacht hast, bist du in einer Welt, in der alles in Ordnung ist, und das stimmt für dich. Sobald du aber auf Entzug bist, zeigt sich das wahre Gesicht …

Pascale, Sekretärin, heute im Methadonprogramm
In der Entzugsstation hatte ich einen Entzug, da habe ich 12 Tage lang keine Minute geschlafen. Da bist du hinüber. Du wirst durchsichtig und hyperempfindlich. Erstens bist du wieder nüchtern, zweitens bist du noch durchsichtiger, weil du nicht mehr schläfst und isst. Und du fühlst dich beschissen. Du bist ein Niemand. Du hast keine Kraft mehr, bist einfach ein Stück Dreck.

Es ist eine völlige Erlösung.
C'est une vraie délivrance.

Aber von einer Droge,
Mais d'une drogue

Denise, 18 Jahre Heroin
Wenn du süchtig bist, ist nicht das ‹Zu-sein› das Schöne, sondern es ist mühsam, wenn du nichts hast. Dann bist du auf Entzug, bist krank, hast Durchfall und kotzt. Es geht dir elend, auch psychisch. Wenn du dann etwas nimmst, geht es dir gut. Als ich in den Knast kam, bekam ich eine Krankheit nach der andern: Schnupfen, Eileiterentzündung... Ich wusste, wenn ich jetzt einen Kick mache, ist alles weg. Da kann man sich noch so oft vornehmen, jetzt höre ich auf: Wenn's dir völlig beschissen geht, sagst du: warum kaufe ich nicht etwas für 50 oder 100 Franken?

Auch in langjährigen Entwöhnungstherapien kommen sehr viele der Junkies nicht langfristig vom ‹Gift› weg.

Jessie
Der körperliche Entzug kann vielleicht eine Woche dauern. Aber der psychische Entzug . . . Wenn du einmal Heroin geschmeckt hast, bleibt es das ganze Leben lang in deinem Hirn. Ich war zum Beispiel einmal 8 Jahre lang ‹sauber›...

Albi, heute im Methadonprogramm
Wenn man sich einmal entscheidet, mit dieser Droge zu leben, gibt es keinen Weg zurück. Ich rate jedem, sich das sehr gut zu überlegen.

Viele Junkies, die den Entzug nicht schaffen, versuchen es mit der legalen Ersatzdroge Methadon. Methadon, von Ärzten abgegeben, befriedigt zwar die körperliche Sucht, hat aber nicht die euphorisierende Wirkung von Heroin.

Denise, heute Methadon
Man kann jeden Tag in der Apotheke das Methadon holen. Man muss nicht Angst haben: hat er was oder nicht? Ist es gut oder gestreckt? Ich weiss, ich kriege soundso viel, und es geht mir dann soundso lange gut.

Jessie, heute Methadon und gelegentlich Heroin
Das ist der grösste Scheiss, dass ich Ja gesagt habe zum Methadon. Jetzt bin ich abgestempelt. Ein Methadonentzug ist etwas vom Härtesten, das geht unheimlich lange. Der körperliche Entzug geht schon, wenn man ganz langsam abbaut. Aber man kann dann monatelang nicht mehr schlafen. Man hat Durchfall, man friert immer... Ich habe es probiert $2^1/_2$ Monate lang, bis ich ausgeflippt bin. Ich konnte pro Nach $^1/_2$ bis 1 Stunde dösen. Ich hatte konstant Durchfall und bekam Muskelzittern. Das hält niemand durch. Ich kenne zwar Leute, die so einen Entzug durchmachten. Aber nach Monaten waren sie wieder drauf. Es ist aussichtslos, dagegen anzukämpfen.

Denise
Ich werde nicht aus dem Methadonprogramm aussteigen. Ich habe Angst. Mein Körper ist so daran gewöhnt, dass ich es nicht ertragen würde, nichts zu laden...

Das gilt, das schreibe ich gross hin.
Pour moi, cette affirmation est vraie.

Ich duschte immer jeden Tag.
Je me suis douchée tous les jours...

Insgesamt zwölf Fixerinnen und Fixer, mit denen wir Kontakt hatten, starben während unserer Arbeit. Wir waren erschüttert und traurig, denn viele waren liebe Bekannte und Freunde geworden. Wir wollten wissen, was sie sterben liess.

Albi

Wenn ich jetzt Heroin kaufe, weiss ich nicht, wie stark es ist. Es kann 10 oder 20 oder 40% enthalten. Ich weiss nicht, was für Dreck drin ist: Wenn 20% Heroin sind, sind 80% irgendwelche Streckmittel. Ich weiss also nicht, was ich kaufe und wie ich dosieren muss. Zudem kann ich die Droge nicht sozial integriert konsumieren. Ich werde zum Aussenseiter, falle aus den gesellschaftlichen Normen, dem Sicherheitsnetz raus, und das ist tödlich. Und tödlich ist die ganze Situation des Junkies, der nichts anderes tut, als sich einen Schuss zu setzen und sich dann das Geld für den nächsten Schuss zu organisieren… Das Leben ist dann in einer Spirale, die abwärts führt. Tödlich ist nicht das Heroin, sondern die Situation, in der die Junkies heute leben.

Heidi, heute ganz ohne Heroin oder Methadon

Ich finde, es sollte das Recht auf freie Suchtmittelwahl bestehen. Wieviele Alkoholiker haben wir? Aber da heisst es immer: Er arbeitet jeden Tag, darum darf er. Das finde ich bigott. Wenn ich keinen Alkohol will, sondern Heroin, sollte mir das möglich sein, ohne dass ich wahnsinnige Preise bezahlen muss. Oder an Orte gehen muss, wo ich gar nicht hin will. Ich trinke gerne ein Glas Champagner, oder auch einen guten Wein; im richtigen Moment, mit den richtigen Leuten, am richtigen Ort. Ich fände es grauenhaft, wenn ich zum Rheinbord gehen müsste, um dort meinen Wein zu kaufen, und bei jeder Flasche Angst hätte, dass sie Kupfervitriol enthält.

Pascale

Jeder, der heute noch gegen eine kontrollierte Abgabe ist, setzt sich dem begründeten Verdacht aus, dass er daran verdient.

Klatschmohn – aus dem Leben mit Heroin. Ein Dokumentarfilm von Stephan Laur. 73 min., Farbe. mahagi-film, Basel.

Seither bemühe ich mich um Methadon
Depuis j'essaye d'avoir droit à la métha.

Thomas Kessler

Basel stimmt für den Opiatabgabe-Versuch

Breiter Konsens in Basel-Stadt

Während auf nationaler Ebene der Abstimmungssonntag vom 12. Juni 1994 als ziemlich peinlicher Neinsager-Tag in die Abstimmungsgeschichte einging, der grundsätzliche Fragen zum Verhältnis von Abstimmungsvolk und Bundesbehörden aufwarf, sagte der Basler Souverän am selben Tag mit einer Zweidrittels-Mehrheit Ja zu einem kantonalen Kredit für ein Opiatabgabe-Projekt.

Der ‹Tages-Anzeiger› kommentierte denn auch: «Die klare Zustimmung zum Kredit von 1,24 Millionen Franken ist auch eine Bestätigung für eine liberale, pragmatische Drogenpolitik, die Basel-Stadt führt. (…) Die Ablehnung des Referendums und damit das Ja zum Kantonskredit belohnt den Mut der Regierung, in der Sache überhaupt vors Volk zu gehen. Anders als andernorts hatte man den Kreditbetrag absichtlich so hoch angesetzt, dass eine Abstimmung nötig war. Das Mittun beim Bundesversuch sollte demokratisch klar abgestützt sein. Und das ‹Ja zum Heroinversuch› sollte vor allem auch eines zur gesamten kantonalen Drogenpolitik sein.» Und aus dem benachbarten Frankreich kommentierte die ‹L'Alsace›: «Selten dürfte ein dermassen komplexes Thema auf einen solchen Konsens in der Politik, in der Fachwelt und in der Sozialpartnerschaft gestossen sein.»

Andere Zeitungskommentare wiederum betonten vor allem die Immunität des Basler Stimmvolkes gegenüber Polemiken und Versuchen, die Kostenfrage durch schiefe Vergleiche in den Mittelpunkt zu rücken. Vier Merkmale sind allen Kommentatoren aufgefallen: Breiter Konsens in Drogenfragen, mutiges Handeln der Basler Behörden, hohes Vertrauen der Bevölkerung in die Basler Drogenpolitik bei hoher Immunität gegenüber Polemiken.

Doch wie kam es zu diesem «sensationellen Resultat» (Weltwoche), zumal auf nationaler Ebene derzeit eine Nein-Welle auch noch so vernünftige Vorlagen gefährdet? Der grosse Konsens in Basel-Stadt kann, aus drogenpolitischer Sicht, als Resultat einer über dreijährigen, konsequenten Aufbau- und Koordinationsarbeit gewertet werden; andererseits hat das klare Abstimmungsresultat in einer derart komplexen Frage einmal mehr gezeigt, wie aufgeklärt die Stimmbürgerinnen und Stimmbürger im humanistisch geprägten Stadtstaat sind. Eine gute Drogenpolitik machen wollen ist das eine, ein aufgeschlossenes gesellschaftliches und politisches Umfeld haben das andere.

Als in Basel Ende der achtziger Jahre und zu Beginn der Neunziger um die Spritzenabgabe und die Fixerräume gestritten wurde, ging es nicht primär um das ‹ob›, sondern um das ‹wie›. Mit den ‹Drogenpolitischen Leitsätzen› hat der Regierungsrat des Kantons Basel-Stadt im April 1991 schliesslich die Grundhaltung, Ziele und Massnahmen der Basler Drogenpolitik verbindlich festgeschrieben und damit die Grundlage für die Entwicklung einer kohärenten Drogenpolitik gelegt.

Die Drogenleitsätze orientieren sich an der gesellschaftlichen und individuellen Komplexität der Problematik, definieren die menschliche Grundhaltung in der Drogenfrage, wahren den Interessenausgleich zwischen allen beteiligten Behörden und Bevölkerungskreisen und beschreiben schliesslich die Notwendigkeit der Koordination auf allen Ebenen der Drogenpolitik.

Drogenpolitisches Modellkonzept: Vier Säulen

In einem ersten Schritt wurde im Justizdepartement die Stelle eines Drogendelegierten geschaffen, der fortan für Planung, Koordination, Öffentlichkeitsarbeit und Controlling aller drogenpolitischen Massnahmen zuständig sein sollte. Anschliessend wurde die Koordination unter den zuständigen Ämtern ausgebaut, die Differenzen zwischen den Departementen geklärt und bestmöglich entschärft, der direkte Kontakt zu allen betroffenen Kreisen entwickelt und das Gassenzimmer-Programm fortgesetzt. Äussere Ergebnisse der drogenpolitischen Arbeit von 1991 bis 1993 waren die Errichtung dreier Gassenzimmer und, komplementär dazu, die allmähliche Auflösung der offenen Drogenszene.

In einem zweiten Schritt wurden im Frühjahr 1993 Koordinationsgremien auf allen Stufen der drogenpolitischen Entscheidungsfindung geschaffen: auf der Ebene Regierung (Regierungsrätliche Delegation für Suchtfragen), auf operationeller Ebene (Kantonaler Drogenstab ‹illegaler Bereich›, Arbeitsgruppe legale Suchtmittel) und auf strategischer Ebene (Fachkommission für Suchtfragen). Alle involvierten Behörden, die Fachwelt und die Politik wurden in ein Koordinationsnetz eingebunden, das die Informations- und Entscheidungswege auf das absolute Minimum verkürzt. Bestmögliche und rasche gegenseitige Information ist bei der Bewältigung der Drogenproblematik von zentraler Bedeutung; deshalb muss bei einer effizienten Drogenpolitik die optimale Vernetzung aller wichtigen Informations- und Entscheidungsträger gewährleistet sein.

Die oben erwähnten Koordinationsgremien haben sich bisher ausgezeichnet bewährt, und das drogenpolitische Konzept von Basel-Stadt dient inzwischen vielen Gemeinwesen im In- und Ausland als Modell. Das ‹drogenpolitische Haus› Basel-Stadt darf heute als im Rohbau fertig bezeichnet werden. Es besteht aus den vier gleichwertigen Säulen ‹Prävention›, ‹Überlebenshilfe›, ‹Repression› und ‹Rehabilitation› und wird gedeckt von der Koordination. Am stärksten war in den vergangenen zwanzig Jahren die Säule ‹Repression› entwickelt worden;

jetzt geht es um die komplementäre Entwicklung der übrigen drei Säulen. Man hat in Basel längst erkannt, dass das Primat der Strafjustiz bei der Bewältigung eines vorwiegend sozialmedizinischen Problembereichs objektiver Betrachtung nicht standhält – und von den Organen der Strafjustiz auch gar nicht gewünscht wird. Enormer Nachholbedarf besteht im Bereich der Prävention, die zwar in öffentlichen Drogendebatten stets grösste Achtung geniesst, im Vergleich mit den übrigen Bereichen jedoch immer noch ein Schattendasein führt: In der nationalen Rechnung gehen weniger als 3% der Mittel, die zur Bewältigung der Drogenproblematik aufgewendet werden, an präventive Massnahmen.

Prävention...

Die Basler Regierung hat deshalb 1993 ein umfassendes kantonales Präventionskonzept entwerfen lassen. Zudem wurde unter der Leitung des Drogendelegierten auf den 1. Mai 1994 die Abteilung ‹Koordination Drogenfragen› geschaffen, die neben der politischen Arbeit und der Optimierung des Suchthilfesystems auch alle präventiven Tätigkeiten, deren Förderung sowie die Umsetzung des kantonalen Präventionskonzeptes koordiniert. Ziel ist es, präventive Massnahmen möglichst früh, breit und verbindlich einzuführen und altersgerecht weiterzuziehen, um destruktivem Verhalten vorzubeugen oder im Problemfall rasch Hilfe leisten zu können. Grosses Gewicht hat dabei die Verknüpfung der Prävention mit der Jugend- und der Ausländerpolitik.

Überlebenshilfe...

Der Bereich der Überlebenshilfe, die unter anderem Gassenzimmer, Tageshäuser, Notschlafstellen und Gassenküche umfasst, muss weiter ausgebaut werden. So hat sich gezeigt, dass für obdachlose Gassenfrauen eine separate Notschlafstelle erforderlich ist, oder dass die bestmöglichen Öffnungszeiten der Gassenzimmer noch nicht gefunden sind. Hier ist die Zusammenarbeit unter den Institutionen weiter zu verbessern und die Beratungsqualität anzuheben. Die Überlebenshilfe soll die betroffenen Menschen auf dem höchstmöglichen Niveau stabilisieren und ihnen helfen, den Weg zu einer weiterführenden Beratung zu finden, um dem Fernziel ‹volle Selbständigkeit› ein Stück näher zu kommen.

Repression…

Die Repression, also der strafjustizielle Bereich, hatte, gestützt auf das Betäubungsmittelgesetz von 1975, lange Zeit Vorrang vor allen übrigen Massnahmen; dementsprechend hoch ist der Ausbaustandard heute. Von Belang sind derzeit vor allem neue Strafbestimmungen, um Handlungsspielraum gegenüber dem organisierten Verbrechen und der Geldwäscherei zu gewinnen. Für die zahlreichen Fachbesucher aus dem In- und Ausland ist es oft erstaunlich, dass in Basel die Organe der Strafjustiz ganz hinter der Vier-Säulen-Politik stehen und insbesondere auch die Gassenzimmer-Politik unterstützen. Immer noch wirkt die komplementäre Basler Politik auf viele Auswärtige exotisch.

…und Rehabilitation

Der Bereich der Rehabilitation schliesslich ist ebenfalls weit ausgebaut; Probleme schaffen hier ein anachronistisch anmutender Föderalismus in der Schweiz, die fehlende Überblickbarkeit, fehlende Qualitäts-Mindeststandards und Lücken bei der Therapierung von Jugendlichen, Frauen und Personen aus fremden Kulturen. Gehandelt werden muss in diesem Bereich vor allem auf nationaler Ebene; Basel-Stadt drängt über die diversen nationalen Koordinationsgremien stark auf eine moderne und national koordinierte Rehabilitations-Politik.

Mit diesem Modell hat Basel-Stadt ein vergleichsweise gut funktionierendes drogenpolitisches Konzept, dessen Umsetzung die Bevölkerung mit einem grossen Vertrauen den Behörden gegenüber honoriert. Jetzt geht es darum, diesen Weg weiterzugehen und das Wissen um eine rationale und kohärente Drogenpolitik dort einzubringen, wo noch viel zu tun ist: auf nationaler Ebene, beim Bund sowie im freundeidgenössischen Umgang zwischen den Agglomerationen, die den grössten Teil der nationalen Drogenlast tragen, und den Landgebieten, die ihr Drogenproblem bisher weitgehend in die Städte ‹exportieren›.

Ausländische Wohnbevölkerung

Die Initiative zur Erteilung der politischen Mitbestimmungsrechte für Ausländerinnen und Ausländer konnte in Basel – wie in zahlreichen anderen Kantonen – keine Mehrheit finden. Als Befürworter wertet Georg Kreis die Abstimmung und deren Ergebnis aus historischer und staatspolitischer Sicht, und Anna C. Strasky schildert die im 19. Jahrhundert unternommenen Schritte zur Integration der ausländischen Wohnbevölkerung. *(Red.)*

Georg Kreis

Politische Rechte für Ausländer und Ausländerinnen?

Öffentlich diskutiert

Die Frage, ob den niedergelassenen Ausländer/innen unter gewissen Bedingungen bestimmte politische Mitbestimmungsrechte gewährt werden sollen, stellt sich seit langem. Abstimmungen darüber hatten in den vergangenen vier Jahren bereits 1990 in Neuenburg, 1992 in der Waadt und 1993 in Genf und Zürich stattgefunden. In Bern, im Tessin, im Aargau und wahrscheinlich in Solothurn ist darüber noch zu befinden.

Im Juni 1994 war auch Basel an der Reihe. Hier war die Frage durch eine im Juni 1991 eingereichte Volksinitiative aufgeworfen worden. Das Begehren ging von mehreren Kleingruppen und einzelnen Politiker/innen des linken Flügels aus, fand aber auch die Unterstützung der Sozialdemokratischen Partei und des Gewerkschaftsbundes. Es forderte für Ausländer/innen, die während 8 Jahren ununterbrochen in der Schweiz ansässig gewesen sind (davon insgesamt 3 Jahre im Kanton, und davon 1 Jahr unmittelbar vor der Zusprache) das Stimm- und das aktive Wahlrecht in kantonalen und kommunalen Angelegenheiten. Begründet wurde die Initiative damit, dass Ausländer/innen zwar mitarbeiten, Steuern bezahlen und für die AHV aufkommen, nicht aber in den politischen Entscheidungsprozess einbezogen sind – und dass dies undemokratisch sei.

Der Regierungsrat empfahl in seinem Bericht vom 1. Juni 1993 die Initiative zur Ablehnung. Er hielt an der Auffassung fest, dass politische Rechte an die Staatsbürgerschaft gebunden seien, man sich also einzubürgern habe, wenn man diese Rechte erlangen wolle. Er verwies auch auf den Umstand, dass nach 15 Jahren Wohnsitz im Kanton sogar ein Anspruch auf Aufnahme ins Bürgerrecht bestehe.

Diese Haltung war stark geprägt von zwei impliziten, d.h. wenig ausdiskutierten Grundideen: Erstens der Idee, das Bürgerrecht sei ein Gut, das gegeben bzw. bezogen werde; und zweitens, dass Ausländer/innen eine besondere Kategorie der Bevölkerung bildeten.

Zwei Argumente – pro und contra

Eine Sonderkategorie bilden auch langjährig hier wohnhafte Ausländer/innen, da Verfahren und Gliederungen, die für sogenannte Einheimische selbstverständlich sind, in ihrem Fall keine Geltung haben: Während nämlich Einheimischen mit dem Erreichen des 18. Lebensjahres automatisch die politischen Rechte vergeben werden, wird im Falle des Ausländers eine Erteilung ‹ohne dass er danach begehrt hätte› als unerwünscht und falsch bezeichnet. Desgleichen wird eine Aufteilung der Ausländer/-innen in zwei Kategorien (mit und ohne Stimmrecht) als ungerecht und unpraktikabel abgelehnt, obwohl die gleiche Aufteilung bei Inländer/innen selbstverständlich ist.

Die zweite These besagt, dass das Bürgerrecht ein Gut sei, das vergeben und erworben werden könne; Vergabe wie Erwerb seien von bestimmten Bedingungen abhängig und dürften nicht zum ‹Nulltarif› vergeben werden. Verlangt wird eine gewisse Integration – was immer damit gemeint ist. (Dieser Erwartung haben die Initianten mit der Karenzzeit von 8 Jahren Rechnung getragen.) Darüberhinaus aber sollen die Bezüger eine klare Willensbekundung abgeben, der alten Staatszugehörigkeit abschwören (soweit die Möglichkeit des Doppelbürgerrechts nicht besteht) und insbesondere die mit Bürgerrechten verbundenen Verpflichtungen – vor allem die militärische Dienstpflicht – übernehmen.

Der Grosse Rat folgte am 15. September 1993 mit einer Mehrheit von 69:48 Stimmen den von der Regierung vorgetragenen Überlegungen. Im Vorfeld der Volksabstimmung gaben ausser der SP alle grossen Parteien die Nein-Parole aus, und am 12. Juni lehnte der Souverän mit 73,75% Nein-Stimmen (47 013 : 16 733) die Initiative ab. Der Verfasser dieses Beitrags hat sich für eine Annahme eingesetzt. Als Leiter des Nationalen Forschungsprogrammes 21 über ‹Kulturelle Vielfalt und nationale Identität› ist er der Problematik des Ausländer/innenstimmrechts begegnet und zum Schluss gelangt, dass dieses Postulat zu fördern sei.

Der Reformvorschlag hatte allerdings in keinem Moment eine Chance. Es konnte bloss darum gehen, mit dem Abstimmungskampf eine Diskussion in Gang zu setzen und mit einem respektablen Ja-Anteil einen Achtungserfolg zu erzielen. Das erste Ziel dürfte dank grossem Einsatz teilweise erreicht worden sein; der Achtungserfolg dagegen wurde eindeutig verpasst: Das Ergebnis lag etwa bei der gleichen Marke wie die andernorts erzielten Negativ-Resultate (74% in der Waadt, 75% in Zürich, 72% in Genf).

Die Denkhürde und die emotionale Barriere erweisen sich bei solchen Vorlagen als zu hoch und stark, und zwar unabhängig davon, wie lange die Karenzfrist angesetzt wird, ob nur das aktive oder auch das passive Wahlrecht vorgesehen ist, ob das Mitbestimmungsrecht neben kommunalen auch kantonale Geschäfte und ausser Gesetzesvorlagen auch Verfassungsfragen betrifft. So ging es in der Zürcher Abstimmung im Grunde nicht einmal um das Ausländer/innenstimmrecht, sondern um die Frage, ob die Gemeinden das Recht erhalten sollten, über diese Frage autonom zu befinden. An der Urne wurde dann aber offensichtlich über die Grundeinstellung zu Ausländer/innen und zur Einwanderungspolitik abgestimmt.

Zugehörigkeit und Identifikation

Die obgenannten Hindernisse beruhen auf der Vorstellung, In- und Ausländer seien grundsätzlich andere Wesen, da sie andere Zugehörigkeitsgefühle, andere Loyalitäten, andere kulturelle Hintergründe hätten. Diese Unterscheidung leuchtet zwar grundsätzlich ein, dürfte aber schon immer fragwürdig gewesen sein. In Gesellschaften, die seit Jahrzehnten eine Masseneinwanderung erleben und eine grosse Zahl im Lande geborener Angehöriger der 2. Generation haben, ist sie noch fragwürdiger geworden. Sie orientiert sich in Wirklichkeit gar nicht an vermuteten oder tatsächlichen Unterschieden, sondern schlicht am Blutsbande-Prinzip, dem ‹ius sanguinis›: Man ist Ausländer, weil die Vorfahren Ausländer waren. Eine der Realität besser entsprechende (wenn auch nicht vollkommene) Regelung wäre das Geburtsort-Prinzip des ‹ius soli›. Aufgrund des Blutsprinzips betrachtet man im Ausland niedergelassene Nachkommen von Schweizer/innen als politisch mitentscheidungsberechtigt, auch wenn sie noch nie in der Schweiz waren und deren gesellschaftlichen Probleme aus eigener Anschauung gar nicht kennen, während man Nachkommen von Ausländer/innen, die seit

Geboren, auf-
gewachsen und ein-
geschult in der
Schweiz. Wo ist
ihre Heimat?   ▷

Verhindert die
Verbundenheit
mit einer anderen
Kultur bereits die
Integration?   ▷

Jahren hier leben, allein wegen eines papierenen Faktums ausklammert.

Für den Einbezug in die politischen Entscheidungsprozesse spricht nicht der philanthropische Wunsch, den ‹unersättlichen› Eingewanderten dieses Privileg ‹auch noch› zu verleihen; sondern die nüchterne Überlegung, dass man sich selber einen Gefallen erweist, wenn man Zugewanderte über das Mittel Wahl-/Stimmrecht zusätzlich integriert. Gegen die tief verwurzelten Vorbehalte vermag aber dieses Argument einstweilen nicht anzukommen. Ebenso wenig wie die Argumente, dass gemäss dem bereits in der Schule vermittelten Lehrsatz ‹no taxation without representation› keine Steuerpflicht ohne Mitspracherecht bestehen sollte, dass militärische Dienstpflicht bei beschränktem Bürgerrecht nicht erforderlich sei, oder dass andere Dienstpflichten (z.B. Feuerwehr) ohne weiteres zur Bedingung gemacht werden könnten.

Die Massstäbe fallen auseinander

Das ablehnende Hauptargument verwies auf die erleichterte Einbürgerung, die Möglichkeit der Rückkehr ins Herkunftsland sowie auf sprachliche Probleme. Die Einwände zeigen, dass mit zweierlei Mass gemessen wird und gegenüber Ausländer/innen plötzlich zum Problem wird, was bei Inländer/innen ebenso auftreten kann, aber niemals stört. So hat man sich noch nie gefragt, ob ein Tessiner die deutsch verfassten Basler Abstimmungserklärungen verstehen kann; wenn aber Italiener stimmberechtigt wären, behauptet man (wohl um die Vorlage als unrealistisch zu erklären), zwinge uns dies, die Texte auch auf italienisch zu verfassen. Ebensowenig ist es für uns ein Problem, dass Eidgenoss/innen wichtige Vorlagen mitentscheiden, am anderen Tag aber die Koffer packen und dem Land für immer den Rücken kehren können, also die Konsequenzen ihres Handelns nicht mittragen müssen. Andererseits nehmen wir bei niedergelassenen Ausländer/innen, die erfahrungsgemäss zum allergrössten Teil hier bleiben, gerne an, sie seien eine Art Nomaden. Sogar die Beschränkung auf das Recht des Wählens wurde als unschweizerisches Manöver bezeichnet, obwohl es auch in der Schweiz lange dieses ‹splitting› gab und das Recht des Gewähltwerdens erst im vorgerückten Alter gewährt wurde. Als eidgenössischer Joker tauchte dann das Argument auf, die Schweiz habe mit ihrer direkten Demokratie eine besonders anspruchsvolle Staatsform, man müsse daher mit der Zulassung zu den Staatsgeschäften entsprechend vorsichtig sein: Mit eben diesem Argument war zuvor die Einführung des Frauenstimmrechts jahrelang verzögert worden. Hier zeigte die Debatte immer wieder Parallelen, bis hin zu der Vermutung, die mit neuen Rechten ausgestatteten Mitbürger/innen seien wegen zu geringer Bildung manipulierbarer als die Einheimischen.

Ausländer/innen mit Bindungen ans Herkunftsland erscheinen als suspekt, während man umgekehrt die Heimatliebe der eigenen Ausgewanderten zu schätzen weiss: Bei ihnen vermutet man in zweifachen Zugehörigkeitsgefühlen keine problematische Doppelbödigkeit, von Ausländer/innen erwartet man dagegen, dass sie sich für das eine oder andere Land entscheiden. Die sozialwissenschaftliche Erkenntnis, dass sich verschiedene Identitäten, zumal wenn die eine auf nationaler, die andere auf lokaler Ebene angesiedelt ist, sehr wohl kombinieren lassen, hat vor derart rigorosen Bekenntniserwartungen kein Gewicht.

Positive Erfahrungen

Keine Rolle spielten in der Reformdebatte die Vergleichsmöglichkeiten mit anderen Staaten, ja sogar mit schweizerischen Kantonen, welche die Neuerung bereits seit längerem eingeführt haben. Schweden vollzog den Schritt schon 1975, und zwar für das aktive wie für das passive Stimmrecht, für lokale und regionale Angelegenheiten, und dies bereits 3 Jahre nach der Zuwanderung. Andere nordische Staaten folgten, erzielten zwar keine sensationellen Integrationsergebnisse, erlitten aber auch keinen Schaden. Gleiches kann man vom Kanton Neuenburg sagen, wo das aktive Wahl- und Stimmrecht bei Gemeindeangelegenheiten schon seit 1849 besteht, und vom Kanton Jura, der mit seiner Gründung 1978 ein kantonales Ausländer/innenstimmrecht für alle Urnengänge (ausser bei Verfassungsbestimmungen) eingeführt hat. Inzwischen wurde im Auftrag der Schweizerischen Unesco-Kommission eine Studie durchgeführt, die in den Kantonen Neuenburg und Jura das konkrete Funktionieren dieser Regelung untersuchte. Wie analoge ausländische Studien stellt sie fest, dass die Ausländer/innen nur sehr verhalten von diesem Recht Gebrauch machen, dass es aber für einige wenige sehr viel bedeutet, weshalb man im Jura auf Seiten der Inländer/innen sogar an einen Ausbau dieser Rechte denkt. Dass man im Kanton Neuenburg keine schlechten Erfahrungen gemacht und weiterhin eine besonders positive Einstellung bewahrt hat, zeigt die Abstimmung von 1990: Während in anderen Kantonen sich etwa 75% bereits gegen das Aktiv-Wahlrecht aussprachen, wurde in Neuenburg (gegen den Antrag von Regierung und Parlamentsmehrheit) die weitergehende Vorlage für die Erweiterung auf das Passiv-Wahlrecht mit lediglich 56% abgelehnt.

Bleibt, auf die allgemeinere Bedeutung der symbolischen Ebene zu verweisen: Man fühlt sich anders, wenn man mit diesem Recht ausgestattet ist, und man hofft vielleicht auch, dass sich die anderen, die Inländer/innen, zu den Ausländer/innen, die über dieses Recht verfügen, anders einstellen. Hier liegt ein wesentlicher Punkt: Die symbolische Bedeutung der Dinge darf nicht unterschätzt werden. Ebenso, wie die Abstimmung vom 12. Juni ein Plebiszit zu Grundeinstellungen zur ‹Ausländerfrage› war, muss man nach wie vor am Postulat des Ausländer/innenstimmrechts festhalten – gerade wegen seiner Bedeutung für diese Grundeinstellungen.

Viele Ausländer leben schon in der 2. Generation bei uns. ▷

Literatur

Michal Arend, Einbürgerung von Ausländern in der Schweiz, Basel 1991.
Pierre Centlivres, Devenir Suisse, Adhésion et diversité culturelle des étrangers en Suisse, Neuenburg 1990. – Ders., Une seconde nature, Pluralisme, naturalisation et identité en Suisse romande et au Tessin, Lausanne 1991.
Andreas Cueni und Stéphane Fleury, Stimmberechtigte Ausländer und Ausländerinnen, Die Erfahrungen der Kantone Neuenburg und Jura, Bern 1994 (Unesco-Studie).
Les étrangers dans la cité, Expériences européennes, hrsg. von Olivier le Cour Grandmaison und Catherine Wihtol de Wenden, Paris 1993.
Tomas Hammar, Democracy and the Nation-State, Aliens, Denizens and Citizens in a World of International Migration, Aldershot 1990.

Anna C. Strasky

‹Wir und die Anderen›: Zur Fremd- und Eigenwahrnehmung der Basler Bürgerschaft in der zweiten Hälfte des 19. Jahrhunderts

«Wenn wir aus den Ausländern Schweizer, aus den Schweizern Basler machen, so werden sie ganz anders mit uns und bei uns sein; das kann man freilich nicht mit Zahlen und Argumenten erklären, das muss man fühlen».[1]

Mit diesen Worten trat Ratsherr Eduard Heusler in der Grossrats-Debatte vom 3.12.1866 deutlich für die Revision des baselstädtischen Bürgerrechtsgesetzes von 1848 ein. Sie sollte die Einbürgerung sowohl für Schweizer Bürger als auch für Ausländer wesentlich erleichtern.[2] Damit war beabsichtigt, das «Zahlenmässige Missverhältniss» zwischen der bürgerlichen Bevölkerung einerseits und der niedergelassenen, schweizerischen und ausländischen[3] andererseits zu beheben. Mit Besorgnis hatte man nämlich zuvor den allmählich sinkenden Anteil der bürgerlichen Bevölkerung, gemessen an der Gesamteinwohnerzahl, beobachtet: Im Zuge vereinfachter Niederlassungs-Richtlinien war das Bürgerrecht nicht mehr so begehrt wie früher. Das neue Gesetz sollte die bürgerliche Bevölkerung gegenüber der niedergelassenen wieder stärken[4] – ein Ziel, das jedoch nicht erreicht wurde, sank doch ihr Anteil im Gegenteil von knapp 40 % im Jahre 1837 auf 28 % im Jahre 1860, um schliesslich um die Jahrhundertwende mit 25 % den Tiefstwert zu erreichen. Gleichzeitig nahm die Zahl der Niedergelassenen zu: der Anteil der schweizerischen unter ihnen betrug 1837 37 %, stieg 1860 auf 42 % und fiel 1900 auf 37 % zurück, während die ausländischen Niedergelassenen ($^3/_4$ von ihnen stammte aus dem angrenzenden Deutschland) ihren Anteil mit 23 % (1837) über 30 % (1860) auf 38 % um die Jahrhundertwende deutlich steigerten.[5]

Die Metapher ‹Eintritt ins Bürgerrecht› ver-

weist auf eine räumliche Vorstellung des Bürgerrechtes oder des ‹Bürgerverbandes›: Ein Bewerber oder eine Bewerberin tritt durch die Einbürgerung von einem Raum in einen andern, quasi von einem ‹Aussen› in ein ‹Innen›. Die Entscheidung darüber, wer aufgenommen und wer abgewiesen wird, verlangt Definitionen darüber, wer in das ‹Innere› passt und wer ‹draussen› bleiben soll. Hierbei ist also die Beziehung zwischen einem ‹Wir› und den ‹anderen› angesprochen, hier stellt sich die Frage nach der Eigen- bzw. Fremdwahrnehmung, die auch heute noch aktuell ist.

Im Umfeld der Diskussion über das neue Bürgerrechtsgsetz von 1866 ist interessant, *wer* von der Basler Bürgerschaft (die in dieser Diskussion ausschliesslich zu Wort kam und damit als ‹Wir› gelten muss) als ‹fremd› wahrgenommen wurde, *wie* sich die Bürgerschaft selbst definierte, und *ob* mit dem Vorstoss zu einer erleichterten Einbürgerung auch eine offenere Haltung gegenüber dem ‹Fremden› einherging.

Wer ist ‹fremd›?

Einen Hinweis auf die Frage, wer als ‹fremd› wahrgenommen wurde, gibt die Regelung der Einbürgerungsgebühren.[6] Mit Fr. 500.– ist im Jahre 1848 die Spanne zwischen einem Kantonsbürger und einem Schweizer Bürger wesentlich grösser als diejenige zwischen einem Schweizer Bürger und einem Ausländer (Fr. 300.–). Dies könnte bedeuten, dass die Grenze zwischen Kantonsbürgern und anderen Schweizer Bürgern wesentlich schärfer gezogen wurde als zwischen Schweizer Bürgern und Ausländern; mit andern Worten, nicht nur Ausländer wurden als ‹fremd› wahrgenommen, sondern alle Schweizer Bürger, sofern sie nicht Kantonsbürger waren. Das Gesetz von 1866 scheint diese Ungleichheit aufzuheben, wenn auch der qualitative Unterschied wie 1848 bestehen bleibt; der Abstand beträgt zwar gleichmässig Fr. 300.–, doch die Bestimmungen zur Einbürgerung von Verlobten der Basler Bürger relativieren diese Ausgewogenheit: Sie kennen lediglich Kantonsbürgerinnen oder Nicht-Kantonsbürgerinnen.

Wer ist ‹innen›

Die Diskussionen in den Zeitungen und Grossrats-Debatten stützen die Vermutung, dass ‹Fremdheit› auch 1866 nicht primär an der Staatsangehörigkeit gemessen wurde: ‹fremd› waren vielmehr die niedergelassenen Nicht-Bürger insgesamt – ob schweizerisch oder ausländisch, war weniger relevant. Beiden Gruppen gemeinsam war, dass sie – bei gleicher Handels- und Gewerbefreiheit – der bürgerlichen Pflichten und Lasten weitgehend enthoben waren. Ihnen gegenüber wird gerade auf Seiten der Revisionsbefürworter ein recht grosses Gewaltpotential spürbar, ist doch die Rede davon, «alle diejenigen guten Elemente, welche sich bleibend bei uns niederlassen, dadurch uns ganz zu *verbinden* und gänzlich an unsere Interessen zu *fesseln,* dass wir sie vollständig *in uns aufgehen* machen.»[7]

Die Niedergelassenen stellen in dieser Sprache ein Moment der Bedrohung für die Basler Bürgerschaft dar, denn, so der Ratschlag, «(…) die nicht Bürger werdenden Niedergelassenen (…) [werden] zu einer unser Gemeinwesen durchdringenden Masse, in welcher jenes immer mehr aufgeht und sein bewusstes Dasein verliert, während der fremde Stoff in ihm aufgehen und sich in seiner Angehörigkeit bewusst werden sollte.»[8]

In sprechenden Bildern stellten auch Zeitungsartikel, die die Revision bejahten, diese Gefahr dar und setzten ihr eine durch die erleichterte Einbürgerung gestärkte Bürgerschaft als ‹festen Kern› entgegen.[9]

Ein Schritt in Richtung Öffnung?

Dies zeigt, dass das Eintreten für eine erleichterte Einbürgerung nicht Hand in Hand mit einer offeneren Haltung gegenüber dem ‹Fremden› einherging; Revisionsbefürworter wie -geg-

ner lagen vielmehr in ihrer Haltung gar nicht so weit auseinander: Für beide manifestierte sich ‹Fremdheit› weniger in der Staatszugehörigkeit als im anderen Denken, der anderen Lebensweise, der anderen sozialen Zugehörigkeit. Schweizerische und ausländische Niedergelassene sowie anders denkende Bürger stellten für beide Seiten eine Gefahr dar, vor der man sich schützen musste. Während jedoch die Gegner des Gesetzes dies durch möglichst grosse Abschottung zu erreichen suchten, sahen die Befürworter die Lösung darin, sich die Zugewanderten durch Einbürgerung «zu eigen» zu machen.

Diese Äusserungen und Ängste müssen vor dem Hintergrund ihres historischen Kontextes gelesen werden. Basel im 19. Jahrundert war geprägt von grossen staats- und wirtschaftspolitischen Umwälzungen, angefangen bei der Kantonstrennung 1833, über die Einführung der Bundesverfassung 1848 (beide machten eine Neuorientierung der politischen Behörden erforderlich) bis zur raschen Zunahme der Wohnbevölkerung aufgrund der Industrialisierung. Die 1859 notwendig gewordene Schleifung der Stadtmauern wurde dabei zum Sinnbild für die Zerstörung alter Ordnungen und Grenzen.[10] Bei der Wahrnehmung der Niedergelassenen als ‹fremd› spielte neben deren sozialer Zugehörigkeit auch ihre Mobilität und Unstabilität eine wichtige Rolle: Sie verkörperten sozusagen das Unstete, Ruhelose dieser Zeit. Die Bemühungen, die Zahl der Niedergelassenen zugunsten der Bürgerschaft zu verringern, können als Versuch verstanden werden, eine grössere Stabilität, einen ‹festen Kern› aufzubauen. Frauen erfüllten nicht einmal als Bürgerinnen das Kriterium der Stabilität, da sie durch Heirat jederzeit aus dem Bürgerverband austreten konnten. Die Quellen weisen sie denn auch klar dem ‹Fremden› zu.

Befürworter und Gegner unterscheiden sich hingegen deutlich in der Auffassung darüber, was ein ‹Bürgerverband› zu sein hatte. Zogen sich die Revisionsgegner auf den Standpunkt zurück, es gehe um eine rein ‹geistige› Körperschaft ohne öffentliche Bedeutung, wollten die Revisionsbefürworter die ‹alte Bürgerschaft› erneuern: Sie sollte das Sagen haben, die Mehrheit der Einwohnerschaft stellen. Einig war man sich lediglich darin, dass der Bürgerverband ein Ort der Männer und für Männer bleiben sollte; Frauen hatten darin keinen Platz.

Kurz vor dem ersten Weltkrieg erreichte der Anteil der ausländischen Bevölkerung seinen historischen Höhepunkt: Mit rund 53 000 Personen stellten die Ausländer mehr als ein Drittel der Kantonsbevölkerung.[11] Mehrmals zuvor hatte man versucht, der ‹Ausländerfrage›[12] durch eine offenere Einbürgerungspolitik beizukommen – im Einklang mit der gesamtschweizerischen Tendenz, diese Fragen nicht durch restriktive Bestimmungen, sondern durch eine stärkere Einbürgerung zu lösen.[13] So hatte der Basler Grosse Rat mit dem Bürgerrechtsgesetz von 1902 sogar geplant, sämtlichen in- und ausländischen Nichtbürgern unter 45 Jahren, die Minderjährigen eingeschlossen, eine Einladung zur Einbürgerung zu schicken. Gegen diese «marktschreierische Lösung» wandte sich jedoch der Weitere Bürgerrat ebenso, wie gegen den Vorschlag, auch Frauen zur Einbürgerung einzuladen; er argumentierte, man habe dann auch für deren Altersvorsorge aufzukommen.

Das Kriterium ‹Staatszugehörigkeit› gewann um die Jahrhundertwende zunehmend an Gewicht. Erstmals prägte im Jahre 1910 Nationalrat Emil Göttisheim den Begriff ‹Überfremdung›; er drückte damit ein Empfinden des Bedrohtseins durch jenes ‹Fremde› aus, das später immer mehr mit allem ‹ausländischen› identifiziert wurde.[14]

Anmerkungen

Dieser Artikel beruht im wesentlichen auf meiner Lizentiats-Arbeit: ‹Wir und die Andern›: Zur Fremd- und Eigenwahrnehmung der Basler Bürgerschaft, Die Diskussion um ein neues Bürgerrechtsgesetz 1848–1866, Basel 1993.
1 Basler Nachrichten, 7.12.1866, Nr. 290.
2 Bürgerrechtsgesetz vom 4.12.1848, in: Kantons-Blatt Basel-Stadt, Bd. II 1848, S. 256ff. Bürgerrechtsgesetz vom 11.12.1866, in: Kantons-Blatt Basel-Stadt, Bd. II 1866, S. 253ff. Meine bewusste Beschränkung auf die männliche Sprachform bei den Bezeichnungen ‹Schweizer Bürger›, ‹Ausländer› etc. entspricht dem Sprachgebrauch der Quellentexte.
3 Niederlassungsverträge zwischen der Schweiz und ihren Nachbarstaaten, im Interesse des Wirtschaftsliberalismus und der Freizügigkeit abgeschlossen, ermöglichten ausländischen Staatsangehörigen, sich auch in Basel niederzulassen. Sie waren also den nicht im eigenen Heimatkanton niedergelassenen Schweizer Bürgern, mit Ausnahme der politischen Rechte, annähernd gleichgestellt (Rudolf Schläpfer, Die Ausländerfrage in der Schweiz vor dem Ersten Weltkrieg, Diss. Zürich, Zürich 1969, S. 66f u. 83 ff). Für Basel bedeutend wurde v. a. der ‹Staatsvertrag der Schweiz mit dem Grossherzogthum Baden, betreffend die gegenseitigen Niederlassungs-Verhältnisse› von 1863 (in: Kantons-Blatt Basel-Stadt, Bd. 1, 1864, S. 52ff).
4 Rathschlag und Entwurf eines Bürgerrechtsgesetzes. Dem Grossen Rat vorgelegt den 1. Okt. 1866, S. 3, 47.
5 Philipp Sarasin, Stadt der Bürger, Diss. Basel, Basel und Frankfurt a. M. 1990, S. 15ff. – Willy Pfister, Die Einbürgerung der Ausländer in der Stadt Basel im 19. Jahrhundert, Basel 1976, Quellen und Forschungen zur Basler Geschichte Bd. 8, S. 108.
6 Beim Quellenmaterial handelt es sich zum einen um die beiden Bürgerrechtsgesetze sowie weitere amtliche Quellen im Zusammenhang mit der Entstehung des Gesetzes von 1866, zum andern um Zeitungsartikel der ‹Basler Nachrichten› und des ‹Schweizerischen Volksfreundes›, und schliesslich um 14 Protokolle von Einbürgerungen.
7 Schweizerischer Volksfreund, 6.10.1865, Nr. 237. Hervorhebungen von C. S.
8 Rathschlag und Entwurf, a. a. O., S. 25.
9 Schweizerischer Volksfreund, 23.11.1866, Nr. 278.
10 Vgl. dazu das Gedicht ‹E Burgerspaziergang›: Theodor Meyer-Merian, E Burgerspaziergang, in: Ders., Wintermayeli, Basel 1857, S. 95–110. – Im weiteren: Sarasin, S. 19.
11 Statistisches Jahrbuch des Kantons Basel-Stadt 1959, hrsg. vom Statistischen Amt des Kantons Basel-Stadt, Basel 1960, S. 25.
12 Schläpfer, a. a. O., S. 4.
13 Schläpfer, a. a. O., S. 155f.
14 Schläpfer, a. a. O., S. 61ff.

Beat von Wartburg

Andreas Linn – Direktor der Christoph Merian Stiftung (1980–1994)

Andreas Linn, Anwalt und Bürgerrat, trat 1980 sein Amt als Direktor der Christoph Merian Stiftung (CMS) an. In den 60er und 70er Jahren hatte die CMS unter der Leitung von Hans Meier dank einem sprunghaft gestiegenen Reinertrag einen grossen Aufschwung erlebt und neue städtische Aufgaben übernommen: Landreserven wurden erschlossen und überbaut, der Umfang der Baurechte vergrössert und eigene Landwirtschaftsbetriebe eingerichtet; der Wohnungsbau wurde forciert, der Botanische Garten in Brüglingen begründet, die Sanierung des St. Alban-Tals in Angriff genommen und schliesslich die ‹Grün 80› ermöglicht.

Andreas Linn, von 1980 bis 1994 Direktor der Christoph Merian Stiftung. ▷

Gegen Ende der 70er Jahre nahm indessen der Ertrag der Vermögensbewirtschaftung nominell um annähernd 14 % ab. In einer ersten Phase galt es deshalb für den neuen Direktor, das Erreichte zu konsolidieren und den Ertrag wieder zu steigern. Andreas Linn kämpfte um die Erhöhung der Baurechtszinse auf dem Dreispitzareal und vertrat energisch die Rechte der CMS in der Hagnau. Gleichzeitig musste – die ‹Grün 80› war eben zu Ende gegangen – eine neue Zweckbestimmung für die Brüglingerebene gefunden werden. Andreas Linn setzte sich für eine begrenzte landwirtschaftliche Nutzung und die Erhaltung der Seenlandschaft der ‹Grün 80› ein und befürwortete die Verlegung der Stadtgärtnerei nach Brüglingen. Ziel war der heute realisierte, vielgestaltige Erholungsraum mit den Kernstücken Botanischer Garten und ‹Stiftung im Grünen›. Zu grossen Diskussionen Anlass bot die für viele schmerzhafte Aufhebung des Bauernbetriebes, der aus ökologischer Sicht nicht mehr zu bewirtschaften war. An seine Stelle trat der CMS-eigene biologische Gemüse- und Obstbaubetrieb. Auch die Bauernbetriebe Weidenhof und Sternenhof waren im Agglomerationssog nicht mehr zu halten, und so leitete Andreas Linn, unterstützt durch den damaligen Verwalter Heinz Ryser, die Erschliessung der beiden Areale und ihre Übergabe im Baurecht an das Gewerbe ein.

Die sichtbarste Aktivität der CMS war die Fortführung und Vollendung der umfassenden Sanierung des St. Alban-Tales: Zwei Drittel aller Bau-, Umbau- und Restaurationsvorhaben mit einem Volumen von rund 23 Mio. Franken – Gesamtinvestitionen: 41,4 Mio. Franken – wurden jetzt in Angriff genommen. Erwähnt seien nur die Erstellung der Kopfbauten an den beiden Teicharmen, die Rekonstruktion der Stegreifmühle und die Gestaltung des Maja Sacher-Platzes.

Einen eigentlichen Höhe- und Wendepunkt in seiner Tätigkeit als Direktor bildete 1986 das Jubiläum ‹100 Jahre CMS›. Die zahlreichen Veranstaltungen und vor allem die innere Reorganisation der CMS öffneten und dynamisierten die Stiftung. Viele, mit grossem Elan ausgearbeitete Bauprojekte konnten in den folgenden Jahren realisiert werden: der Kauf und Umbau des Café Spitz, der Bau der Wohnsiedlung Davidsboden mit ihrem neuartigen Wohn- und Vermietungsmodell, die Restaurierung der Elisabethenkirche, der Umbau des Gasthofs ‹Zum Goldenen Sternen› sowie die Neugestaltung und Öffnung des Gellertgutes.

Stark engagierte sich die CMS auch im sozialen Bereich. Dabei war Andreas Linn die berufliche und soziale Eingliederung von seelisch Kranken und Behinderten ein wichtiges Anliegen. Nachhaltig unterstützte er mit der CMS die Gesellschaft für Arbeit und Wohnen und den Besuchsdienst, und auch kleinere, zum Teil unscheinbare soziale Projekte konnten auf ihn zählen.

Wichtig war Andreas Linn schliesslich auch die Öffnung der CMS für kulturelle Anliegen. Der Kulturmarkt anlässlich der 100-Jahrfeier der CMS bildete dafür gleichsam den Auftakt. Ihm folgten kulturelle Grossanlässe wie das Rahmenprogramm für die Europäische Ökumenische Kirchenversammlung, die ‹Karawane MIR› und die Theaterfestivals und Studienwochen ‹Welt in Basel› sowie die Europäischen Jugendchorfestivals. Gemeinsam mit Cyrill Häring, der für all diese Projekte verantwortlich zeichnete, ermöglichte Andreas Linn auch im St. Alban-Tal die IAAB, die ‹Internationalen Austausch Ateliers Region Basel›.

Dialog und Kommunikation sind Stichworte, die Andreas Linns Wirken prägten. Um das Gespräch über umstrittene gesellschaftliche Probleme zu fördern und die Erarbeitung konsensfähiger Lösungen zu ermöglichen, engagierte er sich mit der CMS im ‹Basler Regio Forum› und danach bei der Gründung und Durchführung der ‹Basler Dialoge›. Dass es dabei immer auch um einen praxisbezogenen Beitrag an die Gestaltung der Zukunft ging, dafür sorgte Andreas Linn im Rahmen der CMS. Bei den stiftungseigenen Landwirtschaftsbetrieben wurde auf ökologische Bewirtschaftungsmethoden und die artgerechte Tierhaltung geachtet; daneben förderte die CMS den Botanischen Garten in Brüglingen, den biologischen Landbau und die ökologische Vernetzung von Landschaftsräumen.

Mit dem altersbedingten Rücktritt von Andreas Linn als Direktor am 31. Mai 1994 ging in der CMS eine Ära zu Ende. Seine Persönlichkeit und seine Werthaltungen spiegeln sich in den zahlreichen sozialen, kulturellen und städtischen Werken, die auf seine Initiative hin Gestalt annahmen. Immer wieder standen die Sorge um die Zukunft und der Einsatz für einen auf Toleranz gründenden gesellschaftlichen Dialog im Vordergrund seiner Tätigkeiten. Die Amtsführung Andreas Linns war durch echte Liberalität, Grosszügigkeit und Offenheit geprägt.

Beat von Wartburg

Zur «Linderung der Noth und des Unglückes» und zur «Förderung des Wohles der Menschen»

Christoph Merians Testament im Original wiederentdeckt

1857, ein Jahr vor seinem Tod, verfasste der kinderlose Christoph Merian sein zweites und letztgültiges Testament. Zur Universalerbin seines gesamten Vermögens bestimmte er seine Gattin, und nach deren Tod seine «liebe Vaterstadt Basel».

Christoph Merian wurde 1800 als zweites Kind einer Basler Patrizierfamilie geboren. Sein Vater, Christoph Merian-Hoffmann, war ein ausserordentlich erfolgreicher Kaufmann und Bankier, der vor allem während der napoleonischen Kontinentalsperre ein beträchtliches Vermögen erwerben konnte, das später zum Fundament des Reichtums seines Sohnes werden sollte. Obwohl dieser sich der Agronomie zuwandte, verstand er es, sein bewegliches Vermögen, vor allem aber auch seinen Grundbesitz zu vergrössern. Er hinterliess bei seinem Tod ein Vermögen im Gesamtwert von damals Fr. 19 313 000, wovon er rund Fr. 5 525 000 selbst erwirtschaftet hatte.

Bereits zu Lebzeiten unterstützten Christoph Merian und seine Frau Margaretha, geborene Burckhardt, soziale und kirchliche Werke wie das Spital und das Missionshaus und finanzierten den Bau der neuen Elisabethenkirche. In seinem weitblickend gefassten Testament fand Christoph Merians Engagement für soziale Anliegen und für das Gemeinwesen seine Fortsetzung; aus der pietistisch motivierten Überzeugung, dass die irdischen Güter dem Menschen nur anvertraut sind und ihr Besitz eine soziale Verantwortung bedeutet, vererbte Merian sein gesamtes Vermögen der Stadt Basel und verschiedenen Institutionen. Weit über die Hälfte der Erbmasse ging an die damalige Stadtgemeinde, «mit der ausdrücklichen und unumstösslichen Bedingung jedoch, dass das-

selbe stets von dem übrigen städtischen Vermögen getrennt und für sich bestehend bleiben und besonders verwaltet werden solle». Damit handelte Merian durchaus im Widerspruch zur gängigen Praxis im Basler Patriziat, nach der es galt, das selbst ererbte und wenn möglich erweiterte Vermögen auch bei Kinderlosigkeit in den Reihen der eigenen Familie zu halten.

Kernpunkte des Testaments sind die Bestimmungen, wonach «das Capital ganz erhalten» bleiben soll und «nur die Zinsen und der Ertrag der Güter» jährlich verwendet werden dürfen. Die Erträgnisse des Stiftungsvermögens sind einzusetzen zur «Linderung der Noth und des Unglückes (...) zur Förderung des Wohles der Menschen und (...) Durchführung der unserm städtischen Gemeinwesen obliegenden nothwendigen oder allgemein nützlichen und zweckmässigen Einrichtungen». Sämtliche Richtlinien sind pointiert und offen für die Zukunft formuliert, statt eng begrenzter Vorschriften nennt Christoph Merian umfassende Verwendungszwecke. So klammerte er Vorschriften, die eine «bessere und zeitgemässere Verwendung der Mittel vereiteln könnten», bewusst aus.

Nach dem Tod von Margaretha Merian im Jahre 1886, bei Inkrafttreten der Stiftung, war Christoph Merians Originaltestament noch vorhanden. Letztmals wird es im Briefwechsel zwischen dem Verwalter der Erbmasse, Wilhelm von der Mühll, und dem ersten Präsidenten der Stiftungskommission, Christoph Ronus-von Speyr, erwähnt. Mit einem Schreiben vom 11. Dezember 1886 sandte Ronus das Originaltestament, das er zur Einsicht erhalten hatte, an den Testamentsvollstrecker zurück. Seither galt das Schriftstück als verschollen. Der Tätigkeit

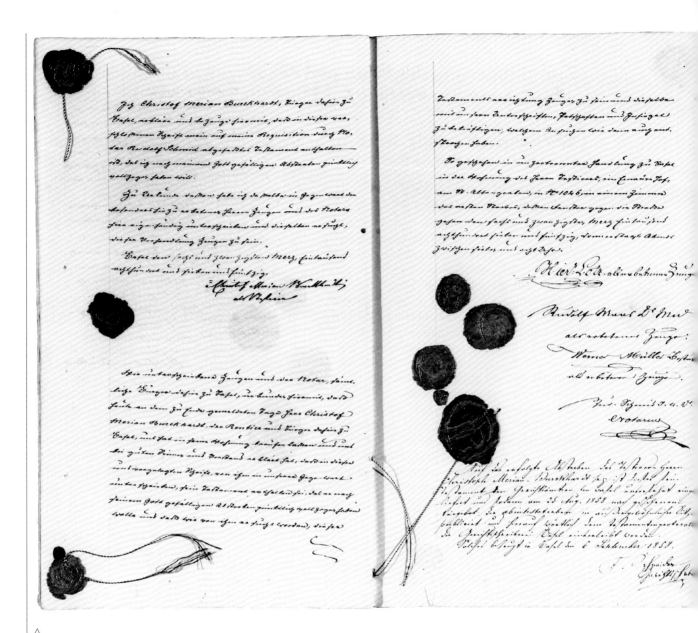

Das Testament Christoph Merians besteht aus 5 Bögen amtlichen Basler Papiers im Folioformat. Notar Rudolf Schmid schrieb den Text eigenhändig, Christoph Merian unterschrieb jede Seite. Die 5 Bögen (10 Blätter) wurden mit einer dünnen, gelb-blauen Aktenschnur zusammengeheftet. Mit der gleichen Schnur wurden die Blätter 1–8 zusammengenäht und von Christoph Merian durch zwei rote Lacksiegel auf der vorderen Aussenseite und zwei Siegel auf Seite 16 gesichert. Auf Seite 17 setzten die Zeugen ihre Unterschriften und besiegelten sie. Schliesslich unterzeichnete auch der Notar und befestigte mit seinem Siegel das Ende der Schnur. (Die Abbildung zeigt die letzte Seite des Dokumentes.)

der Christoph Merian Stiftung tat dies allerdings keinen Abbruch, zumal der Text in zwei notariell beglaubigten Abschriften vorlag. Dennoch entstanden – heute haltlos gewordene – Gerüchte um das verlorengegangene Dokument.

Im Sommer 1994 besuchte der junge und neu zugezogene Pfarrer in Lausen, Christoph Ramstein, eine Familie seiner Kirchgemeinde. Auf dem Tisch lag eine Leichenrede von Johann Jakob Oeri. Nachdem Pfarrer Ramstein sein kirchengeschichtliches Interesse bekundet hatte, erwähnte die Gastgeberfamilie beiläufig, sie besitze «noch etwas von einem reichen Basler». In einem Konvolut von Schriften aus dem Besitz von Christoph und Margaretha Merian befand sich auch das Originaltestament.[1] Ramstein nahm Kontakt mit der Christoph Merian Stiftung auf, die das Testament von Andreas Staehelin, Alt-Staatsarchivar, und dem Paläographen Martin Steinmann auf seine Echtheit überprüfen liess. In ihrem Gutachten gelangten die beiden Experten zur einhelligen Überzeugung, dass es sich tatsächlich um das Originaltestament handelt. Das von Notar Rudolf Schmid verfasste und von Christoph Merian auf jeder einzelnen Seite unterzeichnete Testament ist mit den Abschriften – mit Ausnahme einiger unbedeutender Abweichungen und der Orthographie – identisch (so unterschrieb beispielsweise Christoph Merian durchwegs mit «Christof Merian Burckhardt», wobei er keinen Bindestrich zwischen die Familiennamen setzte und seinen Vornamen mit ‹f› schrieb). Bestärkt durch das wiederentdeckte Originaltestament, die ideelle und rechtliche Grundlage der CMS, können nun die Stiftungsaktivitäten im Sinne Christoph Merians weitergeführt werden.

Anmerkung

1 Mit dem Testament sind auch weitere historisch interessante Dokumente zum Vorschein gekommen:

a. eine Gewinn- und Verlustrechnung der Firma Hans Balthasar Burckhardt von 1781,

b. der von zahlreichen Familienmitgliedern unterzeichnete Ehevertrag von Christoph Merian und Margaretha Burckhardt von 1824,

c. das Testament der Margaretha Merian-Burckhardt vom 4. Februar 1859, als handschriftlicher Entwurf und in der Abschrift von Notar Rudolf Schmid,

d. eine ‹Specificierung› des Stiftungsvermögens vom 16. Mai 1859,

e. eine Kopie der testamentarischen Verfügung von Margaretha Merian-Burckhardt vom 2. Juni 1881, betr. die finanzielle Sicherung der Kleinkinderschule St. Elisabethen,

f. eine Kopie der letztwilligen Verfügungen von Witwe Margaretha Merian-Burckhardt, Beizettel 1 und 2, datiert vom 17. November 1884,

g. die Kopie eines Schreibens des Notars Wilhelm von der Mühll an die Verwaltung der Christoph Merian'schen Stiftung vom 22. Juni 1886, über das Wohnrecht ihrer Burckhardt'schen Verwandten in Brüglingen.

100 Jahre Tanzschule Fromm – Tradition mit Takt

Er zieht den Krawattenknoten straff. Macht vor ihr einen kleinen Knicks: «Darf ich bitten?»
Sie steht auf. Nickt lächelnd. Und stellt die Basler Gretchenfrage: «Fromm?»
Er grinst: «Klar. Fromm.»
Und schon legen die beiden – eins und zwei und Cha-cha-cha – die Schritte und Formationen aufs Parkett, die seit Generationen vom Hause Fromm den Baslern auf die Zehen vorgeschrieben und in die Füsse gedrillt werden.

Diese kleine Szene spielt sich rund um das Basler Tanzparkett immer wieder ab. Über 100000 Tanzfreudigen hat die Familie Fromm am Rheinknie in den letzten 100 Jahren Takt gelehrt – Takt im wahrsten Sinne des Wortes. Denn neben Tango und Wienerwalzer bringt die Tanzschule auch noch ein Quäntchen ‹Benimm› in die Stunden – auch wenn die dritte Generation der Fromms hier lächelnd abwinkt: «Das ist nicht mehr so streng wie früher. Natürlich achten wir darauf, dass keiner beim Tanzen Kaugummi kaut oder in Jeans daherrauscht. Irgendwie sollte das Ganze eben doch noch einen speziellen Rahmen haben…»
Der Rahmen, den Bernhard Urfer und seine Frau Suzanne (die Grosstochter des Gründervaters) ihren Tanzfreudigen bieten, ist ohne Zweifel einmalig: Man trifft einander im prächtigen Zunftsaal E.E. Zunft zu Hausgenossen in der Freien Strasse 34. Seit 1919 lehren die Fromms ihre Schüler, wie man sich auf dem Tanzparkett richtig bewegt. Hier, unter den Stukkaturen und Leuchtern des ‹Grauen Bären›, wurde in Basel erstmals der legendäre Charleston gezeigt und getanzt. Hier tanzte man in den Kriegsjahren den Boogie-Woogie und drehte sich in den frühen 50ern zum Cha-cha-cha. In den 60ern

hielt dann der Twist Einzug in die Zunftstube, in den 70er Jahren machte der Hustle, eine Art Disco-Fox, Furore, der in den spätern 80ern vom Salsa, einer schnellen Form des Mambo, abgelöst wurde und heute dem Diwa, dem Disco-Walzer aus den USA, Platz gemacht hat.
Ein böses Halsleiden war es, das die ersten Schritte zur 100-jährigen Fromm'schen Tanzgeschichte in unserer Stadt ausgelöst hat. Als 18-jähriger wanderte August Fromm aus Hornau bei Kehl in die Schweiz, um hier als Sänger sein Glück zu versuchen. Lothar Kempter genoss damals als Gesangslehrer am Zürcher Konservatorium Weltruf, bei ihm wollte Fromm Stunden nehmen und sich dem Studium

Fromm-Ballszene der 50er Jahre.
◁

Im ‹Grauen Bären› an der Freienstr. 34 gehen seit 1919 in der prächtigen Zunftstube E.E. Zunft zu Hausgenossen die Fromm-Tanzkurse übers Parkett. ▷

des ‹bel canto› widmen. Das erwähnte Halsleiden zwang ihn jedoch, die Karriere aufzugeben und einen anderen Beruf zu ergreifen. Er liess sich in Wien, Hamburg, Berlin, Leipzig und München zum Tanzlehrer ausbilden, eröffnete 1894 in der Aeschenvorstadt seine erste Tanzschule und amtierte an Basler Hausbällen als Tanz-Zeremonienmeister bei Polonaisen, Polka, Galopp oder der Mazurka. Vor allem aber brachte er einen Tanz nach Basel, der bald einmal alles dominieren sollte: den Wiener Walzer, den ersten Paartanz mit geschlossener Haltung. Bald darauf rannten ihm die Basler die Stube

ein, Tanzen wurde zum grossen Gesellschaftsvergnügen, und jeder wollte mit den neuesten Schritten mithalten.

1899 verlässt August Fromm die Aeschenvorstadt und zieht in den historischen ‹Rosshof› am Nadelberg. Doch auch hier sind die Räume für die vielen Interessierten bald einmal zu klein, und der Tanzlehrer muss ins Café Spitz ausweichen, um dort, auf dem legendären federnden Boden des Merian-Saals, den Baslern den Walzer beizubringen. 1919 schliesslich findet der Umzug in den ‹Grauen Bären› an die Freie Strasse statt, und von da an gehen die Tanzkurse für die Basler über das prächtige Parkett des herrlichen Zunftsaals. Zehn Jahre später übernimmt hier die zweite Generation das Szepter – zur Freude seines Vaters steckt Filius Gustav seine kaufmännische Tätigkeit an den Hut, lässt sich in Paris, Berlin, London und Brüssel zum Tanzlehrer ausbilden und macht, als neuer ‹Tanzmeister› in Basel, gemeinsam mit seiner Schwester Erika auch auf dem internationalen Parkett der Turniertänze Furore. Erstmals finden nun die Fromm-Kurse auch in der Nachbarschaft statt. Ob im Wiesental oder im Baselbiet – man tanzt nach Fromm'schem Schritt. 1938 kann Gründervater August die Schule

Zwei Weltmeisterpaare bei Fromm: Ute Streicher und Eugen Fritz tanzen den Walzer anlässlich eines Fromm-Balls im Jahre 1988… ▷

…Bianca Schreiber und Reinhard Galke beim Pasodoble im Jahre 1992. ▷

beruhigt an seinen Sohn Gustav weitergeben, in der Gewissheit, dass dieser gemeinsam mit seiner Schwester und seiner jungen Gattin Dora die einstudierten Schritte im Sinne Fromm'scher Tradition weitergehen und weitergeben wird. Gustav Fromm ist es dann auch, der in Basel die grossen Bälle, später gar Turniere einführt und speziell an der Fasnacht bis zum Krieg das Tanzgeschehen dirigiert.

Mit Suzanne, der Tochter von Gustav und Dora Fromm, kann heute die Tradition in der dritten Generation weitertanzen. 1969 in London, Frankfurt, Zürich und Offenburg zur Tanzlehrerin ausgebildet, eröffnete sie bald ihr eigenes Studio und übernahm gemeinsam mit ihrem Gatten («natürlich habe ich ihn beim Tanzen kennengelernt») Bernhard Urfer, der, wie schon sein Schwiegervater, den Kaufmannsberuf an den Nagel hängte und sich ebenfalls zum Tanzlehrer ausbilden liess, die traditionsreiche Schule.

Zusammen mit drei Angestellten führt das Ehepaar während 40 Wochen im Jahr die Basler in die Kunst der Tanzschritte ein: «Die Mädchen kommen mit 15, die Burschen mit 17; die Saison dauert von Anfang September bis Ende Juni. Natürlich bieten wir die verschiedensten Kurse an: Da gibt's Stunden für Senioren (sie sind eigentlich das initiativste und dankbarste Publikum), Kurse für Paare, Privatstunden – wir unterrichten vom Anfänger bis zum Spitzentänzer. Und selbstverständlich organisieren und betreuen wir auch Tanzanlässe. Tatsächlich hat man in Basel mindestens drei Mal monatlich die Möglichkeit, einen Tanzabend zu besuchen, wo noch die alten, klassischen Rhythmen vom Wienerwalzer bis zum Tango aufgespielt werden…»

Die Zukunft? Bernhard und Suzanne Urfer weisen lachend auf ihre Tochter Bettina: «Sie hat eben die HG-Matura in der Tasche und will an die Musikakademie, um Pianistin zu werden. Aber sie ist überdies in unserer Schule eine grossartige Tanzlehrerin. Und auch unser Sohn Marco ist auf dem Parkett begabt. Er hat seine ersten Tanzkurse hinter sich und macht ziemlich Furore…»

Es scheint, die vierte Generation Fromm ist am Antanzen…

Hermann Amstad

Sind die Baslerinnen und Basler gesund?

Die Weltgesundheitsorganisation WHO hatte sich Mitte der 70er Jahre ein ehrgeiziges Ziel gesetzt: ‹Gesundheit für alle im Jahre 2000›. Was ihr Vorhaben geradezu verwegen machte, war der zugrundeliegende Gesundheitsbegriff. Als Gesundheit sollte fortan nicht mehr einfach nur die ‹Abwesenheit von Krankheit› gelten, sondern vielmehr ein ‹Zustand vollkommenen körperlichen, psychischen und sozialen Wohlbefindens›. Als eines unter vielen Mitteln, die zu diesem Ziel führen, nannte die WHO den sogenannten ‹Gesundheitsbericht›. Dieser soll auf regionaler oder nationaler Ebene periodisch den Gesundheitszustand der Bevölkerung bestimmen, allfällige Fortschritte erfassen und weitere Massnahmen empfehlen. Als vierter Schweizer Kanton (nach Zürich, Waadt und Genf – und nach dem Bund) legte der Kanton Basel-Stadt im August 1994 einen solchen Gesundheitsbericht vor. Verfasst wurde er im Auftrag des Sanitätsdepartementes von Cornelia Conzelmann-Auer und Ursula Ackermann-Liebrich sowie MitarbeiterInnen aus dem Institut für Sozial- und Präventivmedizin.

Da es sich in Basel, wie in den anderen Kantonen, um den ersten derartigen Bericht handelt, lag das Schwergewicht auf der Zusammenstellung und Sichtung der vorhandenen Datenquellen und auf dem Aufzeigen allfälliger Lücken. In gewissen Bereichen wirken denn auch die vorgelegten Befunde etwas bescheiden: Der Bereich der psychischen Gesundheit z.B. umfasst eine halbe Seite (von 170 Seiten). Detaillierter sind die Aussagen dort, wo die Autorinnen auf Studien des eigenen Institutes oder anderer Stellen zurückgreifen konnten (z.B. Basler Ernährungsstudie; Basler Sportstudie; Lärmbelastung; Bleibelastung;

Statistische Jahrbücher der Schweiz und von Basel-Stadt; Krebsregister beider Basel).

Entsprechend der umfassenden WHO-Definition von Gesundheit sind den ‹klassischen› Gesundheitsdaten die soziodemographischen und sozioökonomischen Rahmenbedingungen des Kantons Basel-Stadt vorangestellt. Danach hat Basel-Stadt im Vergleich zu anderen Kantonen einen höheren Anteil an Betagten, hingegen weniger Einwohner im mittleren, fortpflanzungsfähigen Alter. Der Anteil der Einpersonenhaushalte hat von 29% (1970) auf 45% (1990) zugenommen; 70% der SchweizerInnen bewohnten 1990 mehr als 1 Zimmer pro Person, wogegen 40% der AusländerInnen weniger als 1 Zimmer pro Person belegen. Die Arbeitslosenzahlen haben seit Beginn der 90er Jahre massiv zugenommen. In diesem Kontext weisen die Autorinnen darauf hin, dass verschiedene Untersuchungen in der Schweiz und im Ausland einen Zusammenhang zwischen sozialer Schicht und dem Gesundheitszustand festgestellt haben.

Im Vergleich zum Schweizer Durchschnitt haben die Basler und Baslerinnen einen schlechteren Gesundheitszustand: Ihre Lebenserwartung ist rund 3 Jahre niedriger als die der DurchschnittsschweizerIn; die Basler und Baslerinnen sterben häufiger als die übrigen SchweizerInnen an Krebserkrankungen; sie beziehen häufiger eine Invalidenrente; und sie weisen eine niedrigere Geburtenrate auf. Ausländische Frauen in Basel zeigen im Vergleich zum schweizerischen Mittel eine höhere Sterblichkeit – dies im Gegensatz zu der Gesamtheit der Ausländerinnen in der Schweiz.

Diesem im Landesdurchschnitt relativ schlechten Gesundheitszustand der Basler Bevölkerung stehen die höchste Ärztedichte, die höchste Spitalbettendichte und die höchsten Pro-Kopf-Ausgaben im Gesundheitswesen gegenüber. Bedeutet dies nun, dass das Gesundheitswesen nichts an den wichtigsten Krankheiten der Bevölkerung ändert? Oder ist Basel besonders attraktiv für Leute, die mit Gesundheitsproblemen kämpfen? Ebenso könnte aber auch der ausschliesslich städtische Charakter des Kantons – mit hohem Industrialisierungsgrad, hoher Verkehrsbelastung und vermehrtem Alkohol-, Nikotin- und ‹junk food›-Konsum – für die Gesundheitsprobleme mitverantwortlich sein. Sicher ist: Basels Gesundheitswesen (mit der Medizinischen Fakultät und den grossen Kliniken) ist nicht auf die Bedürfnisse eines Stadtkantons, sondern auf diejenigen der Region ausgerichtet – und wird auch entsprechend genutzt.

Indem der jetzt erstellte Gesundheitsbericht den aktuellen Gesundheitszustand definiert und festlegt, können spätere Berichte die Effizienz von Massnahmen überprüfen: Hat die Nichtraucherkampagne zu einem Rückgang der Lungenkrebserkrankungen geführt? Folgt auf die Temporeduktion in den Quartieren ein Nachlassen der Lärmbelastung und der Unfallzahlen? Führt der Abbau von Spitalbetten zu einer Zunahme der Sterblichkeit? Zeigen die Sucht-präventionsprogramme Auswirkungen auf die Zahl der DrogenkonsumentInnen, auf das Auftreten von Gewalt, auf die Art der Freizeitgestaltung?

Bei den Empfehlungen, welche die Autorinnen aufgrund ihrer Arbeit an die Auftraggeber richten, liegt der eine Schwerpunkt auf der Schliessung von Datenlücken: Nötig seien systematische Studien über die Befindlichkeit und Bedürfnisse von Familien mit Kindern im Vorschulalter und über die Gesundheit von Frauen; ausserdem seien verschiedene Modelle zu evaluieren, welche die Gesundheitskosten senken könnten, sowie bestehende Angebote einer Qualitätskontrolle zu unterziehen. Der andere Schwerpunkt betont die Prävention bzw. die Wichtigkeit gesundheitsfördernder Massnahmen. Die WHO versteht darunter alles, was dem Individuum ermöglicht, Verantwortung für seine Gesundheit zu übernehmen, und ihm dazu verhilft, das volle physische, psychische und soziale Potential zu entfalten und auszuschöpfen.

Wohl nicht ohne Grund hat sich die Sanitätsdirektorin diese zweite Empfehlung bereits zu eigen gemacht; Gesundheitsfachleute sind nämlich der Auffassung, dass in Prävention investiertes Geld vergleichsweise den grössten Nutzen erbringt.

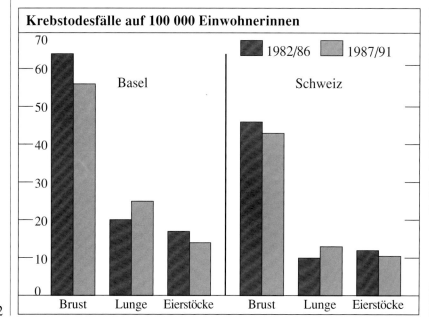

Krebstodesfälle auf 100 000 Einwohnerinnen

Basel   Schweiz

1982/86   1987/91

Brust   Lunge   Eierstöcke   Brust   Lunge   Eierstöcke

Krebstod: In Basel sterben jährlich von 100 000 Frauen zwischen 35 und 64 Jahren 55 an Brustkrebs, 25 an Lungenkrebs und 15 an Eierstockkrebs. Bei all diesen Krebsformen liegen die basel-städtischen Werte höher als die schweizerischen. (Beim Brustkrebs ist sowohl in Basel als auch in der Gesamtschweiz seit Beginn der achtziger Jahre eine Abnahme der Sterblichkeit zu verzeichnen, beim Lungenkrebs eine Zunahme.)

Quelle:
Bundesamt für Statistik, Sektion Gesundheit.

Dora Renfer

Der ‹Circus Maus› ist nicht mehr

Jahrelang war er eine Attraktion, die viele Menschen liebten: der Circus Maus auf dem Basler Marktplatz. 25 Jahre lang entzückte Henry Gugelmann Junge und Alte mit seinem einmaligen und kleinsten Zirkus der Welt und dessen Tieren. Niemand konnte sich dem Charme seiner Auftritte entziehen, und ungezählt sind die Menschen, die jeweils mit Freuden am Marktplatz aus dem Tram stiegen und die Zeit vollkommen vergassen, wenn sie im grossen Rund die Taten und Künste der Tiere verfolgten. Manche hatten auch eine glückliche Begegnung mit Henry Gugelmann auf dem nahen Rasenplätzchen beim Badischen Bahnhof, wenn er seine Tiere ins Freie führte.

Nun ist der Circus Maus verschwunden; so, wie ihn die Leute kannten, existiert er nicht mehr.

Das Schwein Napoleon ist tot, geblieben ist allein der Hund Sylvester. Die Tauben, Ratten, die Zwergschweine, die Servals, alle Tiere sind gut plaziert an fremden Orten untergebracht. Henry Gugelmann wollte ihnen die andauernde Herumreiserei nicht mehr zumuten, zu der er in den letzten Jahren vermehrt gezwungen war, weil einerseits die Auftrittszeiten in Basel und andernorts immer stärker eingeschränkt wurden, und anderseits gerade vor allem in Basel die Auftrittsgebühren massiv gestiegen waren. Zwar gab es einige Rettungsversuche, spontane Geldsammlungsaktionen und die Unterstützung eines Zürcher Geschäftsmannes. Doch Henry Gugelmann wollte nicht mehr. Ihn zog es in den Süden, nach Südfrankreich, wo er vielleicht eines Tages seinen Traum von einem Privatzoo verwirklichen und den Ort finden wird, an dem seine Tiere ohne Gehege herumlaufen und in einer richtigen Manege auftreten dürfen. Und so, wie sich die Fahrt auf den Marktplatz einst gelohnt hat, wird sich vielleicht bald einmal die Reise in den Süden Frankreichs lohnen, um all die heissgeliebten Tiere wiederzusehen. Die Erinnerung an den alten ‹Circus Maus› jedoch – sie wird im Kinderbuch von Ruth Werenfels ‹Em Schuggi sy Basel› weiterleben.

Für alle Zeiten verewigt wurde der ‹Circus Maus› im Kinderbuch-Bestseller ‹Em Schuggi sy Basel› von Ruth Werenfels. ▷

Markus Ries

Ein neuer Bischof für das Bistum Basel

Der Rücktritt von Bischof Otto Wüst

Im Sommer 1993 ersuchte Bischof Otto Wüst, seit 1982 Hirte des Bistums Basel, den Papst um Entbindung von seinen Amtspflichten. Der Schritt erfolgte auf ärztlichen Rat, nachdem eine hartnäckige Krankheit eine Arbeitsunterbrechung von mehreren Monaten erzwungen hatte. Die Demission blieb vorerst geheim und wurde – anders als 1967 beim Rücktritt des Bischofs Franziskus von Streng (1884–1970)[1] – erst bekanntgegeben nach ihrer Annahme durch den Papst am 26. Oktober 1993.

Mit Otto Wüst nahm ein Mann seinen Abschied, dessen Wirken in eine kirchlich bewegte Zeit fiel. Geboren 1926 und aufgewachsen in Sursee, hatte er 1953 in Rom die Priesterweihe empfangen. Nach dem Doktorstudium war er während vier Jahren Vikar an der Berner Marienkirche und wurde 1960 Generalsekretär des Schweizerischen Katholischen Volksvereins mit Sitz in Luzern. 1966 trat er in den Dienst der Bistumsleitung, zunächst als Regens des Solothurner Priesterseminars, zwei Jahre später als diözesaner Personalchef. 1975 ernannte ihn der damalige Bischof Anton Hänggi zum Weihbischof, und nach dessen Demission im Jahr 1982 wählte ihn das Domkapitel zum neuen Bischof. Elf Jahre wirkte er an der Spitze des bevölkerungsreichsten der sechs Schweizer Bistümer. Geprägt war seine Arbeit zunächst durch die Umsetzung der im II. Vatikanischen Konzil (1962–1965) und in der Schweizer Synode 72 (1972–1975) grundgelegten Reformen, die die Bereiche der Liturgie, des kirchlichen Busswesens, der Priesterbildung und der kirchlichen Dienste neu ordneten. Auf Landesebene war Otto Wüst Präsident des ‹Fastenopfers der

Elf Jahre wirkte Bischof Otto Wüst an der Spitze des bevölkerungsreichsten der Schweizer Bistümer.
◁

Schweizer Katholiken›; auch vertrat er die Schweizer Bischofskonferenz auf der Römischen Bischofssynode von 1983. Im Mittelpunkt aller Arbeit stand die Sorge um die Weitergabe des Wortes Gottes: Getreu seinem bischöflichen Leitwort suchte Otto Wüst als «Diener an Eurer Freude»[2] die Nähe zu den Gläubigen. Für Firmungen, Kirchen- und Altarweihen besuchte er jährlich gegen 50 Pfarreien, im Oktober/November 1987 auch jene in der Stadt Basel. Bereits in seiner Zeit als Weihbischof hatte er sich hier in den Dienst des ökumenischen Dialoges gestellt, als er am 23. April 1979 in der Martinskirche zum Thema ‹Besinnung eines Katholiken zu 450 Jahre Basler Reformation› gesprochen hatte. Breite Wertschätzung genoss er wegen seiner Dienstbereitschaft; im Rückblick attestierte man ihm, er habe «während seines elfjährigen segensreichen Wirkens seine ganze Person, sein Leben und sein Herzblut in die ihm anvertraute Diözese investiert».[3]

Die Suche nach einem neuen Bischof

Mit der Annahme des Rücktrittes war der Basler Bischofssitz vakant geworden. Die Verantwortung für das Bistum ging über an das Domkapitel, den aus 18 Geistlichen bestehenden bischöflichen ‹Senat›. Die Basler Katholiken sind darin vertreten durch Regionaldekan Andreas Cavelti, den früheren Pfarrer von St. Anton. Bereits am 28. Oktober trat das Gremium zu einer Sondersitzung zusammen und bestellte Weihbischof Joseph Candolfi zum Kapitelsvikar und Leiter des Bistums für die Übergangszeit.[4] Jahrhundertealter Ordnung zufolge war es nun Aufgabe des Domkapitels, innerhalb von drei Monaten einen neuen Bischof zu wählen. In Frage kamen dafür alle mindestens 35 Jahre alten Priester, die zum Bistum Basel, nicht aber zu einem Orden gehörten, und die seit fünf oder mehr Jahren als Geistliche wirkten.

Das Domkapitel war entschlossen, dem nachkonziliären kirchlichen Selbstverständnis Rechnung zu tragen und die unmittelbar Betroffenen möglichst weitgehend in die Neubesetzung einzubeziehen. Es lud daher «alle römisch-katholischen Frauen und Männer des Bistums Basel» ein, «sich zur bevorstehenden Wahl des neuen Diözesanbischofs [schriftlich] zu äussern».[5] Von dieser Möglichkeit machten kirchliche Mitarbeiterinnen und Mitarbeiter sowie Laien

ausgiebig Gebrauch: 1463 Schreiben gingen ein, die insgesamt 6561 Unterschriften trugen.[6] In der Mehrheit wünschten sich die Antwortenden einen Bischof, der sein Amt in der Grundausrichtung seiner Vorgänger weiterführt; etwa ein Sechstel forderten jemanden, für den die Durchsetzung einer einheitlichen kirchlichen Disziplin Priorität hat und der entsprechende Vorschriften erlässt.

Zwischenfall bei der Bischofswahl

Die nach altem Zeremoniell ablaufende, feierliche Bischofswahl war auf den 14. Januar 1994 angesetzt. In der Hauskapelle der bischöflichen Verwaltung in Solothurn feierten die Domherren einen Gottesdienst und erbaten den Beistand des Heiligen Geistes. Danach zogen sie sich für die in vielen Sitzungen und Aussprachen vorbereitete Wahl hinter verschlossene Türen zurück. Als erstes erstellten sie eine sechs Namen umfassende Kandidatenliste[7] und unterbreiteten sie der gleichzeitig tagenden Diözesankonferenz, die als staatliche Aufsichtsbehörde wirkt. In ihr sind die zehn Kantonsregierungen des Bistums Basel durch je zwei Abgeordnete vertreten, die entweder der Regierung oder der Landeskirchenbehörde angehören. Die Delegation aus dem Kanton Basel-Stadt setzte sich zusammen aus Regierungsrat Ueli Vischer und dem damaligen Kirchenratspräsidenten Alfred Unterfinger.

Seit bald 170 Jahren beansprucht die Diözesankonfernz das Recht, bei einer Bischofswahl jene Kandidaten abzulehnen, die wegen

Das Domkapitel im Januar 1994. ▷

schwerwiegender rechtlicher oder politischer Bedenken für die staatlichen Behörden unzumutbar wären. Gedacht ist diese Eingriffsmöglichkeit als ‹Notbremse›, etwa wenn ein Kandidat zur Befürchtung Anlass gibt, seine Wahl würde die öffentliche Ruhe und Ordnung oder die innere Sicherheit des Landes in Gefahr bringen. Nachdem diese Ausschlussmöglichkeit in der Kulturkampfzeit eine wichtige Rolle gespielt hatte, war sie – weil für den modernen Rechtsstaat ohnehin nur in Extremfällen angängig – seit 1906 nicht mehr in Anspruch genommen worden.

Umso mehr erstaunte, dass die Diözesankonferenz einen der sechs Kandidaten ablehnte und damit untersagte, ihn zum Bischof zu wählen. Das staatliche Veto traf den aus Basel stammenden und in Luzern als Regionaldekan wirkenden Rudolf Schmid, ausgerechnet jenen Kandidaten, der bereits bei der vorausgegangenen Wahl im Jahre 1982 auf dieser Liste figuriert hatte: damals waren von staatlicher Seite keine Vorbehalte geltend gemacht worden. Dieser behördliche Gesinnungswandel mag verschiedene Ursachen haben, und bisher ist nicht auszumachen, welchen Anteil daran die Vertretung der Stadt Basel hatte. Hingegen war das Vorgehen offenkundig mit schweren rechtlichen Mängeln behaftet: Als staatliches Organ ist die Diözesankonferenz an jene Verfahrensregeln gebunden, die auch sonst im öffentlichen Bereich gelten. Sie kann die Freiheitsrechte eines Bürgers nur aufgrund eines dringenden Interesses der Allgemeinheit, jedenfalls aber nicht willkürlich einschränken. Da das Verbot, als Bischof zu wirken, zweifelsfrei einer solchen Einschränkung gleichkommt, müssten, damit es rechtens wäre, schwerwiegende Gründe vorliegen. Dies war jedoch, wie die Diözesankonferenz selbst darlegte, nicht der Fall.[8] Die Folge waren öffentliche Proteste und Solidaritätserklärungen.[9] Der Luzerner Dogmatiker Kurt Koch – selbst Anwärter auf das Bischofsamt – sprach von einem «kontraproduktiven Desaster» und bemerkte: «Eine staatspolitische Feuerwehr hingegen, die in Aktion tritt und Wasser verspritzt, wenn es gar nicht brennt, macht sich nicht nur lächerlich, sondern auch unglaubwürdig».[10] Zwar anerkannte die Diözesankonferenz im nachhinein die Notwen-

digkeit, die Vorgehensweise «grundlegend zu überdenken», hob aber weder ihren Entscheid auf, noch entschuldigte sie sich. Das einzige, was Rudolf Schmid öffentlich zu hören bekam, waren einige freundlich gemeinte Worte zur Aufmunterung.[11]

Das Domkapitel zeigte sich über Schmids Ausschluss überrascht, akzeptierte jedoch den Entscheid und schritt noch am gleichen Tag zur Wahl. Aus ihr ging als neuer Oberhirte des Bistums der Berner Pfarrer und Dekan Hansjörg Vogel hervor. Der Vorsitzende des Domkapitels, Dompropst Anton Cadotsch, überbrachte ihm die Nachricht persönlich, und am folgenden Tag erklärte sich der Neugewählte zur Übernahme des Amtes bereit. Nachdem die Römische Kurie anschliessend die vorgeschriebene rechtliche Prüfung vorgenommen hatte, bestätigte Papst Johannes Paul II. am 3. Februar 1994 die Wahl.[12]

Hansjörg Vogel, Bischof von Basel

Ein Merkmal im Lebenslauf des neuen Bischofs ist seine vielseitige Seelsorgeerfahrung: Geboren 1951 in Bern und aufgewachsen in Luzern, empfing er 1976 die Priesterweihe. Während drei Jahren wirkte er als Vikar in Horw, von 1982 bis 1987 als Subregens am Luzerner Priesterseminar. 1989 erlangte er in Frankfurt mit einer Arbeit über die ‹Busse als ganzheitliche Erneuerung› das Doktorat in Theologie. Danach war er Pfarrer von Bern St. Marien und seit 1991 auch Dekan. Sein bischöfliches Leitwort fand er in einer Aussage des Römerbriefs: «Der Glaube kommt vom Gehörten» (Röm 10,17); wie Bischof Vogel selbst erklärte, kommt dem Hören im kirchlichen Dienst eine vielfältige Bedeutung zu: als Hören auf die biblische Botschaft, auf die Menschen unserer Zeit und ihre Nöte, auf die verschiedenen Gruppen innerhalb der Kirche und auf die anderen christlichen Bekenntnisse.[13]

Am Ostermontag, dem 4. April 1994, empfing Hansjörg Vogel in der Solothurner Kathedrale die Bischofsweihe. Den Festgottesdienst leitete sein Amtsvorgänger Bischof Otto Wüst gemeinsam mit Bischof Pierre Mamie, dem Präsidenten der Schweizer Bischofskonferenz, und Weihbischof Joseph Candolfi. An der Feier, die von wirklicher Freudenstimmung geprägt war,

Mit Hansjörg Vogel hat das Bistum Basel seit April 1994 einen neuen Bischof. ▷

sowie am nachfolgenden Imbiss beteiligten sich viele hundert Gäste. Nach der Weihe richtete der Bischof das Wort an die Versammelten, um – gleichsam als persönliches Bekenntnis – den bevorstehenden Weg zu charakterisieren: «Wir alle sind in unserem Bistum gerufen, füreinander ein Lebenszeichen zu sein. Wir sind gerufen, in der Verbindung mit der Gesamtkirche das Gedenken an den Gekreuzigten und den Auferstandenen wachzuhalten. Wir sind gerufen, unsere österliche Lebenserfahrung mit unseren Schwesterkirchen zu teilen und auch in unsere Gesellschaft von heute einzubringen.»[14]

Anmerkungen

1 Vgl. Markus Ries, Franz von Streng (1884–1970), Bischof von Basel und Lugano, in: André Salathé (Hrsg.), Thurgauer Biografien (im Druck).

2 «Wir wollen ja nicht Herren über euren Glauben sein, sondern wir sind Deiner an Eurer Freude.» 2 Kor 1,24.

3 Kurt Koch, Bescheidener, aber unbestechlicher Diener an der Freude und Hoffnung des Volkes Gottes, in: Schweizerische Kirchenzeitung 161 (1993), S. 605–607, hier S. 605.

4 Max Hofer, Leitung der Diözese Basel während der Vakanz des Bischofssitzes, ebd. S. 612f. – Vgl. Domkapi-

telstatuten vom 30. September 1979, § 32, in: Statuten des Domkapitels des Bistums Basel, Solothurn 1979, S. 10.

5 Vgl. Schweizerische Kirchenzeitung 161 (1993), S. 627.

6 Ebd. 162 (1994), S. 10f.

7 Diese Liste enthielt folgende Kandidatennamen: Kurt Koch, Theologieprofessor in Luzern; Bernhard Schibli, Pfarrer von Aesch BL; Rudolf Schmid, Regionaldekan von Luzern; Guido Schüepp, Pfarrer von Baar; Hansjörg Vogel, Pfarrer von Bern St. Marien; Jakob Zemp, Pfarrer von Sursee. Ebd. 87.

8 «Im Anschluss an die Streichung eines Kandidaten bei der letzten Bischofswahl wurde von verschiedenen Seiten gefordert, es seien die Gründe offenzulegen. Dem kann auch wegen des angewandten Verfahrens nicht entsprochen werden: Der Streichung gingen wohl Diskussionen voraus; eine Gesamtmeinung lässt sich daraus aber nicht ableiten. Die Abstimmung war zudem geheim, weshalb die für den einzelnen Stand massgebenden Gründe nicht zu eruieren sind.» Pressemitteilung der Diözesankonferenz, 4. April 1994, ebd. 240.

9 In Luzern gründeten Seelsorger und Politiker einen ‹Arbeitskreis Vertrauen & Wertschätzung›, der zur öffentlichen Rehabilitierung Rudolf Schmids einen Sammelband mit einigen Texten aus dessen Feder publizieren will. Vgl. Vertrauen in den Regionaldekan, in: Luzerner Zeitung, 6. April 1994.

10 Kurt Koch, Böses Foul und Eigengoal!, in: Schweizerische Kirchenzeitung 162 (1994), S. 99–102. – Eine Art indirekter Antwort auf seine Kritik erhielt Koch bei der Verabschiedungsfeier für Bischof Otto Wüst am 18. März 1994 in Solothurn. Die Luzerner Erziehungsdirektorin Brigitte Mürner-Gilli dankte dem abtretenden Bischof unter anderem für dessen «motivierende Fehlerfreundlichkeit» in der «Begegnung von Kirche und Staat», «wie sie manchem Pädagogen wohl anstünde und wie wir sie (…) auch künftighin einander zum beidseitigen Gewinn entgegenbringen sollten: einander Fehler eingestehend; danach nicht länger voneinander Rechenschaft fordernd; vielmehr miteinander im je zugedachten Dienst verbunden bleibend.» Zit. nach: Abschiedsfeier für Bischof Dr. Otto Wüst, ebd. 162 (1994), S. 218.

11 «Er [Rudolf Schmid] steht trotz der Streichung, die in geheimer Wahl der einzelnen Diözesanstandes-Delegationen erfolgte und deren Gründe deshalb nicht eruierbar sind, in allen Ehren da, und wir zollen Regionaldekan Dr. Rudolf Schmid unseren vollen Respekt.» Ansprache des Präsidenten der Diözesankonferenz, gehalten vor Ablegung des bischöflichen Treueversprechens am 4. April 1994. Zit. nach: Rolf Weibel, Die Kathedra des Bistums Basel ist wieder besetzt, in: Schweizerische Kirchenzeitung 162 (1994), S. 217–221, hier S. 217.

12 Vgl. die amtliche Publikation der päpstlichen Konfirmationsbulle, ebd. S. 222f.

13 Zit. nach: Rolf Weibel, Miteinander hörende Menschen sein, in: Schweizerische Kirchenzeitung 162 (1994), S. 84–86, hier S. 85.

14 Zit. in: Ders., Die Kathedra des Bistums Basel ist wieder besetzt, in: Schweizerische Kirchenzeitung 162 (1994), S. 217–221, hier S. 220.

Xaver Pfister

Pfarrhaus mit Kinderzimmer: Ein Theologenpaar leitet die katholische Pfarrei St. Michael

Seit Jahrhunderten werden katholische Pfarreien von Pfarrern geleitet, das heisst: von Priestern, die Theologie studiert und sich zum ehelosen Leben, zum Zölibat, verpflichtet haben. Seit dem Herbst 1994 ist dies allerdings anders. Andrea und Carsten Gross-Riepe leiten gemeinsam – je zu 50 % angestellt, von der Pfarrei gewählt und vom Bischof dazu beauftragt – die Pfarrei St. Michael im Hirzbrunnenquartier. Damit ist eine Familie mit zwei kleinen Kindern ins Pfarrhaus eingezogen. In der Quartierzeitung ‹Quart›, erklärte dazu im Mai 1994 Peter Meier, der ehemalige CVP-Grossrat und Mitglied der Pfarrei St. Michael: «Seit dem Rücktritt von Anton Griesser sind die Katholiken unseres Quartiers ohne Pfarrer. Zehn Monate lang war eine Pfarrwahlkommission an der Arbeit, ohne Erfolg. Oder doch? Ein Pfarrer wurde zwar nicht mehr gefunden, aber dafür wurden Andrea und Carsten Gross-Riepe zur Wahl vorgeschlagen.»[1]

Priestermangel – und neue kirchliche Dienste

Die Personalstatistik des Bistums Basel hat für die erfolglose Pfarrersuche eine deutliche Erklärung: Priestermangel – ein Phänomen, das sich in allen Bistümern Europas feststellen lässt. Für die 530 Pfarreien, die das Bistum Basel ausmachen, standen Anfang 1994 nur noch 341 Pfarrer oder Pfarrektoren zur Verfügung. So ist es also gar nicht mehr möglich, dass jede Pfarrei einen eigenen Priester als Pfarrer erhält. Die Bistumsleitung rechnet sogar damit, dass in zwanzig Jahren für den deutschsprachigen Teil des Bistums nur noch 90 Pfarrer zur Verfügung stehen werden. Andererseits wurden in Deutschland, Österreich und der Schweiz seit Ende der 60er Jahre theologisch voll ausgebildete Frauen und Männer, sogenannte LaientheologInnen oder PastoralassistentInnen, in den kirchlichen Dienst aufgenommen und einige sogar zu Diakonen geweiht. Heute verfügt das Bistum Basel für den Einsatz in der Seelsorge über 309 LaientheologInnen und 47 Diakone; hinzu kommen 326 Laien, die kein Theologiestudium abgeschlossen haben.

Seit einigen Jahren schafft die Bistumsleitung Seelsorgeverbände, in denen mehrere Pfarreien zusammenarbeiten; daneben werden Diakone und LaientheologInnen als sogenannte GemeindeleiterInnen verpflichtet. So wirkten zu Beginn des Jahres 1994 im Bistum Basel 27 Diakone, 2 Ordensschwestern und 34 LaientheologInnen als GemeindeleiterInnen. Im Kanon 517 gibt das römische Kirchenrecht dazu die Möglichkeit: «Wenn der Diözesanbischof wegen Priestermangels glaubt, einen Diakon oder eine andere Person, die nicht die Priesterweihe empfangen hat, oder eine Gemeinschaft von Personen an der Wahrnehmung der Seelsorgeaufgaben einer Pfarrei beteiligen zu müssen, hat er einen Priester zu bestimmen, der, mit den Vollmachten und Befugnissen eines Pfarrers ausgestattet, die Seelsorge leitet.»

Kirche im Umbau

Die Kirche steht also vor der Frage: Soll sie nur so viele Pfarreien schaffen, wie Priester als Pfarrer zur Verfügung stehen, oder soll sie die Aufgabenverteilung in der Seelsorge neu ordnen? Bereits in den vergangenen Jahren hat man alle Aufgaben, die nicht an eine Priesterweihe gebunden sind, ausgebildeten Laien übertragen. Doch das genügt nicht mehr. Auch können Pfarreien nicht beliebig zusammengelegt werden, ohne eine sinnvolle Seelsorge zu gefährden. Es muss nach neuen Möglichkeiten in der Gemeindeleitung gesucht werden.

In St. Michael wird dieser Weg beschritten – ein «für katholische Verhältnisse recht ungewohnter Weg», wie Peter Meier sagt. Denn im emotional tief verwurzelten Verständnis vieler Gläubiger zeichnet sich die katholische Kirche dadurch aus, dass den Pfarreien zölibatäre Männer vorstehen, die alle sakramentalen Dienste versehen. Für sie bedeutet der Verlust eines eigenen Pfarrers Verlust des Herzstückes ihrer Kirche. Die Möglichkeit, auch verheiratete Theologen zum Priester zu weihen, wird in der katholischen Kirche unter dem Stichwort ‹viri probati› diskutiert. Der neue Bischof, Hansjörg Vogel, ist überzeugt, dass die schwierige Situation für die Seelsorge nur durch den Einsatz von ‹viri probati› gelöst werden kann, auch wenn er respektiert, dass dieser Schritt nicht gegen den Willen des Papstes erfolgen kann: «Für unser Bistum sehe ich keine andere Möglichkeit als die Weihe verheirateter Männer zu Priestern. Darum bin ich davon überzeugt, dass man diese Option wirklich aufnehmen muss.»[2]

Das Modell ‹GemeindeleiterIn›

Die beiden neuen Verantwortlichen für St. Michael können selbstverständlich nicht alle Aufgaben einer katholischen Kirchgemeinde übernehmen. So können sie zum Beispiel keine Eucharistie – eine heilige Messe mit Wandlung und Kommunion – feiern. Sie können aber pre-

digen, Wortgottesdienste gestalten, Religionsunterricht erteilen, taufen, Trauerfeiern und Bestattungen abhalten und in Ausnahmefällen auch Trauungen vornehmen. Die Eucharistiefeiern in St. Michael übernehmen die Priester der Pfarrei St. Clara, wo auch die Pfarrverantwortung im Sinne des Kirchenrechts liegt. Da dieses Modell konfliktanfällig ist, erarbeitet das Dekanat Basel-Stadt gemeinsam mit der Bistumsleitung Richtlinien für die neue Situation. Wie bereits beim Pastoralkonzept werden auch diesmal die Pfarreien in einem breit angelegten Gespräch beteiligt. Die Richtlinien sollen vor allem einen Beitrag dazu leisten, dass in Pfarreien, die das Modell von St. Michael realisieren wollen, sich die Gläubigen rechtzeitig und behutsam auf die neue Situation vorbereiten können.

Ein Entscheid für die Pfarrei

Der Entscheid in St. Michael ist ein Entscheid für die Pfarrei: Sie soll in ihrer angestammten Grösse erhalten bleiben und nicht in eine andere Pfarrei integriert werden. Es ist zugleich ein Entscheid, der die geltende Theologie des Amtes und das traditionelle katholische Kirchenverständnis in Bewegung setzt – eine Bewegung, die im Bistum schon seit einigen Jahren aufgenommen wurde, der aber der Papst mit sehr viel Skepsis begegnet. Viele hoffen, dass diese Bewegung weitergeht und dazu führt, dass sich ein neues Kirchenbild entwickelt, in dem auch die Zulassungsbedingungen zum Priesteramt neu definiert werden. Wie schwierig und umstritten diese Frage ist, zeigt das päpstliche Dokument zum Frauenpriestertum, das im Juni 1994 publiziert wurde und heftige Reaktionen ausgelöst hat. Es ist zu hoffen, dass die kleinen Schritte an der Basis eine sinnvolle, glaubwürdige Seelsorge garantieren, dass positive Erfahrungen weitere theologische Entwicklungen ermöglichen. Eines ist auf alle Fälle klar: Die katholische Kirche wird ihr Erscheinungsbild weiter verändern.

Andrea und Carsten Gross-Riepe mit ihren beiden Kindern Leonie und Sebastian in der von Hermann Baur errichteten St. Michaelskirche im Hirzbrunnenquartier. ▷

Anmerkungen

1 Peter Meier, in: ‹Quart›, Quartierzeitung für das Hirzbrunnenquartier, Ausgabe 05/94, Basel 1994.
2 Bischof Hansjörg Vogel, in: Basler Pfarrblatt vom 24. Juli 1994.

Basler Museen – eine Standortbestimmung

Das staatliche Spardiktat hat die Museen in Basel in doppelter Weise getroffen. Zum einen stellen die einschneidenden Sparmassnahmen die praktizierte Museumspolitik, ja die Existenz einzelner Museen in Frage; zum anderen fordern sie die Museen auf, ihre Tätigkeit zwischen Konservierung, Aufklärung und Multimediashow neu zu erklären. Was ist sie – die Aufgabe der Museen? Wie viel darf uns die Museumskultur kosten? Auf welche Weise soll das Publikum für das Sammlungsgut interessiert werden? Fragen, die nicht nur regional, sondern auch international gestellt werden. *(Red.)*

Rainer Wirtz

Die neuen Museen – zwischen Konkurrenz und Kompensation

Seit etwas mehr als 200 Jahren kann man im deutschsprachigen Raum von selbständigen Museumsbauten sprechen. Doch in keiner Zeit zuvor wurden Museumsprojekte von Staat und Kommunen in dem Ausmass realisiert, wie in den 70er Jahren unseres Jahrhunderts. Führten in den 50ern Theater und Kirchen die Hitliste der öffentlichen Bauten an, so dominierten in den 60ern Verwaltungsbauten und Universitäten, und anschliessend waren es Museen – oder besser: wieder Museen. Diesmal aber mehr als je zuvor.

Bauwerke – Symbole der Epochen

Es war der französische Historiker Duby, der das Mittelalter über sein zentrales Gebäude definierte: er spricht von der Zeit der Kathedralen. Eine internationale Ausstellung über die Bahnhofsarchitektur hat in ihrem Titel diesen Gedanken aufgegriffen: ‹Die Zeit der Bahnhöfe – die Kathedralen des 19. Jahrhunderts›. Wenn wir versuchen, diese Art der Kennzeichnung einer Epoche durch ein ihr signifikantes Gebäude fortzusetzen, müssen wir vermutlich das 20. Jahrhundert aufteilen. Für die erste Hälfte kämen die Warenhäuser in Frage, die wir noch heute in Paris mit dem ‹Samaritaine› oder dem ‹Bon Marché› bewundern können, die jedoch in Deutschland mehr oder weniger dem Krieg, und wenn nicht dem, dann einer gnadenlosen Modernisierung zum Opfer gefallen sind. Auch wenn uns die Gegenwart die Sicht auf den ausgehenden Museumsboom noch etwas verdeckt, wagt man eigentlich nicht allzuviel, wenn man behauptet, die zweite Hälfte des 20. Jahrhunderts in Westeuropa habe seine bauliche Ausdrucksform, soweit man sie auf öffentliches Bauen beschränkt, in Museumsbauten gefunden: die Museen als die Kathedralen des 20. Jahrhunderts, als Hort von Relikten und weltlichen Devotionalien.

Was veranlasst also Staat und Kommunen, in die Rolle von Fürsten und Mäzenen zu schlüpfen und die zahlreichen Museumsbauten zu finanzieren und zu unterhalten? Den Aufbau von Sammlungen zu stützen?

Hier zunächst eine vordergründige Erklärung. Die Anzahl der Museen wie der Museumsbauten lässt sich vielleicht ganz analog zu der Anzahl der Theater deuten. Die zersplitterte Kulturlandschaft des 18. Jahrhunderts ohne die Zentralität einer Hauptstadt hat Theater, Sammlungen und Kabinette von Patriziern und Bürgern auf das Angenehmste über die Lande gestreut. Nicht nur auf die kleinen und grossen Städte ging der kulturelle Segen nieder, auch der Kulturwettbewerb von Städten wie Basel und Zürich konnte Antrieb sein. Der föderale Aufbau der Schweiz hat gewiss dazu beigetragen, dass eine solche dezentrale Kulturlandschaft weiterbesteht und dementsprechend eine (auch in der Zahl hohe) kulturelle Vielfalt ermöglicht wird. Für uns ist dabei interessant, dass es im ausgehenden Ancien Régime bereits so etwas wie eine repräsentative Herrschaftskonkurrenz gab, die ihren Wettbewerb auch auf dem Feld der Kultur austrug. Mögliche Parallelen zur Gegenwart müssen allerdings sorgfältig überlegt werden.

Daneben gibt es natürlich noch die Sachzwänge für Neu- und Umbauten, wie es jetzt beim Landesmuseum in Zürich der Fall ist. Die Überalterung der baulichen Substanz, der steigende Platzbedarf wegen immer grösser werdender Sammlungen, der Wunsch nach besseren Präsentationsmöglichkeiten – der Fortschritt macht auch vor den Museen nicht halt, sie müssen die Konkurrenz mit anderen Medien aufnehmen und dürfen sich nicht selbst musealisieren. Auch das Verhältnis des Publikums zu ‹seinen› Objekten ist einem Wandel unterworfen, Sehgewohnheiten verändern sich unter dem Einfluss von Medien und Werbung.

Standortvorteil ‹Museum›

In einer Gesellschaft, die der Freizeit immer mehr Bedeutung beimisst, kann man heute auch von einer Nachfrage nach dem Museum als einem Freizeit- und Bildungsangebot sprechen. Den geradezu gnadenlosen Einzug der amerikanischen Themenpark-Philosophie in Londoner Museen und andere Kulturinstitutionen beschreibt die ‹ZEIT› vom 25. November 1994 auf ihrer Reise-Seite (!). Die Suche nach dem offenkundigen Publikumserfolg von Museen kann jedoch in eine gefährliche Strategie der Popularisierung münden. Museale Sekundäreinrichtungen wie Shop, Restaurant, sogar Versandhandel rücken in den Vordergrund, die leichte Kost weltweit tingelnder Bilderwelten bespielt die Bühne. Aber gerade im Kunstbereich sollte man vorsichtig mit dem Argument der grossen Zahl sein, da die Aneignung von Kunst oder von kulturfremden Exponaten nicht einfach nur ein Freizeitvergnügen ist, sondern oftmals mühsame Arbeit, die – das betont Bazon Brock – der des Herstellens der Objekte entsprechen kann.

Auf Sachzwänge reagieren die politisch Verantwortlichen gewöhnlich kaum; denn jeder, der ein Anliegen verfolgt, bettet dies in eine Kette von Sachzwängen. In einer solchen Welt voller Sachzwänge, die Theater, Universität und Museen gleichermassen vorzuweisen haben, wird letztendlich doch nach anderem Kalkül entschieden. Was genau in der Vergangenheit öffentliche Träger bewogen hat, Museen relativ grosszügig zu finanzieren, erschliesst sich nicht unmittelbar. Die Investitionen sind selten mit deutlichen politischen Interessen verknüpft. Museumsinhalte und Sammlungsetats werden in die Hände der Museumsleute gegeben. Hier gilt es, das Stichwort der Kulturkonkurrenz wiederaufzunehmen, das bereits in dem Zusammenhang des ausgehenden Ancien Régime gefallen ist.

Walter Grasskamp stellt in seiner Sozialgeschichte des Kunstmuseums fest, dass es die Kommunen sind (auch), die an den Kunstmuseen erkennbares Interesse haben. Die Städte, deren Arbeitsplatzangebot durch Aufgabenbereiche geprägt ist, für die Angestellte und technische Intelligenz geworben werden müssen, seien gezwungen, «der Stadt ein entsprechendes *Arbeitsplatzimage* zu geben, dem neben den Theatern auch die Museen als Köder dienen.» Im benachbarten Baden-Württemberg wurde diese Politik von Journalisten sehr schnell auf die Formel einer innigen Verbindung von ‹High Tech mit High Culture› gebracht. Tatsächlich gehen die Hintergedanken in Bezug auf den langfristigen Gebrauchswert von Kunst und Museen noch weiter. ‹Kreativität› heisst eines der Schlagwörter, die so wichtige Dienstleister wie Softwareproduzenten und Mikrochip-Designer benutzen; in einer modernen Dienstleistungsgesellschaft müssen immer wieder Anreize aus dem Kunst- und Kulturbereich geboten werden, damit eben diese Gesellschaft nicht unkreativ verharrt: der Kunst- und Kulturbereich als Dienstleister für die Dienstleister.

Solche Gedanken hören sich an, als ob sie einem Programm für Wirtschaftsförderung entsprungen sind. Ein spektakulärer Museumsbau dient jedoch gewiss dazu, seinen Standort als kulturträchtig auszuweisen und dessen Image zu fördern. Darüber hinaus müssen wir aber die städtebaulichen Akzente beachten, die man mit Hilfe von Museumsneubauten zu setzen versucht. Der Bau als solcher hat seine eigene städtebauliche bzw. architekturhistorische Relevanz, ganz unabhängig von seinen Inhalten. Das neue Museum in Groningen/Niederlande wie das Vitra-Museum in Weil sind als solche bereits architekturhistorische Herausforderungen, die auch ohne Ausstellungen eine gewisse bildungstouristische Attraktivität haben.

Unstrittig haben sich Museen von Monumenten einer repräsentativen Öffentlichkeit zu denen einer bürgerlichen Öffentlichkeit gewandelt; dementsprechend haben sich auch die Lage in einer Stadt und die Baugestalt geändert. Öffentlichkeit ist gewiss ein konstituierendes Merkmal von Museen, daraus wird aber auch der Anspruch abgeleitet, den Bau mit museumsfremden Nutzungen zu durchsetzen – über Läden, Kioske, Kunstgewerbe bis zum Wohnen. Am Beispiel Köln könnte man belegen, dass Museumsbauten und deren Inhalte nicht nur der Arbeitsplatzdekoration im weiteren Sinne dienen, sondern auch der Tourismus-Industrie: Vom Bahnhof aus können dort bequem der Dom, das Römisch-Germanische Museum und das Wallraf-Richartz/Museum Ludwig abgehakt werden – attraktive Einrichtungen auf engstem Raum, und dazu noch schlechtwetterfest.

Repräsentation und Wettkampf

Ein Rest der repräsentativen Konkurrenz alter Art ist vielleicht doch noch geblieben. Ging es bisher um die Originalität städtebaulicher Lösungen und um Arbeitsplatzimage, so muss es heute im Ringen der wirtschaftlichen Standortkonkurrenz schon dicker kommen: Frankfurt bietet ein ganzes Museumsufer. So etwas kann Städten wie Köln, Stuttgart oder München, und jetzt erst recht der neuen alten Hauptstadt Berlin, nicht gleichgültig sein. Dem Frankfurter Museumsufer wird in Köln ein ganzes Museumsviertel entgegengesetzt, für das Mäzenatentum des Sammlerpaares Ludwig wird ein Haus geräumt. Um die bisher dort untergebrachten Bestände zu zeigen, muss Köln ein weiteres Museum bauen. Und was wäre Basel ohne das Mäzenatentum von Familien wie Beyeler und Burckhardt oder La Roche? Welche Museumsbauten gäbe es in Weil oder Künzelsau zu bestaunen, wenn nicht Firmen wie Vitra und Würth mutig mit Museumsarchitektur ihre ‹corporate identity› zu stiften suchten?

Berlin kann nun seine Museumsinsel, einst ein Stück herrschaftlicher Repräsentation und letzten Endes auch politischer Legitimation, in den Wettbewerb von kultureller Image-Pflege schicken und im alten Zeughaus (Deutsches Historisches Museum) den nationalen Glanz von Kultur und Geschichte von mehr als einem Jahrtausend strahlen lassen. Es sind allerdings die anderen Metropolen, die den Massstab setzen und von deren kultureller Ausstrahlung so viel Attraktivität ausgeht. Die Museumshauptstadt schlechthin ist Paris, ihre Museums-Industrie lockt im Jahr ca. 8 Millionen Besucher und schlägt Euro-Disney damit um Längen.

Das allgemeine Interesse an Museen und an Prozessen der Musealisierung hat in den 80er Jahren, das darf man heute sagen, einen Höhepunkt gehabt. Ein Erklärungsstrang führt – abgesehen von der geschilderten Kulturkonkurrenz der Kommunen – zu den grossen und erfolgreichen historischen Ausstellungen, die die Politiker haben aufhorchen lassen. In Deutschland hatte die Staufer-Ausstellung 1977 mit ihrem Publikumsandrang gewissermassen die nächste, nämlich die Preussen-Ausstellung 1981 hervorgerufen. Es sind Geschichtsmythen, die mächtig werden, so auch in der Schweiz 1991 mit den 700-Jahr-Feiern und -Ausstellungen. Die eigentlichen Ursachen für ein solches Publikumsinteresse mögen jedoch noch tiefer liegen.

Ist Sammeln Kompensation?

Der Virus der Altbegier, der uns befallen zu haben scheint, nährt sich womöglich aus anderen Quellen. Der Zürcher Philosoph Hermann Lübbe half uns 1983 den Museums-Trend mit seinem Beitrag ‹Der Fortschritt und das Museum› verstehen. Er entdeckte in der «progressiven Musealisierung» unserer Umwelt eine «kompensatorische Praxis». Eine entsprechend kompensatorische Lebensführung sucht einen Ausgleich zu einer technisch-artifiziellen und entsprechend naturfernen Lebenswelt, die auch noch ihre Beziehung zu geschichtlicher Tradition verliert. Gerade dieser Verlust verleite zu einem emphatischen Sinn für Natur und Geschichte, schliesslich für die Institution Museum. Weil die versachlichte Gesellschaft zur Verlustrealität wird, schaffen sich die Menschen – so Lübbe – zum Ausgleich, also «kompensatorisch», Bewahrungsrealitäten.

Das Kompensatorische liegt nach Lübbe darin, dass kulturell Vertrautes immer schneller verschwindet und uns alle solch eine Erfahrung belastet. Um dem entgegenzuwirken und weiterhin Halt und kulturelle Orientierung zu finden, kommt den Museen ein stetig wachsender «Konservierungszweck» zu. Dies scheint unmittelbar einleuchtend, wenn wir uns heute auf Flohmärkten umsehen. Wir finden dort vieles, was bis vor kurzem noch in Gebrauch war, ja die Gegenstände auf dem Flohmarkt werden immer jünger. Um mit Lübbe zu sprechen: Im aktuellen Prozess von Produktion und Reproduktion werden permanent Dinge funktionslos, die es – zumindest in einer Auswahl – zu bewahren gilt. Das Museum wird so zu einem Ort der Kompensation des Fortschritts, ja, es entsorgt gewissermassen den Fortschritt.

Solche Kompensations-Thesen sind offensichtlich plausibel und daher weithin akzeptiert. Die Beispiele allerdings, die aus der Gegenwart zum Beleg dieser nach Lübbes eigenem Verständnis «geschichtsphilosophischen Fundamentalkategorie» gegriffen werden, scheinen nicht ganz zutreffend. Da ist von der Musealisierung ganzer Landschaften und Dörfer die Rede und von der überproportionalen Zunahme der Windmühlenmuseen. Doch werden diese Entwicklungen genau dort beobachtet, wo der Lübbesche «änderungstempobedingte» industrielle Wandel wenig zu spüren ist: auf dem Lande.

Fragen an die Vergangenheit, Nachdenken über die eigene Identität: Gerade in einer Welt der visuellen Übersättigung durch die Medien sind es die Originale, die ein Museum ausmachen. (Gemäldedepot des Historischen Museums Basel.) ▷

Die Gründung von Museen und die Ausdehnung des Denkmalschutzes auf ganze Ensembles – vor allem in strukturschwachen Gebieten – dient nicht zuletzt der Regionalförderung durch Fremdenverkehr. So stehen dann Dorf- oder Mühlenmuseen auf einer Ebene mit Schwimmbädern, Trachtenpflege, vielleicht sogar mit Golfplätzen.

‹Musealisierung› meint heute aber auch eine grenzenlose Ausweitung auf alle möglichen Objekte. Doch wenn, wie z.B. in München, ein Sammler ein Nachttopfmuseum aufmacht und anderswo ein Bügeleisenmuseum eröffnet wird, ist das nun «kompensatorische Praxis» oder die schlichte Kommerzialisierung von Sammlungen? Lübbe führt als Beispiel die Gründung eines Knopfmuseums an. Stecken dahinter ‹Zerstörungsprozesse›, oder will eine Stadt ihre Attraktivität ein wenig steigern? Noch deutlicher wird die Fragwürdigkeit von Lübbes Annahme, wenn auf Firmen-Museen Bezug genommen wird. Sie gibt es bei Wella oder Daimler Benz, Porsche, Vitra oder Würth (Schrauben). Diese Firmen aber wollen gewiss nicht die Überholtheit ihrer Produkte zeigen und ihren eigenen Fortschritt ‹kompensieren›; vielmehr geht es um die Selbstdarstellung einer Firma, die die innovatorische Qualität ihrer Produkte herausstellen möchte.

Die denkmalpflegerischen Bemühungen um Schlachthöfe und Wassertürme bezeichnet Lübbe als Versuch, die «verfremdete Unübersehbarkeit» von «herausragenden Hochbauten» zu balancieren. Ist die Rettung solcher Industriedenkmäler eine Kompensation des Fortschritts, oder leiten Museologen und Wissenschaftler wie Hermann Glaser und Jürgen Sembach mit dem Schlagwort ‹Industriekultur› ein Umdenken über Kultur ein, das sich gegen einen schöngeistig verengten Kulturbegriff durchzusetzen beginnt? Es ist – besonders nach 1968 – die Entdeckung einer sozialen Ausgrenzung von Kultur, die sich zuvor nur mit dem ‹Wertvollen› beschäftigte und in kunsthistorischen Fragestellungen befangen blieb. Museen öffnen sich diesem Wandlungsprozess oder machen ihn zum Thema, wie mehrfach im Basler Museum für Gestaltung geschehen. Nicht die ständig fremder werdende Skyline wird kompensiert, sondern industriell geprägte Regionen präsentieren sich in historischer Selbstdarstellung. Darüberhinaus übersieht Lübbe, dass Museen auch auf der Ebene der Präsentation gerade in jüngster Zeit beachtliche Anstrengungen unternehmen.

Nach wie vor sind es gerade in einer Welt voller Medien die Originale, die ein Museum ausmachen; doch können sie, jenseits von Praxiszwängen, neu arrangiert und in Perspektiven und Bezüge gebracht werden, die Unbekanntes profilieren und so überhaupt Fremderfahrungen möglich machen. Das macht u.a. den Publikumszuspruch aus, und nicht, wie Lübbe meint, eine museumspädagogische Bedarfsweckung.

Lübbe ist viel rezipiert und selten kritisch hinterfragt worden. Die subtile politische Zuordnung solcher Gedankengänge ist Karl-Markus Michel zu verdanken, der die Neuen Konservativen als die besseren Materialisten entlarvt, indem er behauptet, dass sie die Basis sich selbst überlassen und die unvermeidlichen Schäden im Überbau kurieren: «Neben den Atommeiler stellen sie das Heimatmuseum, und die Datenbank speisen sie mit Memoiren, die man abrufen kann unter Stichworten wie ‹Liebe›, ‹Scham›, ‹Würde›.»

Nach Lübbe bringt der sich beschleunigende soziale Wandel die Gefahr einer temporalen Identitätsdiffusion mit sich. Historiker in politischer Berater-Funktion wie Michael Stürmer nahmen den Begriff einer schwindenden oder verunsicherten Identität und daraus entstehender mangelnder Orientierung auf und führten ihn in die Debatte um die Museums-Projekte in Berlin oder Bonn ein: Ein Museum sollte gegen die Verunsicherungen durch die Realität – ganz im Sinne kompensatorischer Praxis – Halt gewähren und Orientierung an Werten bieten.

Kinder der Aufklärung

Doch noch einmal zu Klarheit: eine Musealisierung von Objekten, die im wissenschaftlichen, technischen, ökonomischen, sozialen und kulturellen Fortschreiten funktionslos geworden sind, kann nicht den Weg aus einer gegenwärtigen ‹Orientierungskrise› weisen. Das Museum würde zur Institution eines ständigen Rückgriffs, ohne dass ihm eine eigene Innovationsfähigkeit zugesprochen würde; nicht viel anders geschieht es mit der Kultur im allgemeinen. Wir sollen uns an Relikten orientieren, die der Wandel unseres Umfeldes gerade aussortiert hat, und dort unsere Identität sichern! Ein prekärer Kreislauf, der die Leistungen von Museen als Orte der Provokation und Irritation, die zum Nachdenken über die eigene Identität und zu historisch informierten Lernprozessen anregen, völlig ausser Acht lässt. Museen sind trotz gewisser Herrschaftsnähe in der Vergangenheit Kinder der Aufklärung. Es ist weniger das Kompensatorische, das die Museumswelt der Achtziger prägte, als das Ringen um Standorte und Image in einer repräsentativen Kulturkonkurrenz und um neue Wege der musealen Präsentation.

Dazu zählen insbesondere die Museumsbauten, die als die letzten architektonischen Herausforderungen unseres Jahrhunderts gelten. Die Architektur hat sich in den achtziger Jahren im Museumsbau einen Freiraum erkämpft. Dies hat zu einer phantastischen Vielfalt von architektonisch überzeugenden Lösungen geführt, die entsprechend bejubelt werden. Dagegen artikulieren sich allmählich auch andere Stimmen. Der Anbau des Frankfurter Städel von Gustav Peichl wird in seiner Leblosigkeit mit einem Nobel-Sarkophag verglichen. Und selbst Hans Hollein muss sich, soweit es die äussere Hülle betrifft, heftige Kritik an seinem Frankfurter Museum für Moderne Kunst gefallen lassen. Sein kreativer Überdruck, seine Angst vor leeren Flächen habe zu einer geschwätzigen Architektur geführt, zu einem überladenen Schmuckkästchen. Wörtlich schreibt Peter Bode in ‹art›: «Man muss kein verbohrter Funktionalist sein, um solche Manierismen aus der postmodernen Spielkiste – die gut zur pomphaften Inszenierung einer ägyptisierenden Oper passen würden – als störend zu empfinden. Auch die Schönheit bedarf der Disziplin.»

In den zehn Thesen zum lebendigen Museum heisst es: «Hier wird viel Geld investiert. Nur allzuoft wird dabei aber keinerlei Rücksicht genommen auf die Anforderungen der Objekte und die Bedürfnisse der Bevölkerung. Die Architektur der Museen muss sich stärker an inhaltlichen Konzeptionen orientieren, die für den Ausbau der Museen bewilligten Gelder müssen auch für Personal, Ausstattung und de-

zentrale Museumsaktivitäten bewilligt werden.»

Museumsbauten, die heute vielen Aspekten von Städtebau, Repräsentativität, Originalität und Kulturkonkurrenz gerecht werden müssen, die bauliche Sünden und ‹akzelerierte Modernisierung› zugleich kompensieren sollen, laufen Gefahr, durch diese Überforderung ihre zentrale Funktion zu verlieren: auch Raum für ein Museum zu geben. Im Idealfall ist ein Museum zugleich Hülle und Präsentation von Inhalten; es sind also zwei gestalterische Elemente, die in Wechselwirkung zueinander stehen, und die ein Ganzes bilden sollen. Die Gegenposition zur heutigen Museumsarchitektur lässt sich mit einem Zitat aus dem Jahre 1904 von Alfred Lichtwark, dem Direktor der Hamburger Kunsthalle, beschreiben: «Für ein Museum, das sich rühren und wirken soll, ist nun die Fassade nichts, das Innere alles.»

Eine längst ausgestanden geglaubte Diskussion über Form und Funktion wird durch die grossen Museumsbauten der letzten zwei Jahrzehnte wieder herausgefordert. Wenn also darauf beharrt wird, dass gute Architektur auch Kunst sein soll – mit eigenem Anspruch und eigenem Ausdruck – dann muss sie auch die Gestaltungselemente von Hülle und Inhalten in eine Symbiose bringen, die nicht zu Lasten eines dieser beiden Elemente geht.

Literatur

Walter Grasskamp, Museumsgründer und Museumsstürmer, Zur Sozialgeschichte des Kunstmuseums, München 1981.

Heinrich Klotz/Waltraud Krase, Neue Museumsbauten in der Bundesrepublik Deutschland, Stuttgart 1985.

Hermann Lübbe, Der Fortschritt und das Museum, in: H. Auer (Hrsg.), Bewahren und Ausstellen. Die Forderung des kulturellen Erbes in Museen, o.J., München/New York/London/Paris, S. 227–246; ferner in: Dilthey Jahrbuch für Philosophie und Geschichte, Bd. 1, Göttingen 1983, S. 39–56.

Michael Stürmer, Berlin und Bonn – auf der Suche nach deutscher Identität, in: Museumskunde 49, 1984, S. 142–154.

Karl-Markus Michel, Der Ruf nach dem Geist, in: Kursbuch 91, Wozu Geisteswissenschaften?, Rotbuch Verlag Berlin, März 1988, S. 27–33.

Ebenfalls in Kursbuch 91: Kompensation, Materialien zu einer Debatte; Odo Marquard, Verspätete Moralistik; Hermann Lübbe, Geschichtsinteresse in einer dynamischen Zivilisation; Henning Ritter, Preisfragen.

Peter Blome

Die Basler Museen und ihr Publikum

Unter einem Museum stellt sich mancher nach wie vor etwas eher Statisches vor: Sammlungen, die zum Teil seit vielen Generationen staatlich verwaltet werden, von stillen Konservatoren sorgsam gepflegt, sortiert, versorgt und etikettiert. Das Adjektiv ‹museal› meint: ‹leicht verstaubt›, das Gegenteil jedenfalls von ‹theatral›. Als beschaulich gelten Museen, bewahrend und nicht verändernd, kaum als aufwühlend.

Wie jedes Klischee stimmt diese Charakterisierung nur ein Stück weit. Museen – ob antiker oder moderner Kunst, ob historische oder naturhistorische – verweisen per definitionem auf etwas Vergangenes, historisch mehr oder weniger Abgeschlossenes. Sie konservieren bestenfalls Ausschnitte, Partikel vergangener Wirklichkeit und präsentieren diese Fragmente aus der Optik der Ausstellungsverantwortlichen. Und das ist der entscheidende Punkt: Die Objekte bleiben in ihrer Beschaffenheit stets dieselben; was wechselt, ist ihre Interpretation und Inszenierung – und die ist abhängig von der Mentalität jener, die sie ausstellen.

Vom Objekt zum Kontext

Als das Antikenmuseum Basel 1966 eröffnet wurde, beschränkte sich die Objektbeschriftung auf ein absolutes Minimum, etwa: «Stamnos des Triptolemos-Malers, um 480 v. Chr. Gesandtschaft der Griechen an Achill». Diese vornehme Zurückhaltung entsprang einer spezifischen Auffassung von Kunst: Jedes Werk, glaubte man, solle ohne grosse Erklärungen ausstrahlen, in seiner formvollendeten Aura ungeschmälert auf den Betrachter einwirken – das Werk genügte sich selbst. Heute werden erklärende Zeilen in der Vitrine und weiterführende Texte an den Saalwänden mitgegeben: Das Werk offenbart sich nicht mehr allein in seiner künstlerischen Vollkommenheit, sondern in vielfältigen historischen, sozialen oder literarischen Bezügen.

Im heutigen Selbstverständnis von Museen hat der didaktische Aspekt auf allen Stufen der Vermittlung ungemein an Wichtigkeit gewonnen. Man will aufklären, Hintergründe ausleuchten, Kontexte rekonstruieren, man sucht hinter dem Kunstwerk den Künstler und dessen gesellschaftliche Situation. Man möchte dem Museumsbesucher mehr bieten als das noch so schöne Objekt, ihm zeigen, dass Kunstwerke oder auch ein Gegenstand der Naturgeschichte in vielfältiger Weise ‹vernetzt› sind. Es ist leicht zu erkennen, dass die aufklärende und didaktische Museumsarbeit versucht, zeitkonformes Denken aufzugreifen. In allen Medien, namentlich in den audiovisuellen, wird permanent gezeigt, dass sämtliche Phänomene grossräumig, häufig weltweit zusammenhängen: Der Globus als ein gigantisches Netz mit Tausenden von miteinander verknüpften Fäden.

Eine spezielle Ausdrucksform findet dieses Bemühen seit einigen Jahren in der Einrichtung museumspädagogischer Räume und Stellen. Vor allem Jugendlichen, aber durchaus auch Erwachsenen soll der Zugang zum Museumsgut mit einer Kombination aus Sachwissen, Spiel und handwerklicher Arbeit erschlossen werden. Betrachtet man die zum Teil erstaunlich originellen Produkte solcher Annäherung an ein Thema, so ist man bald überzeugt, dass auf diese Weise den Museen nicht nur junge Menschen, sondern auch weitere Bevölkerungskreise zugeführt werden können. Um hierfür gut geschultes Personal einsetzen zu können, wurde vor einigen Jahren an der Universität Basel der Studiengang ‹Museologie› eingerichtet; die Absolventen des ersten viersemestrigen Kurses konnten im Juli 1994 ihr Diplom entgegennehmen. Eine dauerhafte Etablierung des Studienganges erweist sich indessen aus finanziellen Gründen als schwierig. Es wäre schade, wenn die junge Pflanze wieder absterben müsste – gerade weil sorgfältig ausgebildete Museumspädagogen dazu beitragen, den Abstand zwischen den Museen und dem Publikum wesentlich zu verringern.

Museen und die ‹neuen Medien›

Dass dies nötig ist und bleibt, hat mit der Rolle der Medien zu tun. Auf fast allen Kanälen werden vielfältige Kultursendungen ausgestrahlt. Die Museen sind längst nicht mehr die einzigen Anbieter von Kunst-, Kultur- und Naturgeschichte. Für die jüngeren Generationen ist es zudem selbstverständlich, dass ihnen kulturelle Inhalte nicht in statischen Texten oder gedruckten Abbildungen, sondern in bewegten Bildern dargeboten werden. Und bei der grafischen Rekonstruktion eines griechischen Tempels oder eines Zellkernes sind PC-Simulationen den herkömmlichen Darstellungsmethoden haushoch überlegen. Man mag davon begeistert sein oder nicht: Kulturelle Informationen werden immer häufiger als ‹action›, als möglichst farbige Bildsequenzen dargeboten. Das prägt die Sehgewohnheiten des Publikums und schafft Erwartungshaltungen, welche die Museen gegenwärtig nicht (oder kaum) befriedigen können. Auch wenn Museen keine Fernsehstudios sind und ihre Inhalte sich nicht einfach in den viereckigen Rahmen von flimmernden Monitoren sperren lassen: Aufgabe der Museen wird es sein, das Angebot an audiovisueller Information erheblich auszuweiten.

Basis sind die permanenten Sammlungen

Die permanenten Sammlungen sind ohne Zweifel Grundlage, Kern und Stolz der Basler Museen, eben das, ‹was Basel reich macht›. Die Pflege und weitere Erschliessung dieser Sammlungen, vor allem jener Teile, die in Magazinen verborgen bleiben müssen, wird nach wie vor wesentlich zum Berufsbild der Museumsleute gehören. In allen Häusern werden grosse An-

strengungen unternommen, die Exponate zeitgemäss und didaktisch ansprechend auszustellen. Man wird indessen auch hier über kurz oder lang nicht darum herumkommen, vermehrt audiovisuelle Mittel zur Präsentation einzusetzen. Die Texttafeln oder Handblätter werden, zumindest partiell, den Monitoren Platz machen. Das hat den Vorteil, dass bei Bedarf weit mehr Information zur Verfügung steht: Stilistische oder thematische Vergleiche zu einer griechischen Vase, einem Holbein-Gemälde, einer afrikanischen Maske oder einem Zunftbecher, die Artenvielfalt der Gattung Saurier und die Installationen von Beuys – all das ist mit moderner Informatik tatsächlich umfassender ‹einzufangen› als mit herkömmlicher Stellwand-Grafik.

Viele mögen es beklagen oder zu Recht bedauern: Unsere hochkarätigen permanenten Sammlungen ziehen zu wenig Besucher an – auch dann, wenn wir die Werbung weiter verbessern oder die Museums-Shops bzw. Cafés noch gewaltig ausbauen. Komplementär zu den hauseigenen Beständen müssen attraktive Sonderaustellungen stattfinden, bei denen die Exponate – jedenfalls in ihrer Mehrzahl – von aussen kommen sollten. Denn Wechselausstellungen mit eigenen Exponaten werden den Erfolg nicht oder nur teilweise bringen.

Hier tut sich für die Häuser mit bis zu 80% oder 90% magaziniertem Kulturgut ein Konflikt auf: Lässt es sich rechtfertigen, die Arbeitskraft der Konservatoren in aufwendige Wechselausstellungen zu investieren, wenn Tausende von Objekten teilweise unbearbeitet im Keller schlummern? Leidet darunter nicht der Forschungsauftrag, der darin besteht, die materiellen Zeugnisse gerade auch ethnologisch weit entfernter Kulturen konservatorisch und wissenschaftlich einwandfrei zu bearbeiten?

Im Zeichen der Sparpolitik

Spätestens an diesem Punkt gerät die Argumentation in das politische Spannungsfeld: Die Museen kosten den Kanton jährlich etwa 30 Millionen Franken. Angesichts hoher Defizite verordnete die Regierung 1993 auch ihnen ein Sparprogramm im Rahmen von REKABAS. Anfang 1994 gelang es, ein Sparpaket zu schnüren. Es sieht ein bis 1997 realisierbares

‹Ergebnisverbesserungspotential› von 3 Millionen Franken oder rund 10 % der budgetierten Nettoausgaben 1993 vor (Vorgabe 15 % oder 4,3 Millionen). Das Ziel soll unter anderem durch Personalreduktionen, Erhöhung der Eintrittspreise und eine Modifikation der Gratiseintritts-Politik erreicht werden.

Die Eintrittspreise allerdings waren bereits im Herbst 1992 erhöht worden, verbunden mit der Streichung von 3 der 4 Gratissonntage. Dies hatte zwar erfreulicherweise 1993 mehr Einnahmen erbracht; gleichzeitig aber nahmen die Eintritte um 23 % ab – wobei man sich beeilte festzustellen, in jenem Jahr hätten keine grossen Sonderausstellungen stattgefunden, ‹bereinigt› betrage der Besucherschwund ‹nur› 12 %. Die Zahlen für das 1. Halbjahr 1994 – bezogen auf die staatlichen Museen, die Eintritt erheben – lesen sich ähnlich. Gesamteintritte Januar bis Juni: rund 380 000 – davon 115 000 Eintritte in die Sonderausstellung ‹Pompeji wiederentdeckt›, ausstellungsbereinigt 190 000. Die Pompeji-Ausstellung erwirtschaftete also 35 % aller Eintritte im 1. Halbjahr 1994. Ende 1994 betrug die Besucherzahl rund 470 000 (1992: 540 000; 1993: 380 000), davon entfallen auf die Sonderausstellungen 160 000 (zu Pompeji kommen 50 000 Eintritte in die Léger-Ausstellung). Im Ganzen bleibt der Anteil der Sonderausstellungen bei einem Drittel. Der gegenüber 1993 günstigere Abschluss geht ausnahmslos auf die Sonderausstellungen zurück – ohne diese hätte sich die Kurve gegenüber 1993 weiter abgeflacht.

Sonderausstellungen als Publikumsmagnet

Dieser Zahlenspiegel beantwortet die Frage nach der Legitimation von grossen, arbeitsintensiven, aber publikumswirksamen Sonderausstellungen, auch für Häuser mit immensem Eigenbestand. Solche Ausstellungen sind nicht nur wünschbar, sie sind sogar existentiell notwendig. Preiserhöhungen und Streichung von Gratistagen können, wenn überhaupt, nur durch vermehrte Anstrengungen auf dem Sektor Sonderausstellungen aufgefangen werden. Diese müssen grundsätzlich das zweite Standbein unserer Museumspolitik sein. Folgt man diesem Imperativ nicht oder nicht genügend, werden die Besucherzahlen auf ein derart tiefes Niveau absinken, dass Fragen aus der Öffentlichkeit nach der Berechtigung hoher Subventionen für die Museen mit Sicherheit gestellt werden.

Nun sind alle Aktivitäten, die über das normale Angebot an musealen Dienstleistungen hinausgehen, mit viel zusätzlicher Arbeit und hohem Einsatz verbunden, zumal es längst nicht mehr genügt, einige Leihgaben an die Wände zu hängen oder in Vitrinen auszustellen. Das Publikum von heute erwartet eigentliche Inszenierungen mit Rekonstruktionen, Modellen, Plänen, Faksimiles, Videofilmen, PC-Simulationen und was der Attraktionen mehr sind – vielfach Dinge, die nicht mitgeliefert werden, sondern neu erarbeitet werden müssen.

Aus einem Museumsleitbild, das die Organisation von Sonderausstellungen als Leistungskomponente explizit voraussetzt, ergeben sich gewisse Forderungen. Zunächst sollten die Museen von weiteren Sparübungen verschont werden. Sie haben REKABAS loyal mitgetragen, haben vor allem personelle Einbussen hingenommen, haben den zu Mehreinnahmen führenden Massnahmen zugestimmt. Ein weiterer Personalabbau wäre ebenso falsch wie eine neue scharfe Anhebung der Eintrittspreise, die heute schon von einigen Kollegen als prohibitiv empfunden werden. Geradezu absurd wäre, bei sinkenden Besucherzahlen weitere Schliesstage einzuführen, zumal in den fünf grossen Museen. Sodann wäre zu wünschen, dass die Behörden bei der Budgetierung grösserer Ausstellungen mehr Flexibilität zeigten, und sei es nur in der zumindest partiellen Vorfinanzierung solcher Projekte, die den courant normal sprengen. Ebenso nötig sind verbindliche Regelungen darüber, dass allfällige Gewinne nach Abgeltung projektbezogener Zuschüsse bei den Museen verbleiben – als Anreiz und als Fundus für Projekte, für die keine privaten oder staatlichen Gelder zu finden sind, die aber im Interesse der Forschung und der Erschliessung des Kulturgutes liegen. Schliesslich gehört zur Erweiterung der Eigenverantwortung und des unternehmerischen Spielraums auch die (eigentlich von niemandem bestrittene, aber dennoch nur schwer durchzusetzende) Globalbudgetierung. Alles in allem: Die Museen können sich auch in finanziell schwierigen Zeiten artikulieren. Nur eines geht – um die Bemerkung eines Kollegen zu zitieren – nicht: Man kann uns nicht immer weniger zu essen geben und gleichzeitig verlangen, dass wir immer schneller laufen.

Die abschliessende Beurteilung lautet also: In einem kühler gewordenen kulturpolitischen Klima werden sich die Museen nur dann behaupten, wenn sie sich auf dem Markt der Kultur-Anbieter wirkungsvoll in Szene setzen und das Publikum mit den heute verfügbaren Media, vor allem aber mit hochkarätigen, wissenschaftlich informativen und darstellerisch packenden Sonderausstellungen immer wieder neu erobern. Dann kann auch der notwendige Ausbau der permanenten Sammlungen erheblich profitieren, weil kulturelles Sponsoring vor allem dort zu finden ist, wo ‹etwas läuft›.

Denn vergessen wir nie: Es sind private Hände, denen die Museen ihre Existenz überhaupt verdanken. Zwar sind 30 Millionen Franken staatlicher Subventionen pro Jahr viel Geld – angesichts der von privaten Sammlern und Donatoren über Jahrzehnte hinweg gestifteten Werte und Summen relativiert sich dieser Betrag indessen. Der Staat ist nicht nur Geldgeber, er ist – was nicht immer genügend gewürdigt wird – auch der Beschenkte, der Besitzer unermesslicher und unersetzlicher kultureller Reichtümer. Es gibt wenige staatliche Körperschaften, die wie Stadt und Kanton Basel auf kleinem Raum ein Kulturgut dieser materiellen und immateriellen Dimensionen ihr eigen nennen können. Auch in schwierigen Zeiten muss es zu den höchsten Staatszielen gehören, diese Werte in fruchtbarer Symbiose mit den privaten Trägerschaften zu erhalten und unbeschadet weiterzugeben.

Raphael Suter

Ist das erste Museologie-Studium der Schweiz bereits am Ende?

Bisher wurden mit dem Begriff ‹Museumsstadt Basel› in erster Linie die wertvollen Sammlungen und zahlreichen Sonderausstellungen der staatlichen und privaten Museen verbunden, die hier in einmaliger Dichte vorhanden sind. Seit 1992 darf der Ausdruck aber auch für ein wegweisendes Projekt in der Schweizerischen Museumsarbeit gelten: In Basel wurde nämlich erstmals ein viersemestriges Nachdiplomstudium ‹Museologie› angeboten. «Ziel ist es, museologische und museographische Kenntnisse zu vermitteln, die Kompetenz der Teilnehmerinnen und Teilnehmer zu systematischer Museumsarbeit zu fördern und die Fähigkeit zu entsprechenden Entscheidungen und praktischer Umsetzung in allen Teilen des Museumsbereiches zu schulen», lautete die Ausschreibung des Ergänzungskurses im Vorlesungsverzeichnis der Uni Basel.

Der Lehrgang, der am 29. Oktober 1992 begann, umfasste während vier Semestern insgesamt 600 Stunden, der Unterricht fand alle vier-zehn Tage am Wochenende statt. Diese Randzeiten wurden gewählt, damit vor allem auch Mitarbeiterinnen und Mitarbeiter von Museen das Studium neben ihrer Arbeit besuchen konnten. Lanciert wurde das Pilotprojekt vom Verband der Museen der Schweiz (VMS) und dem Schweizer Nationalkomitee des Internationalen Museumsrates (ICOM) in Zusammenarbeit mit der Uni Basel. Der Zuspruch war enorm: Die 30 Studienplätze waren sofort ausgebucht, und mehr als 60 weitere Bewerberinnen und Bewerber mussten auf einen allfälligen nächsten Kurs vertröstet werden. «Die Nachfrage nach einer guten Museumsausbildung ist bei unseren Mitgliedern sehr gross», erklärte dazu VMS-Präsident Josef Brülisauer, Direktor des Historischen Museums Luzern.

Was ist ‹Museologie›?

Martin Schärer, Direktor des Musée de l'Alimentation in Vevey und Studienleiter des ersten Museologie-Kurses, betonte, Museologie sei «weit mehr als die Wissenschaft der Museen.» Das Studium versteht sich denn auch nicht als eine Art ‹Einführungskurs› in die praktische Museumsarbeit, «sondern es will die Vielfalt der Museumsberufe aufzeigen». Museumskunde sollte nicht einfach ein theoretisches Gebilde sein, sondern möglichst viel Praxisarbeit in den verschiedensten Museumsbereichen umfassen.

Der Studiengang lieferte während der ersten Wochen Grundlagen der Museumsarbeit, zum Beispiel einen Überblick über die Museumsgeschichte oder die Vielfalt der Museumslandschaft Schweiz, die mit 766 Häusern die grösste Museumsdichte der Welt aufweist. Praxisbezogen ging es beim Komplex ‹Sammeln, Erhalten, Erschliessen und Forschen› zu. Hier wurden unter anderem Massnahmen zur Objekterhaltung, Konservierung und Inventarisierung vorgestellt. Immer wichtiger bei der Museumsarbeit ist der Bereich der Kommunikation: Wie wird eine Ausstellung präsentiert? Welche Hilfsmittel sollen den Besucherinnen und Besuchern mitgegeben werden? Wie wird eine Ausstellung am besten ‹verkauft›? Wie kann die moderne Museumspädagogik Kindern und Jugendlichen eine Ausstellung erschliessen? Auch Management-Fragen hatten ihren Platz: Verwaltung und Recht, Finanzen, Führung sowie das Personalwesen wurden behandelt.

Der von den Studienkoordinatoren Barbara Huber-Greub und Samy H. Bill betreute Studiengang wurde in einem Uni-Gebäude an der Missionsstrasse durchgeführt. In den Räumen eines ehemaligen Lagerhauses fanden die theoretischen Unterrichts-Blöcke statt, zu denen auch namhafte Gastdozentinnen und -Dozenten aus dem In- und Ausland eingeladen wurden – rund 80 pro Semester. Wenn immer möglich begaben sich die Studentinnen und -Studenten aber auch direkt in die Museen, um anhand praktischer Beispiele die tägliche Museumsarbeit vor Ort kennenzulernen.

Anfangs Skepsis der Museumsleute

Das grosse Interesse am ersten Museologie-Lehrgang bewies, dass eine grundlegende Ausbildung in allen Bereichen der Museumsarbeit einem breiten Bedürfnis entspricht. Einige Museumsleute verfolgten allerdings das neue Studium zunächst mit Skepsis. Da die Teilnehmenden des Lehrgangs von ihren Museen zumindest tageweise freigestellt werden mussten, lehnten einige Direktoren die Zusatzausbildung ab. Sie versprachen sich vor allem zu wenig direkte Auswirkungen auf den eigenen Museumsbetrieb. Das Museologie-Studium sei zu allgemein gehalten, gehe zuwenig auf die unterschiedlichen Bedürfnisse der Museen ein, hiess es. Diese Bedenken zerstreuten sich jedoch im Laufe des Studienganges weitgehend. Von den ursprünglich 30 Teilnehmerinnen und Teilnehmern schlossen 28 ihr Studium am 2. Juli 1994 ab. Eine Diplomarbeit, eine mündliche Prüfung und verschiedene Praktika waren neben dem Unterrichtsbesuch die Voraussetzungen zur Erlangung des Museologie-Diploms. Ob die Absolventinnen und Absolventen das museale Geschehen von nun an auch fachübergreifend verstehen werden, «wird sich in der gelebten Praxis zeigen», bemerkte Studienleiter Martin Schärer bei der Diplomübergabe in der Aula der Universität.

Wie geht es weiter?

Ungetrübte Freude mochte an der Abschlussfeier des ersten Museologie-Studienganges der Schweiz dennoch nicht aufkommen. Obwohl das Pilotprojekt von allen Seiten Lob erhielt und die Schweiz mit dieser Ausbildungsform eine grosse Lücke schliessen könnte, war die Zukunft des Museologie-Studiums nach Abschluss des ersten Kurses noch ungewiss. Der Bund, der einen Grossteil der Projektkosten von rund 700000 Franken getragen hatte, überlegte sich ein weiteres Engagement, und die Uni Basel allein konnte für die Kosten nicht aufkommen. Möglicherweise findet sich eine private Institution als Geldgeber. «Wir haben sehr viel Know-how, Infrastruktur und Kommunikation in dieses Projekt investiert; all dies droht nun verlorenzugehen», meinte Studienkoordinator Samy Bill. Im Laufe der vier Semester sei eine intensive Aufbauarbeit für die Museologie geleistet worden, die nun nicht weiter genutzt werden könne. Das Anstellungsverhältnis der beiden Studienkoordinatoren jedenfalls wurde im Sommer 1994 beendet, der auf Beginn des Wintersemesters 1994/95 festgelegte zweite Studiengang konnte nicht stattfinden. Am fehlenden Studieninteresse hatte es freilich nicht gelegen: 270 Personen hatten sich für den zweiten Kurs bereits angemeldet.

Bessere Museumsarbeit

Dass in Basel auch künftig ein Museologie-Studium angeboten wird, hoffen nicht zuletzt offizielle Stellen. «Ein einziger Studiengang genügt nicht. Eine Fortführung würde sicher auch den Ruf Basels als Museumsstadt verstärken», erklärte Hans-Dieter Amstutz, Leiter der Koordinationsstelle der Basler Museen. Schon der erste Kurs habe den hiesigen Museen zahlreiche Anregungen gebracht und auf den Museumsbetrieb befruchtend gewirkt. «Die Qualität der Museumsarbeit hat sicher zugenommen.»

Einer der Absolventen des ersten Nachdiplomstudiums ‹Museologie› ist der Konservator der Kunsthistorischen Abteilung des Historischen Museums Basel, Benno Schubiger. Er wertete den Kurs, «ungeachtet einiger Kinderkrankheiten, die solche anspruchsvollen Pionierprojekte naturgemäss mit sich bringen, als Erfolg». Die Teilnehmerinnen und Teilnehmer hätten fundierte Einblicke ins weite Feld der Museen und der Museumskunde erhalten. «Der Kurs hat ein Rüstzeug vermittelt, das zweifellos seinen positiven Niederschlag in der künftigen Museumsarbeit finden wird.» Benno Schubiger ist überzeugt, dass neben dem erworbenen Fachwissen auch die mannigfach geknüpften Beziehungen zu anderen Museumsfachleuten grosse Dienste leisten werden. «Ich halte ein solches Nachdiplomstudium für notwendig und sinnvoll: es ist eine Investition in Bildung, Kultur und Tourismus – heute wie morgen wichtige Ressourcen unseres Landes.»

Zur Jahreswende schien sich abzuzeichnen, dass nun doch ein weiterer Lehrgang der Museologie folgen kann, wie Studienleiter Martin Schärer bestätigte. Der Bund hat Gelder zugesagt, und die Verantwortlichen haben den Grundsatz-Entscheid getroffen, mit Beginn des Wintersemesters 1995/96 einen zweiten Kurs durchzuführen – auch wenn die Finanzierung noch nicht ganz sichergestellt ist. Der Entscheid über das weitere Schicksal dieses Studiengangs wird die künftige Ausrichtung einer modernen Museumsarbeit wesentlich beeinflussen. Das Museologie-Studium ist ein erster, längst fälliger Schritt zu einer zeitgemässen und breit verstandenen Museumstätigkeit, die nicht an der Grenze des eigenen Museums endet. Die Zeiten weitgehend unbemerkter Arbeit hinter verschlossenen Türen sind angesichts einschneidender Sparedikte endgültig vorbei. Gefordert ist heute ein Museumsbetrieb, der sich als kulturelle Institution für ein möglichst breites Publikum verschiedenster Generationen versteht. Die Grundlagen dazu liefert unter anderem die Museologie.

Burkard von Roda

Was Basel reich macht ...

Jubeljahr im Historischen Museum Basel

Es sind 1994 hundert Jahre vergangen, seitdem das Historische Museum Basel eröffnet wurde. Lang und heftig war seinerzeit die Kontroverse um die Verwendung der ehemaligen Klosterkirche der Basler Franziskanerminoriten, die mehr als ein halbes Jahrtausend wechselvoller Zeitläufe überdauert hatte und durch verschiedenste profane Nutzungen entstellt war. Erinnert seien das vergebliche Begehren der katholischen Gemeinde, das Haus für Gottesdienste zu nutzen; das engagierte öffentliche Eintreten des Kunsthistorikers Jacob Burckhardt für den Erhalt des bedrohten Baudenkmals; die dramatische Abstimmung im Stadtparlament im Jahre 1882, das mit hauchdünnem Mehr gegen einen von der Regierung empfohlenen Abbruch votierte; schliesslich das fortschrittliche Projekt eines Volksbades mit dampfbeheizter Schwimmhalle im Kirchenschiff. Erst 1888 nahm das politische Tauziehen eine entscheidende Wende. Zwei Umstände verhalfen dabei der Idee der Museumskirche zum Durchbruch: Basel konnte sich mit diesem Vorschlag um den Standort des Schweizerischen Landesmuseums bewerben – verlor aber bekanntlich die Konkurrenz 1891 an Zürich; ausserdem platzte die Vorgängerinstitution des Historischen Museums räumlich aus den Nähten – sie hätte dem neuen Nationalmuseum die ansehnliche Basler Sammlung als Grundstock eingebracht.

Die ‹Mittelalterliche Sammlung› war auf Initiative des Germanistikprofessors Wilhelm Wackernagel 1856 nach dem Vorbild des Germanischen Nationalmuseums in Nürnberg gegründet worden. Sie hatte sich in den Nebengebäuden des Basler Münsters aus bescheidenen Anfängen etablieren können, freilich ohne in den 38 Jahren ihres Daseins über ein räumliches Provisorium hinauszugelangen. Ihre maximale Ausdehnung hatte sie mit der Belegung von zehn Räumen 1880 erreicht. Im Jahre 1887 befanden sich in der Nikolauskapelle die Kanonen aus der Burgunderbeute, im Konziliensaal die Fragmente des Basler Totentanzes und der Calanca-Altar, im ‹Doktorsaal› die Hausaltertümer. Ein Kostümsaal, der Saal der Staats- und Rechtsaltertümer und die Kapelle mit den kirchlichen Bildwerken waren eingerichtet. Selbst die damals 40 Objekte der Musikaliensammlung waren 1878 in einem eigenen Raum zusammengefasst worden, und mit zwei Stoffmustersammlungen war schon zwei Jahre davor die Seidenbandsammlung begründet worden. Bandbreite und Schwerpunkte des späteren Historischen Museums waren schon damals angelegt. Gesammelt wurde in erster Linie,«was aus dem Gebiete des Kunsthandwerks für das öffentliche und private Leben Basels und seines natürlichen Gebiets von den Zeiten des Mittelalters bis zur Grenze des 18. Jahrhunderts instructiv ist». In zweiter Linie sollten auch «die Altertümer der übrigen Schweiz vor der Verschleppung ins Ausland bewahrt» werden (Führer von 1880).

Ihre endgültige Anerkennung erlangte die Institution im Jahre 1882, als sie so bedeutende Sammlungsteile wie den Basler Münsterschatz und Teile des Amerbach-Kabinetts aus den Universalsammlungen des Museums an der Augustinergasse in ihre Obhut übernahm und Silbergeräte der Basler Zünfte ständig ausstellen durfte. Das Projekt eines neuen Sammlungsgebäudes, 1887 vom Stadtparlament bewilligt, sah für damalige Verhältnisse stattliche 3400 Qua-

Die Barfüsser-
kirche, um 1900.
Jeden Sonntag
und Mittwoch
war der Eintritt
in das Historische
Museum gratis. ▷

dratmeter Ausstellungsfläche vor. Doch im letzten Moment wurden die Weichen anders gestellt: Sieben Jahre später, am 21. April 1894, fand unter dem neuen Namen ‹Historisches Museum Basel› der Umzug in die Barfüsserkirche statt. Im Festbuch zur Eröffnung wurde der Bettelordensbau – im Gegensatz zum bischöflichen Münster – rückblickend als Denkmal der Blütezeit bürgerlicher Schaffensfreude und als Ort geistiger Freiheit während der Reformation in Anspruch genommen und damit seinem höheren profanen Zweck geweiht. Damit wurde eine bereits vorher bestehende städtische Sammlung neu eröffnet, um, wie die Neue Zürcher Zeitung am 27. April 1894 anerkennend kommentierte, «augenfälliger als bisher ihren Rang einzunehmen unter den ersten Museen ihrer Art im deutschen Sprachgebiet (…) Es ist indessen auch der neue Raum so angefüllt worden, dass man am Tage der Einweihung schon die Eventualität baldiger Anbauten ins Auge fassen musste…»

Geschichte fordert ihren Raum

In den vergangenen 100 Jahren hat sich das Historische Museum auf vier Häuser mit insgesamt 8000 Quadratmetern Ausstellungsfläche ausgedehnt. Die bedeutendste Erweiterung, 1951 um das Wohnmuseum im Haus zum Kirschgarten, verdankt es dem Burckhardt'-schen Legat des Segerhofs von 1923. Die Unterkellerung der Barfüsserkirche erfolgte im Zuge einer unumgänglichen Sanierung des Baus 1976–1981, namhaft gefördert von der Christoph Merian Stiftung, die 1986 auch die Erweiterung des Kirschgartenmuseums ermöglichte. Aus der Distanz betrachtet, bestimmten mehr als die Bedürfnisse und Möglichkeiten der Sammlung vor allem situationsbedingte Zwänge, genutzte (oder verpasste) Gelegenheiten und Kompromisslösungen die baulich-räumliche Entwicklung des Historischen Museums seit 1856. So stellt sich beispielsweise auch heute die Zukunftsplanung für die Musikinstrumenten-Sammlung, seit 1957 im Haus zum Vorderen Rosengarten, oder die Kutschen- und Schlittensammlung, seit 1981 bei der CMS im Botanischen Garten in Brüglingen, als museumspolitische Herausforderung.

Auch andere Aufgaben werden immer dringlicher. Das Museumsgut soll einerseits dem Publikum besser zur Geltung gebracht, verständlicher präsentiert und aktiver vermittelt werden; andrerseits gebieten zerstörende Einflüsse (Licht, Verschmutzung, Klimaschwankungen, Insektenfrass, Diebstahl, Vandalismus) strengeren Schutz. Die Museumswelt hat sich in einer Modernisierungswelle, seit fünfzehn Jahren mit rasantem Tempo, auf die gewandelten Bedürfnisse eingestellt. Um mit den professionellen Anforderungen und letztlich auch mit der Konkurrenz Schritt halten zu können, sind laufend Investitionen erforderlich: in neue, flexiblere Ausstellungskonzepte, die sich an den veränderten Wahrnehmungsgewohnheiten des Publikums orientieren; in Vitrinen mit faseroptischen Beleuchtungssystemen; in bauliche und technische Einrichtungen zur Regelung und Kontrolle des Klimas. Rampen und Lifte, Räumlichkeiten für Sonderaustellungen und für gesellschaftliche Anlässe, grosszügige Verkaufsflächen für Postkarten, Publikationen etc. können im gegebenen Rahmen ohnehin nur äusserst begrenzt den üblichen Standards angepasst werden.

Von Seiten des Museums sind die Voraussetzungen mit den lebendigen und facettenreichen Sammlungen gegeben. Diese wurden durch die Erwerbungen der letzten 100 Jahre (jährlich rund 300 bis 500 Objekte) erheblich erweitert. Das Museum profitierte durch Ankäufe, oft von dritter Seite unterstützt, mehr noch durch Geschenke, bedeutende Legate und Stiftungen. Es hatte aber auch Objekte, die von den städtischen Behörden oder den Zünften übergeben wurden, zu deponieren und den ständigen Zufluss archäologischer Bodenfunde zu verdauen. Allein rund 20 000 Objekte verschiedenster Materialien aus der aufgelösten Sammlung des ehemaligen Gewerbemuseums waren seit 1987 zu integrieren. Es liegt nahe, dass sich das Historische Museum auch hinter den Kulissen ausgedehnt hat; erst 1990–1994 wurden objektgerechte Depots eingerichtet. Die Komplexität

des Museumsbetriebs hat gleichfalls zugenommen – ‹Manager oder Kurator?› lautet heute eine herausfordernde Formel für den Museumsberuf. Beider Interessen sind zum Nutzen des Museumsgutes auf einen Nenner zu bringen.

Im Dienst der Stadt

Auf einen Punkt gebracht, bewahrt die Institution das bewegliche Kulturgut, mit dem sich die Identität der Stadt Basel zu einem wesentlichen Anteil definieren lässt. Das Historische Museum Basel ist, mit den Worten des Kommissionspräsidenten Bernhard Christ, «Träger einer Aussage zu unserer Geschichte, unaustauschbar und nie mehr zu ersetzen.» Der Betreuungsaufwand für dieses kostbare Gut ist dem Kanton rund 6 Millionen Franken jährlich wert – was rund einem Prozent des Schätzwertes der Sammlung entspricht. Dafür erbringen 80 Personen (39 Stellen) Dienstleistungen, die dem Erhalt der Sammlung und ihrer Pflege, ihrer Ergänzung, dem Wissen über die Objekte, der Anwendung dieses Wissens und seiner Ver-

Mittelschiff der Barfüsserkirche, um 1927. Bis 1954 war der Raum mit Zeughausbeständen, Zunftaltertümern und der Burgunderbeute als Waffenhalle eingerichtet.
◁

mittlung in Form von Auskünften, Führungen, Sonderausstellungen oder Publikationen dienen. Kassen- und Aufsichtspersonal, Fotograf, Schreiner, Restauratoren, Pädagogin, Bibliothekarin, Informatiker, Archäologin, Numismatikerin, Historiker und Kunsthistoriker, die Verwaltungsleiterin, Sekretariate und Hauswarte arbeiteten 1994 für 314 Besucher täglich. Auch dient das Museum mit seinen Räumlichkeiten Repräsentationszwecken der Regierung, als Rahmen für Festakte, Konzerte oder Jahrestagungen. Das Arbeitsfeld ist weit über das lokale und regionale Interesse hinaus international, wie beispielsweise der Leihverkehr mit Institutionen in Bern, Genf, Zürich, Berlin, Bonn, Colmar, Florenz, Frankfurt, Köln, Stuttgart oder Ulm deutlich macht. Das Museumsgut ist Gegenstand auswärtiger Forschungsprojekte, über: frühe Handfeuerwaffen (Regensburg), spätgotische Retabelkunst (Strassburg), Miniaturmalereien auf Elfenbein (Amsterdam), Holzkassetten mit Wismuthmalerei (Nürnberg), Kaschmirschals (New York), zum Nachbau von

Nach dem Eröffnungsplakat von Emil Beuermann (1894) inszeniertes Besucherpaar am Eingang der Jubiläumsausstellung ‹Was Basel reich macht…› (1994).   ▷

Trompeten (Ontario) oder russischen 3-Rubel Platinmünzen (Washington).

Das Jubiläumsjahr war Anlass, mit der Herausgabe eines Führers 500 bedeutende Objekte auch international zu propagieren. Daneben veranschaulichte die von Benno Schubiger konzipierte Sonderausstellung eindrücklich den Sinn der Sammlungtätigkeit eines kulturhistorischen Museums. Unabhängig von ihrem materiellen Wert wurden beispielhaft Ausstellungsobjekte präsentiert: Ein Blechnapf aus der Basler Suppenanstalt berichtet über das Leben von Arm und Reich; die Wagner-Tuba steht für das Bedürfnis des Menschen, sich in der Kunst eine neue, ideale Welt zu schaffen; der kleine Ritter aus dem Basler Münsterschatz steht für das Objekt, das eine Lücke in einem bedeutenden Sammlungskomplex schliesst; der Schreibtisch von Jacob Burckhardt ist mit der Aura seines berühmten Benutzers verknüpft; das Vorderlader-Zündnadelgewehr für Schiessbaumwolle-Patronen steht als Beispiel für die menschlichen Erfindungen, Entdeckungen und Experimente; und das ‹Zweibatzen-Brödchen aus dem Theuerungsjahr 1817› zeugt von einem für die Stadt denkwürdigen Ereignis.

Auch dem Museumsjubiläum ist der Eingang in die Annalen sicher – vor allem dann, wenn man dem als Motto geführten Titel der Sonderausstellung ‹Was Basel reich macht…› bleibende Gültigkeit zugesteht: er verweist nicht nur auf diese Sammlung, sondern auf den Inhalt aller Museumssammlungen, auf ihren Wert für die Stadt Basel seit Jahrhunderten, unabhängig von der wechselnden Situation der öffentlichen Finanzen. Der verantwortliche Umgang mit diesem unersetzlichen Teil des Staatsvermögens erfordert weitblickende Entscheidungen.

Literatur

Historisches Museum Basel (Hrsg.), Führer durch die Sammlungen, London/Basel 1994.

Daniela Settelen-Trees, Historisches Museum Basel in der Barfüsserkirche 1894–1994, Rückblicke in die Museumsgeschichte, in: HMB Jahresbericht 1993, Basel 1994, S. 1–58.

Burkard von Roda, Historisches Museum Basel 100 Jahre in der Barfüsserkirche (mit einer Presseschau zur Eröffnung 1894), in: Kunst und Architektur in der Schweiz, Bern 1994, S. 194–197.

Lukas Hartmann

In acht Stunden von 214 auf 1

Der Plakatwettbewerb
des Historischen Museums Basel

Vor hundert Jahren, anlässlich der Eröffnung des Historischen Museums Basel in der Barfüsserkirche, wurde mit dem Plakat von Emil Beurmann eine Klammer geöffnet. Diese Klammer zum Jubiläumsjahr mit einem neuen Plakat zu schliessen, war – neben der Absicht, das Historische Museum Basel wieder einmal in das Bewusstsein der Öffentlichkeit zu tragen – einer der Gründe für die Ausschreibung eines Plakatwettbewerbs. Was aber braucht es zu einem Plakatwettbewerb? Zunächst die *Aufgabe;* dann *Teilnehmende,* motiviert durch die zu gewinnenden *Preise,* was uns zum nervus rerum, zum *Geld* führt und damit zu einem *Geldgeber;* weiterhin eine kompetente *Jury,* die sich einen Tag Zeit nimmt, um die Entwürfe zu bewerten; es braucht *Platz, viel Platz;* dann eine möglichst klare *Organisation der Jurierung;* und am Ende eines intensiven Tages stehen die *Gewinner,* sprich: die prämierten Plakatentwürfe.

Die Aufgabe: «Aus Anlass des 100jährigen Bestehens der Barfüsserkirche als Sitz des Historischen Museums Basel (...) soll ein eigenständiges und zeitgemässes Plakat entworfen werden, das unabhängig vom Jubiläum für das Historische Museum Basel über das Jahr 1994 hinaus wirbt.» Minimale Anforderung: der Schriftzug ‹Historisches Museum Basel› und ein Hinweis auf die vier Häuser Barfüsserkirche, Haus zum Kirschgarten, Musikinstrumenten-Sammlung, Kutschen- und Schlittensammlung.

Die Teilnehmenden: Diese bewusst offen gehaltene Formulierung führte dazu, dass mehr als 400 Interessierte die Wettbewerbsunterlagen anforderten, von denen schliesslich 146 Personen 214 Entwürfe zum Wettbewerb einreichten. Es waren weniger die ‹Grossen› der einst so berühmten Basler Plakatkunst-Szene, sondern vor allem Jüngere mit einigen erfrischenden Ideen, die mitmachten.

Die Preise, das Geld und der Geldgeber: Dem Historischen Museum Basel, selbst arm wie eine Barfüsserkirchenmaus, wäre es ohne die Unterstützung einer freundlich gesinnten Institution nicht möglich gewesen, den Wettbewerb aus eigenen Mitteln zu bestreiten. Mit der Christoph Merian Stiftung wurde eine Partnerin gewonnen, die nicht nur die Geldpreise, sondern auch einen wesentlichen Teil der Druckkosten für die zwei erstplazierten Plakate beisteuerte.

Die Jury: Vertreten waren die Christoph Merian Stiftung, das Gewerbe der Stadt Basel, das Erziehungsdepartement, die gestalterischen Berufe (Schule für Gestaltung Luzern sowie ein Grafiker) und das Historische Museum Basel.

Platz, viel Platz: 214 Entwürfe im Format A3 ergeben nebeneinandergereiht eine Strecke von rund 80 Metern. Da dies etwa der Länge der Barfüsserkirche entspricht, wäre es bei den räumlichen Gegebenheiten des Historischen Museums unmöglich gewesen, sämtliche Entwürfe gleichzeitig zu präsentieren. Hilfe kam von einem Nachbarn, der Kunsthalle. Sie überliess in grosszügiger Weise die für die Jurierung benötigten Räume.

Der mit dem ersten Preis ausgezeichnete Entwurf von Gregor Höll. ▷

Die Organisation der Jurierung: Alle Entwürfe waren zunächst von den Organisatoren vorselektioniert worden. Eine Gruppe von 99 Entwürfen qualifizierte sich direkt für die zweite Runde, die restlichen durchliefen einen ‹Hoffnungslauf› vor der Gesamtjury, wobei drei weitere die zweite Runde erreichten. Nun folgte eine Ausscheidung, bei der mittels Benotung die Zahl der Entwürfe allmählich auf 10 reduziert wurde. Für diese ‹Halbfinalisten› erstellte jedes Jurymitglied eine Rangliste. Unter den drei Vorschlägen mit der höchsten Punktzahl wurden zuletzt in einer lebhaft geführten Diskussion Gewinner, Zweiter und Dritter ermittelt.

Die Gewinner:
Aus dieser Diskussion ging der Entwurf von Gregor Höll, Schüler der Grafikfachklasse an der Schule für Gestaltung Basel, als Gewinner hervor. Auf den zweiten Platz kam Thomas Müller, an der gleichen Schule in Ausbildung, und Dritter wurde Daniel Gröflin, selbständiger Grafiker und Inhaber eines Reinzeichnungsbüros in Basel.

Bei der einstimmigen Entscheidung für den Hauptgewinner gewichtete die Jury folgende Argumente: Der Plakatentwurf erreicht mit reduzierten und ausgewogenen Mitteln eine ausdrucksstarke und durch das Blickmotiv magisch anziehende Wirkung. Er benutzt dazu ein für die Sammlungen des Historischen Museums identitätsstiftendes Objekt, das Büstenreliquiar der hl. Ursula aus dem Basler Münsterschatz, das er in einem bisher so nicht verwendeten Ausschnitt der Augenpartie zeigt. Er wählt eine Farbigkeit (rotbraun, gold/gelb), die – in Übereinstimmung mit dem Motiv – Erde, Erz, Edelmetall assoziieren lässt. Gleichzeitig kommuniziert das Motiv auch mit der 1993 angelaufenen Plakatwerbung für den Basler Museumspass (Gesichter).

Der Plakatentwurf von Thomas Müller thematisiert reizvoll das Spannungsfeld ‹Museumsobjekt – Museumsbesucher›: Das Objekt, ein Uhrwerk, steht für den Lauf der Zeit, der Geschichte; die beiden das Uhrwerk betrachtenden Knaben sind ihrerseits – als Teil eines Gemäldes von Giovanni Moriggia aus der Sammlung des HMB – ebenfalls bereits Objekt geworden. Vergangenheit und Auseinandersetzung mit ihr werden durch den Ausschnitt eines Zifferblatts, der zugleich einen farblichen Akzent setzt, nochmals aufgenommen. Spannung entsteht auch durch den Gegensatz zwischen der hart gehaltenen, das Technische betonenden Umsetzung des Uhrwerks und dem sehr weich reproduzierten Abbild der beiden Knaben.

◁

Der Entwurf von Thomas Müller wurde mit dem zweiten Preis belohnt.

Sigfried Schibli

Ein Kämpfer für die Belange der Kunst

Zum Rücktritt Rudolf Kelterborns

Gute zehn Jahre sollten es sein. Elf sind es geworden, bis Rudolf Kelterborn im Sommer 1994 von seinem Amt als Direktor der Musik-Akademie der Stadt Basel demissionieren konnte. Erst nach zweijähriger Suche und zweimaliger Ausschreibung stieg das weisse Habemus-Papam-Räuchlein aus dem Schornstein des Stiftungsrates.

Die Frage, weshalb ein schöpferischer Künstler ein Direktorenamt anstrebt und über einen für Basler Verhältnisse doch ausserordentlichen Zeitraum behält, beantwortet sich keineswegs von selbst. Erst recht nicht, wenn man bedenkt, dass das Amt eines Akademiedirektors eine ganze Menge politisch-administrativer Kleinarbeit mit sich bringt. Aber Rudolf Kelterborn war schon als Abteilungsleiter für Musik bei Radio DRS ein ‹Politiker›, ein engagierter Debattenredner und Kämpfer für die Belange der Kunst. Die Akademie-Leitung des 1931 geborenen Baslers fiel in eine Zeit, in welcher Subventionen von zuletzt 20,6 Millionen Franken zu verteidigen waren, ein Kunststück, das am Ende auch dem Verhandlungsprofi Kelterborn nur teilweise gelang: Regierungsrat und Grosser Rat des Kantons Basel-Stadt reduzierten nach zähem Ringen die Subventionen schrittweise um rund 7,5 Prozent – ein Einschnitt, dem das vierte Jahr der ‹Musikalischen Grundkurse› an den Basler Primarschulen zum Opfer fiel.

Zu den wichtigsten Errungenschaften während Kelterborns Amtszeit zählen die Eröffnung des neuen Trakts (ehemalige Druckerei Böhm), die Einrichtung des Elektronischen Studios und die Etablierung von ‹Komponistenwochen›, wäh-

Künstler und zugleich Pragmatiker: Rudolf Kelterborn, der vormalige Direktor der Musik-Akademie. ◁

rend derer Berio, Henze, Lutoslawski, Huber und Lehmann in engstem Kontakt zu den Abteilungen des Hauses praxisnah arbeiteten – vom Kompositionsunterricht bis zur Einstudierung neuer Laien-Stücke. Kelterborn – ein Lobbyist der zeitgenössischen Musik, der sein Amt dazu benutzt, der Musica nova einen Vorsprung zu verschaffen? Wahr ist, dass er in Kontinuität mit seinen Vorgängern Sacher und Döhl die musikalische Zeitgenossenschaft dieser Institution akzentuierte. Aber Kelterborn sorgte für neue Räume für *alle* Studentinnen und Studenten, ermöglichte Symposien und Kammermusikkurse, er führte die Kapellmeisterausbildung in Basel, Bern, Zürich, Genf und Biel zusammen – und er sorgte dafür, dass der Stipendienfonds nicht austrocknete.

Zusammenführen – dieses Stichwort fällt einem zuerst ein, wenn man an seine Ära zurückdenkt. Zum einen versuchte Kelterborn, das Ghetto der Alten Musik an der Schola zu öffnen. Zum andern definierte er die Akademie-Konzerte neu, indem er das Podium Lehrern *und* Schülern zugänglich machte. Seinen Mitarbeitern gegenüber war er gewiss nicht immer ein leichter Chef – zumal er die Ausrede, Künstler könnten keine Pragmatiker sein, nicht gelten liess. Er

führte zwar ein Mitbestimmungsmodell ein, verhinderte aber einen von der Lehrerschaft gewünschten Gesamtarbeitsvertrag, wohl, weil er die Entscheidungswege verlängert hätte. Ein Direktor, der sich in die Kulturpolitik einmischte, auch in Entscheidungsprozesse ausserhalb seiner Institution, in die Orchesterpolitik, die Musikkreditkommission und sogar in die Baselbieter Musikerziehung.

Erstaunlich ist Kelterborns Antwort auf die Frage, ob sein eigenes Komponieren nicht unter dem Amt gelitten habe: «Die wichtigsten Dinge habe ich immer machen können. Und meine Position hat es mir erlaubt, Kompositionsaufträge unabhängig davon, ob sie lukrativ sind, anzunehmen oder abzulehnen. Zum Beispiel, wenn mich Studentinnen oder Studenten um ein neues Stück baten.»

Christian Fluri

Basels Schleudersitze –
Wo bleibt die Konflikt-Kultur?

Immer geschah es plötzlich, für viele überraschend, zumindest war der Zeitpunkt unerwartet: Die Messe Basel trennte sich von ihrem Direktor Philippe Lévy, Wolfgang Zörner, Direktor des Theaters Basel, scheiterte, Zolli-Direktor Dieter Rüedi stolperte über das Horn eines Nashorns, Kunsthalle-Konservator Thomas Kellein erhielt die Kündigung, und Armin Stieger, Verwaltungsratspräsident der Theatergenossenschaft, warf den Bettel hin. Das Jahr 1994 (auch Lévys Abgang am 30. November 1993 zählt dazu) war für Basel die Zeit des grossen Köpferollens. Die Fälle – und ‹Fälle› sind die Kündigungen, Abgänge und Rücktritte, bei denen Direktoren-, Chefbeamten- und andere Stühle zu Schleudersitzen wurden – sind trotz ihrer Singularität durch rote Fäden miteinander verknüpft.

Am Anfang war …

Zunächst: Vor keinem der Fälle wurde eine eingehende, breite öffentliche Auseinandersetzung geführt. In Basel mangelt es an Konflikt-Kultur. Und wo diese fehlt, entsteht Raum für verdecktes Agieren, auch für Intrigen.

Die Rücktritts- und Kündigungswelle nahm nicht erst mit der Freistellung Philippe Lévys ihren Anfang, sondern bereits mit der Nicht-Wiederwahl des Kantonsarztes Christian Herzog im April 1992 – oder, wenn man will, sogar schon 1991, als sich Theaterdirektor Frank Baumbauer entschloss, seinen Vertrag nicht zu erneuern. Ihm hatte man zwar eine Verlängerung angeboten, aber mit welcher Überzeugung? Manche – denn der Konservativen, für die Theater allein ein Bildungsvergnügen oder eine gesellschaftliche Selbstinszenierung ist, sind nicht wenige – waren froh und hatten darauf hinge-

wirkt, dass er ging; der Mann, der stets für die politische Freiheit der Kunst kämpfte, der mit seinem Ensemble ein aufmüpfiges, spannendes, den Blick für Neues öffnendes Theater von hoher Qualität machte. Doch in den fünf Jahren seiner Intendanz hat es kaum eine tiefgreifende Auseinandersetzung über sein Theater gegeben, die Vorwürfe der Gegner beschränkten sich anlässlich der Genossenschaftsversammlungen auf Schliesstage und zu geringe Publikums-Auslastung. Die Diskussion um die Kunst schienen sie zu scheuen wie der Teufel das Weihwasser.

Auch im Fall Christian Herzog wollte Basel einen kritischen Geist loswerden. Die alte Regierung reagierte auf die öffentliche Kritik des Kantonsarztes an ihrer zuwartenden und eher repressiven Drogenpolitik indigniert und verweigerte ihm in ihrer letzten Amtshandlung die Wiederwahl. Keine öffentliche Diskussion, schon gar keine Entrüstung darüber, wie die Regierung – auch die neue – den kompetenten Kantonsarzt kalt stellte. Dabei hat Christian Herzog nur eine Drogenpolitik mit Gassenzimmern und Heroinabgabe gefordert, wie sie heute realisiert ist.

Die beiden Fälle zeugen von mehr als von fehlender Konflikt-Kultur. Das politische, gesellschaftliche Klima ist mit dem Wechsel zu den neunziger Jahren, mit der Krise, die mehr ist als eine Wirtschaftskrise, eisiger geworden. Dies ist der zweite rote Faden. Immer grössere Teile der Gesellschaft reagieren auf Kritik und alles, was anders, fremd ist, überreizt und aggressiv. In diesem Klima hat sich die Politik der neuen Regierung entwickelt. Die jüngeren Politiker, die an die Macht drängten, zeigten sich tatenhungrig und demonstrierten Härte, getragen vom

Ruf nach starken Händen und klaren Verhältnissen. Die miserablen Finanzen taten ein übriges: Drohend hing über der Stadt der Sparhammer, bevor ihn die Regierung niedersausen liess. Der allgegenwärtige Finanzdiskurs drängte die anderen Fragen über die Stadt und ihre mögliche Zukunft ab in die Hinterzimmer der Politik – hohe Zeiten für Lobbyisten.

Die falsche Wahl

Wolfgang Zörners Wahl zum Direktor des Theaters ist auch als Reaktion auf diesen politischen roll-back zu deuten. Die Mehrheit des Verwaltungsrates hatte befürchtet, ein kritisches und avanciertes Theater könne mit Subventionskürzungen bestraft werden. Zörner versprach konventionellere ‹Kunst› – und führte das Haus schnurstracks in die nationale und internationale Bedeutungslosigkeit. Unter seiner Führungsschwäche, seinem Stil einsamer und später Entscheide drohte das Haus in sich zusammenzubrechen. Doch öffentlich wurde dies vorerst nicht; es gab nur Gerüchte, die sich verfestigten.

Der Verwaltungsrat, vor allem Präsident Armin Stieger, griff ein und startete eine Rettungsaktion, doch die wirklich triftigen Gründe für Zörners Entlassung nach nur einer Saison blieben unter Verschluss. Das Verständnis der Öffentlichkeit wäre wohl grösser gewesen, hätte man dargelegt, um wieviel teurer es geworden wäre, den Direktor im Amt zu belassen: Die Rechnung drohte ihm zu entgleiten, das Haus machte unter ihm beträchtliche Verluste. Da sind die vier Jahresgehälter von insgesamt etwa 800 000 Franken zu verschmerzen, die der Ein-Jahr-Direktor Zörner gemäss Vertrag erhält und auch nimmt.

Ihre Attacken gegen den Verwaltungsrat und dessen Präsidenten konnten die Konservativen in der Theatergenossenschaft zumindest teilweise auf Zörners falschem positiven Image in der Öffentlichkeit aufbauen. Die Angriffe wurden mit solcher Gehässigkeit geführt, dass darob sogar Interimsintendant Hans Peter Doll erschrak. Einmal deswegen warf Armin Stieger im September zornig den Bettel hin; aber auch, weil die Regierung, die auf der 30%-Subventionsreduktion beharrte, dem Theater nicht entgegengekommen war und dieses in Hans-

Rudolf Striebel, dem Vorsteher des Erziehungsdepartementes, keinen Anwalt hat. Das Gezänke in der Theatergenossenschaft zeugt von erstaunlichem Kleingeist, der sich in Basel, im eisig gewordenen Klima, immer mehr ausdehnt.

Gerangel im Verborgenen

Auch das Kunstmuseum unter Direktorin Katharina Schmidt kämpft gegen den Kleingeist, der in manchen Beamtenstuben herrscht. Dort wird nach Rentabilität gefragt und nicht nach der Kunst; nicht ganz risikolose Pläne im Dienste der Kunst sind heute obsolet – auch bei sorgfältigster Haushaltführung. Das macht es schwer, ein Kunst-Institut zu leiten. Zudem musste Katharina Schmidt anfänglich noch erfahren, wie schwer es in Basel hat, wer von aussen kommt. Der Stadtkanton hat seinen eigenen Chauvinismus.

Vielleicht ist Kunsthalle-Konservator Thomas Kellein mitunter über diesen Stein gestolpert. Oder über den von manchen Basler Künstlern geforderten ‹Heimatschutz›? Vielleicht fiel er auch einem Machtgerangel in der Kommission unter Präsidentin Hortensia von Roda zum Opfer. Die Kündigung seines Vertrages jedenfalls bleibt auch nach ihrer Bestätigung durch die ausserordentliche Mitgliederversammlung undurchsichtig.

Skandalös daran war das Vorgehen. Selbstverständlich hätten Kelleins – international anerkannte – Ausstellungen, seine Verbindungen von neuer mit alter Kunst, seine These vom Ende der Avantgarde Gegenstand einer Debatte im Kunstverein sein sollen. Und vielleicht hat er sich wirklich zu wenig um die regionale Szene bemüht. Diskussionen darüber wurden jedoch seit seiner Bestätigung im Amt 1992 nicht geführt: Noch an der ordentlichen Mitgliederversammlung im Juni 1994 schien die Kommission in gutem Einvernehmen mit dem Konservator. Kein Wort von einem mangelhaften Ausstellungsprogramm, von der Vernachlässigung der Basler Kunstszene, von einem finanziellen Verlust, von schlechter Betriebsführung – den späteren Kündigungsgründen. Die Harmonie täuschte. Einen Monat später fand sich die Mehrheit der Kommissionsmitglieder zu Sitzungen hinter verschlossenen Türen, mit dem

Ziel, den Boden für eine Kündigung zu ebnen. Doch die Sache lief nicht ganz glatt: Sie gelangte an die Öffentlichkeit. Am 2. September erfolgte auf Ende 1995 die Kündigung, die eine ausserordentliche Generalversammlung am 10. November bestätigte. Überraschend war dabei nicht nur die deutliche Zustimmung, sondern auch, dass die Mitgliederversammlung – Gegner wie Befürworter – an einer Debatte noch immer kein Interesse zeigte. Die Konflikt-Kultur fehlt.

Auftrag mit Widerruf

Den kleinen Raum, den Rückzug in die eigenen Grenzen machte nach einem kurzen Flirt mit der Internationalität auch der Verwaltungsrat der Messe Basel unter dem damaligen Regierungsrat Kurt Jenny zu seinem Programm. Ein halbes Jahr vor Vertragsablauf musste Generaldirektor Philippe Lévy gehen. Der Diplomat mit vielseitigen Interessen und Kenntnissen war 1988 mit dem Auftrag, die Messe zu internationalisieren, nach Basel geholt worden. An diesem Leitbild arbeitete er mit Akribie: er plante ein neues Messezentrum in St. Louis (Grand Sablière) bzw. Weil (Otterbach), um den Standort Basel grenzüberschreitend zu regionalisieren und dessen Attraktivität zu stärken. Bis 1992 wurden seine Pläne vom Verwaltungsrat und von der alten Regierung mitgetragen.

Für solch visionäre Pläne fehlten der neuen Regierung jedoch die Sensoren. Das Gewerbe, das bei einer Internationalisierung eigene Aufträge davonschwimmen sah – anstatt sie als Herausforderung zu verstehen –, betrieb erfolgreiches Lobbying. Die Messe sollte in Basel bleiben, St. Louis und Weil erhielten überraschende Absagen. Der grenzüberschreitende Regiogedanke implodierte – ein weiterer Schritt Basels hin zur Provinzialität? Der für die Internationalisierung engagierte, weltoffene Mann wurde weggeschickt. Da nützte Philippe Lévy auch das hervorragende Messe-Ergebnis von 1993 nichts, denn er führte die Messe nach unternehmerischen Gesichtspunkten und zeigte wenig Interesse an ihrer Politisierung.

Auch hier: Kaum ist über Philippe Lévys Internationalisierungs-Pläne, über den beabsichtigten ‹Sieben-Meilen-Schritt› in die Zukunft, öffentlich debattiert worden. Selten kam die Frage auf den Tisch, ob seine Pläne überdimensioniert waren oder nicht. Der Kleinmut siegte – weniger noch, *weil* man sich von ihm trennte, sondern vielmehr, *wie* dies geschah. Jetzt war man wieder unter sich: Der Basler alt Nationalrat Paul Wyss wurde zum Geschäftsführer berufen.

Nashorn- und andere Geschichten

Anders liegt der Fall Dieter Rüedi: Der Zolli-Direktor war in der Öffentlichkeit lange beliebt. In letzter Zeit wurde jedoch die Kritik an seinem autoritären Führungsstil, einer gewissen Selbstherrlichkeit, seinem rüden Umgang mit Angestellten immer lauter. Gestrauchelt ist er aber nicht darüber, sondern über ein Nashorn-Horn. Er hatte dieses Horn im Sommer einem deutschen Bekannten, Friedrich Rakow, überlassen, der abklären sollte, ob es legal ausgeführt und verkauft werden dürfe. Mit dem Erlös sollte Rakows Projekt zur Wiedereingliederung von Nashörnern in Uganda finanziert werden. Der jedoch schlug das Horn auf dem Schwarzmarkt für 300 000 Franken los. Das Vergehen des Zolli-Direktors gegen die internationale Konvention wog schwer, der Verwaltungsrat unter alt Regierungsrat Kurt Jenny kündigte Rüedi sofort. Der Zolli-Direktor war uneinsichtig und vermutete ein Komplott. Dem war nicht so. Doch kam wohl Rüedis grosse ‹Dummheit›, wie er sie selbst bezeichnete, nicht ungelegen. Mit einem Schlag und wie von selbst lösten sich die Führungsprobleme im Zolli. Einmal mehr wurde eine öffentliche Auseinandersetzung – hier über den Führungsstil des Direktors et cetera – umgangen, wie schon an der ordentlichen Generalversammlung im Juni.

Inzwischen scheint nun wieder Ruhe in Basel eingekehrt …

Christine Richard

Das Musical – die neue Hybridkultur

Jetzt hat auch Basel sein Fett abbekommen, das die Theaterkassen schmieren soll: das Musical. Mit ‹Jesus Christ Super Star› holte Basels Halbjahres-Intendant Wolfgang Zörner 1993 ein Uralt-Erfolgsmusical ans Stadttheater. Wenig später zeigten die ‹Cats› ihre Tatzen in der Messe Basel – nachdem sie aus Zürich vertrieben worden waren. Im Herbst 1994 zog das Häbse-Theater nach mit ‹Grease›. Und der Verwaltungsrat der Messe Basel beschloss, in der

Warten auf das ‹Phantom›. ▷

Halle 107 ein Musical-Theater für 1600 Zuschauer einzurichten, um Webbers ‹Phantom der Oper› ans Rheinknie zu locken. Geplante Umbaukosten: 20 bis 25 Millionen Franken. Der Kanton Basel-Stadt möchte zehn Millionen Franken dazugeben, obwohl er gleichzeitig bei seinen eigenen Kulturinstituten zwischen zehn und dreissig Prozent Subvention abzwacken will. Ein kulturpolitisches Debakel? Züchtet sich Basel ein ‹Phantom› heran, das dem eigenen Stadttheater den Garaus machen wird?

Vorschnellen Scharfrichterurteilen gilt es vorzubeugen. Ein erprobtes High-Profit-Musical wie das ‹Phantom› garantiert nicht nur seinen Produzenten eine anständige Rendite, sondern verhilft als Touristenattraktion auch der Stadt zu mehr Steuereinnahmen. Die Investitionsspritze von zehn Millionen wird sich voraussichtlich lohnen. Den Hotels, Restaurants und Geschäften in Hamburg etwa sollen allein 1987 durch Musical-Besucher rund 43 Millionen Mark zugeflossen sein. Die Gefahr, dass die privaten Kommerzmusicals den öffentlichen Theatern ganze Besucherströme abgraben, ist dabei gering. Schätzungen sprechen davon, dass nur 20 Prozent des Musical-Publikums auch sonst das Schauspiel und die Oper besuchen. Musical-Zuschauer sind zumeist (Pauschal-)Touristen, die ansonsten wenig theaterinteressiert sind. Ergo: Die zehn Millionen Franken von Basel für das ‹Phantom› sind zu verstehen als ein gutes Stück Wirtschaftsförderung. Dennoch hat der Musical-Boom auch kulturelle Auswirkungen.

Erstens: Das Image einer Stadt kann sich ändern. Wer zum Beispiel Bochum besucht, wird auf den Werbeprospekten des Verkehrsvereins und auf den Plakatwänden immer wieder das Musical ‹Starlight Express› finden und nicht das Stadttheater oder das Museum. Mit den gigantischen Werbebudgets, die bisweilen sogar noch die Herstellungskosten der Musical-Produktion übersteigen, können städtische Kulturinstitute nicht mithalten. Für Basels Profil heisst das: Die Humanistenstadt könnte für auswärtige Gäste zur ‹Phantom›-Stadt werden.

Zweitens: Mit dem Ausstattungsaufwand dieser Mega-Musicals können die Stadttheater nicht mithalten. Irgendwie armselig stehen sie da mit ihrer Oper, ihrem Ballett oder gar ihren hausgemachten Musicals. Nur schwerlich ansingen lässt es sich im Basler Theater etwa gegen das kommerzielle ‹Aida›-Spektakel, das 1995 mit lebenden Elefanten und mit tausend Mitwirkenden in der Sporthalle St. Jakob gastiert. Einerseits werden die Stadttheater von den privat finanzierten Kommerzproduktionen an die Wand gerüstet, andererseits verlangen kostenbewusste Bürger vom eigenen Theater, doch bitteschön noch mehr am Bühnenbild und an der Technik zu sparen. Was bleibt den Stadttheatern? Die Rückbesinnung auf ihre eigentliche Aufgabe: an die Tradition der Aufklärung anzuknüpfen, eine politische Öffentlichkeit von Citoyens zu pflegen, die Vielfalt der Sparten ebenso zu wahren wie das Kulturerbe – und nicht zuletzt das zukunftsweisende Experiment zu wagen. Nur: Ein Massenpublikum lässt sich damit nicht gewinnen.

Drittens: Wer das grosse Geld hat, hat die Macht. Und wer in einer Stadt so mächtig ist, wie es derzeit die Musical-Häuser sind – in Hamburg oder Bochum und demnächst wohl in Duisburg, Stuttgart, Essen und Bremen – der prägt langfristig auch den Geschmack des gesamten Publikums. Das ist im Medienbereich bei den Privatsendern so, die mit Einschaltquoten den Bildungsauftrag der öffentlich-rechtlichen Sendeanstalten niederkonkurrieren; das wird im Bereich Theater mit dem Musical kaum anders sein. Wer sich ein Musical in die Stadt holt, ist ein guter Geschäftsmann, aber ein schlechter Kulturpolitiker: Er verschiebt die Gewichte von der Kunst noch stärker zum Kommerz, er unterstützt die Totalökonomisierung der Gesellschaft – falls er keine Gegengewichte schafft, indem er etwa die Steuergewinne aus dem Musical-Boom zurückfliessen lässt in öffentliche Kulturinstitutionen.

Das Musical, keine Frage, ist gute, bisweilen hervorragend gemachte Unterhaltung, von Profis konzipiert, gesungen, gespielt und getanzt. Es ist ganz gewiss ein Erlebnis, ein Event. Aber mit der europäischen Kulturtradition hat das Musical nur eines gemeinsam: es stiehlt sich seine Themen hemmungslos aus der Kulturgeschichte zusammen. Die ‹Cats› vermauzen T.S. Eliots Kindergeschichten, ‹Kiss me Kate› bedient sich bei Shakespeare und ‹My Fair Lady› bei der griechischen Sage von Pygmalion. Europäische Kunst, einst aus religiösen Impulsen entstanden, will auf der Bühne vergegenwärtigen, was unsichtbar ist – seien es die Götter oder die politisch Mächtigen, seien es versteckte Seelennöte, verdrängte Triebfreuden oder unterdrückte Themen. Das amerikanische Musical indes setzt lediglich bereits Vorhandenes neu zusammen wie bei einem Baukasten. Seine Attraktion ist Wiedererkennung wie beim Schlager, sein innerer Kern eine rein äusserliche Synthese von Story, Tanz und Musik, mit einer einzigen Absicht: es will den Zuschauer beeindrucken – wie ein Werbefilm. Das Musical hat, wenngleich es viele Themen verarbeitet, nur einen einzigen Inhalt: die Spekulation auf den Effekt, auf Wirkung.

Deshalb wirkt das Musical so perfekt. Es nimmt den Zuschauer ernst als Zuschauer – aber eben nur als Zuschauer. Nicht als Mensch, nicht als Wesen einer Gattung, der es gegeben ist, spielerisch in der Phantasie sich selbst zu überschreiten – über das Vorhandene hinweg, über das Technische weiter, über das bloss Sichtbare und Hörbare hinaus. So immanent wie seine Wirkabsicht ist auch der eigentliche Zweck des Musicals: Profit. Das Musical ist nicht, wie jedes Kunstwerk in einer Marktwirtschaft, *auch* eine Ware; es ist die Theaterware schlechthin. Mit Kunst hat das Musical allenfalls noch am Rande zu tun – wie ein Schlittschuhläufer mit Ballett, wie ein Erlebnispark mit Lebenserfahrung.

Richard Serras Arbeiten ‹erinnern› nicht an Orte oder Ereignisse – sie wirken allein durch ihre skulpturale Präsenz.   ▷

Abgeschlossenheit und Durchlässigkeit, vereint in einem präzisen Ordnungskonzept – ‹Intersection›, auf dem Theatervorplatz.   ▷

Eva Keller

‹Intersection› von Richard Serra

Schnittpunkt einer Kulturdiskussion

Dass die Baslerinnen und Basler über ein ausgeprägtes Kunstbewusstsein verfügen, ist bekannt. Dass sie sich kritisch mit Kunst und Künstlern auseinandersetzen, hat ebenfalls Tradition. Über die begehbare Skulptur ‹Intersection› des Amerikaners Richard Serra und ihren Verbleib auf dem Theaterplatz wurde unter Beteiligung namhafter Kunstsachverständiger fast zwei Jahre lang intensiv diskutiert. Für die einen zeigt sich die hohe Qualität des aus vier mächtigen, gebogenen Stahlplatten bestehenden Werkes im Dialog zwischen Form, Raum und (eigenem) Körper sowie im Spiel mit der Schwerkraft. Für die anderen ist es nichts weiter als ein überdimensionierter, achtzig Tonnen schwerer Rosthaufen. Die Gegner empfinden den Standort als urbanes Desaster und als Angriff auf die spielerische Poesie des geliebten Fasnachtsbrunnens von Jean Tinguely. Die Befürworter hingegen schätzen das Zusammenspiel von Theaterarchitektur und Plastik und verstehen ‹Intersection› als einen spannungsreichen Gegenpol zu Tinguely.

Serra hat ‹Intersection› 1992 im Rahmen der Ausstellung ‹transForm› für diese städtebaulich interessante wie brisante Situation konzipiert und realisiert. Ein engagiertes Komitee, dem unter anderen auch der Architekt des Stadttheaters Rolf Gutmann angehört, hat in einer spektakulären Sammelaktion den Kaufpreis von einer Million Franken zusammengebracht. Mit der privaten Unterstützung von über 250 Bürgerinnen und Bürgern wurde es möglich, dass Richard Serras ‹Intersection› am 17. Mai 1994 offiziell in den Besitz der Öffentlichen Kunstsammlung Basel übergegangen ist.

Martin Jösel

50 Jahre Basler Marionettentheater

Richard Koelner,
Faust und das Puppenspiel

Es war eine glückliche Fügung, dass Richard Koelner, der Grandseigneur des Basler Marionettentheaters, die Feier zum fünfzigsten Jubiläum seiner Bühne noch erleben durfte; im Dezember 1993 verstarb der Gründer, kurz vor seinem 89. Geburtstag. Mehr als sieben Jahrzehnte Beschäftigung mit dem Puppenspiel, der Herstellung neuer Marionetten, vor allem aber: mit dem ‹Faust›-Stoff haben das kleine Theater, das heute am Münsterplatz sein Publikum empfängt, entscheidend geprägt.

Eine Faust-Aufführung des ‹Marionetten-Theaters Münchner Künstler› von Paul Brann im Casinosaal am Barfüsserplatz bedeutete für Koelner das Ausgangserlebnis zur Beschäftigung mit dem Puppentheater. Bis zu seinem Tod befand sich im Bücherschrank Koelners das kleine Bändchen ‹Doktor Faust. Puppenspiel in vier Aufzügen. Hergestellt von Karl Simrock. Dritte Auflage. Basel, Benno Schwabe, Verlagsbuchhandlung 1903›. Ein Jahr nach Erscheinen dieses Bändchens war Richard Koelner am 18. Dezember 1904 geboren worden. Eine handschriftliche Eintragung vom Juli 1922 zeigt, dass er sich bereits als 18-Jähriger nicht nur mit dem Faust-Stoff beschäftigte, sondern ihn auch bereits bearbeitete. Schon damals dachte er als Puppenspieler: Er strich Figuren aus der Personenliste und bearbeitete den Text, indem er Regieanweisungen ergänzte, den dritten Akt straffte und umschrieb.

Drei Jahre später war es dann soweit: Koelners erster ‹Faust› kam auf die Bühne! Am 21. März 1925 fand im kleinen Vereinshaussaal auf dem Nadelberg die Premiere statt. Einfache, selbst-

geschnitzte Salweidenfiguren bevölkerten die ‹Kischtebretterbühni› aus dem Kramladen aus Bottmingen, der schwarze Mantel Mephistos war aus Grossmutters Stoffvorräten geschnitten worden. Zwei Monate später erreichte den jungen Puppenspieler ein Brief mit der Adresse ‹Bottmingen. Herrn Richard Koelner›. Der Zeichenlehrer Niederer schrieb seinem ehemaligen Schüler lobende und ermunternde Sätze – wohl Koelners erste ‹Rezension›. Gespielt wurde in den folgenden Jahren mit einfachsten Mitteln – privates Amateurtheater zu wechselnden Gelegenheiten, mit Freunden für Freunde. Faust-

Richard Koelner mit der Faust-Figur aus seiner dritten Stückfassung (1957).
◁

126

Aufführungen in Kleinbasel 1934, im Kunstmuseum 1937, in Liestal für die Flüchtlingshilfe und in Olten 1938 bildeten die Höhepunkte der Aufführungsgeschichte der Koelnerschen Puppenbühne in diesen Jahren. 1942 begann Koelner damit, neue Figuren zu schnitzen, die keine Dramaturgie-Konzepte verkörpern sollten, sondern einfach «ussem Holz uusegholt» waren – teilweise durch Entwürfe und Zeichnungen im Profil und en face vorbereitet und dann zum Leben erweckt, realistisch-knorrige Gestalten. 1942 war aber auch das Jahr, in dem der Wunsch nach einem festen Spielerensemble und einer festen Spielstätte wuchs.

So wurde der 27. März 1944 zum eigentlichen Geburtstag des Basler Marionettentheaters. Wieder war es der ‹Faust›, der im Unionssaal der Kunsthalle gegeben wurde. Gegen eine Gebühr von 20 Franken hatte Koelner am 17. März seine offizielle ‹Bewilligung für öffentliche Aufführungen, Schauvorstellungen etc. Nr. 6013› erhalten – ein schönes Dokument, dessen Vorläufer aus früheren Jahrhunderten heute im Staatsarchiv Basel schlummern: Das suspekte

Wanderbühnenvolk musste stets die polizeiliche Erlaubnis für seine Aufführungen einholen. 1957 stand eine dritte Faust-Fassung auf dem Spielplan, jetzt im neuen Zuhause im Zehntenkeller am Münsterplatz. Der alte Simrock-Text war erneut leicht verändert worden, neue Figuren wurden geschnitzt: ein alter und ein junger Faust entstanden, Mephistos Züge wurden glatter, Basler Fasnachtsmasken schienen Pate gestanden zu haben. In einem Gespräch im Februar 1992 resümierte Koelner: «Der Fauscht-Schtoff isch ebbis, wo de Lyt ebbis sait und glyychzytig durch de Hanswurscht au volggsdümlig isch.» Hanswurst – seit Jahrhunderten die Hauptperson, der Gegenspieler Fausts, der Angehörige der Unterschicht, bei Koelner der Bauer: lustig, tölpelhaft, oft auch kritisierend und parodierend. 1975 brachte Koelner dann seinen vierten Faust auf die Bühne. Er hatte die Hanswurst-Szenen von abschweifenden Dialogen befreit und auf diese Weise noch einmal das gesamte Stück gestrafft. Hanswurst sprach nun Baseldytsch und wurde so mit neuem Leben erfüllt. Koelner griff damit eine Idee der Zürcher Marionettenbühne auf, die bereits 1923

Die vier Handwerksburschen aus der Oper ‹Der Mond› von Carl Orff (Figuren: Wolfgang und Madeleine Burn-Kaufmann). ▷

«Man sieht nur mit dem Herzen gut» – der kleine Prinz, nach Antoine de Saint-Exupéry (Figuren: Richard Koelner). ▷▷

eine Dialektfassung gespielt und den Hans-wurst in einen ‹Hansjokel› verwandelt hatte. Koelners Hanswurst spielte nun echtes Volks-theater, ganz im Gegensatz zu Simrocks gekün-steltem Kasperle aus dem Jahre 1846. Die Ins-zenierung von 1975 zeigte noch eine weitere Besonderheit. Neue technische Möglichkeiten wurden genutzt: Vorbühne und Stabfiguren. Koelner konnte nun dem eigentlichen Faust-Spiel das ‹Vorspiel in der Unterwelt› voranstel-len und die christliche Hölle mit (Stab-)Figuren der griechischen Mythologie bevölkern. Wei-terhin standen aber auch andere Figuren aus Koelners Werkstatt im Rampenlicht der Bühne am Münsterplatz: der kleine Prinz mit seiner Rose, Grossvater Gubler, Gubs und Bobby aus ‹Dr Dood im Epfelbaum›, der Kalif Storch mit seinem Grosswesir – um nur die bekanntesten zu nennen.

Tradition in aktuellen Kostümen

1984 trat Wolfgang Burn das Erbe des Basler Marionetten-Theaters an. Auch für seinen Faust galt zunächst noch immer Koelners Wort: «Fauscht isch e halbi Märli-Figur g'si, wo ebbis erläbt het und ebbis welle het.» Nach der San-doz-Katastrophe hatte das Publikum in den Faust-Aufführungen die neue Aktualität des alten Faust-Stoffes jedoch sehr wohl verstan-den. Gegen Ende des Basler Puppenspiel-Faust erscheint noch einmal Hanswurst: «Doo soll Nachtwächter sy wär will – Das isch jo e Hölle-spedaggel gsi.» Wagner: «Es graut mir, da ich diesen Ort betrete. Hier ist etwas Ungeheuerli-ches geschehen.» Hanswurst: «Und es stinggt noch… pfyteifel!» Und dann Wagner – noch ein-mal zu Hanswurst gewandt – aus einer ausge-rissenen Seite aus Fausts Bibel lesend: «Seid nüchtern und wachet, denn Euer Widersacher, der Teufel, geht umher wie ein brüllender Löwe und suchet, welchen er verschlinge.»
Und wie sieht die Zukunft des Basler Marionet-ten-Theaters aus? Zum einen wird es die Tradi-tion Koelners fortführen: «Der Gründer und langjähriger Leiter unseres Theaters, Richard Koelner, ist (…) im Dezember 1993 verstorben. Die Feier des Jubiläums ‹50 Jahre BMT› durfte er noch miterleben. Richard Koelner hinterlässt uns eine grosse Zahl von Figuren, Texten und Inszenierungskonzepten. Bei jeder Wiederauf-

Sie wurden verzau-bert: Kalif Storch und sein Hofstaat (Figuren: Richard Koelner).
◁

nahme von Stücken aus seiner Hand werden wir uns in Dankbarkeit an ihn erinnern.» – so lesen wir im Programmheft 94/95. Daneben werden Neuinszenierungen wie Prokofieffs ‹Peter und der Wolf› oder Shakespeares ‹Der Sturm› ge-zeigt; auch finden, wie bisher, Gastspiele statt. Darüber hinaus möchte Wolfgang Burn neue Spielformen entwickeln. Zum Beispiel sollen in Zukunft die Marionetten-Spieler in manchen Stücken aus ihren ‹Verstecken› hervorkommen, die Bühne betreten und ins Live-Gespräch(!) mit ihren Puppen treten. Wolfgang Burns Experi-mentierfreude wird auch in den nächsten Jah-ren für ein lebendiges Kleinthaterleben am Münsterplatz sorgen. In Anspielung auf den drohenden Subventionsabbau der Stadt Basel beschliesst der Theaterleiter seine Begrüssung der Freunde des Basler Marionetten-Theaters im diesjährigen Programmheft mit den Sätzen: «Die finanzielle Situation unseres Theaters bereitet uns weiterhin grosse Sorgen. Es scheint unmöglich, ohne Defizit über die Runden zu kommen, und einmal mehr sparen alle. Um so mehr sind wir auf Sie, liebe Freunde des BMT, angewiesen – als geniessende, kritische und zahlende Zuschauer. Herzlich Willkommen zur neuen Saison!»

Mit der Auswahl der Kulturschaffenden in dieser Ausgabe geht das Basler Stadtbuch neue Wege. Der erfolgreiche rumänische Schriftsteller Ion Mureşan, der sich seit dem Sturz des Ceauşescu-Regimes wieder öffentlich zu Wort meldet, hat sich im Sommer 1994 im Basler Literaturatelier im St. Alban-Tal aufgehalten. Sein Beitrag ist keine Basler Nabelschau, sondern der humorvolle und auch ironische Bericht einer kulturellen Konfrontation. Ungeschminkte und überraschende Bilder zeigt auch Daniel Spehr, der Basler Photograph, der sich im Rahmen eines Austausches in Georgien aufgehalten hat. Wird die Schweiz bei Mureşan als eine durch ihren

Reichtum saturierte Gesellschaft definiert, so erscheint das vom Bürgerkrieg heimgesuchte und in jeder Hinsicht destabilisierte Georgien bei Spehr als ein Land der Entbehrungen; der einstige kulturelle Reichtum ist nur noch als historische Erinnerung präsent. Die gegenwärtige Geschichtsschreibung des Basler Stadtbuches schliesslich hat die Künstlerin Marianne Leupi bei ihrer Gestaltung der Vorsatzblätter zur Spurensuche veranlasst. Ihre Arbeit im Vorsatz ist voll Fragmente, ja die Vorsatzblätter selbst sind Fragmente ihrer im Rahmen der ‹Edition Kunst der 90er Jahre› erschienenen Graphikblätter.

(Red.)

Literatur

Rudolf Bussmann

Ion Mureşan – Ein Strandgänger

In klaren Mondnächten des Sommers 1994, Nachtschwärmer können es bestätigen, war von Basels Brücken aus das Meer zu sehen. Der Verfasser der hier veröffentlichten Aufzeichnungen hat seine Beobachtungen, als einziger wohl, vor Ort zu Papier gebracht. Er heisst Ion Mureşan, ist rumänischer Schriftsteller und lebte von Mai bis Juli auf Einladung des Erziehungsdepartementes im Basler Schreibatelier am St. Alban-Rheinweg. Mureşan hat am Ende seines Aufenthalts das Meer nach Rumänien mitgenommen. Er braucht das Meer. In der siebenbürgischen Stadt Cluj (Klausenburg), wo er zu Hause ist, liegt es im Kofferraum seines Wagens auf Abruf bereit. Wenn Mureşan im

dunklen Lift zu seiner Wohnung hinauffährt, steigt das Meer aussen am Wohnblock mit ihm hoch, deckt alles zu, was eben noch da war, die bröckelnden Fassaden der Hochhäuser, den liegengebliebenen Bauschutt, die rostigen Abfallfässer. Auch die dröhnenden Lautsprecherboxen, die ein Nachbar auf den Balkon gestellt hat, werden von einer sanft schwappenden Welle zum Schweigen gebracht. Mit Ana, seiner Frau, und den beiden Töchtern schaukelt Ion Mureşan in der Nussschale seiner Kleinwohnung über die Abgründe des rumänischen Alltags.

1981 hielt er zum erstenmal den Fuss ins Wasser und befand: viel zu kalt. Der Gedichtband

‹Cartea de iarnă› (Das Winterbuch), der ihm den begehrten Preis des rumänischen Schriftstellerverbandes eintrug, blieb für zwölf Jahre seine einzige Publikation: Lieber schweigen als die Gedichte der Willkür staatlicher Zensoren aussetzen. Nach Ceauşescus Sturz erschien 1993 die zweite Gedichtsammlung, die den Autor wieder ins Gespräch brachte und ihm weitere Preise eintrug, zuletzt, im Sommer 1994, erneut den Preis des rumänischen Schriftstellerverbandes. Für Kollegen und Kritiker steht fest, dass Mureşan nach ‹Poemul care nu poate fi înţeles› (Das Gedicht, das nicht verstanden werden kann) zu den wichtigsten rumänischen Dichtern seiner Generation gehört. Seine Lyrik ist geprägt von Unruhe und Verstörung; verfolgt von quälenden Fragen, auf die es keine Antwort gibt, irrlichtert sie von Trauer zu sarkastischem Gelächter. Ihr drängender Rhythmus, ihre Anrufungen, ihre rituellen Wiederholungen steigern sich zu traum- und alptraumhaften Visionen, aus denen es keine Erlösung gibt – nur den Absturz durch die gläserne Helle des Meeres auf den Boden der Wirklichkeit.

Ion Mureşan fährt durch die Stadt Cluj, bedächtig, als sei er im Zweifel darüber, ob er nicht noch am Schreibtisch sitze. Kommt ein Bau oder eine Skulptur in Sicht, mit der die jetzige oder eine frühere Stadtregierung der Geschmacklosigkeit ein Denkmal gesetzt hat, klappt er den Deckel des Kofferraumes hoch und spült alles weg. Als redaktioneller Mitarbeiter der Wochenzeitschrift ‹Tribuna› pflegt er sich über das Banausentum der Politiker in Artikeln und Kommentaren öffentlich auszulassen. Er kämpft dafür, dass Cluj, wo er das Gymnasium und die philosophisch-historische Fakultät der Universität besuchte (zur Welt kam er 1955 im nahegelegenen Dorf Vultureni), eine Stadt am Meer bleibt. Hier will er seinen ersten Roman vollenden, den er in Basel begonnen hat, hier wird er weiterhin Gedichte schreiben – ein Strandgänger, der es nicht lassen kann, dem Spiel der Wellen zuzusehen und den Leuten vom Flug der Möwen zu erzählen.

Ins Basler Schreibatelier eingeladen, beschrieb der rumänische Schriftsteller Ion Mureşan in einem Essay die Stadt am Rhein.
◁

Ion Mureşan

BASEL oder Der Ausgang zum Meer

(Tagebuch unter der Schwarzwaldbrücke)

Ich heisse Ion.

Leicht zu begreifen, dass dies nicht mein wirklicher Name ist. Ich habe ihn mir einfach ausgeliehen. Meine Wahl fiel nach langem Überlegen auf Ion, weil das kurz ist und ohne Kanten; ein runder, geradezu beruhigender Name – mit einem Wort: ein ideales Versteck. Ich habe im Laufe meines Lebens feststellen können, dass die Dinge, die man unter geliehenem Namen äussert, von sich aus einen gewissen Kredit geniessen. Was man indessen unter dem eigenen, wahren Namen verlauten lässt, stösst, und sei's noch so gründlich durchdacht, unweigerlich auf Skepsis. Unser wahrer Name ist, so würde ich sagen, der wunde Punkt unserer Äusserungen. Zudem könnte ich in meiner Position (kleiner Angestellter eines hochachtbaren Geldinstitutes dieser Stadt) meine Identität nicht offenbaren, ohne die Ironie meiner Arbeitskollegen, den Ärger meiner Vorgesetzten, ja die Verachtung meiner Bekannten auf mich zu ziehen. Einstweilen zumindest. Denn sofern meine Beobachtungen über die wohltuende Wirkung von Pseudonymen stimmen, darf ich erwarten, dass mir nach Jahren, wenn meinem Willen gemäss meine wahre Identität enthüllt wird, eine wahre Welle der Sympathie entgegenschlägt, dass ich in den auf mich gerichteten Blicken die Hochachtung der Mitbürger erkenne, ja sogar einen gewissen örtlichen Ruhm.

*

Ich heisse also Ion, liege bäuchlings auf dem Zementboden unter der *Schwarzwaldbrücke* und schreibe in ein Notizbuch mit Karos. Nach und nach gibt der Zement seine wohltuende Wärme an mich ab. Ich spüre, wie mir innen warm wird. Zwar ist es zum Schreiben nicht gerade die bequemste Position, doch für einen wie mich, der kein Schriftsteller ist, sollte das Schreiben sehr wohl etwas von einer Busse haben. Der Ort, an dem ich schreibe, ist von grosser Bedeutung. Jeder Ort hat seinen Genius, seinen eigenen Geist. Das Schreiben erscheint mir wie ein kleiner Handel mit dem Ortsgeist, der an der angebotenen Ware ein mehr oder minder grosses Interesse hat. Ist das Geschäft einmal abgewickelt, ist es sinnlos, weiterhin dazubleiben. Die Worte gleiten im Satz aus, drehen sich in konzentrischen Bahnen, wiederholen sich, so als schwirrten Bienen um eine unfruchtbare Königin. Sobald man merkt, dass die Sätze kaugummiähnlich werden, heisst das: Geh! Nimm deine Akkreditierungsbriefe (in meinem Fall das Heftchen mit Karos) und geh! Hier, unter der Brücke, ist es gut. Hier herrscht der Duft konspirativer Gefährlichkeit, er prägt sich meinen Worten ein. Ich habe ständig das Gefühl, etwas Illegales zu schreiben. Über meinem Kopf rollen schwerbeladene Güterzüge dahin. Sie rollen in andere Länder. Über meinem Kopf rollen lange Fernlaster dahin. Wenn sie sich nähern, beginnt die Brücke zu beben. Dann ist alles ein einziges Dröhnen, ein brodelndes Tohuwabohu. Die Brücke hallt metallisch wie der Himmel beim Losbrechen eines Gewitters. Reflexartig blicke ich empor. Ich sehe die dicken Streben aus Stahl und Beton. Mein Unterschlupf ist grau. Ein falscher Himmel. Ein falscher Sturm. Gut so, sage ich mir. Was sonst wäre die Literatur am Ende dieses Jahrhunderts und Jahrtausends, wenn nicht Schreiben unter falschen Himmeln? Schreiben in falschen Stürmen?

*

131

Wie ich bereits sagte: mein Name ist Ion, und ich schreibe unter der Brücke. Ich schreibe mit Unterbrechungen. Jedesmal, wenn ein Zug über die Brücke rollt, halte ich inne und denke an etwas anderes. In meinem Notizbuch bezeichnet das Sternchen (*) einen Zug. Die Züge zerschneiden meine Sätze. Sie schneiden die überzähligen Köpfe, Arme und Beine der Sätze ab. Die wachsen ohnehin fortwährend nach. Die Züge lassen es nicht zu, dass die solcherart wuchernde Literatur sich ins Ungeheuerliche entwickelt. Die Literaturgeschichte sähe ganz anders aus, wenn die Autoren von Zeit zu Zeit unter Zugbrücken schreiben würden. Dumm ist nur, dass ich nach jeder Unterbrechung, wenn ich unter den Rädern eines Lasters wieder emportauche, den Gedanken nicht ohne weiteres fortspinnen kann. Meistens bin ich gezwungen, ihn von einer anderen Seite neu aufzunehmen, über eine andere Speiche zur Nabe des Rads vorzudringen. Ich denke, das ist nach dem bisher Gesagten vollkommen klar.

(Anmerkung: Ich werde einen Schriftsteller fragen müssen, ob diese Art des Schreibens nicht vielleicht [Gott behüte!] als ‹literarisches Verfahren› gelten kann.)

*

Wer ich bin und wo ich mich befinde, ist klar. Was die *Schwarzwaldbrücke* angeht, weiss jeder Einfaltspinsel, dass sie zu *Basel* gehört. *Basel* schmeichelt den Augen wie eine wundervoll kolorierte Torte in einer Vitrine: Die Schokoladentürme der Kathedralen, die Zuckergusshäuschen mit den pistaziengrünen Fensterläden und den blinkenden Blumen davor (rote und rosarote Drageeblüten aus Eiswaffeln quellend). Die über den Rhein gespannten Brücken aus Lebkuchen (wie mir scheint) muten an wie Rehe im Sprung, und der Rhein seinerseits ist meisterhaft in durchsichtiges Gelee eingekerbt. An seinem Ufer schwenken Baukräne, aus orangefarbenen Stäbchen gefügt, ihre Arme. Die grünen Flecken der Parks weisen den Konditor als Virtuosen seines Fachs aus, denn nicht jedem gelingt es, derart viele Trauben zwischen die Biskuitbauten zu streuen, und dann auch noch so, dass (wie subtil!) immer wieder rötliche Miniaturdächer aus zerteilten Kirschen hervorschimmern und, kräftiger noch, die in Honig

getränkten Rosenblätter, die überaus dekorativ als Schweizer Kantonsflaggen fungieren. Die Springbrunnen mit ihrer blaugetönten Schlagsahne, die Strassenbahnen aus süsser Ananasfrucht geschnitten…

*

Ein Fernlaster, ich fahre nun fort. Die Städte sind den Torten gleich. Die verwöhnten Kinder bestaunen sie, probieren dann mit dem Löffelchen davon, ein wahres Ritual; sie brechen kleine Glasurstückchen heraus, machen sich über ein Sahnehäubchen her, schieben irgendein farblich unbefriedigendes Obststück beiseite, in der Erwartung, darunter süsse bunte Säfte hervorschiessen zu sehen, verharren zögernd vor den Inschriften aus Schokolade… Sie naschen wie die Vögel davon. Nachdem sie den Mantel der Torte vertilgt haben, rümpfen sie die Näschen. Ausgerechnet zu dem Zeitpunkt, da sie nur noch die eigentliche Torte vor sich haben, das Kernstück mit dem unnachahmlichen, ja einmaligen Geschmack, den ganzen Stolz des Konditors. Die wahre Torte beginnt in den Ruinen der Torte. Sie rümpfen die Nase, denn sie haben ihre ganze Kindheit hindurch immer nur ein und dieselbe Torte vorgesetzt bekommen, aus billigem, wertlosem Material, aus süsser Dutzendware: Glasur, farbige Ornamente. Wer lange Zeit mit den Augen isst und mit dem Mund schaut, den überkommt die Langeweile, den packt der Überdruss.

*

Wo waren wir? Ah, ja. Also, ich liebe Ruinen über alles. Schade, dass sie täglich weniger werden. Mit Schimmelgrün überzogene, moosüberwachsene Mauerreste oder sonngebleichte Felsen, die wie Leuchttürme weithin strahlen, gespenstische Wandstücke, die unvermutet aus dem Gestrüpp einer Wiese oder aus dem Unterholz eines Waldes ragen, granitene Geometrie im Wüstensand, von Gräben umsäumte Kolonnaden und Portale im hitzeverbrannten Gras der Felder. Die Ruinen, wahre Entbindungsstätten, wo die nächtliche Imagination mal lässig hingestreckt, mal unter weiss Gott welchen hohen Spannungen zitternd und zusammengekrümmt ihre Jungen gebiert. Verheulte Brut, in der Dunkelheit wimmernde Bälger, die im Schutz der Nacht ihre Mutter verspeisen. Die Luft oberhalb der Ruinen hat eine besondere chemische Zusammensetzung. Diese Luft ist gleichsam metallisiert, eine Luft, die vom stählernen Rascheln der Brennesseln klingenscharf zugeschnitten scheint. Wie ein Magnet zieht sie Eidechsen und Schlangen aus grosser Entfernung an.

(Anmerkung: Diese Dinge gingen mir gestern während der Arbeitszeit durch den Kopf.)

Der ‹Chef› (eine Frau, eine unausstehliche Person) hatte mir aufgetragen, einige Rechnungen für bestimmte Bauvorhaben zu erstellen, es ging um irgendwelche unbedeutende Investitionen in Rumänien. Keine schwere Arbeit. Ich hoffe, es sind mir keine Fehler unterlaufen. Von meinen Gedanken habe ich nichts in meinem Notizbuch festgehalten. Wie gewohnt hütete ich mich vor den indiskreten Blicken meiner Kollegen. Ebenfalls gestern, in der Mittagspause, ging mir folgendes durch den Kopf:

Es ist absurd anzunehmen, dass nur die Städte des Altertums oder die mittelalterlichen Burgen Ruinen hinterlassen. Im kosmischen Stoffwechsel muss unbedingt eine gewisse Gerechtigkeit walten. Die langlebigen Schildkröten hinterlassen ihr Schildpatt, die schwerfälligen Elefanten ihr Elfenbein… Es ist, wie gesagt, absurd zu glauben, diese Hohe Instanz habe unseren zeitgenössischen Städten das Recht auf Ruinen, auf die Synthese, verweigert. Bei allem hochpräzisen Gerät, mit dem die Satelliten selbst die Innereien der Erde sichtbar machen können, ist die Archäologie ausserstande, die Ruinen irgendeiner Stadt unserer Tage zu entdecken. Es ist klar, dass die Zeit der Archäologie, als Wissenschaft, vorbei ist. Sie muss ausruhen, muss auf irgendeinem verstaubten Regal ein Zeitalter abwarten, das ihren Arbeiten günstiger gewogen ist. Unser Jahrhundert ist für wesentlich subtilere Wissenschaften geschaffen.

Dennoch ist nicht auszuschliessen, dass es irgendwo eine Art Städtefriedhof gibt, ein grosses Museum gewissermassen, wo man zu nächtlicher Stunde die Ruinen unserer heutigen Städte hinbringt. Irgendwo unter einer Platte aus Blei und Beton, ein Ort, den die Politiker geheimhalten. Oder vielleicht ist er nur mir nicht bekannt. *(Anmerkung: Nachlesen in der Bibliothek (der GGG), was es darüber gibt.)*

*

Ich war nicht in der Bibliothek. Stattdessen habe ich nachgedacht. Über die Ruinen. Basel hat keine Ruinen, weil es eine Stadt ist, die… Nein. Basel, das sind zwei Städte… Genau. In der Stadt gibt es zwei einander überlagernde, überlappende, sich durchmischende Städte. Sie tauschen die Plätze, überwachen sich gegenseitig. Durch alle Poren, durch alle Spalten und Risse der sichtbaren Stadt tritt immer wieder die verborgene Stadt hervor. Diese Wahrheit wird eines Tages laut ausgesprochen werden; wie sehr der Stadtregierung auch daran gelegen sein mag, sie zu unterdrücken und nur einem engen Kreis hoher Beamter vorzubehalten, so wird sie doch eines Tages laut ausgesprochen werden. Heute ist dieser Tag. *(Anmerkung: Es ist Sonntag. Heute stören mich keine Fernlaster. Nur die Züge machen mir zu schaffen. Und ein Ameisenheer, das sich, so hoffe ich, auf dem Durchmarsch befindet.)*

«Ihr Blinden!» möchte ich hier unter meiner Brücke schreien. «Seht ihr denn nicht, dass Basel eine Stadt *am Meer* ist?» Als ich vor zehn Jahren hier ankam, vom Schicksal hierher verschlagen wurde, da fiel mir auf, dass irgendwas ‹komisch› ist, dass etwas ‹nicht stimmte›. Nach einem Blick auf die Karte war mir klar: Die Strassen sind genau wie in den grossen Hafenstädten angelegt. Zu den Rändern hin ermüden sie gewissermassen, verlaufen irgendwie ermattet immerzu seitab, wie von einer Kraft angezogen, die ausserhalb liegt. Sie sind gleichsam die peripheren Organe eines riesigen Wesens, die von einem fernen Herzen versorgt werden. Sie sind wie Sätze mit unbestimmter Bedeutung. Je näher dem Rhein, desto zittriger werden sie, ihre Linien drängen sich ineinander, reiben sich aneinander, neigen sich dem Wasser zu. Willst du aber das verborgene Gesicht einer Stadt kennenlernen, so musst du die Frauen beobachten. Geh' zum Stadtrand und folge einer schönen Frau oder einer freundlichen Alten. Ganz gleich, welcher von ihnen du dich an die Fersen heftest, in spätestens zwei Stunden wirst du am Ufer des Wassers stehen. Ich habe sie gesehen: Hier werden ihre Blicke schmal. Ihre Blicke verwandeln sich in feine Glasröhren und dringen ins Wasser ein, ziehen sich in die Länge und folgen dem feuchten Weg des Flusses bis zur Mündung. Dort, am riesigen Schlund des Meeres, werden sie wieder breiter, öffnen sich wie Trichter, rühren suchend in den Tiefen des Wassers, verharren abwartend. Diese Frauen leben das Leben der Matrosenfrauen. Sie gehen in Scharen oder paarweise durch die Strassen. Sie sprechen flüsternd miteinander. Selten ist bei ihren Zusammenkünften ein Mann dabei. Ich sah Frauengruppen in Begleitung von zwei Männern. Die Frauen schritten stolz neben den beiden her. Sie zeigten sich mit ihnen, wie Frauen sich mit ihrem Schmuck zeigen, bewundern lassen. Sie leisteten sich die Männer, wie sie sich Ohrringe leisten. In früheren Zeiten hätten sie reihenweise Spinnrocken leergesponnen, hätten wie Penelope ein Tuch des langen, geduldigen Wartens gewebt. Ihr Fleisch ist mit einer Substanz imprägniert, die von bestimmten Drüsen nur an den Meeresküsten abgesondert wird. Sie lächeln viel. Ihr Lächeln ist ein Signal. Sie lächeln vorbeugend, nicht verlockend. Ihr Lächeln schlägt unvermittelt in Resignation um, so als wäre ihnen plötzlich etwas sehr Ernstes durch den Kopf geschossen. Etwas von grossem Ernst und hoher Dringlichkeit. Ihre Blicke suchen dann stets die Türme der Kathedralen. Kaffeebraune Türme, die sie längst für die Masten eines zeitenüberdauernden Segelschiffes halten. Die jungen Frauen kommen nachts, spät nachts hervor, sie ziehen sich fast bis auf die Haut aus, um in den Becken der Springbrunnen zu baden. Dabei kichern sie. Wenn sie ins kalte und jederzeit weiche Wasser steigen, schreien sie mit ihren reizenden gutturalen Stimmen hell auf. Sie necken sich in diesen kleinen Meeren, diesem Meer-Ersatz, diesen Meeren für Frauen und Halbwüchsige. Hauptsache, sie sind im Wasser. Im gleichen Element wie ihre fernen Verlobten. Überraschung, Angst, Freude, Vorahnungen. Langgezogene Schreie.

Fern, sehr fern spüren die Männer sie, in einer seltsamen Osmose durchdringt der Samen die Wassermembran der Ozeane und befruchtet sie.

*

Die Männer halten sich irgendwo unten in den Kellergeschossen der Banken auf. In diesen stählernen Segelschiffen. In Segelschiffen mit Geheimcodes. Die Männer sind von der Jagdleidenschaft besessen und damit beschäftigt, einen weissen Wal zu erlegen. Zumindest erzählen sie das den Frauen, wenn sie müde und bleichgesichtig heimkehren, die Haut gebleicht von einer schwarzen, unterirdischen Sonne, das Haar von den salzigen Wirbelstürmen ausgedünnt. Sie kommen an, schenken den Damen ein Hündchen und ein Auto, damit sie etwas zum Spielen haben, und tauchen wieder ab. (*Anmerkung:* Hier verlieren die Männer sehr früh das Haar. Obwohl ich nur ein gemeiner Matrose auf dem Stadtschiff bin, ergeht es mir nicht besser.)

*

Wovor man sich fürchtet, dem entgeht man nicht. Ich habe bei jenen Rechnungen für Rumänien einen Riesenbock geschossen. Die Chefin, das Miststück, hat mich dafür ‹sanft gerügt›. Die Hexe! Eines Tages werde ich ihren Hund vergiften. Das wäre kein allzugrosser Schaden, ich bin felsenfest überzeugt, dass die Zahl der Hunde in Basel grösser ist als in der ganzen übrigen Schweiz. (*Anmerkung:* statistische Unterlagen dazu in der *GGG* suchen.) Sicher, es handelt sich nicht um dreckige Köter mit staubverklebtem, struppigem Fell, nicht um Hunde, die sich des Nachts zur Zeit der Ebbe in Rudeln bei den Mülltonnen einfinden und einsame Menschen anfallen. Damit ist allerdings nicht gesagt, dass es keine Hafenhunde sind. Es sind die Hunde der Einsamkeit. Sie sind so schön, so sauber und so zahlreich, dass ein Fremder glauben könnte, hier fühle sich auch die Einsamkeit bisweilen einsam. Der Hund, der Freund des Menschen in der Ödnis der Berge, der Hund: Substitut der Kommunikation. Der Hund, dieses Gewürz, das den Wunsch nach Kommunikation sehr leicht als die Kommunikation selbst erscheinen lässt. Die Verkehrsschilder für Hunde sind ebenso zahlreich wie die Verkehrsschilder für Autos.

*

Ich habe Steine gesammelt. Das tue ich immer montags. Wenn ich sie aus dem kühlen Wasser nehme, verändern sie ihre Form und Farbe. Ich ordne sie zu sieben Häuflein vor mir an. Je eines für jeden vor mir liegenden Wochentag. Ich lese die Wahrheit aus den Steinen. In ihnen ist die Zukunft verfestigt. Eben deshalb dringt das Schicksal stumm und unausweichlich an die Oberfläche. Die Dinge dieser Welt lassen sich in zwei Kategorien einteilen: Dinge, aus denen man wahrsagen kann, die also ihren Sinn freiwillig preisgeben, und Dinge, in denen man nicht lesen kann. Jene, aus denen man nicht wahrsagen kann, lernt man in der Schule.

*

Keine Frage, dass heute Montag ist. Die Vögel singen sandig. Der im Gesang der Vögel verborgene Sand. In unserer Stadt mischt sich alles, vermischt sich in Höflichkeit, in Harmonie. Jede Geste hat an ihrem Ende so etwas wie ein Plüschpölsterchen. Die Enten verlassen nachts den Rhein und watscheln paarweise, wie pensionierte Tänzerinnen durch die Strassen der Stadt. Autos halten an, Fahrräder weichen ihnen aus. In den Restaurants hüpfen die Spatzen auf die Tische zwischen die Hände der Gäste. Vermischung der Arten und Gattungen. Wenn ich auf der Strasse das Gleichgewicht verlieren und plötzlich hinstürzen würde, wäre dies zweifellos genauso verwerflich, wie einer gnadenlos höflichen alten Dame, die einem «Grüezi» entgegenruft, hinterherzulaufen und sie in den Hintern zu kneifen. Ich würde so etwas natürlich nie tun, schon weil mir die Alten der Stadt am sympathischsten sind. Die alten Männer und Frauen stehen oft in Gruppen beisammen. Während die Kinder nach dem Hervorstürmen aus dem Schulportal gerade noch hundert Meter weit Radau machen, sind die Grüppchen alter Leute zu jeder Zeit lauter und fröhlicher als alle andern. Ich hätte manchmal Lust, mich auf eine solche Gruppe zu stürzen und die alten Leutchen abzuküssen. Keine Frage, heute ist Montag: hie kneif' ich, hie küss' ich.

*

Ich legte mich auch einmal in den Sand. Auf den kostbaren kleinen Flecken Sand. Rücklings. Ich starrte auf meine Finger. Ich hielt sie als Schild zwischen mich und die Sonne. So, wie ich seinerzeit als Kind Glasscherben suchte

und mit Kerzenruss schwärzte, um die Sonnenfinsternis zu beobachten. Keine Sonnenfinsternis hat mich je unvorbereitet angetroffen. Die Sonne macht wie ein Röntgenapparat das Fleisch durchsichtig, durchscheinend. Es wird zuerst rötlich, und dann immer glasähnlicher. Wie Gelatine. Nacheinander runden sich die Nägel, werden schmal, das überschüssige Fleisch schmilzt im Licht. Zu guter Letzt bleiben nur noch die Krallen übrig. Schwarz, scharf gezeichnet, je fünf an jeder Hand.

*

Seit drei Tagen regnet es ununterbrochen. Ich hätte längst wissen können, dass es so kommen würde. Drei Häuflein Steine sind mir fast völlig schwarz geworden. Morgens ziehe ich mich gut an, um nach den Arbeitsstunden hierher zu kommen, zu schreiben. Was ich zu sagen habe, ist von unaufschiebbarer Dringlichkeit. Unser lieber Rhein ist angeschwollen. Die eisernen Pfosten der Strassenlaternen, die runden Schilder mit dem Schwimmverbot, die Tafeln mit dem Fahrplan der Fähre und der Rheinschiffe: alles überflutet und etwa drei Meter vom Ufer entfernt. Die Uferpromenade hat sich mit Menschen gefüllt. Sie lachen. Sie freuen sich. Sie machen Fotos. Das schmutzige Wasser schwemmt grüne Zweige heran. Sie bleiben an den Terrassen der Häuschen hängen, in denen früher die Angler sassen. Fortwährend treiben lustige Plastiktüten zu Tal, bunte Stoffetzen, lange kahle Bretter, schlanke, grüne und blaue Mineralwasserflaschen, schändliche und kümmerliche Papierknäuel. Die Pontons stossen dumpf aneinander – wie wenn unsichtbare Steine an grosse Trommeln schlagen. Das Turnier hat begonnen. Der Strom gleicht heute mehr denn je den langen Graffitibändern, die einen bei der Einfahrt mit dem Zug empfangen. Es herrscht Festtagsstimmung. Die Verwaltung hat an den Treppen zur Promenade Plastikstreifen angebracht, rot-weisse Bänder. Hunde bellen im Regen. Ich könnte auch sagen: «Hunde singen.» Die Hunde, diese Beschützer der Abwesenheit, singen in ihrer Hundesprache: «Lasst uns feiern! Die Einsamkeit hat der Teufel geholt! Wau! Wau! Wau!»

*

Diesmal war es kein Zug. Diesmal war es ein Polizist. Es ist nicht gerade angenehm, plötzlich eine fremde Hand auf der Schulter zu spüren…

«Was machen Sie hier?» fragte er mich.

«Graffiti», gab ich zur Antwort.

«Nun, ich sehe, Sie sind ein ernster Bürger, sehen Sie sich vor, dass Sie nicht ins Wasser fallen.»

Er fegte einmal mit seinem Blick über meinen farbenfrohen Schlupfwinkel und ging. Den letzten Satz jedenfalls sagte er in einem Ton, als ob er persönlich gar nichts dagegen hätte, mich an einem Akazienzweig hängend den Rhein hinabtreiben zu sehen. (*Anmerkung:* Meine Beobachtungen haben mich zu der Einsicht geführt: Wenn einer dir ein Kompliment zu machen vorgibt, indem er dich als ‹ernster Bürger› anspricht, heisst das zumeist, dass er dir die grössten Dummheiten nicht nur zutraut, sondern überzeugt ist, du begehst sie gerade. Die Chefin, das Ekel, hat gestern zu mir gesagt, sie vertraue auf meine ‹Seriosität›. Völlig klar, ich werde ihren Hund vergiften.) Ich und Graffiti! Wollte ich behaupten, dass die Polizisten hinter den Wandsprüchen stecken, würden sie sofort das Gerücht ausstreuen, die wahren Täter seien Marsmenschen. Die einzig plausible Hypothese lautet: es sind die Alten der Stadt. Daher ihre unerschütterliche Fröhlichkeit. Ich sehe sie geradezu vor mir, wie sie sich nachts in den Kellern alter Häuser versammeln und mit Laternen in den Händen und mit maskierten Gesichtern den Meistern des Genres lauschen, die sie in die gefährliche Kunst einweihen. Lehrer dieser heimlichen Schulen sind berühmte Maler, die zweifellos dafür bezahlt werden, und zwar von der Stadtregierung selbst.

Graffiti, Blumen, die über Nacht an den Wänden erblühen. Schwarze Blumen, bunte Blumen, Blumen, die sich der Photosynthese verweigern. Blumen ausserhalb des Gesetzes. Stiefblumen, verfluchte Blumen. Zeichen der Unruhe an den Wänden deines Hauses. Unleserliche Inschriften. Ihre Botschaft ist die Unleserlichkeit selbst. Was niemand verstehen will, muss man in einem Alphabet aufschreiben, das keiner versteht. Einander überlagernde Lettern, sich hintereinander verbergend, auseinander hervorwachsend und, das wichtigste dabei: alles unter strikter Vermeidung des rechten Winkels, in Schlangenbewegung. Sie entstammen nicht dem Wunsch, zu beflecken. Sie besitzen nicht die Dreistigkeit des Räubers in der Dunkelheit. Diese Zeichen sind vielmehr ein zaghaftes Stottern, ein Schrei, der in Gestammel mündet. Da ist jemand, der etwas sagen will: und weiss nicht was, und weiss nicht wie.

*

(*Anmerkung:* Meine ‹unpassenden› Reaktionen, wie meine Chefin (das Ekel) sie nennt, haben sich gehäuft. Das Unabwendbare ist eingetreten: Ich habe ihren Hund vergiftet. Ein Krümel nur, ein Krümel Strychnin, fertig, aus! Jetzt habe ich Mitleid mit ihr. Immer treten ihr Tränen in die Augen, wenn sie vom ‹Teufelchen› spricht. Schande über mein Haupt! Er ruhe in Frieden!)

Nachdem ich dieses Geschäft erledigt hatte, ging ich zum Barfüsserplatz. Da, wo es von jungen Leuten wimmelt wie auf einem Ameisenhaufen, ist der Bruch unübersehbar. Da, von Zeit zu Zeit, beobachte ich, dass die Sinne sich aus ihren Körpern hervortasten wie Soldaten beim Verlassen der Kaserne: ängstlich um sich spähend, weil jeden Augenblick ein General auftauchen könnte, der sie zurückscheucht hinter die Mauern, zur Ordnung. Lediglich ein bisschen geschnuppert, eine kleine Freundlichkeit sich selbst gegenüber. Nach Mitternacht zwingt sie eine ermüdende Unmöglichkeit zum freiwilligen Rückzug, zum Zerreissen der ‹Ausgangsscheine›. Alles umsonst: Die heranwachsenden Männer möchten sich ein paar kleine Dummheiten leisten, ehe sie in See stechen, doch schon ist es zu spät, die jungen Frauen warten bereits auf die Rückkehr derer, die noch gar nicht aufgebrochen sind. Ich trinke ein Bier auf ‹Teufelchens› arme Seele und schaue den Asiatinnen zu, die, puppenklein in weissen Blusen und schwarzen Röckchen, mit ihren wie aus wiederaufbereitetem Kunststoff gebildeten Hinterteilen wackeln, ebenso hektisch mit den Händen gestikulieren, während sie ihre Barbiepuppen-Gesichter zu einem Lächeln verziehen. Der Grosse Gelbe Ozean kündigt diskret und wirkungsvoll seine Präsenz an. Wer weiss, in welcher mondlosen Nacht sie ihre Dschunken verlassen haben, nur für einen Augenblick ihre grosse Reise zu unterbrechen, und dann hier hängenblieben. Ihr angeborener Tropismus für grosse Hafenstädte hat sich durchgesetzt. Ihre empfindlichen Antennen erspüren in der Tiefe das Rauschen des Meeres…

*

(*Anmerkung:* Gestern sah ich zwei Möwen auf dem Rhein.)

Ich werde diese doppelte Stadt, doppelt wie ein Doppelstern, nie verlassen. Man wird von dieser Stadt gezwungen, in sich zu gehen, wenn man nicht draufgehen will. Es sei denn, man kauft sich einen Hund. Die Wogen eines unsichtbaren Meeres halten den Spiegel des Gedächtnisses stets in Schuss, sie schleifen ihn glatt, putzen ihn blank, spülen ihn, wischen die beschlagenen Stellen weg und rühren zugleich diese farbige Brühe um, bringen sie in Bewegung, diese Suppe, die nichts anderes ist als unser eigenes Leben. Jetzt kann man zur Synthese schreiten: Wie bei einem Puzzle rufen die in der Welt verstreuten Teile unseres Wesens einander, ziehen sich an, korrespondieren, fügen sich in eins. All unsere Sommerkleider, die wir beim Aufbruch ins Gebirge nicht in den Rucksack gepackt haben, alle Winterkleider, die wir für unsere Seefahrten nicht in die Koffer zwängten, alles ist hier. Die kleinen Schuhe aus der Kindheit, in denen wir an Ostern zur Kirche gingen, die stets zu eng waren, schnüren noch heute unsere Kinderfüsse ein. Das weisse, viel zu steife Hemd scheuert noch heute unsere Kinderhaut. Hier (in meinem Fall: unter der Brücke) können wir zur Welt kommen (wir tun es nicht), können uns verlieben (wir tun es nicht), können uns das Leben nehmen (wir tun es nicht). Hier standen sich das Mögliche und das Unmögliche, genau wie die beiden Städte, viel zu lange feindselig gegenüber, um sich nicht letzten Endes doch miteinander zu verschwören.

*

(*Anmerkung:* Seit zwei Tagen deutlich verstärkter Meeresgeruch. Die Enten sind völlig verschwunden. In Scharen kreisen immer wieder Möwen über dem Rhein oder hängen traubenförmig an den Armen der Kräne. Ihre spitzen

Schreie lassen dich nachts nicht schlafen. Der scharfe Algengeruch hat sich in meinen Kleidern festgesetzt. Gestern Nacht glitten zwei Schiffe majestätisch am Ufer entlang. Ich trat auf den Balkon hinaus: Von ihren Decks riefen Hunderte fähnchenschwenkend: «Ion! Ion! Ion! Ion! …» (In der Stadt am Meer, sagte ich mir und freute mich wie ein Kind, hat mich die Hafenkommandantur jetzt schon unter diesem Namen registriert.) Der Strand, der endlose Sand, glitzerte wie Gold unter den Strahlen des Mondes. Auf den Wellen schwammen chinesische Lampions. Die Ufer, mein Gott, wie wunderbar, die Schaumkronen der Wellen hatten ihnen Brautkleider angelegt…)

*

Heute sagte ein Arbeitskollege zu mir, es wäre nicht schlecht für mich, wegen meiner ‹unpassenden Reaktionen› einen Arzt aufzusuchen. Ich ging in die psychiatrische Klinik (die *P.U.K.*), wo er mir einen Arzt, den er kennt, empfohlen hatte. Dieser Arzt ist auch mir bekannt. Er nahm Sonnenbäder unweit der *Schwarzwaldbrücke*. Er trug damals einen Bart und ein weisses Hütchen. Beides hatte er jetzt nicht mehr. Er meinte, ich hätte früher kommen sollen. «Saal 7», sagte er dann noch. Er erschien mir vertrauenswürdig. Ich überliess ihm das Notizbuch mit den Karos. Er versicherte mich völliger Diskretion. Ich verlangte das Notizbuch zurück. Ich schrieb:

Schluss

Bürger dieser Stadt, suche meinen Namen nicht in den Gehaltslisten der städtischen Verwaltung. Du wirst mich darin nicht finden. Ich will mich aufs Warten verlegen. Die Jahre ins Land ziehen lassen. Ich warte den passenden Augenblick für die Enthüllungen ab. Der Ruhm aber – wie sagte doch ein französischer Dichter: «Mein Ruhm liegt in den Sanddünen…»

Daniel Spehr

Land im Umbruch

Im Juni 1993 starte ich in Georgiens Hauptstadt meinen halbjährigen Austauschaufenthalt im Rahmen des Programms ‹Internationale Austausch Ateliers Region Basel›. Mit mehr als sieben Stunden Verspätung landet die alte Aeroflotmaschine auf dem Flughafen von Tbilisi, es ist fünf Uhr morgens, alles ist dunkel – Stromausfall. Die Wartehalle ist voller Menschen, manche tragen Kampfanzüge, aber auch die anderen, die mit den Anzügen, tragen hilflos ihre Männlichkeit wie ein Modeaccessoire: es scheint, als sei jeder Georgier bewaffnet.

Willkür, Rechtlosigkeit und Kriegsspuren sind meine ersten Eindrücke. Aus dem einst lebensfrohen, verwinkelten Tbilisi ist eine kalte, abweisende Stadt geworden. Auf den breiten Strassen herrscht nur geringer Verkehr, die wenigen alten ‹Wolgas› rasen mit hoher Geschwindigkeit über die Boulevards, eine Polizeikontrolle stoppt sie, nicht wegen des Tempolimits, sondern zur Waffenkontrolle. Die Strassen werden beherrscht von paramilitärischen Banden, die sich nehmen, was sie brauchen. Welches Recht sie dazu legitimiert, oder zu welcher Behörde sie gehören – besser, man fragt nicht.

Die Tankstellen an den Ausfallstrassen sind längst geplündert und demoliert. Treibstoff erhält man an mobilen Tankwagen, sie verkaufen ihn liter- oder eimerweise, doch niemand weiss zuvor, wann und wo. Benzin ist knapp, teuer und schlecht, reihenweise bleiben die schrottreifen Wagen auf den Schnellstrassen rund um Tbilisi liegen. Die staatlichen Taxis sind verschwunden, an den Bussen hängen Trauben von Menschen.

Jeden Morgen spuckt die Metrostation unter dem Rustaweli-Platz Angestellte aus, die in ihre Büros eilen. Besonders die schön geschnittenen Gesichter und der selbstbewusste Gang der Frauen fallen mir auf. Der Georgier, auch der europäisch gebildete, hat genaue Vorstellungen von der Frau: Schön soll sie sein und elegant – «möge sie lange blühen». Die Tradition soll sie wahren, dienen und «Hüterin des heimischen Feuers» sein. Jungfräulich soll sie in die Ehe treten, die Mädchen dürfen nur einen Freund haben, der zweite ruiniert ihren Ruf. Und, natürlich, treu soll sie sein, anders als der Mann. Es gibt zwar immer mehr Frauen, die dies alles nicht mitmachen wollen, die Mehrzahl aber fügt sich.

Rund um den Platz sind die Vitrinen der Geschäfte mit Brettern verrammelt oder notdürftig repariert. Wo die Sprünge im Glas zusammenlaufen, hat man Holzplatten befestigt. Auch die meisten Autoscheiben sind mit Sprüngen übersät, die an gefrorene Gewitterblitze erinnern. Die Läden sind leer, die Preise exorbitant: ein Monatslohn reicht für 3 Kilogramm Fleisch oder 10 Kilogramm neue Kartoffeln. Vor den düsteren, kleinen Durchreichen der Brotausgabestellen warten die Menschen auf ihre Tagesration von 300 Gramm.

Georgien hat den Sündenfall, gegen den demokratisch gewählten, antikommunistischen Präsidenten Gamsachurdia vorzugehen, teuer zu bezahlen. Mehrere Flügel des Regierungsgebäudes sind zerschossen oder angeschmort, Treppenhäuser stehen offen, das Gewerkschaftshaus ist ausgebrannt, vom Haus der Künste ist nichts mehr übrig. Auch die Kirche gegenüber weist Einschüsse auf, durch einen Seiteneingang gelangen die Gläubigen ins Innere um zu beten, ein Bautrupp repariert gerade das Hauptportal. In einem Land, das sich als einziges der Welt nach einem Heiligen benannte, ist die Bindung von Alltag und Kirche untrennbar.

Auf der anderen Strassenseite klafft eine zwei Hektar grosse Wunde in der Stadt, zahlreiche Kräne überragen das Bauloch, der Wiederaufbau hat begonnen. Obwohl teilweise nur noch die Fassaden stehengeblieben sind, scheinen die Häuser belebt. Der Bauschutt hat die Strasse angefüllt, also tritt man durch das ebenerdige Fenster ins hohle Innere, den Blick aufs Hinterhaus gerichtet, dahinten geht das Leben weiter. Etwas so Wunderbares wie einen Gast muss man teilen, also werden die Nachbarn gerufen, die Freunde, die wiederum die eigenen Nachbarn herbeirufen, der Gast wird weitergereicht, von Wohnung zu Wohnung, von Haus zu Haus, von Ort zu Ort, wie lange er bleibt, spielt keine Rolle. Das Tischritual ist höfisch, der Gastgeber, oder der Älteste, Würdigste, übernimmt die Rolle des ‹Tamada›, des Tafelherrn. Er steht der Tafel vor und erteilt den Gästen das Wort zum Toasten. Zuvor bringt er selbst ein paar obligate Trinksprüche aus – auf das Zusammentreffen, auf die Eltern, auf die Familie, auf Georgien und schliesslich auf alle Heiligen. Weiteren Toasts setzt nur die Phantasie der Redner Grenzen, sie dürfen so lange andauern, wie sie geistreich sind.

Später dann der Kaukasus. Wild, schön, fremd, ein Gebirge voller Mythen und Sagen. Im Anblick der gletscherbedeckten Fünftausender werden Legenden und Geschichten lebendig, die man sich in Georgien über dieses fremdartige ‹Swanetien› erzählt, jene georgische Hochgebirgsregion im Zentrum des Kaukasus', die jahrhundertelang vom Rest der Welt isoliert war. Rauh sind die Sitten, rauh ist auch die Natur in den Dörfern dieser temperamentvollen, säbelschwingenden Männer, deren höchstes Gut ihre Ehre ist: Ehrverletzung heisst Feindschaft über Generationen hinaus, Blutrache und Stammesfehden – jedes Haus hat seinen eigenen Festungsturm, vier oder fünf, durch dicke Steinplatten gegeneinander isolierte Stockwerke hoch.

Als der Herrgott die Erde schuf, erzählen sich die Georgier, kamen die Armenier zu spät. Er hatte bereits alle Landstriche verteilt, nur noch Steine waren ihm geblieben, die gab er den Armeniern. Die Georgier indessen kamen noch später, da hatte der Herrgott gar nichts mehr, nicht einmal mehr Steine. Aber, flehten sie ihn an, wir haben doch auf Dein Wohl getrunken! Das rührte den Herrgott so sehr, dass er ihnen das Paradies schenkte.

Geschichten und Geschichte, alles lange her, heute wollen sie vergessen – den Krieg, die Entbehrungen, die Aussichtslosigkeit im Alltag, wollen an der Hoffnung festhalten. Es wird besser, sagen sie. Heute noch nicht, morgen vielleicht, irgendwann ganz bestimmt.

Abbildungen auf den folgenden Seiten:

1 Nughri, ‹Spatzenkönig› in einem ostgeorgischen Dorf.
2 Arbeiter einer Autolackiererei.
3 Der Schauspieler Tamaz Charkviani vor ‹Andropows Ohren›, einem sozialistischen Repräsentationsbau in Tbilisi.
4 In Tbilisi, der Hauptstadt Georgiens.
5 Stalin als Wachsfigur einer privaten Devotionaliensammlung. Der Ventilator schützt gegen die Sommerhitze.
6 Im Zoo von Tbilisi. Das Pferd dient als Raubtierfutter.
7 Begräbnis.
8 Kundgebung der ‹Frauen für den Frieden› vor ihrem Abmarsch ins abchasisch-georgische Frontgebiet.
9 Zu Ehren der Heiligen Maria finden Ende August in allen Landesteilen grosse Schlachtfeste statt.
10–12 Die 3000 Meter hohe Kaukasusregion Swanetien ist nur im Sommer zu bewirtschaften, im Winter liegen bis zu sechs Meter Schnee.
13 Im Frühling lassen alle Dorfbewohner ein Ferkel frei; wenn der Herbst kommt, werden die Tiere wieder eingefangen.
14–15 Unterwegs in Swanetien.
16 Dreharbeiten eines georgischen Filmteams.
17 Mönch aus dem Kloster ‹David Garedjii› nahe der Grenze zu Aserbeidschan.

1

2

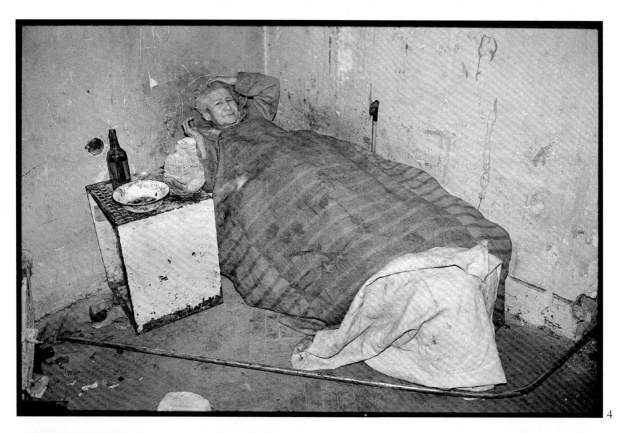

4

5

6

7

10

11

12

13

‹Edition Kunst der 90er Jahre› – die Vorsatzblätter des Stadtbuches 1989–1999

Zwei Arbeiten von Marianne Leupi setzen in diesem Jahr die ‹Edition Kunst der 90er Jahre› fort. Wie in den vergangenen Jahren sind die beiden Vorsatzblätter als Originalgraphiken (60 x 80 cm) erhältlich. Pro Vorsatzblatt wird eine Editionsauflage von 100 Stück hergestellt: Nrn. 1–50, arabisch numeriert, für den sofortigen Verkauf; Nrn. I–L, römisch numeriert, für eine Editionsmappe aller Vorsatzblätter 1989–1999, die im Jahre 2000 erscheinen soll. *(Red.)*

Ueli O. Kräuchi

Die Vorsatzblätter von Marianne Leupi: Ausschnitte aus zwei Spuren-Gedankenblättern

Bisher waren die Vorsatzblätter des Stadtbuches – vom unterschiedlichen Format abgesehen – praktisch identisch mit den entsprechenden Originalgrafiken der ‹Edition Kunst der 90er Jahre›. Marianne Leupi hat ihre Arbeit anders angelegt. Die von ihr gestalteten Vorsatzblätter sind bewusst gewählte Ausschnitte im Massstab 1:1 aus ihren beiden wesentlich grösseren Grafikblättern. Das ist nicht einfach Spielerei. Bei der Arbeitsweise der Künstlerin, die meist von zufällig Vorgefundenem ausgeht und dazu ihre eigenen Zeichen setzt, ist dies ein folgerichtiger Schritt: die Ausschnittwahl als zusätzliche künstlerische Massnahme.

Marianne Leupis Arbeiten sind vielschichtig (die beiden schwarz/grau-dominierten Serigraphien sind in 5 resp. 8 Druckgängen entstanden), weisen aber meist zwei grundsätzlich zu unterscheidende Ebenen auf, deren Elemente alle in enger Beziehung zueinander stehen.

Die erste, untere Ebene besteht aus *Spuren,* Überresten von ehedem Gewesenem, bei denen die Zufälligkeit bestimmt hat, was uns erhalten ist. Sie sind zeitlos, oder der Zeit entrückt, lassen vieles offen und erlauben verschiedenste Assoziationen. Marianne Leupi entdeckt solche Spuren überall: am Boden und an Wänden, oder an Eisenbahnwagen zum Beispiel. Ihr Interesse gilt dabei dem visuellen Befund. Nicht das Spezifische, sondern das Allgemeine ist das, worauf es ihr ankommt.

Was in einem langsamen Prozess dann im Atelier als erste Ebene eines Werkes wächst, sind nicht mehr Abbildungen von konkret vorgefundenen Wand- oder Bodenkompartimenten, sondern Darstellungen von Eindrücken, die diese evoziert haben. Es sind Erinnerungsfragmente einer vieldeutbaren Vergangenheit, die den BetrachterInnen erlauben, selbst produktiv zu werden, eigene, individuelle Erfahrungen erinnerlich zu machen.

Die zweite Ebene in den Werken von Marianne

Leupi bilden die von ihr bewusst gesetzten, schnell, intuitiv und mit spielerischer Freude am Gestalten entwickelten *Zeichen* oder *Gedanken*. Sie entstehen im Dialog mit den Spuren, von diesen ausgehend und angeregt, und eng mit ihnen verflochten. Das kann mit dem Herausheben einer vorgefundenen Linie beginnen, mit dem Umsetzen einer als Fragment noch erkennbaren Spur in ein Zeichen.

Vielfach sind es auch Zahlen und Schrift: Wortfragmente, Worte, ganze Aussagen – rasch festgehaltene Gedanken, wie in den beiden Serigraphien für die ‹Edition Kunst der 90er Jahre› die Reflexionen über den Inhalt des Basler Stadtbuches 1994. Die Künstlerin bezog das im Entstehen begriffene Buch in ihre Arbeit ein und reagierte vielfältig darauf. In beiden Werken geschah das auf unterschiedliche Weise: das eine Blatt ist sehr offen, enthält Arbeitsnotizen wie Farbrezepturen und zahlreiche Ausgangselemente, die beim anderen, viel (ab)geschlossener wirkenden weggefallen sind. Unübersehbar dominiert in den für die Vorsatzblätter gewählten Ausschnitten ein Zeichen: der Pfeil. Er weist auf dem vorderen Vorsatz ins Stadtbuch hinein. Auf dem hinteren Vorsatz führt er zwar aus dem Buch hinaus, doch nicht ohne nochmals auf dessen Titel zu verweisen und eine seiner wichtigen Funktionen zu nennen: «→ Geschichte».

Nicht immer sind Zahlen und Schrift so deutlich lesbar wie auf diesen beiden Werken. Doch wenn sie es sind, dann sind sie durchaus zum Lesen gemeint und sollen beim Betrachten etwas in Bewegung setzen, einen ins Wechselspiel von Spuren und Zeichen des Bildes hineinführen.

Die bewusst gesetzten Zeichen kontrastieren nicht einfach mit dem Spurenhaften; die Zeichen werden ihrerseits meist wieder eingebunden, werden selbst auch zu Spuren – zu Spuren nicht mehr von zufälligen Voraussetzungen, sondern vom Reagieren der Künstlerin darauf. Spuren und neu gesetzte Zeichen bilden so eine eigentümliche Symbiose. Sie kommunizieren miteinander, steigern sich gegenseitig und lassen im Bild ein faszinierendes Kräftefeld entstehen. Dabei stellt die Dualität der beiden Ebenen Marianne Leupis Metapher für die existentielle Situation dar: das Ausgehen (und Weitergehen) von zufällig vorgefundenen Voraussetzungen.

Technik: Mehrfarbenserigraphie, gedruckt auf Magnanibütten 310 g/m^2 im Kunstdruckatelier Marc Weidmann, Oberwil.
Titel: Spuren-Gedankenblätter

Marianne Leupi wurde 1956 in Wikon (LU) geboren. Aufgewachsen und Schulen in Münchenstein. Studium der Kunstgeschichte und der Veterinärmedizin in Zürich, Staatsexamen med.vet. Ausbildung an der Schule für Gestaltung in Zürich. 1987/88 Studienaufenthalt in der Cité Internationale des Arts, Paris (Künstleratelier Baselland). 1991 Studienaufenthalt in Montreal (Internationale Austausch Ateliers Region Basel). 1992 Wandgestaltung in der Eingangshalle des Schulhauses Talholz in Bottmingen. Mehrere Ankäufe durch den Kunstkredit BS und BL. Ausstellungen im In- und Ausland, in Basel jeweils in der Galerie Graf & Schelble. Lebt und arbeitet als freischaffende Künstlerin in Münchenstein und Arlesheim.

In der Breite

Kennen Sie die Cécile Ines Loos-Anlage? Wo früher der Brückenkopf der St. Albanbrücke und die Arbeiterwohnhäuser der GGG standen, befindet sich heute der neue kleine Quartierpark in der Breite. Er setzt, zusammen mit den anderen Neubauten – einem Wohnungsbau, dem Alters- und Pflegeheim sowie dem markanten Gebäude des Vereins für Schweisstechnik –, den vorläufigen Schlusspunkt unter eine jahrzehntelange Quartierplanung; ‹vorläufig› deshalb, weil das eigentliche Quartierzentrum bis heute noch nicht gebaut ist.

Dafür hat das Breitequartier ein anderes Geschenk erhalten. Das in seiner Existenz bedrohte Rheinbad Breite konnte dank des Engagements seiner Benützer, verschiedener Sponsorenbeiträge und vor allem der Unterstützung und Bautreuhandschaft der Christoph Merian Stiftung renoviert und in verkleinerter Form wieder in Betrieb genommen werden. *(Red.)*

Alfred Ziltener

Saniert und neu eröffnet: das Rheinbad Breite

Mit einem Einweihungsfest wurde am 3. September 1994 das sanierte und neugestaltete Rheinbad Breite der Öffentlichkeit übergeben. Damit wurde ein Stück Basler Tradition weitgehend durch private Initiative und Finanzierung gerettet. Nach langen Jahren der Unsicherheit kann das ‹Rhybadhysli Breiti› nun getrost seinem 100. Geburtstag im Jahre 1998 entgegensehen.

1898 war der Kern der alten Badeanlage als viertes Rheinbad der Stadt errichtet worden, in einem Quartier, das sich damals erst richtig zu entwickeln begonnen hatte. Seinerzeit herrschten allerdings noch andere Badesitten. Das neue Bad war nicht wie heute Ausgangs- oder Landepunkt für die Schwimmerinnen und Schwimmer; gebadet wurde vielmehr weitgehend innerhalb der Anlage, unter Aufsicht, geschützt vor zudringlichen Blicken Unbefugter. Dem entsprach auch die damalige Architektur: Rund um den Steg über dem Wasser reihten sich die Umkleidekabinen aneinander und machten das Badhysli zum geschlossenen Raum. Ein Sonnensegel schützte bei Bedarf die Haut – noble Blässe galt damals als Schönheitsideal. Zudem konnte die Höhe des Holzbodens im Bad je nach Wasserstand verändert werden, so dass auch Nichtschwimmer – das Schwimmen war noch nicht so weit verbreitet wie heute – ihren Spass haben konnten. Und selbstverständlich blieben die Geschlechter getrennt, man hatte sich an die Einteilung von ‹Frauentagen› und ‹Männertagen› zu halten. Die Freude am Baden war schon damals gross – so gross, dass die Anlage 1929 vergrössert werden musste. Man verbreiterte sie auf beiden Seiten und erweiterte sie zur Böschung hin.

1961: Dreissig Jahre später hat das Baden im Rhein an Popularität verloren – auch wegen der zunehmenden Gewässerverschmutzung.

Die Pfosten für die
‹Rhein-Badanstalt
auf der Breite› sind
ins Flussbett ge-
rammt. Fotografie
vom 6. Februar
1898; Bildunter-
schrift: «Ankunft
des Monteurs
Kaiser».   ▷

Am 14. März 1898
ist das Grundgerüst
so gut wie fertig.
Bildunterschrift:
«Aufgenommen
durch den Bau-
führer».   ▷

Am 5. April 1898
ist der Holzboden
für die Umkleide-
kabinen gelegt.
Links: Arbeiter-
wohnhäuser des
Breite-Quartiers.   ▷

Aussenansicht im Jahre 1987. Deutlich ist die Anbauung an das Rheinufer zu erkennen.
◁

Die Umkleideräume im Jahre 1987.
◁◁

Der Badebereich bei Niedrigwasser im Jahre 1987.
◁

156

Vom geschlossenen
zum offenen Raum:
Die Uferanbauung
wurde 1994
redimensioniert. ▷

Die Umkleide-
kabinen der heuti-
gen Badeanlage… ▷

…mit ihrem neuen
Kiosk, im Vorder-
grund. ▷▷

Zudem sind mit den Gartenbädern – 1930 wurde das Gartenbad Eglisee eröffnet, 1955 jenes in St. Jakob – vielbesuchte Alternativen entstanden. Daher lässt der Kanton im Jahre 1961 die beiden Pfalzbadhysli abreissen und vertröstet die protestierenden Benützerinnen und Benützer mit dem Verweis auf die beiden anderen Rheinbäder. In den folgenden Jahren wird das Rheinbad St. Johann gründlich saniert; der Bau in der Breite jedoch bleibt sich selbst überlassen. 1973 beschliesst die Regierung, ihn abzubrechen. Doch die Benützerinnen und Benützer – unter der Führung von Grossrat Andreas ‹Aisse› Christ – wehren sich. Und das mit Erfolg: Der Kanton überlässt die Anlage dem von den Badegästen gegründeten ‹Verein Rheinbad Breite› in Pacht.

Wurden die Rheinschwimmerinnen und Rheinschwimmer in jenen Jahren noch als harmlose Spinner belächelt, so hat sich das Bild seither gewandelt. Dank der gestiegenen Wasserqualität hat sich das Rheinschwimmen in den 80er Jahren wieder zu einem regelrechten Volkssport entwickelt. Allein am alljährlichen Rheinschwimmen der Schweizerischen Lebensrettungs-Gesellschaft nehmen jeweils Hunderte von Baslerinnen und Baslern teil. Im Rheinbad Breite ist an sonnigen Wochenenden kaum mehr ein freier Liegeplatz zu finden.

Ausgerechnet jetzt aber rächt sich die jahrelange Vernachlässigung durch den Eigentümer, den Kanton. 1986 droht die Baupolizei, das Haus wegen Baufälligkeit zu schliessen. Tatsächlich sind die Eisenpfeiler stellenweise durchgerostet, der rheinaufwärts gelegene Rost ist unterspült. In den folgenden Jahren kann der Badebetrieb nur noch in einem Teil des Bades weitergeführt werden; die baufälligen Flächen werden aus Sicherheitsgründen gesperrt.

1988 schreibt das Baudepartement einen ‹Projektwettbewerb für die Sanierung resp. den Neubau des Rheinbades auf der Breite› aus. Den 1. Preis erhält das Projekt ‹Lattenzaun› von Matthias Oppliger und Andreas Scheiwiller. Es sieht vor, das Bad auf seine ursprüngliche Grösse von 1898 zu redimensionieren und die historische Bausubstanz modernen Bedürfnissen anzupassen. Inzwischen hat sich aber die Finanzlage des Kantons dramatisch verschlechtert, und die Regierung weist das Projekt aus Kostengründen zurück. Im Auftrag des Baudepartements legen die Architekten eine reduzierte Variante vor, die noch rund 2,5 Millionen Franken kosten würde. Am 12. Februar 1991 jedoch beschliesst der Regierungsrat den ersatzlosen Abbruch der Anlage.

Wiederum sind es zunächst die Benützerinnen und Benützer, die sich wehren. Ihr ‹Komitee pro Rheinbad Breite› lanciert im Juli 1991 eine Petition, die die Erhaltung und Sanierung des Badhysli verlangt. Der Erfolg ist erstaunlich: Anfang November 1991 können der Präsidentin des Grossen Rates 10 237 Unterschriften übergeben werden; am 11. Dezember 1991 wird die Petition vom Grossen Rat mit nur zwei Gegenstimmen an die Regierung überwiesen.

Unterstützung kommt auch von privater Seite: Den Anfang macht die Sophie und Karl Binding Stiftung mit einer grosszügigen Zuwendung. Einen erheblichen Beitrag stellt auch E. E. Zunft zu Rebleuten zur Verfügung. Entscheidend ist das Engagement von GGG und Christoph Merian Stiftung. Letztere ist bereit, im Rahmen eines Projektes zur Sanierung der Basler Rheinufer einen beträchtlichen Teil der Renovierungskosten sowie die Bautreuhandschaft zu übernehmen. Nachdem so die Finanzierung sichergestellt ist, gibt die neu zusammengesetzte Regierung grünes Licht für das Modell ‹Lattenzaun III›: Für 1,7 Millionen Franken soll knapp die Hälfte der bestehenden Anlage erhalten werden. Damit ist die heutige Badeanlage deutlich kleiner als jene von 1898. Einen wesentlichen Beitrag zur Kostenreduktion leisten die beteiligten Gewerbe-Betriebe, indem sie Lehrlinge gezielt am Bau ausbilden. Hinzu kommen die grösseren und kleineren Beträge vieler ungenannter Spenderinnen und Spender nicht nur aus Basel, sondern aus der ganzen Region.

Insgesamt kann heute die geglückte Renovation des Breite-Bades als Musterbeispiel für das Zusammenwirken Privater im Interesse der Öffentlichkeit gewertet werden. Das Bad wird – wie bisher – vom ‹Verein Rheinbad Breite› in Gebrauchsleihe betrieben werden. Vom kommenden Mai an wird es wieder allen offenstehen, die am und im Rhein Erholung suchen, und ihnen wie bisher Umkleide- und Duschmöglichkeiten, aber auch Verpflegung anbieten.

Georges Weber

Der Beitrag der GGG
zur Entwicklung des Breitequartiers

Wenn wir heute am St. Alban-Rheinweg entlang rheinaufwärts promenieren, gelangen wir kurz vor der Schwarzwaldbrücke zur Cécile Ines Loos-Anlage, einem neuen, kleinen Quartierpark, der rechter Hand zur Zürcherstrasse hinaufführt. Hier hat die GGG Mitte des letzten Jahrhunderts durch die ‹AG für Arbeiterwohnungen auf der Breite› Basels ersten sozialen Wohnungsbau realisiert. Die letzten Häuser sind noch gar nicht so lange verschwunden. Sie dienten weit über hundert Jahre ihrem Zweck, hatten jedoch ein böses Alter erreicht: verwohnt, feucht und morsch waren sie ohne jeden Komfort geblieben. Seit den 50er Jahren unseres Jahrhunderts bemüht man sich um Ersatz.

Die Arbeitersiedlung

Auch in Basel lockte der ‹Industrieschub› in den 1850er Jahren grosse Teile der ländlichen Bevölkerung in die Stadt. Dies brachte Probleme mit sich, welche die GGG veranlassten,

Die ersten Wohnprojekte der AG für Arbeiterwohnungen von 1854/55 in der Breite, vor ihrem Abbruch (Zustand 1971). ▷

sich aktiv um die Arbeiter und speziell deren Wohnverhältnisse zu kümmern, die in der engen, noch von den Stadtbefestigungen umschlossenen Stadt zum Teil katastrophal waren. Sie erwarb das damals noch periphere Areal in der Breite und baute zunächst drei Gebäude mit je 8 Wohnungen für Arbeiterfamilien, «die sich eines sittlichen Wandels und gesicherten Erwerbs ausweisen». Weitere Bauten folgten, in der Breite, an der Farnsburgerstrasse, in der Wildensteiner- und in der Bechburgerstrasse. Bis zum ersten Weltkrieg hatte der Bestand etwa 80 Wohnungen erreicht, jeweils als Gruppe konzipiert, die über ein gemeinsames Waschhaus und einen gemeinsamen Garten verfügte. Der Garten war in Pflanzplätze für jede Familie unterteilt, damit die vom Land her gewohnte Selbstversorgung durch Obst und Gemüse auch in der Stadt weitergeführt werden konnte.

Das Breitequartier, das nach der Niederlegung der Stadtmauern 1859 rasch angewachsen war, begann sich später jenseits der Eisenbahnlinie in die Lehenmatten auszudehnen. Als nach dem 2. Weltkrieg die Wohnungsnot gross war und der Wohnungsbau wieder angekurbelt wurde, liess auch die AG am Nasenweg, in den Klostermatten und an der Lehenmattstrasse bauen. Pionierarbeit leistete sie 1954 mit der ersten Alterssiedlung am Hechtweg Nr. 18. Bis 1987 war der Wohnungsbestand auf insgesamt 161 Einheiten angewachsen.

Dem Stammareal in der Breite hatte inzwischen ein grosser Wandel gedroht: Laut regierungsrätlichem Ratschlag vom Juni 1942 sollte hier eine Verbindung zwischen der Breite und dem oberen Kleinbasel, die Hallwilerbrücke (später St. Albanbrücke) entstehen. Der Ratschlag be-

159

zeichnete auch gleich, wie die zukünftige Bebauung aussehen sollte: «... dadurch wird es
möglich an der Zürcherstrasse, Ecke Breite-
Brücke, ein Hochhaus vorzusehen, wodurch für
den stadteinwärtsfahrenden Verkehr ein Blick-
fang entsteht, der die Bedeutung der Strassen-
kreuzung hervorhebt ...» Der damalige Vorsteher des Baudepartements, Fritz Ebi, beschrieb
auch seine persönliche Vorstellung von der
Brücke als einer pfeilerlosen Hängebrücke,
einer ‹Golden Gate› für Basel. Bekanntlich
wurde eine preisgünstigere Stahlkonstruktion
gewählt, mit einer Fahrbahn ebenfalls aus Stahl,
einer sogenannten ‹orthotropen› Platte. Wer sie
noch erlebt hat, weiss, dass unter grossen
Lasten jeweils ein beängstigendes Zittern und
Beben die Brücke erschütterte. Die damaligen
Vorstellungen vom Hochhaus zeigen, welche
Bedeutung schlagartig dem Areal der Breite
zugefallen war.

Das erste moderne Bauprojekt

Für die AG war der Moment gekommen, an
einen Ersatz der 55 Altwohnungen, die durch
den Brückenbau ohnehin stark beeinträchtigt
wurden, zu denken. Der Verwaltungsrat lan-
cierte 1958 ein von den Architekten Vischer &
Weber und dem Chef des damaligen Stadtpla-
nungsbüros, Othmar Jauch, ausgearbeitetes generelles Bauprojekt mit 2 Hochhäusern links
und rechts der Brücke. Die Regierung antwor-
tete positiv, jedoch mit dem Vorbehalt, dass
«durch die Landbereinigung beidseits des

Brückenkopfes der Gesamtplan gesichert und
genügend grosse Grünflächen erhalten werden
können.» Damit sollten die kleinen Einfamilien-
häuser, welche die AG seinerzeit den Mietern
auf Abzahlung überlassen hatte, wieder in eine
Hand gelangen. Da die Mittel für zusätzlichen
Landerwerb fehlten, schlug der damalige Leiter
der Zentralstelle für staatlichen Liegenschafts-
verkehr, Ernst Matzinger, vor, er – und das will
heissen: der Staat, denn er wirkte ja in seinem
Ressort wie ein Fürst – werde die Mittel für die
Käufe zur Verfügung stellen, die AG solle aber
die Kaufverhandlungen führen, wozu sie als
gemeinnützige Institution besser in der Lage
sei. Später könne ihr dann ein Baurecht einge-
räumt werden.

Innert drei Jahren gelang es, alle 8 Parzellen
rechts der Brückenrampe, und später auch die
zwei letzten Liegenschaften an der Farnsburgerstrasse, zu erwerben, und anfangs 1964
konnte ein überarbeitetes generelles Bauprojekt
eingereicht werden. Es wurde gutgeheissen,
jedoch sistiert, bis die inzwischen geplante Ex-
press-Strasse abgeklärt sei. Nun brach der sogenannte ‹Tangentenkrieg› aus, der politische
Kampf um die Führung des Verbindungsstük-
kes zwischen der deutschen und der schweizerischen Autobahn. Mit dem Entscheid für die
heute bestehende ‹innere Osttangente› eröffne-
ten sich Perspektiven, die weit über die finanziellen Möglichkeiten der Gesellschaft hinaus-
gingen. Nach Abbruch der St. Albanbrücke
stand nämlich ein arrondiertes Terrain mit einer

bebaubaren Nutzfläche von über 20 000 Quadratmetern zur Verfügung, wovon dank dem Zuwachs durch die alte Brückenrampe der Löwenanteil dem Staat gehörte.

Mit einem Appell an den alten Pioniergeist wandte sich der Verwaltungsrat der AG nun an die ‹Mutter GGG› und legte dar, welche Chance sich böte, hier einen Brennpunkt für soziale und kulturelle Anliegen des Quartiers zu errichten. Man solle das ganze Areal im Baurecht übernehmen und eine breite Trägerschaft auf die Beine stellen. Als Vorbilder galten die quartierweise geplanten Gemeinschaftszentren der Stadt Zürich: Bis in die 50er Jahre reichen die Anfänge der Freizeitanlagen von Wipkingen, Heuried, Riesbach und andere zurück. Das Hochbauamt Zürich hatte durch die Pro Juventute die Freizeitbedürfnisse aller Altersstufen systematisch erfassen lassen und 1970 die Broschüre ‹Die Freizeitanlagen von Zürich› veröffentlicht. Eine Kommission der AG, die sich nun ‹GGG-Breite AG› nannte, reiste nach Zürich und arbeitete anschliessend mit der Pro Juventute für die Breite ein ehrgeiziges

Programm aus. Die Architekten Vischer & Weber konzipierten eine hufeisenförmige Bebauung längs der Autobahn, mit einem Hochhaus als effiziente Abschirmung gegen den Verkehrslärm. Neben dem Bauprogramm umfasste sie Läden, Alterswohnungen, Turn- und Schwimmhalle, Amtsräume und Künstlerateliers, Kindergärten sowie die GGG-Bibliothek. Am 7. Oktober 1970 legte der damalige Vorsteher der GGG, Willi Kuhn, an einer Pressekonferenz die Absichten der GGG dar. Anschliessend wurde unter Beizug der Ingenieurunternehmung Suiselectra ein Ratschlag zuhanden des Grossen Rates verfasst.

Die Räder stehen still

Die Behandlung durch den Regierungsrat zog sich jedoch in die Länge, weil sich die Finanzlage des Kantons in den 70er Jahren zusehends verschlechterte. Das Programm wurde zusammengestrichen, und die Regierung sah sich schliesslich sogar genötigt, auf jegliche finanzielle Unterstützung der Freizeitanlagen zu verzichten. Die staatliche Pensionskasse PWWK zog in Anbetracht der Rezession auf dem Wohnungsmarkt ihr Angebot einer Hypothezierung zurück. Als gar ein Vertreter der Suiselectra von einer Verfolgung des Projektes abriet, zog sich 1975 auch die GGG aus der Mitverantwortung zurück.

Für die AG war das natürlich ein harter Schlag. Da tauchte unerwartet ein neuer Gedanke auf. Die Basler Zeitung verkaufte ihr Areal an der St. Alban-Anlage an den Schweizerischen Bankverein, der am Aeschenplatz seinen neuen Zentralsitz bauen wollte. Sie suchte nach Ersatz für ihr altes Domizil und wurde von der Regierung auf das Breiteareal aufmerksam gemacht. Wäre als neue Lösung ein Verlags- und Druckereigebäude der BAZ, kombiniert mit Quartierzentrum und Wohnungsbau, denkbar? Die Quartierbevölkerung war anderer Meinung und sorgte dafür, dass die Frage einer Überbauung politisch diskutiert wurde. Sie fürchtete verdrängt zu werden und setzte nun den Staat unter Druck: Mitte 1979 beauftragte die regierungsrätliche Wohnbaudelegation den Kantonsbaumeister Carl Fingerhuth, gemeinsam mit der Breite AG einen Ideenwettbewerb für ein Bebauungskonzept durchzuführen.

Generelles Projekt für ein GGG-Center in der Breite. Modell von 1970.
▽

Die Breite heute

Fingerhuth setzte nun einen ‹Mitbestimmungsprozess› in Gang. Er stellte eine Planungskommission, bestehend nicht nur aus den Vertretern der beiden Landeigentümer Staat und Breite AG, sondern auch den interessierten Bauträgern, Fachleuten und Repräsentanten der Quartierbevölkerung zusammen. Eine wahre Demokratieschulung. Nach jahrelangem Ringen gelang es ihm, alle Anliegen und Interessen unter einen Hut zu bringen. Im Frühjahr 1987 erhielt das vom Preisträger des Wettbewerbes, Kurt Blumer, entwickelte Konzept seinen behördlichen Segen. Bis heute ist das eigentliche Quartierzentrum freilich noch nicht realisiert, doch konnten der Wohnungsbau der AG längs der Farnsburgerstrasse ausgeführt sowie das Alters- und Pflegeheim von den Architekten Ritter + Nees + Beutler (Ecke Zürcherstrasse) in Betrieb genommen werden. Entlang der Autobahn erhebt sich das neue Schulungsgebäude des Vereins für Schweisstechnik, entworfen von den Architekten Bürgin Nissen Wentzlaff. Sie sollen – aus vier Studienaufträgen ausgewählt – auch das ersehnte Zentrum mit Post, Café, Freizeiträumen, GGG-Bibliothek, Schule für Gestaltung etc. realisieren.

Blickt man heute über die Cécile Ines Loos-Anlage, so sticht kein überwältigendes Resultat der jahrzehntelangen Planung ins Auge. Alle Beteiligten haben auf ihre Art ansprechend gebaut; ein baulich markantes Zentrum oder gar eine städtebauliche Aussage zum Rheinübergang ist jedoch nicht ersichtlich. Das mag enttäuschen. Dafür weist die Anlage reizvolle Aspekte auf, die wir in keinem anderen traditionellen Park finden, die uns aber sehr quartiernahe anmuten und uns etwas über die Breite, und wie sie war, mitteilen.

Bebauungskonzept von Curt Blumer, Grundlage für die heutige Cécile Ines Loos-Anlage. Regierungsrätlicher Ratschlag vom Juni 1987.
◁

Tendenzen der modernen Architektur

Als Hommage an den Architekten Hermann Baur (1894–1980) eröffnet ein Beitrag über dessen zahlreiche profane und sakrale Bauten in Basel unseren thematischen Block ‹Tendenzen der modernen Architektur›.

Seit einiger Zeit bemühen sich Unternehmen und die öffentliche Hand, Innovationsfreude und Qualitätsansprüche mittels hochstehender Architektur leicht wahrnehmbar zu vermitteln. Davon können das Stadtbild und die Stadtbewohnerinnen und -bewohner nur profitieren.

In dieser Ausgabe des Stadtbuches möchten wir drei neue Bauten der erfolgreichen Basler Architekten Jacques Herzog und Pierre de Meuron vorstellen. Gleichzeitig werfen wir einen Blick über die Grenzen auf den kosmopolitischen Vitra-Architekturpark in Weil, der Bauten verschiedenster internationaler Stararchitekten vereinigt. *(Red.)*

Fabrizio Brentini

Für eine Einheit von Architektur und Kunst

Zum hundertsten Geburtstag von Hermann Baur (1894–1980)

Hermann Baurs architektonisches Gesamtwerk ist mehrfach gewürdigt worden, insbesondere durch die 1956 von der Schweizerischen St. Lukasgesellschaft herausgegebene Monographie, die ihn und den zweiten Protagonisten der zeitgenössischen Kirchenarchitektur, Fritz Metzger, vorstellte, sowie durch die Ausstellung von 1975 im Gewerbemuseum Basel. Im vergangenen Jahr fand im Architekturmuseum Basel eine grosse Retrospektive statt, begleitet von einem reich bebilderten Katalog. Schliesslich befasst sich schon seit einiger Zeit die Basler Architektin Carmen Humbel im Rahmen ihrer Dissertation mit dem Œuvre von Baur. Baukunst soll denn auch im Mittelpunkt der folgenden Erörterungen stehen, doch möchte ich daneben einen ebenso wichtigen Aspekt im Wirken von Baur untersuchen: seine ausgesprochene Fähigkeit im Unterrichten. Sein Atelier in Basel war ein häufig aufgesuchter Ort für Volontäre und Studienabgängerinnen mit Hoffnung auf erste Anstellungen. Walter M. Förderer, sein wohl bekanntester Schüler, nannte ihn mit Respekt einen unerbittlichen Lehrmeister; er war genau zu jener Zeit als Mitarbeiter in Basel tätig, als die aufseherregende Kirche von Birsfelden entworfen wurde, die nicht nur in Baurs Gesamtwerk, sondern auch allgemein eine neue Phase im Kirchenbau einläutete. Förderer emanzipierte sich später von seinem Lehrer und leistete einen sehr eigenständigen Beitrag zur plastischen Architektur.

Baur war, dies auch im Gegensatz zu Fritz Metzger, eine überaus kommunikative Persönlichkeit. Durch Vorträge mit messerscharf formulierten Gedankengängen schuf er sich schon in den 1920er Jahren einen Namen. Er wurde zu

Jurierungen eingeladen und mit Expertisen beauftragt, wobei vor allem zwei Beratungen die Kirchenarchitektur im europäischen Kontext revolutionierten. Die ihm dargebotene Chance, einen Wettbewerbsentscheid mitzuprägen, aus der endlich das Neue Bauen auch in der Kirchenarchitektur siegreich hervorgehen könnte, ergriff er bereitwillig. Ohne ihn wäre die Kirche St. Karl von Fritz Metzger in Luzern (1933/34) wohl nicht in ihrer jetzigen Form zustande gekommen. Baur, vermutlich der Wortführer der Jury, steuerte mit seinem Expertenbericht zur zweiten Runde die weichenstellende Grundlage für die Entscheidung zugunsten Metzger bei. Auch ein weiteres Mal sollte sein Urteil wesentliche Umwälzungen auslösen: Der 1944 durchgeführte Wettbewerb für die St. Felix und Regula-Kirche in Zürich unter der Leitung von Linus Birchler schwemmte zunächst triumphalistische Lösungen in die vorderen Ränge. Der antimonumentale Wurf von Metzger mit der erstmals vorgetragenen Ovalkonzeption wurde lediglich dank einem dürftigen Anerkennungspreis vor der totalen Desavouierung bewahrt. Auf Wunsch des Pfarrers verfasste Baur eine Analyse und votierte mit einem unübertrefflichen Gespür für das Potential des queroblongen Grundrisses für Metzgers Projekt. Und tatsächlich sollte erst dieser Bericht die Situation entscheiden und schliesslich die Realisierung in den Jahren 1949/50 ermöglichen.

Baurs Lehr- und Beratungstätigkeit muss auf gleicher Stufe gesehen werden wie sein Wirken als Architekt. Zumindest im Kirchenbau – der für ihn zwar unabdingbar, aber nicht im gleichen Masse wie für Fritz Metzger das bestimmende Thema war – sind Qualitätsunterschiede in seinen ausgeführten Arbeiten nicht zu übersehen. Hinzu kommt, dass es nicht Baurs Neigungen entsprach, Prototypen zu entwickeln; hingegen gelang ihm, sie zu konsolidieren. In engem Kontakt mit Rudolf Schwarz, der in Aachen mit der Fronleichnamskirche einen in seiner asketischen Klarheit unvergleichlichen Baukörper geschaffen hatte, welcher für Baur zum Fanal des ornamentfreien, ehrlichen und christozentrischen Bauens für die Kirche wurde, tastete er sich an die ersten konkreten Versuche heran, die im Entwurf für Don Bosco in

Basel gipfelten: einer kristallinen Raumschöpfung von überzeugender Einfachheit. Mit diesem ersten kirchlichen Auftrag verknüpfte Baur grosse Ambitionen, bot sich ihm doch die Gelegenheit, den mit St. Anton in Basel begonnenen Aufbruch im modernen Kirchenbau energisch fortzusetzen. Leider vereitelte eine starke Gegnerschaft die Umsetzung des ursprünglichen Projektes. Baur sah sich gezwungen, wesentliche Abstriche vorzunehmen, so dass die Kirche, so wie sie sich heute präsentiert, als Kompromiss zwischen dem Stil des Neuen Bauens und traditionellen Elementen, wie dem polygonalen Chor und dem Satteldach, zu werten ist. Das Hauptwerk der 30er Jahre ist die Sakraments-Kirche in Dornach (1937–39), eine nüchterne Anlage mit strenger Aufteilung in einen Longitudinalbau ohne Einschnürung im Chorbereich und einen freistehenden Turm. Die sanften Rundungen für die Bedachungen widerspiegeln die Topographie des Jurageländes. Kennzeichnend ist auch die Auswahl der Baustoffe: Sichtbeton für das Äussere, Tuffitplatten in Verbindung mit Glas für die innere Verkleidung. Teilweise schliesst sich die Kirche von Möhlin (1938–40) mit ihrem wuchtigen, westwerkartigen Eingangsturm an die reduzierte Sprache von jener von Dornach an; allerdings sind hier die Wahl eines Satteldaches und der Auftrag eines Mauerputzes wohl als Zugeständnisse an das sogenannte Volksempfinden zu verstehen, das nach St. Anton der Entwicklung in Richtung Moderne Einhalt gebieten wollte.

Im profanen Bereich erregte Baur mit der Pavillonschulanlage Bruderholz Basel (1935–39) Aufsehen. Erstmals fragmentierte ein Architekt ein Schulhaus in Einzeltrakte für die Klassenzimmer, die durch einen langen Gang, eine Art Nabelschnur, miteinander verbunden sind; grosse Glasfenster öffnen den Blick in eine üppige Gartenlandschaft. Wenig später legte Baur für die Siedlung Jakobsberg in Basel einen Gestaltungsplan vor, der bis in die 60er Jahre Rahmen und Anordnung der Wohneinheiten bestimmte. Die Strassenzüge folgen den Höhenkurven, während die Wohnblöcke senkrecht zum steil abfallenden Gelände errichtet sind. Grosse ‹Unités›, gemäss den von Le Corbusier formulierten Grundsätzen der Konzentration der Nutzfläche auf ein Minimum, um die herum

Das Bestreben, für Patienten, Personal und Besucher eine humane Atmosphäre zu schaffen, spiegelt sich in allen Bereichen: Bürgerspital Basel (1939–45). ▷

Einheit von Nutzfläche und Grünanlagen: Die Pavillonschulanlage im Bruderholz (1935–39). ▷

weite Grünanlagen erhalten werden können, verwirklichte Baur 1939–45 mit dem Bürgerspital Basel und 1948–54 mit dem Verwaltungsgebäude der Basler Transport-Versicherungsgesellschaft.

Ende der 40er und im Verlaufe der 50er Jahre bemühten sich Baur und Metzger um liturgiegerechte Lösungen in Kirchengrundrissen, das heisst um eine grösstmögliche Aufhebung der Trennung von Chor und Schiff. Das Abrücken vom Längsgrundriss wagte Baur aber erst nach Metzgers Erfolg in Zürich und Riehen. Die

Allerheiligenkirche Basel (Baur, 1948–51) ist in diesem Zusammenhang schon fast eine Antithese zur Franziskuskirche in Riehen (Metzger, 1949/50). Mit dem domhaften Bau sollte offensichtlich versucht werden, die Massstäblichkeit von St. Anton aufzugreifen, allerdings mit der entscheidenden Neuerung, dass hier der Chor durch die Beanspruchung eines Drittels der Gesamtfläche weitaus grosszügiger ausfiel. Die skelettartige Bauweise mit ihrer Ausfachung durch Mauerwerk gemahnt an die Sprache von Auguste Perret, die sich in der Schweiz zu jener Zeit in verschiedenen Grossbauten niederschlug. Der Bau der Kirche von Ronchamp bedeutete eine gewaltige Zäsur. Baur besuchte den Wallfahrtsort (dies nicht nur im religiösen Sinne gemeint) und war danach der festen Überzeugung, dass der Kirchenbau neue Wege einschlagen müsste. In Birsfelden demonstrierte er mit der 1955–59 errichteten Bruder-klausenkirche gleich selber, welche Freiheiten in der Gestaltung des architektonischen Körpers nun möglich waren. Schon der Durchgang zum Altar verläuft nicht mehr geradlinig, sondern folgt einem breiten ‹U›; es beginnt beim Vorplatz, den der vorgezogene Turm und der hohe, freie Wandzug des Chores bilden, und führt über den Eingang, hinter dem der Taufstein steht, bis zur Hauptachse des Innern, die der Diagonale eines Quadrates folgt. Das Vorbild Ronchamp wird insbesondere in den gebogenen Wänden, in der indirekten Lichtführung und in der freien Durchbrechung der dem Turm zugewandten Front durch verschieden grosse, schiessschartenähnliche Fenster manifest. Der Chor ist überhöht und wird aus dem dadurch gewonnenen Oberlicht beleuchtet; eine Empore fehlt, die Orgel, die er mit einem baumartigen Prospekt auszeichnete, verlegte Baur stattdessen in die Nähe des Chores. Die Quadrat-Dia-

Der einzeln stehende Turm der Bruderklausenkirche in Birsfelden (1955–59). Mit diesem Bau beschritt Hermann Baur vollkommen neue Wege in der Sakralarchitektur.   ▷

gonale als Ordnungsprinzip des Grundrisses behielt er auch bei den folgenden Kirchenbauten bei: St. Nicolas de Flüe in Biel (1955–58), Christkönig-Kirche in Rudolfstetten (1959–64), St. Michaels-Kirche in Ennetbaden (1960–66) und Notre-Dame de la Prévôté in Moutier (1961–67). Mit den beiden letztgenannten Werken verliess Baur den Weg der freiplastischen Architektur und näherte sich der Ästhetik des von Le Corbusier geprägten Begriffes ‹beton brut›. Zusätzlich dürfte gerade in den 60er Jahren ein Rückfluss von Walter Förderers genuiner Sprache begonnen haben, der mit der Handelshochschule St. Gallen den Prototyp seines persönlichen Baustils realisieren konnte. Wichtig wurde auch Baurs Zusammenarbeit mit seinem Sohn Hans Peter in den Planungen der Werke ab 1960. Sowohl die Kirche von Ennetbaden wie jene von Moutier, zusammengesetzt aus strengen Kuben in Sichtbeton, zeigen eine

deutliche Hierarchie in der inneren Raumstruktur auf. Der wohl prestigeträchtigste Auftrag war der Bau der Kunstgewerbeschule in Basel zwischen 1948 bis 1961 (in Arbeitsgemeinschaft mit Franz Bräuning, Arthur Dürig und Hans Peter Baur), nachdem Baur bereits 1938 den Wettbewerb für sich hatte entscheiden können, das Projekt aber durch ein Referendum verhindert worden war. Die grossen, kompakten Blöcke für die einzelnen Trakte fragmentieren das Grundstück in geometrisch strenge Einheiten. Der Hof dient nicht nur dem Aufenthalt der Studenten während der Pausen, sondern ermöglicht das optische Abtasten der einzelnen Fassaden und deren Binnenzeichnung; die ‹luftige› Maurerhalle greift mit dem aus Beton modellierten Faltwerk in die Zone der Strassenachse. Nicht-architektonische Kennzeichen im Innern der Bauten von Baur sind die zahlreichen, wertvollen Kunstwerke: Zeit seines Lebens hatte der Architekt zu wichtigen Künstlern intensive Beziehungen gepflegt. Die Allerheiligenkirche etwa beherbergt in einer Nische, die von Ferdinand Gehr mit einer Deckenmalerei versehen wurde, einen hervorragenden Taufstein von Hans Arp, weiterhin ein Mosaik zur Kreuzwegthematik und ein abstraktes Glasfenster von Alfred Manessier, schliesslich eine ausgesprochen schöne Madonnenstatue von Albert Schilling, der zugleich den Altar und das Relief beim Eingang schuf. Manessier treffen wir wieder mit einem grossen Glasfensterzyklus in Moutier an, Schilling mit der Gestaltung des Chorraumes in Birsfelden, Gehr mit dem grossen Chorwand-Bild in der Marienkirche in Olten, und Arp noch einmal mit einer komplexen Stele auf dem Hof der Allgemeinen Gewerbeschule Basel. Hier zeigt sich eine effektive Kunstförderung von Seiten Baurs, die in der Schweiz ihresgleichen sucht.

Literatur

Kirchenbauten von Hermann Baur und Fritz Metzger, Sakrale Kunst 2, Zürich 1956.
Hermann Baur, Hrsg. Gewerbemuseum Basel, 1975.
Fabrizio Brentini, Bauen für die Kirche, Katholischer Kirchenbau des 20. Jahrhunderts in der Schweiz, Luzern 1994.
Hermann Baur, Architektur und Planung in Zeiten des Umbruchs, Hrsg. Architekturmuseum Basel, 1994.

Ulrike Zophoniasson-Baierl

Industrie und Stadtkultur –
Zur Baupolitik von Rolf Fehlbaum

Produktionsbetriebe belegen zwar immense Flächen, trotzdem sind Industriezonen im öffentlichen Bewusstsein unbekanntes, wenig attraktives Niemandsland. Die Bautätigkeit der Vitra Unternehmen jedoch wird von der Architektenwelt seit gut 10 Jahren mit Spannung verfolgt. Seit 1981 nämlich verpflichtet Vitra stets prominente Architekten. Zudem ist jeder neue Bau eine Premiere: Der Engländer Nicholas Grimshaw und der Portugiese Alvaro Siza präsentierten sich damit zum ersten Mal in dieser Region. Der Amerikaner Frank Gehry und der Japaner Tadao Ando bauten hier erstmals in Europa, und für die in London lebende Irakerin Zaha Hadid war die Feuerwache der erste realisierte Bau überhaupt. Rolf Fehlbaum, seit Jahren intimer Kenner der internationalen Architekturszene und seit 1977 Konzernleiter, erntet mit dieser Baupolitik jedoch nicht nur Applaus: Ein ‹Freilichtmuseum› wurde das Weiler Firmengelände auch schon genannt, ein ‹Architektenzoo›, eingerichtet von einem passionierten Sammler. Fehlbaum selbst sieht dies anders: Keiner der von ihm initiierten Bauten war Selbstzweck. 1981 zerstörte ein Brand grosse Teile der Weiler Produktionshallen. Gleichzeitig begann die Firma stark zu expandieren. Sie hatte also in den 80er Jahren einen enormen Raumbedarf. Architektur und Design aber sind eng verwandte Disziplinen – Le Corbusier, Mies van der Rohe, und nicht zuletzt Charles Eames, dessen Sitzmöbel Vitra exklusiv produziert, waren nicht nur bekannte Architekten, sondern ebenso erfolgreiche Designer. Umgekehrt sind Architekten für eine Firma, die qualitativ hochstehendes Design verkauft, auch eine wichtige Zielgruppe. Rolf Fehlbaum verband also das Angenehme mit dem Nützlichen,

suchte einerseits als interessierter und engagierter Bauherr die Auseinandersetzung mit den Architekten seiner Wahl und stattete andererseits als Unternehmer die wachsende Firma mit Räumen aus, die den hohen Qualitätsanspruch der eigenen Produkte werbewirksam sichtbar machten. Für den promovierten Soziologen Fehlbaum ist diese Baupolitik allerdings nicht nur ein Weg, der eigenen Firma ein unverwechselbares Gesicht zu geben, sondern auch Ausdruck kulturellen Verantwortungsbewusstseins: Jeder Bau verändert das Umfeld, und somit übernimmt jeder Bauherr öffentliche Verant-

Ein Sammler moderner Architektur? Rolf Fehlbaum sieht das nüchtern: «Man baut, weil man muss.»
▽

Das Feuerwehrhaus der Irakerin Zaha M. Hadid (1993) mit seiner dynamischen Architektur.
▷

wortung. Architektur und Design sind zudem als Spiegel unserer Gesellschaft unverzichtbarer Teil städtischer Kultur. Fehlbaums Engagement ist auch ein Angebot an die Kommune, kulturelle Aufgaben mitzutragen.

Kleiner Bau mit grosser Wirkung – Zaha Hadids Feuerwache

Zaha Hadids 1993 fertigestelltes Gebäude für die betriebsinterne Feuerwehr ist nicht nur dank seiner eigenwilligen Sprache, seiner kraftvollen Dynamik und starken Bildhaftigkeit ein höchst bemerkenswerter Bau und Beweis dafür, dass die von der klassischen Moderne entwickelten Raumideen noch längst nicht ausgereizt sind. Es ist unter den Händen dieser heute 44jährigen Mathematikerin und Architektin, die seit ihrem aufsehenerregenden Projekt für einen Freizeitclub in Hongkong (1982) und der grossen New Yorker Ausstellung über dekonstruktivistische Architektur (1988) als einer der führenden Köpfe dieser Avantgardebewegung gilt, darüberhinaus auch ein spannendes Lehrstück zum Thema ‹Bauen im urbanen Kontext› geworden. Hadid versteht jeden Neubau als Eingriff in Bestehendes. Architektur bedeutet somit stets auch Neugestaltung des Umfeldes. In der eher kleinen Bauaufgabe für die Feuerwache des Fabrikgeländes sah sie denn auch die grosse Chance, das am nördlichen Tor zur Agglome-

ration am Rheinknie gelegene, bis anhin wenig strukturierte Industrieareal – einen «Nicht-Raum», wie sie es einmal nannte – zu einem «sinnvollen Ganzen zusammenzufügen» und es durch wenige, geschickte Eingriffe zum Stadt-Raum umzugestalten: Hadid stellte ihren Bau in den Schnittpunkt zweier geographischer Linien, die für Form und Organisation des Areals bestimmend sind. Die Haupterschliessungsstrasse, die der linearen Parzellenstruktur der benachbarten Landwirtschaftszone folgt, führt nun vom Vitra Design Museum direkt auf die Feuerwache zu, die diese Bewegung aufnimmt und umlenkt in die von Bahn und Rhein vorgegebene andere Linie. Das neue Gebäude macht damit die organisatorische Logik des bebauten Umraumes sichtbar und gibt ihm die notwendige klare Struktur. Die schrägen Mauern, zwischen denen die verschiedenen Nutzungen (Garage, Umkleideraum, Fitnessraum, Erholung) untergebracht sind, strahlen Schnelligkeit und Dynamik aus, nehmen also das Thema der grossen, das Areal tangierenden Verkehrsachse auf. Gleichzeitig nimmt die charakteristische Schichtung der Wände aber auch Bezug auf die ganz ähnlich strukturierten Landwirtschaftsparzellen – alte Kulturlandschaft und neue künstliche Landschaft treten in einen Dialog. So wird dieser Bau, der selbst kaum Raum beansprucht, zum Raumgenerator für ein ganzes Fabrikareal.

Werner Blaser

Die Architektur-Collage der Vitra

Die Skulptur ‹Balancing Tools› von Claes Oldenburg und Coosje van Bruggen (1984). Im Hintergrund das Vitra Design Museum von Frank O. Gehry (1989).
▽

Der Bürokomplex des Vitra Centre von Frank O. Gehry (1989).
◁

Zehn Autominuten nordöstlich Basels befindet sich ein Zentrum der Weltarchitektur. Von der beklemmenden Atmosphäre der Stadtrandquartiere ist hier nichts mehr zu spüren; stattdessen bilden auf dem Firmengelände der Möbelproduzentin ‹Vitra› unterschiedlichste Bauten moderner Architektur, erstellt von weltbesten Architekten, aufeinander Bezug nehmend und ohne einander zu konkurrenzieren, ein spannendes Ganzes. Die mit Bedacht in die umliegende Landschaft eingefügte Architektur verströmt eine heitere Gelassenheit.

1981 hatte der Aufbau des heutigen ‹Architektur-Mekka› begonnen. In atemberaubendem Tempo entwickelte damals der englische Pionierarchitekt Nicholas Grimshaw die ersten neuen Fabrikgebäude aus Leichtmetallelementen im ‹Meccanosystem›. Acht Jahre später konzipierte der Amerikaner Frank O. Gehry den Bau des Vitra Design Museums sowie eine Fabrik, die beide durch ihre exzentrischen Formen die Besucher anlockten; 1993 entstanden hier ein Konferenz-Pavillon des Japaners Tadao Ando sowie ein Feuerwehrhaus der Irakerin Zaha M. Hadid; und im vergangenen Jahr errichtete dann der portugiesische Architekt Alvaro Siza die grösste der Fabrikationshallen. Alle Beteiligten suchten mit viel Phantasie nach Möglichkeiten, die funktionellen und ästhetischen Probleme, die der Bau einer solchen Industrieanlage mit sich bringt, zu bewältigen. Von Anfang an sollte eine Arbeitswelt geschaffen werden, die dem anspruchsvollen Produktedesign der ‹Vitra› entspräche. Aus einer avantgardistischen Auseinandersetzung mit Tradition und Moderne entstanden – sowohl bezüglich der Architektur als auch des Produkts ‹Designmöbel› – Werke von höchster Qualität und Ausstrahlungskraft.

Proportion und Askese: Vitra Conference Centre von Tadao Ando

Mit einem klaren Bekenntnis zur kulturellen Tradition wie zur Moderne hat in Osaka seit den siebziger Jahren Tadao Ando eine Architektur der Stille entwickelt. Seine Tiefgründigkeit, seine vom Licht und vom Material dominierte Architektursprache sowie die stetige Verbesserung seiner Ausdruckskraft brachten ihm weltweite Anerkennung ein. 1993 baute der Japaner für Vitra einen Konferenz-Pavillon, dessen architektonisches Konzept auf Kontemplation ausgerichtet ist. Entlang einer hohen Betonmauer umläuft der Eingangsweg eine rechtwinklige Wiese und führt, nur eine schmale Bodenplatte breit, zum Konferenz-Pavillon. Dem von dieser Wegführung ausgehenden Impuls soll sich der Besucher hingeben, soll alleine, flankiert von einem Dutzend alter Kirschbäume, in entspannter Konzentration dem Zentrum gegenübertreten. Dessen Struktur, auf einfache Formen reduziert, vermittelt Stille und Unendlichkeit. Rechteckige und quadratische Räume sowie ein kreisförmiger Raum inmitten des Gebäudes werden geteilt durch eine Wand, die sich als freistehende Mauer ins Gelände hinaus fortsetzt. Infolge dieser Diagonale erlebt der Besucher die Räume als asymmetrische Gebilde, durch horizontale und vertikale Ein- und Durchblicke mit dem Aussenraum verbunden.

Geleitet von einer puristischen Vision, hat Tadao Ando die Idee der Leere bewusst in seine Gebäude hineinkomponiert. Sein Raumkonzept schliesst den Himmel – im Innern des Raumes sichtbar, flankiert von kahlen ‹freundlichen› Betonwänden – konsequent mit ein. Der Architekt spricht von einem ‹Lichtbrunnen›: «Er durchdringt die vielen Schichten des Gebäudes und bringt das Himmelslicht herein. Er ist ein vitaler Teil des Bauwerks – die Lebensquelle des Hauses». Am deutlichsten erlebt dies der Besucher im Innenhof, ein Stockwerk tief unter die Geländeebene abgesenkt: Auf der Glasfassade spiegeln sich mehrfach die übrigen Ge-

Der abgesenkte Konferenz-Pavillon von Tadao Ando (1993).
▽

bäudeteile und die Natur. Im Zusammenspiel von Material, geometrischen Elementen, Proportionen, Licht, Innen und Aussen scheinen die umgebenden zweistöckigen Mauern ihre materielle Konsistenz zu verlieren; ein Raum entsteht, in welchem Licht- und Schattenstreifen das Spiel der geometrischen Elemente akzentuieren und ein virtuoses Energiefeld schaffen, das sich auf die Besucher überträgt. Tadao Andos Raumkonstellation bewegt sich an der eigenen Endlichkeit, die das Unendliche umfasst.

Die geschwungene Galerie im Innern des Konferenz-Pavillons.
▽

Komplexe Verschachtelung: Vitra Design Museum von Frank O. Gehry

Frank O. Gehry aus dem kalifornischen Santa Monica geht andere Wege; er sucht nach einer neuen Sprache des Provisorischen. Seine Lösungen sind komplexe Arrangements übereinandergeschobener Bauvolumina, wobei sich das Vitra Design Museum in Weil am Rhein deutlich von den Projekten in den USA abhebt. Wie jeder grosse Architekt reagierte Frank O. Gehry auf den ‹genius loci›; wichtige Architektureindrücke aus der Region – Ronchamp, das Goetheanum – flossen in die Gestaltung ein. Der Amerikaner berücksichtigte bei seiner Materialwahl lokale klimatische Verhältnisse und Bautechniken: die Aussen- und Innenwände wurden weiss verputzt, das Dach und alle geneigten Flächen, an denen Regenwasser abfliessen kann, wurden mit Blechpaneelen aus Titanzink gedeckt.

Schritt für Schritt wird beim Besuch des Museums die innere Logik der Konzeption deutlich. Ein Museum benötigt Wände – als Hintergrund für die Objekte und Informationen – und Licht, aber keine Fenster. Frank O. Gehry lässt deshalb weiches, gebrochenes Licht durch Skylights einfliessen; unterschiedliche Raumhöhen und Grundrisse schaffen unterschiedliche Räume, die eine Vielfalt von Ausstellungsoptionen erlauben; die geschwungenen Rampen schliesslich, die zum ersten Stock führen, sind von aussen ablesbar – ein Novum in Frank O. Gehrys Formensprache und ein Produkt des Experimentierens mit Fisch- und Schlangenskulpturen. Geht man durch die Museumsgebäude und um sie herum, so wird erkennbar, wie sich die Kontinuität durch ein kongruentes, differenziertes Formenspektrum ausdrückt: Oberlichter und Lichtschächte ermöglichen den variierenden Einfall von Tageslicht. Wohl erscheint das Gebäude durch seine irreal wirkenden Arrangements übereinandergeschobener Baukörper wie eine Skulptur; ähnlich jedoch wie bei der Kapelle von Le Corbusier in Ronchamp steht das Innere vor dem Äusseren, und wie dort wird durch diese Lichtführung eine beseelte Stimmung hervorgerufen.

Blick aus dem Konferenz-Pavillon: Die Gliederung des Innenraums setzt sich im freien Gelände fort. ▷

△

Im Vordergrund die neue Produktionshalle von Alvaro Siza (1994), hinten das Feuerwehrhaus von Zaha M. Hadid (1993).

Links das Feuerwehrhaus von Zaha M. Hadid, rechts das neue Fabrikgebäude von Alvaro Siza. ▷

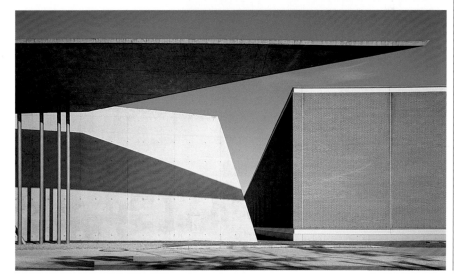

Lutz Windhöfel

Fassaden für die Zukunft –
Drei neue Bauten von Herzog & de Meuron

Filigrane Beton-
konstruktion mit
Wandelhalle für die
Zuschauer: die
Dreifach-Turnhalle
am Pfaffenholz.
◁

Architektur aus Basel ist in den vergangenen Jahren zu einem internationalen Gütesiegel geworden. Spricht man heute in Westeuropa von einer neuen Schweizer Architektur, so fallen fast immer dieselben Namen: Michael Alder, Diener & Diener, Herzog & de Meuron. Bisweilen wird die Basler Architektur sogar bereits als ‹Basler Schule› bezeichnet. Sie zeigt sich streng, bedürfnisnah und einfach, dabei von grösster gestalterischer und handwerklicher Sorgfalt, verbunden mit einer entsprechen-

den Sensibilität bei der Materialwahl. Aber auch der mehrfach ausgezeichnete Design-Produzent Rolf Fehlbaum und dessen Firma ‹Vitra› trugen mit ihrem ambitiösen Bauprogramm in Birsfelden und Weil am Rhein entscheidend dazu bei, dass bedeutende internationale Architekten enge Beziehungen zum Oberrhein pflegen. Über die Fachwelt hinaus prägt das Thema ‹Architektur› heute die öffentliche Diskussion, und trotz Baukrise existiert inzwischen in Basel ein ungewöhnlich guter Humus für Architekten, die über ein grosses ästhetisches Bewusstsein und eine solide Ausbildung verfügen.

Visionen, Ausblicke, Projekte

Jacques Herzog und Pierre de Meuron sowie – als dritter Sozius – Harry Gugger beschäftigen heute bis zu dreissig Mitarbeiter. Baustellen in Berlin, Frankfurt, München und Blois/Loire spiegeln die Bedeutung des international meistbeschäftigten unter den seriösen Basler Kreativbüros. Nie zuvor jedoch traten die Arbeiten

△
In der Fassade
des Sportzentrums
spiegeln sich
die benachbarten
Wohnhäuser.

der Basler Meisterarchitekten in ihrer Heimatstadt so deutlich sichtbar auf den Plan wie im vergangenen Jahr. Denn beinahe gleichzeitig wurden in Basel drei neue Bauten eingeweiht: die Sportanlage auf dem Pfaffenholz, direkt hinter dem Paraplegikerzentrum auf französischem Boden gelegen, der Um- und Neubau der Basler SUVA-Filiale in der Gartenstrasse/St. Jakobs-Strasse und das Stellwerk für den SBB-Güterbahnhof ‹Auf dem Wolf›, neben dem edelsten der Basler Friedhöfe. Zuvor hatte man

grössere Bauvorhaben nur ausserhalb – in Laufen, am Stadtrand von Mulhouse und in Wien – realisiert. In der Hebel- und der Schützenmattstrasse waren Projekte entstanden, die vergleichsweise klein waren und zudem die traditionsreiche Basler Architekturgeschichte respektieren mussten. Nun aber boten die Freifläche auf dem französischen Gebiet ebenso wie der Rangierbahnhof neben dem Dreispitzareal ganz andere Möglichkeiten. Die grosse Sportanlage am westlichen Stadtrand wurde nach dem Vorbild einer 1993 bei Mulhouse fertiggestellten Fabrikhalle vollständig mit Glas verkleidet. Die elegante Gebäudehülle verdeckt eine Wärmeisolierung, die gleichwohl diskret sichtbar bleibt und somit auch eine ästhetische Funktion erfüllt. Die Dreifach-Turnhalle – sie eignet sich für sämtliche Indoor-Sportarten ausser Tennis, Laufwettbewerben und dem Stabhochsprung – tritt als klare und filigrane Gussbetonkonstruktion auf; um sie herum liegt eine monumentale Wandelhalle mit einem Selbstbedienungs-Café, das mit Stuhlklassikern von Charles Eames ausgestattet wurde. Mit seiner ökologiebewussten Energieversorgung, seiner sporttechnischen Elektronik und einer ausfahrbaren Tribüne ist dieses Zentrum auch für internationale Anlässe gerüstet.

Wie auf der Freifläche bei St. Louis, konnten die Architekten auch auf dem Bahnhofsareal östlich der Münchensteinerbrücke fast unbeschränkt planen. Das neue SBB-Stellwerk gleicht einem mit Computertechnologie ausgestatteten Transport-Container, dem ein fester Standort zugewiesen wurde. Seiner High-Tech-Infrastruktur, die auf dem vielbefahrenen Terrain sämtliche Abläufe steuern soll, wurde eine Kupferfassade in Lamellenform vorgeblendet. Beeindruckend ist die strukturale Qualität des Baus, der eine Präsenz hat, als wäre er wie die Kaaba in Mekka ein geistig-spirituelles Zentrum. Auch beim Stellwerk zeigt sich, dass Fassadengestaltung spätestens seit der Ricola-Lagerhalle in Laufen (1989–1991) zu einem der Gütezeichen von Herzog & de Meuron zählt. Auch mit dem SUVA-Haus nahe dem Bahnhof SBB gelang den Architekten ein Meisterwerk. Obwohl das existierende Haus schon in der Nachkriegszeit als Zeichen konservativen Baudenkens galt, blieb das Gebäude von 1950 – mit seinem Ikarus-Relief des ‹Gruppe 33›-Mitglieds Willy Hege – erhalten. Die Architekten respektierten die Geschichte und versahen den Bau mit einer Glas-Aluminium-Fassade. Hatte sich jedoch das alte Gebäude noch zur St. Jakobs-Strasse hin verjüngt, so folgt es nun der Strassenflucht; zu diesem Zweck wurde entlang der Gartenstrasse ein Riegel mit Wohnungen gelegt. Im neuen Cafe Ikarus sitzend, kann man den einstigen wie den neuen Fassadenverlauf sehr gut verfolgen. Gleichzeitig befindet man sich direkt neben den Fenstern in einem monumentalen Raum von zehn Metern Höhe, der in der Schweiz allenfalls im Flughafen Zürich-Kloten seinesgleichen hat.

Basel – Brennpunkt moderner Baukunst

Ganz in der Nähe, rund um den Aeschenplatz, finden sich weitere Zeichen einer international beachteten Architektur: Einen Steinwurf vom SUVA-Gebäude entfernt entsteht der neue SBG-Sitz von Mario Botta; am Eingang der St. Alban-Anlage haben Bürgin Nissen Wentzlaff den neuen Verwaltungsbau der PAX-Versicherungsanstalt fertiggestellt; einige Schritte weiter erhebt sich das Gebäude der ‹Baloise› von Diener & Diener. Basel, schon heute ein wichtiges Zentrum unter den Architekturkennern, ist um einige baukünstlerische Attraktionen reicher geworden.

Die gläserne Fassade des SUVA-Gebäudes, von der St. Jakobs-Strasse aus gesehen. ▷

Durch die Glasscheiben hindurch wird das alte Ikarus-Relief sichtbar. ▷

Im Inneren des Ikarus-Cafés. Direkt an der Fensterfront misst der Raum rund zehn Meter Höhe. ▷▷

◁
High-Tech-Center für den computergesteuerten Bahnverkehr: Wie ein feingesponnenes Netz legt sich die Kupferhülle um das neue SBB-Stellwerk.

Alfred Wyss

Von Denkmalpflege und von Denkmälern

‹Von Denkmalpflege und von Denkmälern› war mein erster Beitrag im Stadtbuch 1978 betitelt, in welchem ich als neuer Basler Denkmalpfleger von meinen Ansichten und Absichten berichtete; mein letzter Bericht 1994 würde kaum anders zu schreiben sein – allerdings mit etwas anderer Akzentsetzung in der Zukunftserwartung.

Damals war – befördert durch die Impulse des Europäischen Jahres für Denkmalpflege und Heimatschutz 1974/75 – eben das Gesetz über die Schutz- und Schonzonen (1977) rechtskräftig geworden, und man arbeitete an den Rechtsgrundlagen für den Denkmalschutz. Der Denkmalpflege wurden einerseits baurechtliche Kompetenzen zugehalten – allerdings nur in der Schutzzone und nur für das Äussere und die parzellenbestimmenden Brandmauern –, anderseits aber im Denkmalschutzgesetz die Erhaltung der Denkmäler im ganzen Kantonsgebiet. Die Denkmalpflege konnte nun mit baugeschichtlichen Untersuchungen und intensiver Beratung, auch mit Beiträgen, die Pflege der Altstadt und ihrer Häuser fördern – bald auch in den im Rahmen der Zonenplanrevision erfassten Schutzgebieten in den Aussenquartieren des 19. Jahrhunderts und in den beiden Gemeinden. Im Rahmen von Wettbewerben wurde im St. Alban-Tal und im Bereich des Spalenquartiers umgebaut und Neubauten mit grosser Sorgfalt eingefügt. Es war auch die Zeit, in welcher der Staat vierzig Altstadtliegenschaften sanierte. In der insgesamt noch günstigen Wirtschaftslage wurden viele Bauwerke, Kirchen, öffentliche Gebäude, Schulen und Wohnhäuser, ob formell geschützt oder nicht, instand gestellt, renoviert und restauriert – die allerwichtigsten sind in den Stadtbuchberichten der Denkmalpflege über die Jahre genannt worden.

Aus dieser Konstellation entstanden die heutigen Strukturen der Denkmalpflege – die ‹Bauberatung›, die ‹baugeschichtliche Untersuchung› und die ‹Inventarisation›. Diese Abteilungen umschreiben auch die wichtigsten Eckpfeiler unserer Tätigkeit: von hinten nach vorne erklärt: die *Inventarisation,* die Beschreibung und die Qualifikation des Denkmales, d.h. die Feststellung des historischen und künstlerischen Gehaltes, oder noch offener: die Feststellung des ‹baulichen Erbes› in Basel; die *baugeschichtliche Untersuchung:* die mit archäologischen Methoden im aufgehenden Bauwerk geführten Analysen vor und während der Bauarbeiten, mitsamt der Dokumentation, das heisst der Feststellung des Bestandes auf Plänen, mit Photos und mit Berichten; und endlich die *Bauberatung:* die Beratung von Architekten, Eigentümern, Restauratoren und Handwerkern, ausgehend von der Inventarisation des Objektes und von der baugeschichtlichen Untersuchung. Auf die Methoden kann hier nicht eingegangen werden; es sei auf die vergangenen Jahrbuch-Artikel verwiesen.

Der günstige Wind hat sich jetzt etwas abgeschwächt. Nicht nur die Sparmassnahmen dämpfen die Restaurierungsfreude, es sind auch inzwischen andere Akzente in der Stadtplanung gesetzt worden: Die Wohnlichkeit, welche die Zonenplanrevision erheblich bestimmt hatte, wird jetzt überlagert vom Schlagwort der Stadtverdichtung, die nicht nur im eingeengten Stadtkanton notwendig erscheint, sondern seit einigen Jahren international wegen der Schonung des verfügbaren Bodens gepredigt wird.

An Stelle der ‹Stadtreparatur› (ein Begriff der 80er Jahre) stehen nun Grossprojekte im Vordergrund: Euroville, das einst Masterplan hiess, Mustermesse, Nordtangente, auch spektakuläre Museumsbauten aus privater Initiative usf. – Projekte, die hier nur als Indikator für die Verschiebung der Massstäbe in der Stadtplanung genannt seien. Städtebauliches wird demnach unsere Handlungsweise mehr bestimmen müssen als bis anhin, und diese Aussage wird man besser verstehen, wenn ich nun einige kritische Bemerkungen anfüge.

Was zu Beginn so positiv zu lesen ist – die neuen Grundlagen der Denkmalpflege – unterliegt noch immer einem tiefen Missverständnis: Man glaubt, dass mit der Gewährung der baurechtlichen Kompetenzen in der Schutzzone und mit dem Bestehen der kleinen Liste der eingetragenen Denkmäler der denkmalpflegerische Auftrag erfüllt sei. Doch erfasst das Baurecht in der Schutzzone nur das Äussere, als ob ein Stadtwesen nur aus den Häuserhülsen bestünde. Man vergisst einfach, dass nach dem Denkmalschutzgesetz Denkmäler im ganzen Kanton zu erhalten sind. Überall dort, wo die Denkmalpflege Denkmalwerte erkennt, ist mit aller Sorgfalt zu prüfen, ob ein Eingriff in den Denkmalbestand notwendig und zu verantworten sei. Dies gilt auch für das Innere: § 5 des Denkmalschutzgesetzes nennt in der nicht abschliessenden Aufzählung von möglichen Denkmälern auch Bauteile und Zubehör wie Türen, Tore, Treppenanlagen, Böden, Getäfer, Stukkaturen, Öfen, Malereien, Skulpturen, Wappen, Verzierungen und anderes mehr. Diese Erhaltungspflicht wird aber gerne verdrängt. Dahinter verbergen sich manche Motive: es ist unbequem, man hat Angst vor finanziellen Folgen. Vor allem aber, so denke ich, erträgt man es schlecht, dass die Handlungsfreiheit durch Denkmalpflege beschnitten wird, vor allem im Hausinnern, im privaten Bereich. Die Einschränkungen des Baurechtes allerdings – betreffend die Energie, die Sicherheit und die hygienischen Anforderungen, die aus dem vergangenen Jahrhundert übernommenen Vorschriften über Luft und Licht – erträgt man vielleicht mit Murren, aber ohne Widerstand.

Und nun zu den Begriffen ‹Denkmalpflege› – ‹Denkmalschutz› – auch hier bestehen Missverständnisse. Es ist der alte Glaube, Denkmalschutz wie Heimatschutz seien Abwehrhaltungen gegen all und jedes Neue; eine Glasglocke senke sich über unser Besitztum (vgl. Stadtbuch 1981). Zwar ist unser Gesetz mit dem Titel ‹Denkmalschutzgesetz› belegt. Man vergisst aber allzu leicht, dass die Aufgabe der Denkmalpflege die Förderung der Erhaltung ist, und dass Denkmalpflege sich mit der Nutzung der Objekte auseinandersetzen muss, wenn die Denkmäler nicht zugrunde gehen sollen. Es geht, im Einvernehmen mit dem Eigentümer, um die Pflege, um Substanzerhaltung und um das Suchen nach Lösungen. In denselben Gedankenkreis gehört auch das Thema der Unterschutzstellungspolitik und der Liste der eingetragenen Denkmäler. Es sind jene Kulturgüter unseres Kantons, deren Denkmalwert anerkannt ist und die deshalb formell geschützt sind. Dies betrifft in unserem Kanton etwa 400 Objekte, viel zu wenig, wenn man den Denkmälerbestand als Ganzes betrachtet. In der Folge der Zonenplanrevision ist es zur Gewohnheit geworden, dass nur Objekte, die von der Zerstörung bedroht sind, unter Schutz gestellt werden. Damit ist der Denkmalschutz zu einer Abwehrwaffe geworden, die den Investor oft unvorbereitet trifft – er wird nach Entschädigung rufen, es wird gerichtliche Auseinandersetzungen geben. Dies ist nicht der Sinn des Denkmalschutzes. Er soll eine Auszeichnung sein. Er soll die bedeutenderen Denkmäler unserer Stadt hervorheben aus der Menge des Erhaltenswerten – sozusagen Fixpunkte setzen. Er dient auch der Orientierung der Eigentümer und der Öffentlichkeit. Anders als in manchen deutschen Bundesländern, in denen die Menge der Denkmäler (z.B. in Leipzig, einer etwa doppelt so grossen Agglomeration wie Basel, sind es ca. 11 000) nachrichtlich ins Denkmalbuch eingetragen werden und erst bei Umbau und Veränderungsabsichten die Frage des endgültigen Schutzes geklärt wird, ist bei uns der Denkmalschutz selektiv. Das heisst aber nicht, dass die übrigen Denkmäler dem Untergang preisgegeben sein sollen. Sie machen das Ensemble, die historische Stadt aus, die in ihrem permanenten Wandel ihren Charakter möglichst authentisch bewahren soll.

Dies alles heisst nicht, dass die Denkmalpflege

mehr Kompetenzen – mehr Macht – fordert; aber es ist notwendig, dass sie in die städtebaulichen Fragen besser integriert wird: ihre Sicht der städtischen Strukturen und Charaktereigenschaften, ihr Wissen um das kulturelle Erbe ist ein unentbehrliches Element in der Auseinandersetzung mit der Zukunft unserer Stadt.

Aus der Arbeit der Denkmalpflege

Nun wäre über das vergangene Jahr zu berichten. Fast unbemerkt ist im Basler Münster im nördlichen Querschiff – hinter der Galluspforte – das Gewölbe untersucht worden. Es hat sich bestätigt, dass die Putzschichten zwischen den Rippen gesichert werden müssen – aber auch, dass eine Reinigung einen erheblichen ästhetischen Gewinn mit sich bringt. Im Kreuzgang sind nicht nur weitere Grabsteine mit Hilfe von Privaten restauriert worden, sondern es wurde ein Inventar erstellt, das uns endlich Auskunft über die Geschichte der Grabplatten und deren Standort vor der eingreifenden Erneuerung und Umplazierung von 1870 gibt. Solche Inventare gehören zu den Aufgaben der Denkmalpflege – in den letzten Jahren wurden die Kirchenorgeln aufgenommen und die Anlage und die Grabdenkmäler des Wolfgottesackers beschrieben. Mit privater Hilfe werden die Glasmalereien des 19. Jahrhunderts, an denen unsere Stadt so reich ist, wissenschaftlich bearbeitet.

Am Rathaus sind in diesem Jahr, nur zwölf Jahre nach der Restaurierung, wieder Gerüste aufgestellt worden. Sie gehören in das ‹Nachpflegeprogramm›, das wegen des heiklen Zustandes der Malereien damals erarbeitet wurde. Es wird jährlich eine Campagne durchgeführt, die auf Grund sorgfältiger Beobachtungen der Schadensvorgänge zu bestimmen ist – ein Vorgehen, das sich ganz allgemein bei Denkmälern einbürgern müsste. Man verhindert damit grössere Schäden und erreicht zwei Dinge: das Denkmal altert langsamer, und man spart sich auf die Länge die Kosten aufwendiger Restaurierungen. Beispiele solcher Nachpflege sind noch die Ausnahme; ich nenne nur den Werkvertrag über die Reinigung und die Wachserneuerung der Amazone von Carl Burckhardt von 1923 an der Schifflände.

Und nun will ich die Bilder sprechen lassen: Im *Ackermannshof* an der St. Johanns-Vorstadt sind Wanddekorationen des 17 Jhs. gefunden worden, unter anderem ein hier nicht abgebildeter Hirsch, dessen verlorener Kopf einst in plastischen Formen eingesetzt gewesen sein muss, eine Vermischung der Kunstgattungen, die in jener Zeit häufig angewendet wurde. Um 1886 ist die *Veranda mit Dekorationen in pompejanischer Art* an einem Haus in der Austrasse entstanden – und um 1899/1900 die bunten Wandfriese im neugotischen Saal der *Schmiedenzunft;* beide wurden konserviert und restauriert. In der Schmieden hat sich bei dieser Gele-

genheit bestätigt, dass die Architekten Vischer und Fueter für die gewölbte Tonne die Bälkchen aus der gotischen Flachdecke der ehemaligen Zunftstube übernommen haben. Das *Tapetenfragment von etwa 1820 aus dem Rankhof* soll die Notwendigkeit baugeschichtlicher Analysen in Erinnerung rufen. Es finden sich an vielen Orten Tapetenreste, die für die Baugeschichte, aber auch für die Kenntnis der Interieurs der letzten beiden Jahrhunderte von Wichtigkeit sind. Diese Bemerkung gibt mir auch Anlass zu berichten, dass die höchst gefährdeten Chinesischen Tapeten in der Sandgrube von etwa 1750, die als in China hergestellte Originale in einem Bürgerhaus europäischen Seltenheitswert haben, jetzt endlich gesichert werden können; ferner ist eine Rixheimer Tapete aus dem Cagliostro-Pavillon in Riehen mit den Motiven ‹Isola Bella› und ‹Alhambra›, die 1842 kreiert worden waren, in Arbeit (vgl. das Jahrbuch ‹z'Rieche› 1994, S. 13 ff.) – darüber wird im nächsten Jahr Näheres zu berichten sein. Aus der Jahrhundertwende sei ein *Wirtshausinterieur von 1899* aus dem Restaurant der Brauerei Warteck an der Grenzacherstrasse abgebildet, ein typisches Ensemble der Zeit in Ockertönen, mit Gusseisensäule, Stuck und feinen gemalten Bändern. Das *Wohnhaus,* das sich *Hermann Baur 1934* gebaut hat, ist 1993 ins Denkmalverzeichnis eingetragen und in diesem Jahr instand gestellt worden. Von dem bedeutenden Basler Architekten (1894–1980), dem 1994 das Architekturmuseum eine Ausstellung widmete, stammt bekanntlich auch das ehemalige Bürgerspital von 1940–45 (vgl. Artikel über Hermann Baur). Die sorgfältige Erneuerung des Klinikums Ost muss hier wenigstens genannt werden, eine einfühlsame Lösung einer höchst komplexen Aufgabe, die den Denkmalwert dieses hervorragenden Bauwerkes nicht geschmälert hat.

Unterschutzstellungen: Chrischona (Gemeinde Bettingen), sog. ‹Jubiläumshalle Eben-Ezer›, eine Holzkonstruktion von 1889 von Baumeister Robert Riederer-Asmus.

Austrasse 61, Veranda von 1886 mit Wandmalereien im pompejanischen Stil auf rotem Grund, Bodenplatten und verglaster Türe (Decke neu).
◁

Grenzacherstrasse 60, Restaurant der ehemaligen Brauerei Warteck. Saal mit Täfer und in Ockertönen bemalter Stuckdecke, 1899. ▷

Peter Ochs-Strasse 3, Wohnhaus des Architekten Hermann Baur, errichtet 1934. ▷

Paul Schorno

Die neue Schule hat begonnen

«Es singt der Spatz auf jedem Hasel, die beste Schul', die gibt's in Basel»

Zwanzig Jahre Reformbestrebungen

Am 15. August 1994, Punkt 11.15 Uhr, flogen 1820 Luftballone himmelwärts, so viele nämlich, wie Kinder an diesem wunderschönen und ziemlich schwülen Sommertag in den diversen Schulhäusern Basels in die neue Schule, die Orientierungsschule, eintraten.

Anfang und Ende zugleich: Der Beginn eines neuen schulischen Zeitalters für unsere Stadt, dessen Schulsystem sich während vieler Jahrzehnte strukturell kaum verändert hatte. Gleichzeitig das Ende einer länger dauernden Auseinandersetzung über die neue Orientierungsschule, die zu politischen Diskussionen Anlass gab, wie sie in unserer Stadt mit solcher Heftigkeit schon seit langem nicht mehr geführt worden waren.

Blättern wir ein wenig in den Annalen baslerischer Schulgeschichte, so stellen wir fest, dass es bereits vor mehr als 20 Jahren ernsthafte Reformbestrebungen gab. Jedoch wurden die Bemühungen für einen Gesamtschulversuch vom Volk nicht honoriert und 1973 anlässlich einer Volksabstimmung bachab geschickt. Doch, wie lässt Friedrich Dürrenmatt eine seiner Figuren in den ‹Physikern› so treffend sagen: «Was einmal gedacht wurde, kann nicht mehr zurückgenommen werden.» Und so schwelten die Feuerchen von Reformbestrebungen weiter und führten dazu, dass eine Expertenkommission 1978 der Lehrerschaft ein neues Modell zur Vernehmlassung vorlegte, das recht gut aufgenommen wurde. Die Gegner jedoch mobilisierten sich erneut, zwei Initiativen mit je einer Modell-Variante wurden einge-reicht, die eine von der rechten, die andere von grün-linker Seite. Die Zeit dauerte an, und erst 1983 nahm der Regierungsrat zu den Initiativen Stellung und beantragte, diese mit Empfehlung auf Ablehnung dem Volk vorzulegen. Damit war allerdings der Grosse Rat nicht einverstanden und setzte eine Kommission ein, mit dem Ziel, einen Reformvorschlag auszuarbeiten.

Wieder verflossen vier Jahre, bis die Kommission einen Entwurf vorlegen konnte. Präsentiert wurde die Idee eines völlig neuen Schulsystems, tiefer greifend, als je in einem andern deutschsprachigen Kanton angestrebt. Der Grosse Rat beschloss, das Gesetz dem obligatorischen Referendum zu unterstellen, was gleichbedeutend war mit einer Volksabstimmung. Damit begann ein Abstimmungskampf, der – wie könnte es anders sein – recht emotional geführt wurde und zu einem teilweise harten Schlagabtausch von mehr oder minder zutreffenden bis unsachlichen Argumenten, gespickt mit plakativen Schlagworten, führte. «Keine Experimente mit unseren Kindern», verlautbarten die Gegner und beschworen die Gefahr der Mittelmässigkeit herauf, der Nivellierung, der Isolation Basels von der übrigen Schweiz. Die in Deutschland teilweise abgebrochenen Gesamtschulversuche wurden ebenso als – wenn auch schlechte – Beispiele herbeibemüht wie ähnliche Schulversuche in Genf und im Tessin, die als gescheitert dargestellt wurden. Als unakzeptabel bezeichneten die Gegner und Skeptiker auch das Nebeneinander von schwachen und hochbegabten Kindern in derselben Klasse. Eben dieses Konzept – soziales Verhalten und Lernen üben zu können, bei dem das Kind im

Ein ‹Hoch› der neuen Schule: Das Eröffnungsfest auf dem Münsterplatz fand unter strahlendem Himmel statt. ▷

Auf zum Start der zweitausend Ballone. Für Viele ist der Beginn der neuen Schule ein guter Grund zum Feiern. ▷

Mittelpunkt steht und individuell und differenziert gefördert werden kann – hefteten die Befürworter jedoch als markante Neuerung auf ihre Fahnen. Leserbriefe spiegelten die zum Teil stark polarisierenden, extremen Haltungen deutlich wieder. Prognosen zum Ausgang der Abstimmung erwiesen sich als schwierig, denn die Kraft und die Qualität der Argumente, verbunden mit Unwägbarkeiten aller Art, schienen sich die Waage zu halten.

1988 nahm das Stimmvolk das neue Schulgesetz überraschend deutlich mit 54 % Ja-Stimmen an. Ein Jahr danach wurde ein Projektleiter beauftragt, die Reform zu planen. Doch schon ein weiteres Jahr später musste er den berühmten Hut nehmen: Es galt einzusehen, dass ein einzelner Mensch mit dieser Aufgabe überfordert war, und kurz darauf ernannten Erziehungsdepartement und Regierung eine neue Projektleitung, bestehend aus vier Persönlichkeiten, bestens vertraut mit den Verhältnissen an unseren Schulen und in unserer Stadt. So sehr die Abstimmung einen klaren Entscheid ergeben hatte, so wenig war die Kritik der Geg-

ner verstummt. Der unglückliche Start und das Auftauchen von Bedenken und Zweifeln auch bei einem Teil der Lehrerschaft verliehen der alten Bewegung Aufwind. In Folge einer Initiative ‹Regionale Schulkoordination› stiegen Gegner und Befürworter nochmals in den Ring oder – wenn dieses Bild besser gefällt – wetzten ihre Messer. Grundsätzlich neue Argumente tauchten kaum auf, und so lehnte der Souverän am 21.6.92 die Initiative mit einer Mehrheit von etwa 59 % ab und stimmte so dem neuen Schulgesetz abermals zu. Nun konnten die notwendigen Planungen und Vorarbeiten definitiv vorangetrieben werden. Zu tun gab es viel, anpacken hiess darum die Devise. Entgegen früheren Plänen hatte der Start der neuen Schule ohnehin auf den August 1994 verschoben werden müssen. Vorzubereiten und zu orientieren waren nicht nur die Lehrerinnen und Lehrer, sondern auch die betroffenen Eltern und Kinder. Die Informationsgruppe unter der Leitung von Ueli Pfändler hatte alle Hände voll zu tun.

Was ist neu an der neuen Schule?

Die neue Schule umfasst eine dreijährige Orientierungsschule (OS) und anschliessend eine zweijährige Weiterbildungsschule (WBS). In der OS beginnen alle Kinder mit Französisch, der erste Laufbahnentscheid fällt erst im siebten Schuljahr, sorgfältig vorbereitet durch das Lehrerinnen- und Lehrerteam in Zusammenarbeit mit Eltern und Kindern. Ein neuer Lehrplan sowie erweiterte Beurteilungsformen wie Lernberichte oder Schüler- und Schülerinnenberichte zeigen Lernziele und -wege auf. Gegenüber dem früheren Schulsystem fallen Rückversetzungen weg.

Was diesen Aufbau angeht, betritt Basel ohne Zweifel Neuland.[1] In inhaltlichen und pädagogischen Zielsetzungen hingegen trifft sich die neue Schule mit jenen zahlreicher anderer Kantone. Das Ziel der drei Jahre dauernden Orientierungsschule ist, die individuellen Laufbahnentscheide mittels Orientierung, Förderung, Differenzierung und Beurteilung sorgfältig vor-

Pünktlich zum Start
der neuen Schule
war das neue
Vogesenschulhaus
eingeweiht worden.
▷

Teamgeist und
Gesprächsbereit-
schaft spielen auf
allen Ebenen des
Unterrichtes eine
wichtige Rolle. ▷

zubereiten. Die Orientierung geschieht durch ein breites Angebot an Pflicht- und Wahlfächern, daneben dürfen vom zweiten Semester an die Freiwahlkurse besucht werden. Ausserdem stehen für intellektuell begabte Kinder Wahlfächer als Jahreskurse zur Verfügung: Latein im sechsten, Englisch/Italienisch oder Mathematik/Naturwissenschaften im siebten Schuljahr. Um die angestrebten Ziele zu erreichen, werden Projektunterricht, Wochenplanarbeit und Werkstattunterricht eingesetzt. In zwei individuellen Betreuungsstunden haben die Kinder Gelegenheit, ihre Defizite auszugleichen, zwei Stunden ‹Deutsch für Fremdsprachige› ermöglichen fremdsprachigen Schülerinnen und Schülern, sich mit speziellen Problemen auseinanderzusetzen.

Bei diesen Aufsplitterungen in Niveaus und Kurse könnten sich die Kinder nicht mehr in einer Klasse geborgen fühlen, wurde im Abstimmungskampf bemängelt. Dazu darf gesagt sein, dass das Team auf allen Ebenen eine entscheidende Rolle spielt. Allen voran kümmern sich die Lehrkräfte um das Wohl der Kinder und der Klasse. Die Eltern stehen ebenfalls nicht ausserhalb des Geschehens, sondern pflegen einen intensiven Kontakt mit der Lehrerschaft, die auch institutionell mit dem Elternrat verbunden ist. Dies alles soll helfen, ein kompaktes soziales Netz zu spannen. Unnötig zu betonen, dass diese neue Schule jenen Prozesscharakter aufweist, der von allen beteiligten Personen Einsatzfreude, Pioniergeist, Geduld, Gesprächs- und Kompromissbereitschaft erfordert.

Ein mutiger Schritt vorwärts

Blenden wir am Ende noch einmal zurück zum Eröffnungstag der neuen Schule. Dass der offizielle Festakt auf dem Münsterplatz stattfand, versteht sich nahezu von selbst. Regierungsrat und Erziehungschef Hans-Rudolf Striebel bezeichnete in seinen Begrüssungsworten das Ereignis als einen Tag des Aufbruchs und der Freude und meinte unter anderem, der gültige Massstab für den Erfolg der Schule sei ihre Wirkung auf die Schülerschaft. Mit Grussbotschaften auswärtiger Persönlichkeiten und Darlegungen der Elternvertreterin Natalie Zumstein, der Rektorinnen Liselotte Kurth und Anita Joss sowie des Rektors Andreas Hofer flossen die Reden munter fort …

A propos ‹Grussbotschaften›: Der Titel vom Spatz und dem Hasel ist noch nicht der ganze Vers. Die von Moritz Arnet, dem Generalsekretär der Erziehungsdirektorenkonferenz, verfasste Botschaft läutet in ihrer vollen Länge:

«Es gibt sie auch in Genf, Luzern,
und selbst in Zürich oder Bern;
doch: gut ist halt für jede Stadt
nur, was sie selbst beschlossen hat,
um in den eigenen Gefilden
junge Menschen auszubilden.

So mög' die OS Basel bringen:
– der Lehrerschaft Schwung und Gelingen
– den Schülern Wissen, Können, Fragen
– und Herrn Striebel wenig Plagen.»

Die Zukunft wird es weisen …

Anmerkung

1 Der Abriss über die Reformbewegungen erinnert an einen weit zurückliegenden Vorfall, der einer gewissen Ironie nicht entbehrt: 1878 legte der freisinnige Erziehungsdirektor Wilhelm Klein ein Schulgesetz vor, das eine Verlängerung der Primarschule von vier auf fünf Jahre und eine dreijährige Einheitsmittelschule für alle Schülerinnen und Schüler vorsah. Klein ging mit seinem Vorschlag im wahrsten Sinne des Wortes unter: er wurde abgewählt. Vielleicht war dies ein Grund dafür, dass die nachfolgenden Amtsinhaber weniger reformlustig waren.

Maria Schoch Thomann

Von der Hilfe zur Partnerschaft

50 Jahre Schweizerisches Tropeninstitut

Das Schweizerische Tropeninstitut in Basel feierte 1994 sein fünfzigjähriges Bestehen. Gegründet in einer Zeit, als paternalistische Hilfe des reichen Nordens an den armen Süden noch selten kritisch hinterfragt wurde, sieht sich das Tropeninstitut inzwischen ganz anderen Erfordernissen und Erwartungen gegenüber: heute ist partnerschaftliche Zusammenarbeit gefragt. Das Bild im Korridor des Schweizerischen Tropeninstituts in Basel zeigt das Muhimbili Hospital in Dar-es-Salaam in Tansania. In der künstlerischen Tradition seiner Heimatstadt hat der Maler das Spital dargestellt: Ein moderner Operationssaal mit allem, was dazugehört, von der Spritze bis zur Infusion, einheimische Ärzte, Krankenschwestern – die ‹weisse› Medizin für afrikanische Patientinnen und Patienten. Das Schweizerische Tropeninstitut STI hat wesentlich mitgeholfen, das Gesundheitswesen Tansanias zu modernisieren. Seit seiner Gründung engagierte sich das STI vor allem in diesem Teil Ostafrikas; persönliche Beziehungen über Jahrzehnte hinweg kennzeichnen die Zusammenarbeit zwischen den Spezialisten aus der Schweiz und ihren tansanischen Partnern – eine Basis, die für beide Seiten fruchtbar ist.

Arbeitsbeschaffung in Kriegs- und Nachkriegszeit

Die Formen der Zusammenarbeit zwischen den STI-Fachleuten und den Kontaktpersonen in den Ländern der Dritten Welt allerdings haben sich in den fünfzig Jahren seit der Gründung stark verändert. Bis in die 60er Jahre waren die meisten Länder Afrikas und zahlreiche Regionen Asiens Kolonien. Auch auf Schweizer Seite standen bei der Gründung des Tropeninstituts mitten im Zweiten Weltkrieg durchaus eigen-nützige Motive im Hintergrund. Arbeitsbeschaffung für Akademiker und Förderung der schweizerischen Volkswirtschaft, vor allem durch verstärkte Handelsbeziehungen zwischen der Schweiz und tropischen Ländern, waren nicht nur für Basel und seine pharmazeutische Industrie von grösster Bedeutung.

Ende 1943 wurde das Schweizerische Tropeninstitut mit finanzieller Hilfe der Eidgenossenschaft, des Kantons Basel-Stadt wie auch – wenigstens in den Anfangsjahren – der Privatindustrie gegründet. Zum Leiter des neuen Instituts ernannte man den Basler Zoologen Rudolf Geigy. Die Gründung galt damals als Pionierleistung, und bis heute hat sich das Tropeninstitut diesen Ruf bewahrt.

Schwerpunkt Zoologie

Dass Rudolf Geigy Zoologe war, prägte in den ersten Jahren das Forschungsprogramm des Tropeninstituts. Die Naturwissenschafter waren überzeugt von einer spezifischen Aufgabe: Für die wirkungsvolle Bekämpfung von Tropenkrankheiten, die durch Insekten übertragen werden, wie Malaria oder Schlafkrankheit, genüge es nicht, die Erkrankten medizinisch zu betreuen; ebenso wichtig sei die Erforschung der Überträger und Erreger.

Noch vor dem Ende des Zweiten Weltkriegs unternahm Rudolf Geigy unter schwierigen Bedingungen eine erste Reise nach Zentral- und Westafrika. Dort sammelte er Material für das Institut in Basel, unter anderem fünfhundert Tsetse-Fliegen als Ausgangsmaterial für Untersuchungen, die dem Institut schon bald internationales Renommee einbringen sollten.

Neben dem Forschungszweig, dessen Resultate die eigene wissenschaftliche Publikation ‹Acta

Tropica› veröffentlichte, existierte von Anfang an eine tropenklinische Abteilung mit zwei Ärzten sowie ein Auskunftsdienst für die Öffentlichkeit. Daneben wurde ein allgemeiner Tropenkurs für Lehrer, Missionare und Ärzte sowie eine Tropenschule für Berufsleute aus Landwirtschaft und Handel angeboten.

Ifakara – Basis des STI in Tansania

Das Engagement des STI im damaligen Völker-bundsmandat (und vormaligen deutschen Schutzgebiet) Tansania reicht in die Anfangs-jahre des Instituts zurück. Die Initiative dazu kam vom damaligen Bischof und späteren Erz-bischof von Dar-es-Salaam, Edgar Maranta. Der aus dem Puschlav stammende Bischof lud Rudolf Geigy ein, die Arbeit der Baldegger Schwestern und der Kapuziner in Tansania ken-nenzulernen und dort auch selbst zu forschen. Er stellte zu diesem Zweck Räumlichkeiten in der Missionsstation von Ifakara im Süden Tan-sanias zur Verfügung. Dies war der Anfang einer jahrzehntelangen Forschungs- und Unter-richtstätigkeit des STI in einem der ärmsten Länder der Welt.

Im Jahre 1954 liess sich das Schweizer Tropen-institut in Ifakara nieder und baute dort ein Feldlaboratorium auf. Diese bis dahin einzige feste Aussenstation wurde zur Basis für For-schungsarbeiten zahlreicher STI-Mitarbeiterin-nen und -Mitarbeiter, die hier Tsetse-Fliegen, Stechmücken, Zecken, Gifttiere und vieles an-dere untersuchten.

1960 entstand mit Unterstützung der ‹Basler Stiftung zur Förderung von Entwicklungslän-dern›, zu der unter anderem die vier Basler Pharmakonzerne gehörten, das Rural Aid Cen-tre Ifakara, das 1973 unter dem Namen MATC (Medical Assistants Training Centre) erweitert wurde. Mehrere hundert Tansanierinnen und Tansanier wurden hier in den klassischen medi-zinischen Berufen ausgebildet, was von der Regierung des 1964 neu gegründeten Staates Tansania deutlich begrüsst wurde. Dessen erster Präsident, Julius Kambarage Nyerere, besuchte zweimal das Schweizer Projekt in Ifakara, das heute unter tansanischer Leitung steht und von einheimischen Fachleuten geführt wird.

Bedürfnisse der Bevölkerung sind Priorität

Wichtige Leitlinie des STI, so Antoine Degré-mont, derzeitiger Direktor des Tropeninstituts,

sind die Bedürfnisse der Bevölkerung. Man orientiert sich an dem Konzept der Basisgesundheitsdienste, wie es von der Weltgesundheitsorganisation WHO 1978 in Alma-Ata verabschiedet wurde. Zahlreiche Länder, so auch Tansania, haben inzwischen ihr nationales Gesundheitssystem nach den Grundsätzen von Alma-Ata ausgerichtet: dezentrale medizinische Versorgung, Einbezug und Mitverantwortung der Bevölkerung, Verbindung des Gesundheitssektors mit anderen Bereichen wie Bildung und Landwirtschaft, Berücksichtigung der lokalen Sozialstrukturen.

Eingebettet in diese moderne Auffassung von einem wirkungsvollen Gesundheitssystem ist beispielsweise das ‹Urban Health Programme› von Dar-es-Salaam, bei dem das Schweizerische Tropeninstitut für die Projektdurchführung verantwortlich ist. Das 1990 initiierte Programm soll die Gesundheitsversorgung der zwei Millionen Menschen zählenden Bevölkerung im Grossraum Dar-es-Salaam verbessern.

Von der Zoologie zur Gesundheitsversorgung

Die heutigen Gesundheitsprobleme in den Ländern der Dritten Welt lassen sich nur mit einer breiteren Spezialisierung, internationaler Zusammenarbeit und globalen Konzepten meistern. Waren in den fünfziger und sechziger Jahren die Projekte am Tropeninstitut noch überwiegend biologisch ausgerichtet, so hat sich dies inzwischen stark geändert. Mit Antoine Degrémont ist erstmals ein Mediziner Direktor des Instituts. Heute arbeiten hier neben Biologen und Ärzten auch Ethnologinnen und Ökonomen, Soziologen und Anthropologen.

Für Antoine Degrémont ist der Begriff ‹Tropenmedizin› ohnehin schon längst nicht mehr aktuell. Seine Vision ist ein ‹Zentrum für internationale Gesundheit›, an dem Projekte unter ganzheitlichem Ansatz realisiert werden, der Abschied von der Untersuchung einzelner Gesellschaften – zugunsten vergleichender Forschung und dem Erfassen von Zusammenhängen. Dies alles könte der Tropenmedizin neue Impulse vermitteln. Das Schweizerische Tropeninstitut hat solche Impulse in den fünfzig Jahren seines Bestehens immer wieder gegeben; es wird sie auch weiterhin geben können.

David Marc Hoffmann

Nietzsche in Basel –
Aspekte einer bedeutsamen Beziehung

«Zuletzt wäre ich sehr viel lieber Basler Professor als Gott; aber ich habe es nicht gewagt, meinen Privat-Egoismus so weit zu treiben, um seinetwegen die Schaffung der Welt zu unterlassen.» – Mit diesen Wahnworten nahm Nietzsche Anfang Januar 1889 endgültig Abschied von seinem «herzlich geliebten» Jacob Burckhardt, und zugleich Abschied von der Welt als deren Vor-, Mit- und Gegendenker. Nach zehn Jahren als Basler Professor und weiteren zehn Jahren als herumreisender freier Philosoph war er in den ersten Januartagen des Jahres 1889 in Turin zusammengebrochen; die letzten elf Jahre bis zu seinem Tode am 25. August 1900 verbrachte er in geistiger Umnachtung.

Ein Student wird Professor

Zu Nietzsches 150. Geburtstag konnte Basel ‹seinen› berühmten Professor gleich ein zweites Mal feiern – mit dem 125. Jubiläum seiner Berufung an die Universität. Am 19. April 1869 war Nietzsche, von Leipzig kommend, in Basel eingetroffen. Aufgrund einer geradezu hymnischen Empfehlung seines Lehrers Friedrich Ritschl hatte man ihn direkt vom Studenten auf den Lehrstuhl für griechische Sprache und Literatur der Universität Basel berufen. Ritschl hatte prophezeit, sein Schüler werde «dereinst im vordersten Range der deutschen Philologie» stehen, und lieferte später die berühmt gewordene Verheissung nach: «Er wird eben alles können, was er will.» Der Form halber hatte die Universität Leipzig dem neuen Professor aufgrund seiner bisherigen Publikationen vor der Abreise noch schnell ein Doktordiplom ausgestellt.

Zunächst fand der verheissungsvolle Dozent mit seinen Vorlesungen und Seminaren gün-

Friedrich Nietzsche während seiner Basler Zeit.
◁

stige Aufnahme. Nach dem akademischen Misserfolg (sprich: dem totalen Verriss) seines Erstlings ‹Die Geburt der Tragödie› jedoch leerten sich vorerst die Reihen der Hörsäle; im Wintersemester 1872/73 fand mit knapper Not eine einzige Vorlesung vor zwei Hörern statt – üblich waren damals zehn bis zwölf. Einer der beiden, der Schüler Louis Kelterborn, erinnert sich, «(…) dass unser verehrter Professor (…) uns sehr bald ersuchte, die ferneren Vorträge in

194

seiner Wohnung anzuhören. (…) Auch hielt er im Vortrage oft inne, sei es um selbst nachzudenken, sei es um uns Zeit zu geben, das Gehörte einigermassen innerlich zu verarbeiten. Auch hatte er die Liebenswürdigkeit, uns gelegentlich Bier – Culmbacher – als Erfrischung anzubieten, wobei er selbst solches aus einer silbernen Schale zu trinken pflegte. Aus dem Umfang des von mir nachgeschriebenen Manuskriptes – 84 enggeschriebene Quartseiten – mag man auf den reichen Inhalt dieses

Kollegs schliessen (…).» Langfristig wirkte sich der Misserfolg der ‹Geburt der Tragödie› an der Universität aber nicht weiter aus, und für das Jahr 1874 wurde Nietzsche sogar zum Dekan der philosophischen Fakultät gewählt. Neben seiner Lehrtätigkeit an der Universität unterrichtete er auch die oberen Klassen des Paedagogiums, des nachmaligen Humanistischen Gymnasiums, und von seinen Schülern und Studenten sind später einige zu Berühmtheit gelang; unter ihnen ragt Jacob Wackernagel, Nietzsches Nachfolger und nachmalig Orientalist, besonders hervor.

Nietzsches Kollegen- und Freundeskreis

An seinem neuen Wohnort war Nietzsche zunächst ziemlich entwurzelt. Fern von Schul- und Studienfreunden, fern von Mutter und Schwester drohte das Leben im republikanischen Stadtstaat, inmitten einer ihm unverständlichen baseldeutschen Mundart, elend zu werden. Doch die feine Basler Gesellschaft nahm sich in rührender Weise des alleinstehenden deutschen Dozenten an. Professorenkollegen und ihre Gattinnen luden ihn regelmässig zum Mittagstisch, zum Tee, zu Abendveranstaltungen, Bällen, Weihnachtsbescherungen und Sylvesterfeiern ein. Mit der charmanten Luise Bachofen-Burckhardt zum Beispiel, Gattin des 30 Jahre älteren Mutterrechtsforschers, musizierte Nietzsche am Klavier, oder er begleitete sie zum Konzert. Diese herzlichen Beziehungen ermöglichten ihm auch das Ertragen ungewohnter Herausforderungen, etwa des vornehmen, doch unmissverständlichen Bekehrungsversuches durch den frommen Adolf Vischer-Sarasin, der freilich ohne Erfolg blieb.
Eine besondere Stellung unter Nietzsches Basler Bekanntschaften nimmt die Freundschaft zu Jacob Burckhardt ein. Er brachte diesem Gelehrten zeitlebens eine unbeirrbare Verehrung entgegen, wie er sie sonst nur noch Goethe und Beethoven gezollt hat. Das Fesselnde an Burckhardt war für ihn dabei wohl jene einzigartige Mischung aus Universalgelehrtheit, Schopenhauerschem Pessimismus, pädagogischer Verantwortung und selbstverleugnerischer Bescheidenheit. Dem Vorbild Burckhardt verdankte Nietzsche entscheidende Inspirationen für seine Unzeitgemässe Betrachtung über

Q. D. B. V.

SVMMIS AVSPICIIS

SERENISSIMI POTENTISSIMIQVE PRINCIPIS

AC DOMINI

I O A N N I S

SAXONIAE REGIS

DOMINI NOSTRI CLEMENTISSIMI

IN VNIVERSITATE LITTERARVM LIPSIENSI

RECTORE MAGNIFICO

BENNONE BRVNONE BRÜCKNER

PHILOS. ET THEOL. DOCTORE HVIVSQVE PROFESSORE P. O. CONCIONATORE VNIVERSITATIS SEMINARII THEOLOGIAE PRACTICAE ITEMQVE COLLEGII CONCIONATORII AD AEDEM ST. PAVLI DIRECTORE ECCLESIAE CATHEDRALIS MIBENENSIS CANONICO CAPITVLABI REGII SAXONICI CONSISTORII ECCLESIASTICI CONSILIARIO ATQVE ADSESSORE ORDINIS REGII SAXONICI BENE MERITORVM EQVITE ORDINIS MAGNIDVCALIS HASSICI PHILIPPI MAGNANIMI EQVITE PRIORIS CLASSIS ETC.

PROCANCELLARIO

OTTONE LINNAEO ERDMANN

PHIL. ET MEDIC. DOCTORE CHEMIAE PROF. P. O. REGI SAXONIAE A CONSILIIS AVLICIS SANCTIORIBVS ORDINVM REGII SAXONICI ALBERTINI ET MAGNIDVCALIS BADENSIS A SIGNO LEONIS ZARINGENSIS EQVITE ETC.

DECANO

GVILIELMO THEOPHILO HANKEL

MED. ET PHILOS. DOCT. PHYSICES PROF. P. O. ORD. REG. SAX. BENE MERITORVM EQVITE ETC.

FRIDERICVS GVILIELMVS NIETZSCHE

ROECKENENSIS E PROVINCIA BORVSSIAE SAXONICA

PROFESSOR PHILOLOGIAE CLASSICAE EXTRAORDINARIVS IN VNIVERSITATE LITTERARIA BASILIENSI ET PRAECEPTOR LINGVAE GRAECAE IN PAEDAGOGIO EIVSDEM CIVITATIS DESIGNATVS

OB SCRIPTORVM AB EO EDITORVM PRAESTANTIAM

PHILOSOPHIAE DOCTOR ET BONARVM ARTIVM MAGISTER

CREATVS

ET HAC TABVLA PVBLICE DECLARATVS EST.

LIPSIAE

DIE XXIII. MENS. MART. A. P. CH. N. MDCCCLXIX.

△
Promotionsurkunde
der Universität Leipzig
vom 23. März 1869,
ausgestellt auf den bereits
berufenen Basler Professor.

‹Nutzen und Nachteil der Historie für das Leben›; und Burckhardts ‹Kultur der Renaissance› wurde gleichsam zum Quellenwerk für seinen Mythos vom Renaissance-Menschen. Während der Vorlesungs- und Unterrichtspausen ergingen sich die beiden Freunde in anregenden Gesprächen im Kreuzgang des Münsters, und am Wochenende nahm Burckhardt den jüngeren Kollegen bisweilen zu einem ‹Zweierli› nach Grenzach oder Haltingen mit. Beider Beziehung blieb freilich zeitlebens ungleichgewichtig: Burckhardt wahrte sowohl im persönlichen Umgang als auch in den brieflichen Stellungnahmen zu Nietzsches Werken stets eine vornehme Distanz und wusste sich immer durch eine vorgeschützte philosophische Unbedarftheit einer klaren Stellungnahme zu entziehen. Noch wichtiger als diese Beziehung war aber die Freundschaft mit dem skeptischen Theologen Franz Overbeck, der über seinen historischen Studien den Glauben an Gott verloren hatte. Ein Jahr nach Nietzsche an die Universität berufen, unterrichtete der Kirchenhistoriker, der aus seinem Unglauben nie einen Hehl gemacht hatte, fast dreissig Jahre lang in Basel. Bei seiner Ankunft 1870 zog er durch günstige Vermittlung in eben jenes Haus, in dem seit einem Jahr bereits Nietzsche lebte. So wohnten während mehrerer Jahre die beiden jungen Professoren Zimmer an Zimmer in der sogenannten ‹Baumannshöhle› am Schützengraben. In der gemeinsamen Wohnung wurde häufig vierhändig am Klavier musiziert, und in nächtelangen Gesprächen entstanden die Grundlagen für die Zwillingspublikation von 1873: Overbecks ‹Christlichkeit unserer heutigen Theologie› und Nietzsches erste ‹Unzeitgemässe Betrachtung› über den Theologen David Friedrich Strauss. Nach Overbecks Heirat und Wohnungswechsel und nach Nietzsches Weggang von Basel pflegten die beiden ihre Freundschaft auf dem Korrespondenzweg weiter. Dabei standen durchaus nicht nur kultur- und religionskritische Themen an; Nietzsche pflegte auch unverblümt seine Sorgen und Leiden mitzuteilen, und Overbeck nahm sich in aufopfernder Weise des immer lebensunfähigeren Freundes an, traf Reisevorbereitungen für ihn, vermittelte Adressen, regelte seine Basler Pension. Der umfangreiche Briefwechsel mit Overbeck ist deshalb eine der ersten Quellen der Forschung zum Leben und Denken Nietzsches.

Abschied von Basel

Infolge zunehmender Krankheit (Augenleiden, Kopfschmerz, Migräne, Magenleiden) musste Nietzsche mehrere Erholungskuren absolvieren, 1876/77 ein Urlaubsjahr einschalten und 1879 endgültig um seine Entlassung bitten. Die Professur war ihm immer mehr zu einer widerlichen Last geworden, er machte sie für die Zerrüttung seiner Gesundheit verantwortlich und bezeichnete die allzufrühe Berufung gar als Hauptunglück seines Lebens. Die Universität organisierte mit Hilfe der Freiwilligen Akademischen Gesellschaft und dem ‹Heuslerischen Vermächtnisfonds› eine Frühpensionierung, die Nietzsche fortan das Leben eines Privatgelehrten und freien Schriftstellers ermöglichte. Während seiner zehnjährigen Existenz als ‹garçon meublé› zwischen Naumburg und Nizza pflegte er den Kontakt zu seinen Basler Freunden hauptsächlich brieflich, bei seinen Besuchen in der Schweiz zog er die Engadiner Bergwelt der Stadt am Rhein mit ihrem ‹Migräneklima› vor.

Erschütternde Rückkehr

Seinen letzten Aufenthalt in Basel im Januar 1889 erlebte Nietzsche jenseits eines normalen Bewusstseins: Alarmiert durch den Empfang

Franz Overbeck (1837–1905), Theologe, Initiant des ‹Basler Nietzsche-Archivs›. ◁

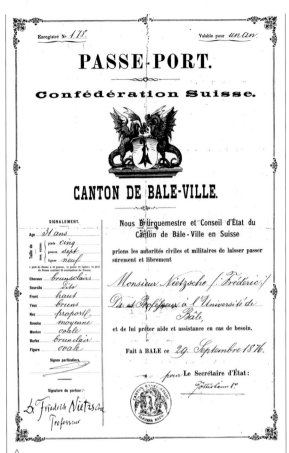

△

Reisepass Friedrich Nietzsches. Bei seinem Amtsantritt legte Nietzsche seine preussische Staatsangehörigkeit nieder. Da er jedoch nicht gleichzeitig ins Schweizer Bürgerrecht aufgenommen wurde, war er zunächst Staatenloser – oder, nach schweizerischem Terminus, ‹heimatlos›. Er selbst war aber offenbar der Auffassung, er sei Schweizer. Als er sich 1876 bei den Basler Behörden für ein Urlaubsjahr nach Italien abmeldete, stellte man ihm einen Reisepass aus, allerdings nicht auf den Basler ‹Bürger›, sondern auf den Basler ‹Professor›. Mit dem auf ein Jahr befristeten Dokument reiste er dann vor allem nach seiner Entlassung 1879 bis zu seinem Zusammenbruch 1889 in Europa umher. Zweimal liess er das Dokument verlängern, in Genua 1883 und in Nizza 1885. Gleichsam als Pendant zu seiner öffentlich-rechtlichen Heimatlosigkeit erscheint das entsprechende Bekenntnis Nietzsches auf philosophisch-moralischem Gebiet im Aphorismus 377: ‹Wir Heimatlosen› der ‹fröhlichen Wissenschaft›.

verwirrter Briefe und Zettel aus Turin, hatten Jacob Burckhardt und Franz Overbeck, deren Wege sich sonst kaum zu kreuzen pflegten, gemeinsam Kontakt zum Ordinarius für Psychiatrie, Ludwig Wille, aufgenommen. Dieser riet zu sofortigem Rücktransport Nietzsches, und in einer abenteuerlichen Aktion brachte Overbeck den Freund per Eisenbahn nach Basel, wo er in die neueröffnete Irrenanstalt ‹Friedmatt› eingeliefert wurde.

Nach einem einwöchigen Aufenthalt holte die Mutter Nietzsche nach Deutschland, wo er zunächst in der Jenaer Psychiatrischen Klinik, danach unter ihrer eigenen, aufopfernden Pflege in Naumburg lebte. Sie stand mit Overbeck, der unter anderem für die Fortsetzung der Basler Pensionsgelder besorgt war, in ständigem Briefkontakt. Später wurden diese Briefe als eine erstrangige Quelle über den kranken Nietzsche von Erich F. Podach publiziert.

Basler Tradition – Weimarer Tradition

Als Elisabeth Förster-Nietzsche, die Schwester des Philosophen, 1893 von ihrem gescheiterten antisemitischen Kolonialunternehmen ‹Neu-Germanien› aus Paraguay zurückkehrte, brachte sie nicht gerade die nötigen Voraussetzungen für die Verwaltung und Herausgabe von Nietzsches Nachlass mit. Mit hartnäckiger Rücksichtslosigkeit riss sie die Hinterlassenschaft ihres Bruders an sich, begründete zuerst in Naumburg, danach in Weimar ein Nietzsche-Archiv, begann eine Gesamtausgabe, fabulierte eine Nietzsche-Biographie zusammen und kompilierte unter Assistenz ihrer Mitarbeiter aus unzähligen unzusammenhängenden Aufzeichnungen Nietzsches angebliches Hauptwerk ‹Der Wille zur Macht›. Dieser heroischen, mythologisierenden Weimarer Nietzsche-Tradition stand von Anfang an die nüchterne, quellenkritische Basler Tradition gegenüber. Die Polarisierung hatte bereits 1893 mit dem Bruch zwischen Franz Overbeck und Elisabeth Förster-Nietzsche begonnen, Overbeck hatte sich von der geplanten Nietzsche-Biographie und der Ausbeutung des Nachlasses durch die Schwester distanziert. 1895 weigerte er sich standhaft, ihr seine Nietzsche-Briefe auszuhändigen und enthielt seinen Schatz nicht nur zeitlebens dem Weimarer Archiv vor, sondern verfügte, dass nach seinem Tod die Briefe und alle weiteren Dokumente auf der Basler Universitätsbibliothek zu deponieren seien. Damit begründete er gleichsam ein ‹Gegenarchiv› in Basel, das immer wieder Möglichkeiten bot, dem Weimarer Nietzsche-Mythos eine historisch-dokumentarische Interpretation entgegenzustellen. Overbecks Bestände wurden später ergänzt um wertvolle Nietzscheana aus den Nachlässen von Jacob Burckhardt, Meta von Salis, Paul Lanzky, Carl Albrecht Bernoulli, Gustav Naumann, Paul Lauterbach, Joseph Hofmiller, Andreas Heusler und Karl Joël. Nach Overbecks Tod traten die Witwe Ida Overbeck, sein Schüler und Freund Carl Albrecht Bernoulli sowie der Verleger Eugen Diederichs als Vertreter der Basler Tradition auf. Bernoulli führte im Namen der unbestechlichen intellektuellen Redlichkeit einen eifernden gerichtlichen Kampf gegen ‹Weimar›, der ihn im Laufe der Jahre an den Rand des finanziellen Ruins brachte.

Die Basler Nietzsche-Forschung

Mit dem Tod von Frau Förster-Nietzsche im Jahre 1935 verlor der Weimarer Nietzsche-Mythos seine wichtigste Vorkämpferin. Unabhängig davon feierte jedoch das ‹Dritte Reich› den Philosophen weiterhin als Vorkämpfer der deutschen ‹Erhebung›; danach fiel Nietzsche in der Sowjetischen Besatzungszone und später der DDR unter das Verdikt des Präfaschismus. Die Nietzsche-Forschung war deshalb bis zur ‹Wende› 1989 in der DDR weitgehend blokkiert. So suchten zahlreiche Herausgeber, Forscher und Biographen ihre Anknüpfungspunkte vor allem in den Basler Beständen. Die massgebende Nietzsche-Biographie verdanken wir einem Basler Musiker und Privatgelehrten, Curt Paul Janz, der für sein dreibändiges Opus von der hiesigen Universität mit dem Ehrendoktor ausgezeichnet wurde. Seit dem Tode der beiden italienischen Herausgeber der neuen kritischen Nietzsche-Ausgabe, Giorgio Colli (†1979) und Mazzino Montinari (†1986), liegt die Leitung dieser Edition in den Händen eines internationalen Editorengremiums, dem von Basel aus die Prof. Annemarie Pieper, Karl Pestalozzi und Wolfram Groddeck angehören. Mit Unterstützung des Schweizerischen Nationalfonds sind in Basel mehrere Nietzsche-Arbeitsstellen für den Abschluss der Werk- und Brief-Edition geschaffen worden; weitere editorische Projekte sind der Briefwechsel Overbeck-Heinrich Köselitz sowie die neunbändige Franz Overbeck-Ausgabe, deren erste Bände 1994 erschienen sind. Zur Feier von Nietzsches 150. Geburtstag fand eine Ausstellung der Nietzsche-Dokumente in der Basler Universitätsbibliothek statt, und ein Kongress im Juni 1994 behandelte Nietzsches Wirken als Professor, Philosoph und Zeitgenosse. Ein Höhepunkt der Veranstaltung mit internationaler Beteiligung war der Vortrag des Altphilologen Joachim Latacz, der von Seiten der Gräzistik eine Rehabilitation seines vielgeschmähten Vorgängers unternahm und damit einmal mehr die Souveränität der Basler Universität in Sachen Nietzsche unter Beweis stellte.

Literatur

Carl Albrecht Bernoulli, Franz Overbeck und Friedrich Nietzsche, Eine Freundschaft, Nach ungedruckten Quellen und im Zusammenhang mit der bisherigen Forschung dargestellt, Jena 1908.
Carl Albrecht Bernoulli, Nietzsche und die Schweiz, Frauenfeld & Leipzig 1922.
Johannes Stroux, Nietzsches Professur in Basel, Jena 1925.
Erich F. Podach (Hrsg.), Der kranke Nietzsche, Briefe seiner Mutter an Franz Overbeck, Wien 1937.
Hans Gutzwiller, Friedrich Nietzsches Lehrtätigkeit am Basler Pädagogium 1869–1876, in: Basler Zeitschrift für Geschichte und Altertumskunde, Bd. 50, Basel 1951, S. 147–224.

Curt Paul Janz, Friedrich Nietzsche, Biographie, 3 Bde., München 1978/1979, 2. Aufl. 1993.
Franz Overbeck, Werke und Nachlass in neun Bänden, Stuttgart 1994 ff.
Franz Overbeck – Heinrich Koeselitz, Briefwechsel, hrsg. u. kommentiert von David Marc Hoffmann, Niklaus Peter und Theodor Salfinger, mit einem Vorwort von Karl Pestalozzi, Berlin, New York (in Vorbereitung).
David Marc Hoffmann, Zur Geschichte des Nietzsche-Archivs, Chronik, Studien und Dokumente, Berlin, New York 1991.
David Marc Hoffmann, Das ‹Basler Nietzsche-Archiv›, Katalog der Ausstellung, Basel 1993.
David Marc Hoffmann (Hrsg.), Nietzsche und die Schweiz, Begleitpublikation zur Ausstellung im Museum Strauhof Zürich, Zürich 1994.

Guido Helmig

Römische Gräber in der St. Alban-Vorstadt

Woher die Toten stammen …

Spätestens um die Mitte des ersten vorchristlichen Jahrhunderts entstand auf dem Münsterhügel für einige Jahrzehnte *das* Siedlungszentrum am Basler Rheinknie. Zuerst mag vielleicht nur ein spärliches keltisches Siedlungssubstrat vorhanden gewesen sein. Daraus entwickelte sich aber im Vorfeld der damals einsetzenden Kolonisierung unserer Gegend durch die Römer eine ansehnliche, mit Wall und Graben befestigte Niederlassung. Mit der Ankunft römischen Militärs, das sich kurz darauf im Zentrum dieser Niederlassung einen Stützpunkt errichtete, erfuhr das Siedlungsareal auf der hochliegenden Schotterterrasse des Rheines abermals eine Aufwertung. Vor den Toren der nach spätkeltischem Muster gebauten Wallanlage, d.h. ‹extra muros›, errichteten zugezogene Händler und Handwerker einfache Holz- und Fachwerkbauten entlang der Strasse, die zu diesem Militärstützpunkt auf dem heutigen Münsterplatz führte.

Schon früh war damit der Grund für einen zentrumsbildenden Ort gelegt; die Entwicklung verlief allerdings anders, und die Siedlung am Basler Rheinknie – wir kennen ihren Namen nicht, wenn wir sie nicht mit der 44/43 v. Chr. gegründeten COLONIA RAVRICA, die auf der Grabinschrift des Munatius Plancus genannt ist, in Verbindung bringen wollen – verfiel in einen Dornröschenschlaf. Augusta Raurica, die wenige Kilometer oberhalb Basels gelegene römische Pflanzstadt, erlebte hingegen wegen ihrer verkehrsgünstigeren Lage einen frappant schnellen Aufschwung: Mit ihrem in spätrömischer Zeit am Rheinufer gebauten starken Castrum sollte Sie bis ins frühe Mittelalter das Zentrum der Region nordwestlich des Juras bilden, bis sich aus dem spätrömischen Kastellort ‹Basilia› die spätere Bischofsstadt entwickelte. Wo aber hatten die hier Ansässigen in der Frühzeit der ursprünglichen Basilia ihre Toten bestattet?

… wohin die Toten gingen. Ein neues und ein wiederentdecktes römisches Friedhofareal in der St. Alban-Vorstadt in Basel

Beim Bau des Hauses ‹zum Goldenen Löwen›, das mit seiner Prachtfassade bis in die frühen 60er Jahre in der Aeschenvorstadt gestanden hatte, waren schon im 18. Jh. Gräber gefunden worden. Darüber berichtet eine 1834 publizierte kurze Notiz: «*1740. Als Herr [Franz] Legrand, Handelsmann, sein erkauftes Haus zum goldenen Löwen in der Aeschenvorstadt neu aufbauen liess, und das Fundament und den Keller grub, fand man mehrere todte Menschenkörper, darunter einer in einem steinernen Sarge lag … Ebenso fand man erst vor einigen Jahren, als man das Haus zum Drachen neu aufbaute, verschiedene Gegenstände, woraus zu schliessen ist, dass ehemals der Kirchhof der St. Elisabethen Kirche allda gewesen.*»[1]

Zwei Dinge gehen aus dieser knappen Schilderung hervor: Erstens die frühe Fundmeldung von Gräbern – es handelt sich um das bekannte antike Basler Gräberfeld an der Aeschenvorstadt (1.–7. Jh.), und natürlich nicht um Relikte des Gottesackers der Elisabethengemeinde; und zweitens deren Fundpunkte beim Haus ‹zum Drachen› und ‹zum Goldenen Löwen›.[2] Vor zwei Jahren erschien der Katalog der Grabfunde dieses vor allem in der Spätantike dicht belegten Friedhofareales.[3] Aufgrund vereinzelter Funde und vor allem auch belegbar an ein-

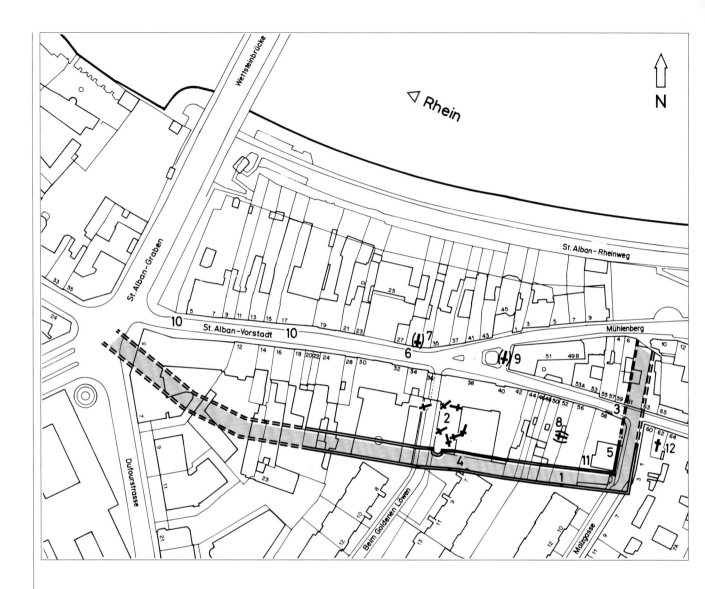

△
Übersichtsplan der inneren St. Alban-Vorstadt. Eingetragen sind die Fundstellen mit römischen Funden, der Verlauf der hochmittelalterlichen Vorstadtbefestigung und die bisherigen Grabfunde (Massstab 1:2000).

Vorstadtbefestigung: fett = nachgewiesen
                     gestrichelt = ergänzt
Gräber: Kreuzsignatur (verworfene
                     Skelett-Teile in Klammern)
Fundstellen:

1 1912/1, St. Alban-Vorstadt 56; Kontermauer und Agde
2 1914/8, St. Alban-Vorstadt 40 (alt 36):
   Gräberfund beim Neubau der Liegenschaft 1913/14

3 1928/2, St. Alban-Vorstadt 58 (A):
   mutmassliches Fundament des Vrydentores/
   Überbauung vor 1850
4 1961/2 u. 1962/2, St. Alban-Vorstadt 36 (heute 40):
   Vorstadtbefestigung
5 1962/16, Malzgasse 2: spätmittelalterliche Bebauung
6 1967/2, St. Alban-Vorstadt 29: römische und
   mittelalterliche Funde
7 1967/3, St. Alban-Vorstadt 31: Grabreste
8 1974/26, St. Alban-Vorstadt 52: Grabfund?
9 1983/47, St. Alban-Vorstadt 49 (A): Grabreste
10 1983/46, St. Alban-Vorstadt (A):
   römische und mittelalterliche Strassenkofferungen
11 1989/33, Malzgasse 2: Vorstadtmauer
12 1993/3, St. Alban-Vorstadt 62: röm. Gräber

zelnen Brandgräbern kann dort aber auch eine *frühkaiserzeitliche* Belegung mit Brandbestattungen nachgewiesen werden, die bis in die erste Hälfte des 1. Jh. n.Chr. zurückreicht. Viele Brandbestattungen sind aber nur noch indirekt, anhand von verlagerten und angesengten Funden in den Verfüllungen spätrömisch/frühmittelalterlicher Körpergräber, nachweisbar.

Nun kennen wir aber auch eine Meldung des frühen 20. Jahrhunderts über römische Grabfunde am *heutigen* Standort des ‹Goldenen Löwen› (C[1]). Dies hatte anfänglich einige Verwirrung gestiftet. Denn die Barock-Fassade des Gebäudes war zu Beginn der 60er Jahre dieses Jahrhunderts nach ihrem Abbruch an der Aeschenvorstadt an die St. Alban-Vorstadt Nrn. 36–40 transferiert und dort wiederaufgebaut worden. Im Vorfeld dieses Bauvorhabens waren auf dem Gelände archäologische Sondierungen vorgenommen worden, die vornehmlich der mittelalterlichen Vorstadtbefestigung galten (im Übersichtsplan grau).[4] Untersuchungen im Umkreis des ‹Goldenen Löwen› förderten auch verschiedentlich römerzeitliche Fundobjekte zutage, denen bisher allerdings wenig Beachtung geschenkt wurde.[5]

‹Ausgrabungen› in alten Akten auf dem Staatsarchiv führten 1985 zur Erkenntnis, dass bereits 1914 beim Errichten des Vorgängerbaues auf eben diesem Areal Gräber beobachtet worden waren. Damals erkannte man offenbar nur Körperbestattungen; Brandbestattungen, die für das ungeübte Auge im Gelände bedeutend schwieriger zu erkennen sind, werden nicht erwähnt. Die 1985 wiederaufgefundene Skizze zweier Armreifen, die bei der Freilegung einer der Bestattungen zum Vorschein gekommen waren, legt eine Datierung zumindest dieses Grabes ins 4. Jahrhundert nahe;[6] die übrigen Gräber scheinen beigabenlos gewesen zu sein, zumindest sind keine Beigaben erwähnt oder erhalten geblieben. Auf einem Plan aus der Zeit von 1914 sind insgesamt 7 Gräber eingezeichnet (im Übersichtsplan Punkt 2). Zusammen mit weiteren Beobachtungen von menschlichen Skelettresten im Umkreis dieser Fundstelle (Punkte 7–9) ergibt sich das Areal eines römischen Friedhofes (Karte der Gräberfelder, C[1] und C[2]). Nicht ganz von der Hand zu weisen ist die Deutung – wenigstens, was umgelagerte menschliche Gebeine im Bereich des Platzes bei der Verzweigung Mühlenberg/St. Alban-Vorstadt betrifft (heute steht dort der Brunnen) –, dass es sich dort um *mittelalterliche* Gräber des einst dort domizilierten Spitals des Klosters St. Alban handeln könnte (Übersichtsplan, Punkt 9).[7]

Frührömische Bestattungen an der St. Alban-Vorstadt Nr. 62

Im Rahmen des für das Frühjahr 1993 vorgesehenen Umbaues der Liegenschaft Nr. 62 sollte abgeklärt werden, ob allenfalls weitere römische Gräber zum Vorschein kommen würden – rund 100 Meter weiter östlich der Fundstelle beim ‹Goldenen Löwen›. Das Haus war bereits teilunterkellert, und erste Sondierungen brachten vorerst noch wenig Spektakuläres zu Tage. Dann allerdings zog eine Handvoll Scherben aus der frühen Kaiserzeit, darunter auch angesengte, das Augenmerk der Archäologen auf sich. Sie lieferten erste Anhaltspunkte dafür, dass hier tatsächlich römische Brandgräber zum Vorschein kommen könnten. Tatsächlich kamen dann auch in den verbliebenen rund 30 Quadratmetern, die neu zu unterkellern waren, die Überreste von wenigstens zwölf römischen Bestattungen zum Vorschein (Karte Gräberfelder, C[1]). Die Brandgräber 2 und 3 zeigten zwei unterschiedliche Bestattungsarten[8]: Das *Brandschüttungsgrab 2* bestand nur aus einem Häufchen verbrannter Knochen, u.a. von Speisebeigaben, sowie einigen Grabbeigaben.[9] Der Leichenbrand war nicht in einer Urne, sondern – vielleicht eingebunden in ein Stoffsäckchen – in einer kleinen ausgehobenen Mulde, die mit grossen Kieseln ausgekleidet worden war, direkt im Erdreich deponiert worden; im zweiten Brandgrab, dem *Urnengrab 3,* war die Asche des Verstorbenen in einem keramischen Behälter ebenfalls in einer Grube beigesetzt worden. Die Reste dieser beiden Brandbestattungen wurden ‹en bloc› gehoben und dem Anthropologen zur Untersuchung übergeben.[10] Von zwei besser erhaltenen, aber ebenfalls stark fragmentierten *Körperbestattungen* erwachsener Personen (Gebäudeplan, 1 und 7) konnten nur noch wenige Skelettreste geborgen werden; das Übrige war beim Bau der spätmittelalterlichen Gebäude und schliesslich bei späteren Bauarbeiten zerstört worden. Die meisten Skelettreste stammen von Neugeborenen und Kleinkindern (mindestens 8 Individuen) und sind fast vollständig vergangen (Gebäudeplan, 4–6).

Wenige Streufunde aus dem Umkreis der mehrheitlich beigabenlosen Gräber liessen vorerst vermuten, dass diese wohl eher aus dem späteren 1. und 2. Jh. n. Chr. stammten.[11] Von den anzunehmenden oberirdischen Kennzeichnungen der Gräber fehlte jede Spur; das Terrain war im Zuge der Baumassnahmen gekappt und planiert worden, so dass beispielsweise von der Urne in Grab 3 nur noch der untere Teil erhalten geblieben war. Es wird auch kaum mehr möglich sein zu entscheiden, ob die neu entdeckte Gräbergruppe (C^2) zum selben Friedhofareal gehört wie die Gruppe der eher spätrömischen Körpergräber im Areal beim ‹Goldenen Löwen›. Dass allein in Haus Nr. 62, in der kleinen noch untersuchbaren Fläche, Reste von zwölf Bestattungen zum Vorschein kamen, mag anzeigen, wie dicht ursprünglich die Belegung des Friedhofes zur Römerzeit gewesen sein muss. Durch die geschlossene Überbauung des Vorstadtareals sind hier seit dem 13. Jh. allerdings – ähnlich wie bei den beiden anderen römischen Gräberfeldern in den mittelalterlichen Basler Vorstädten (Karte Gräberfelder) – die Spuren dieses Friedhofes, bis auf die jüngst gefundenen Gräber, getilgt worden.

Grab 2 – Die Bestattung eines Reitersoldaten?

Die Untersuchung des ‹en bloc› geborgenen Grabes 2 durch den Anthropologen im Labor ergab, das es sich beim Bestatteten um eine Person von etwa 16–18 Jahren handelt. Dass der Verstorbene mit grazilem Körperbau ein Mann war, lässt sich an den Grabbeigaben ablesen. Unter ihnen befanden sich nämlich auch die Fragmente eines kalzinierten beinernen Rasiermessergriffes; zwei beinerne Würfel – der eine streng kubisch, der andere mit konvexen Flächen – lagerten ebenfalls in der Urne, waren aber sicher nicht auf dem Scheiterhaufen dem Feuer ausgesetzt gewesen, sondern sind erst *nachträglich* beigegeben worden. Aus der

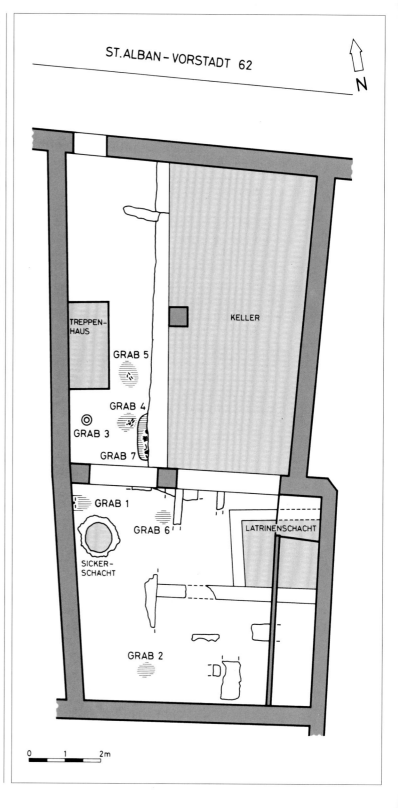

umlagernden Erde wurden zahlreiche kleine Eisennägel herausgelesen, die Reste von hier deponierten Sandalen. Die Speisebeigabe wurde oben schon erwähnt. Schliesslich sind zwei Münzen als Totenobolen zu erwähnen: ein halbierter Nemausus-As – eine zuerst in Nîmes geschlagene und zur Deckung des Kleingeldbedarfes halbierte Münze – sowie ein prägefrisch erhaltener Quadrans des Caligula, der um 40/41 in Rom geprägt wurde.[12] Einen eher ungewöhnlichen Fund stellt der Anhänger eines Pferdeschirrs dar. Geflügelte Anhänger mit dem Kopf

◁

Gebäudeplan des Grundstücks St. Alban-Vorstadt 62. Lage der sieben beobachteten römerzeitlichen Gräber, der aufgedeckten spätmittelalterlichen-frühneuzeitlichen Mauerzüge sowie eines Sickerschachtes (Massstab 1:100).

Das Fundensemble aus Brandschüttungsgrab 2 (Massstab 1:1). Totenobolen: halbierter As, unter Augustus in Nemausus (Nîmes) geprägt (20 v. Chr.–10 n. Chr.); prägefrisch erhaltener Quadrans des Caligula, geprägt in Rom (40/41 n.Chr.). Aus Knochen geschnitzter Griff eines Rasiermessers (kalziniert; Klinge verloren). Geflügelter Pferdegeschirr-Anhänger mit Vogelkopflasche. Zwei beinerne Spielwürfel. (o. Abb.: Schuhnägel).

▽

eines Wasservogels als Lasche gehörten zum Pferdegeschirr berittener Truppen der tiberisch-claudischen Periode.[13] Wohl nicht zuletzt auch deshalb ist dieses Grab einem militärischen Kontext zuzuordnen.

Kurzum: Es dürfte sich beim Brandschüttungsgrab 2 um die Grabstätte eines jugendlichen Soldaten einer berittenen Einheit handeln, der hier wohl noch vor der Mitte des 1. Jh. bestattet wurde. Welcher Einheit er angehört haben könnte, etwa einem der in Augusta Raurica inschriftlich belegten Kavallerieregimenter der ‹ala Hispanorum (oder Hispana)›, der ‹ala Moesica felix torquata› oder gar der auf einem in Muttenz gefundenen Weihestein genannten ‹ala Gemelliana›, sei immerhin zur Diskussion gestellt.[14] Ob davon eine Abteilung in tiberisch-claudischer Zeit auf oder bei dem Basler Münsterhügel stationiert war, muss in Anbetracht der grundsätzlich spärlich vertretenen Militaria aus dieser Epoche ebenfalls offenbleiben.[15] Dass es sich aber mit grosser Wahrscheinlichkeit um einen Soldaten handelt, scheint nicht allein der Pferdegeschirranhänger, sondern das Fundensemble insgesamt nahezulegen. Der ein-

zelne Pferdegeschirranhänger – wie fast sämtliche Objekte des Grabinventares (ausser dem Rasiermesser) erst bei der Deponierung des Leichenbrandes mitgegeben – könnte auch einen Beitrag zur Diskussion abgeben, ob es sich bei solchen Anhängern nicht doch um militärische Auszeichnungen oder Rangabzeichen handeln könnte, wie dies schon erwogen wurde.[16]

Wir wollen aber aufgrund des Befundes von Grab 2 noch keine ‹Alen nach Basel tragen› – wenigstens vorerst noch nicht. Dazu bedarf es weiterer eindeutiger archäologischer Indizien.

Die neu entdeckte Gräbergruppe und das wiederentdeckte römische Friedhofareal in der St. Alban-Vorstadt zeigen beispielhaft auf, dass es auch innerhalb eines so dicht bebauten Gebietes wie der Stadt Basel an noch so unscheinbaren Plätzen archäologische Befunde zu entdecken gibt, die Wesentliches zur frühen Stadtgeschichte beitragen können. Nur bei konsequenter Überwachung sämtlicher Bauvorhaben aber können solche Befunde überhaupt erkannt werden.[17] Dies ist eine der Hauptaufgaben, die die Archäologische Bodenforschung seit den über dreissig Jahren ihres Bestehens mit Erfolg wahrnimmt.

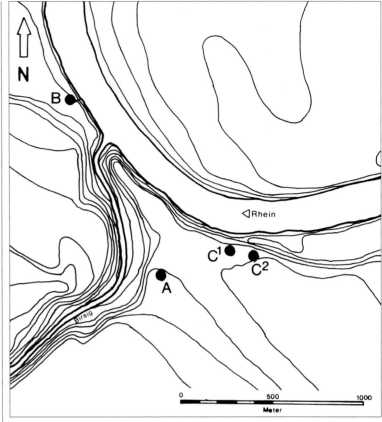

△
Karte der römischen Gräberfelder im Umkreis des Basler Münsterhügels (Massstab 1:20 000).
A = Gräberfeld Aeschenvorstadt (1.–7. Jh.)
B = Friedhof am Totentanz (3./4. Jh.)
C^1 = St. Alban-Vorstadt 40 (4./5. Jh.?)
C^2 = St. Alban-Vorstadt 62 (1. Jh.)

Anmerkungen

1 Heinrich Weiss, Versuch einer kleinen und schwachen Beschreibung der Kirchen und Klöster in der Stadt und Landschaft Basel, Basel 1834, 10.
2 ‹zum Goldenen Löwen› = Aeschenvorstadt alt 940, ehemals Nr. 4; ‹zum Drachen› = Aeschenvorstadt alt 949, ehemals Nr. 22. Beide Liegenschaften sind heute verschwunden.
3 Regine Fellmann-Brogli et alii, Das römisch-frühmittelalterliche Gräberfeld von Basel/Aeschenvorstadt, Basler Beiträge zur Ur- und Frühgeschichte Bd. 10B, Basel 1992.

4 Werner Meyer, Die Vorstadtbefestigung von St. Alban. BZ 61, 1961, 145–150. – Guido Helmig, Neue Erkenntnisse zur Befestigung der inneren St. Alban-Vorstadt (Malzgasse 2, 1989/33 – St. Alban-Vorstadt (A), 1990/36), in: Jahresbericht der Archäologischen Bodenforschung Basel-Stadt 1990, 71–84.
5 Guido Helmig, a.a.O., 84 Anm. 55.
6 Abgebildet bei Guido Helmig et alii, Spätrömische Gräber am Totentanz in Basel, in: Archäologie der Schweiz 8, 1985, 93–100 Abb. 8.
7 Nach Ansicht von Lokalhistorikern des 19. Jh. soll die

Malzgasse östlich ausserhalb der hochmittelalterlichen inneren Vorstadtbefestigung ihren Namen von einem dort vermuteten Siechenhaus erhalten haben; der Name des Strassenzuges würde sich daher von der ‹Malzenei› (Aussatz) ableiten lassen.

8 Brandgräber werden nach den unterschiedlichen Bestattungsarten eingeteilt in: Urnengräber, Brandschüttungsgräber (mit und ohne Urnen), Brandgrubengräber. Vgl. Tilman Bechert, Zur Terminologie provinzialrömischer Brandgräber, in: Archäologisches Korrespondenzblatt 10, Mainz 1980, 253–258.

9 Als Speisebeigaben sind zu nennen Teile von: Spanferkel, Schwein und Huhn; vielleicht auch Ziege und Schaf.

10 Untersuchung und Bestimmung der Skelettreste durch Bruno Kaufmann vom Anthropologischen Institut in Aesch.

11 Im Umkreis von Grab 5: eine defekte Spiralfibel, ein As des Nero und etwas verbrannte Keramikreste. In der Urne von Grab 3 fanden sich die Reste eines mitverbrannten Beingriffes (vielleicht ebenfalls eines Rasiermessergriffes wie im Brandschüttungsgrab 2?).

12 Quadranten dieses Soldatenkaisers, wie auch die Münzmeisterquadranten oder jene des Kaisers Claudius, sind in den Provinzen nördlich der Alpen sehr selten; in Italien hingegen gehörten sie offensichtlich zum alltäglichen Kleingeld. Die prägefrische Erhaltung der Münze aus Grab 2 kann vielleicht auch dadurch erklärt werden, dass der Senat unter dem nachfolgenden Kaiser Claudius die Buntmetallmünzen seines ungeliebten Vorgängers aus dem Verkehr ziehen liess. Diese Beobachtung einer ‹dam-

natio memoriae› verdanken wir Markus Peter, der auf eine entsprechende Textstelle bei Cassius Dio (Lib. LX 22.3) aufmerksam wurde. – Bestimmung der Münzen durch das Münzkabinett des Historischen Museums Basel (HMB/Mk.), Beatrice Schärli und Rahel C. Warburton.

13 M.C. Bishop, Cavalry Equipment of the Roman Army in the first century A.D., in: Military Equipment and the Identity of Roman Soldiers. Proceedings of the Fourth Roman Military Equipment Conference, ed. by J.C. Coulston. BAR International Series 394, 1988, 67–195, besonders 98: Typ 7b.

14 Hans Lieb, Truppen in Augst, in: Provincialia, Festschrift für Rudolf Laur-Belart, Basel 1968, 129–132. – Michael A. Speidel, Römische Reitertruppen in Augst, Zeitschrift für Papyrologie und Epigraphik Bd. 91, Bonn 1992, 165–175 und Taf. IV. – Zur Problematik insbesondere des archäologischen Nachweises von Reitertruppen in Augst vgl. René Matteotti, Die Decurio-Inschrift aus Muttenz BL – Kavallerie in der Colonia Augusta Rauricorum?, in: Jahresberichte aus Augst und Kaiseraugst 13, Liestal 1992, 277–288.

15 Vielleicht verstarb der hier Bestattete auch auf der Durchreise?

16 Anabel K. Lawson, Studien zum römischen Pferdegeschirr, in: Jahrbuch des römisch-germanischen Zentralmuseums Mainz 25, 1978, 131–172, bes. 152 f.

17 Es sei an dieser Stelle den Hauseigentümern, Barbara Mutz und Peter Jörg, und dem für den Umbau Verantwortlichen, Lukas Wunderer, für das den archäologischen Belangen entgegengebrachte Interesse herzlich gedankt.

Felix Rudolf von Rohr

Que serra?

Fasnacht 1994

Die drei Tage vom 21. bis 23. Januar 1994 standen unter dem Motto ‹Que serra?›. Diese Schreibweise des alten Evergreens von Doris Day war eine Anspielung auf die monumentale Eisenplastik des Amerikaners Richard Serra. Die Plastik selbst, insbesondere aber ihr Standort vor dem Stadttheater, sorgt wohl noch lange für hitzige Diskussionen unter den Kunst-Gurus, vor allem aber auch in der breiten Bevölkerung. Kunst – vornehmlich moderne Kunst – war immer schon ein gefundenes Fressen für fasnächtlichen Spott.

Hinter ‹Que serra?› kann man aber noch einen tieferen Sinn finden. Die Frage, was kommen werde und wie's weitergehen soll, bezieht sich nämlich nicht nur auf die rostenden Stahlplatten vor unserem Musentempel, sondern auch auf unsere liebe Fasnacht. Gar manches in unserem Brauchtum ist derzeit im Umbruch, und für eine Standortbestimmung auf dem Weg in die weitere Zukunft ist es bekanntlich nützlich, oder sogar notwendig, zu wissen, woher man kommt.

Gehört die Fasnacht ins Museum?

Die Frage nach einem Fasnachts-Museum taucht seit Jahren immer wieder auf. Aber schon die Fragestellung «Gehört die Fasnacht ins Museum?» begründet bei manchen Fasnächtlern gerade die Ablehnung für ein solches Vorhaben. Unsere Fasnacht soll doch nicht eingemottet, in Vitrinen und Regalen abgestellt werden; sie soll sich vielmehr als lebendiges Brauchtum entwickeln, sie hat ihren Platz auf der Strasse, in den Gassen und Beizen – und nicht im Musentempel! Dieser sehr verständlichen Haltung stehen aber auch einige gewichtige Gründe entgegen. Da ist einmal die Tatsache, dass gerade die eingefleischten Gralshüter der Frau Fasnacht ihr trautes Heim mit Bildern, Plakettensammlungen, Larven und Kostümen, Dokumenten, Büchern, Nippsachen und tausend Accessoires füllen, als gelte es, ein privates Historien-Kabinett aufzubauen. Im weiteren vergeht kein Jahr, in dem nicht eines oder mehrere neue Fasnachtsbücher aus der Taufe gehoben werden. Und was sind diese Basiliensia der drei schönsten Tage denn anderes als eine Dokumentierung unserer Tradition, für uns selbst, die Nachwelt, unseren Nachwuchs, für auswärtige Besucher und Interessierte?

Ein Blick über die Grenzen zeigt, dass nicht nur verschwundenes, sondern auch gerade gelebtes Brauchtum aufs beste einem breiten Publikum gezeigt werden kann, und dass eine Dokumentation einem berechtigten Interesse entspricht: Die ‹Oberrheinische Narrenschau› in Kenzingen, nahe bei Freiburg im Breisgau, präsentiert seit vielen Jahren das vielfältige und nach wie vor sehr lebendige Brauchtum unserer Nachbarn – von der Ortenau bis in den Hochschwarzwald. Bei allem Stolz auf die Basler

Fasnachtstraditionen müssen wir dabei neidlos feststellen, dass gewisse Bräuche und Figuren ennet des Rheins viel älteren Ursprungs sind als unsere heutige Fasnacht. Einzelne Vereine der badischen Fasnet haben sogar die Feier ihres 200-jährigen Bestehens schon längst hinter sich. Etwas weiter entfernt, im belgischen Binche, steht seit der Zeit nach dem Ersten Weltkrieg das ‹Musée du Carnaval et du Masque›, das Maskenbräuche aus der ganzen Welt in Dauer- und Wechselausstellungen zeigt, und in dem selbstverständlich auch die Basler Fasnacht schon lange ihren festen Platz hat. 1993/94 hat das ‹Musée de Civilisation› im kanadischen Québec in einer aufwendigen Sonderausstellung ‹Masques et Mascarades› das weltweite Maskentreiben dargestellt, wobei auch hier unsere Fasnacht nicht fehlen durfte. Schliesslich befasst sich noch das ‹Musée de l'Homme› in Paris mit dem Projekt einer mehrjährigen Sonderschau über Volksbräuche in Europa, in welcher wiederum auch unsere drei ‹Feiertage› gewürdigt werden sollen.

Wie gut die Basler Fasnacht in ein Museum passt, zeigt auch das Ortsmuseum Binningen. Frau Ruth Eidenbenz-Tschudin hat einen wunderschönen und sorgfältig zusammengestellten Querschnitt durch ihre private Sammlung aus der legendären Larven-Manufaktur Tschudin dem Museum zur Verfügung gestellt. Die Ausstellung im heimeligen Dachstock ist auf den ersten Blick ein fröhliches und buntes Helgenbuch – ein Blick in die ‹Scharadenkiste›; sie ist aber noch viel mehr: nämlich ein eigentliches Spiegelbild der Basler Kunstgeschichte unseres Jahrhunderts, das die Handschriften unserer bekanntesten Künstlerpersönlichkeiten – von Charles Hindenlang über Faustina Iselin bis zu Irène Zurkinden – aufleuchten lässt. Im weiteren wird hier auch die technische Entwicklung der Larvenherstellung gut verständlich erklärt. Diese Sonderausstellung wurde zwar schon verlängert, wird aber eines Tages wieder auseinandergenommen, in Schachteln, Kisten und Schubladen da und dort versorgt und kann vielleicht nie mehr in dieser lehrreichen Schau zusammengestellt werden. Sie zeigt, dass eine Darstellung der geschichtlichen Entwicklung sehr wohl sinnvoll und wertvoll ist, auch wenn in diesem Fall nur ein Aspekt unserer Fasnacht

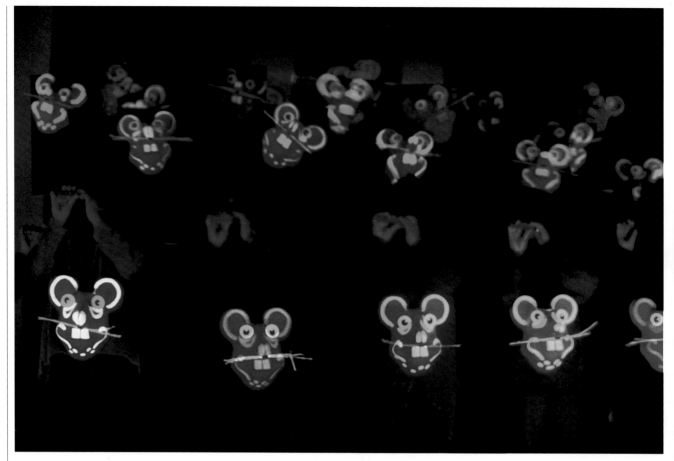

behandelt wird. Zwar finden wir weitere Fragmente im Historischen Museum – auch in seiner Musikinstrumenten-Sammlung – oder im Schweizerischen Museum für Volkskunde, aber eine zusammenhängende Präsentation unseres unvergleichbaren Brauchtums fehlt, und auch die vielen Bücher können ein umfassendes Verständnis doch nicht vermitteln.

Vielleicht ist die Daueridee einer Dauerausstellung doch nicht ganz abwegig – auch wenn es wegen der Problematik ‹rote Zahlen› und der Sparappelle noch längere Zeit dauern dürfte, bis ein Projekt ‹Fasnachts-Museum› ernsthafter geprüft wird. Dass das Fehlen einer solchen Dokumentation dem lebendigen Brauchtum keinen Abbruch tut, hat die Fasnacht 1994 einmal mehr eindrücklich bewiesen.

Die 362 Tage davor

Dauert die Vorfasnacht tatsächlich 120 mal so lang wie die Fasnacht selbst? Nun, so schlimm ist's wohl nicht, auch wenn die para-fasnächtlichen Anlässe immer intensiver und überladener zu werden scheinen. Natürlich müssen viele Vorarbeiten während des ganzen Jahres und vor allem im Spätjahr an die Hand genommen werden, damit die Züge der Cliquen, die Laternen, die Verse, Helgen und auch die ganze Organisation an den drei Tagen so ‹stehen›, wie es eben sein soll. Die sichtbare Vor-Fasnacht aber beginnt nach wie vor erst, wenn die Weihnachtsbäume versorgt sind – dann aber wie ein Wirbelsturm!

Aus diesem Gewitter der anderthalb Monate zwischen Neujahrs-Apéro und ‹Ladärne-Ynepfyffe› gebührt diesmal dem ‹Pfyfferli› ganz besondere Erwähnung. Vor zwei Jahrzehnten

△
Eine Vision der
Seibi-Clique: die
geklonte Fasnacht.

hatte Rolli Rasser im Theater Fauteuil am Spa-
lenberg mit diesem Kammerspiel des Fas-
nachts-Geistes begonnen und seither alle zwei
Jahre ein feines, witziges und farbenfrohes Fas-
nachts-Cabaret von hoher Qualität auf die
kleine Bühne gezaubert. Mit dem diesjährigen
‹Pfyfferli› hat sich der langjährige Hausregis-
seur, Rolf Lansky, in die wohlverdiente Pension
zurückgezogen. Ein letztes Mal ist ihm ein
unvergesslicher Abend geraten – eine kurzwei-
lige Mischung aus aktuellen Sujets und zeitlo-
sem Fasnachtsgeist, spitzigen Pointen und zar-
ten Texten, grossartigen Melodien, Trommeln,
Pfeifen… Arth Paul hat einmal mehr die Musik
in einer Art komponiert, dass jeder zweite
Akkord evergreen-verdächtig erscheint. Megge
Afflerbach, Berni Baumgartner und Walo Nie-
derman haben die Texte geschrieben und die
Verse gedrechselt. Diesmal verliessen die Besucher den Spalen-Keller mit einer leisen Weh-

mut, gehört doch das ‹Pfyfferli› in dieser Form
jetzt der Geschichte an.

Ganz anders schaut es bei den Monstre-Trom-
melkonzerten aus. Der zweite Jahrgang auf der
monströsen Bühne im grossen Festsaal der
Messe Basel hat definitiv bewiesen: Der Aus-
zug der traditionellen Vorfasnachts-Veranstal-
tung aus dem heimeligen Küchlin-Theater hat
einen fulminanten Neustart ausgelöst. Ein kleines Heer von Textern, Akteuren, Schnitzelbängglern und Cliquenkünstlern, -gestaltern,
-instruktoren bringt mittlerweile eine gigan-
tische Schau mit über tausend Aktiven auf die
Bretter, die die Fasnachtswelt bedeuten. Nach
alter Fasnachtstradition bleiben beim ‹Drum-
meli› die Namen dieser Verantwortlichen anonym. Immerhin sei erwähnt, dass seit dem
Umzug ins Kleinbasel neue Kräfte freigemacht
wurden und alte Geister sich wieder freudig zu
Wort und Text gemeldet haben. Nicht nur an

Quantität, sondern auch an Qualität hat das Monstre ein paar Zacken zugelegt.

Das Charivari im Volkshaus hat sich zum ‹Sparivari› umbenannt und damit ein wesentliches Sujet zum Generalthema gemacht. Gespart wurde allerdings keineswegs an der Qualität der musikalischen und schauspielerischen Darbietungen.

Am bereits dritten ‹Mimösli› durfte ‹Häbse› Hersberger in seinem gleichnamigen Theater ebenfalls lauter Begeisterungsstürme verzeichnen. Sein Programm war diesmal eine originelle Mischung zwischen zauberhafter Fasnachtskunst und fasnächtlicher Zauberkunst.

Und am Zofinger-Conzärtli im Stadt-Casino schliesslich nahmen die Fagunzen vor allem den Oscar-beladenen Arthur Cohn und das Paracelsus-Jubiläum auf den Hut.

Das offizielle Preistrommeln und -pfeifen im grossen Festsaal der Messe Basel bewies einmal mehr den stetigen Vormarsch des weiblichen Geschlechts in der Basler Fasnachtswelt, wurde doch die Piccolo-Meisterkrone bei den Jungen wie bei den Alten wieder einmal souverän von Frauen gewonnen. Trommlerinnen sind zwar nach wie vor dünn gesät – aber das braucht halt seine Zeit…

Die drei Tage

Die Fasnacht selbst darf als ein normaler und ruhiger ‹Jahrgang› bezeichnet werden. Das Hauptthema war ein ‹Massnahmenkatalog›, mit dem das Fasnachts-Comité wieder einmal den Versuch unternommen hatte, ein wenig Ordnung und Steuerung ins schöne Chaos der nachmittäglichen Cortèges zu bringen. Wegen der Grossbaustelle bei der Wettsteinbrücke mussten die Wagencliquen einen Ausweich-Parcours via St. Alban-Vorstadt/Schwarzwaldbrücke in Kauf nehmen und konnten somit nur auf der äusseren der beiden konzentrischen Routen zirkulieren. Morgestraich, Fasnachts-Dienstag, die Abende in der Stadt und in den Beizen mit den Schnitzelbängglern – das ganze fasnächtliche Treiben wickelte sich im wohlbekannten, sich selbst ordnenden Durcheinander ab. Polizei, Feuerwehr und Sanität durften eher ruhige Tage verzeichnen, und was das Wetter angeht, so beschränkte sich Petrus auf ein paar wenige

Regentropfen am Morgestraich und in der Nacht vom Mittwoch auf den Donnerstag.

Was hat die Basler 1993 bewegt? An der Spitze der Sujet-Hitparade stand das Fasnachts-Comité mit seinem bereits erwähnten Massnahmenkatalog. Weitere Zielscheiben waren die anhaltende Basler Sparpolitik, die Abfallsack-Gebühren mitsamt dem Mistsack-Tourismus, eine Aktion ‹Uusestuele›, die aktuelle Kunstszene – von der Serra-Plastik über die Werbung der Kunstmesse ART («ceci n'est pas…») bis zum bevorstehenden Tinguely-Museum der Roche –, die Mustermesse als Dauerbrenner, aber auch der Rücktritt des wohl populärsten Regierungsrates, Karli Schnyder. Im weiteren waren das Paracelsus-Gedenkjahr, ein Festival ‹Scotland meets Basel› und ganz besonders der Umsturz des ‹Böögg› beim Besuch der Basler am Zürcher Sechseläuten dankbare und beliebte Sujets. Wie immer wagte man sich aber auch erfolgreich an die ganz grossen und ernsthaften Probleme wie Rezession und Arbeitslosigkeit, Genforschung oder die wachsenden Differenzen zwischen der katholischen Kirche und ihrem Oberhirten.

Am Schlussabend der ‹Comité-Schnitzelbängg› wurde einer der profiliertesten Schnitzelbänggler, das ‹Stachelbeeri›, nach dreissig Jahren hervorragenden Wirkens mit stehendem Applaus verabschiedet (keine Angst: Megge bleibt uns wohl noch lange in den Vorfasnachts-Anlässen oder auch als ‹wilder› Bangg erhalten...). Aus den Schnitzelbänggen, Zeedeln und Laternenversen folgen nun eine Handvoll Kostproben des nimmermüden Basler Pegasus (wie immer im Originaltext zitiert):

Zuerst einmal das Fasnachts-Comité:

D UNI Basel blybt derby
und fiert kei Numerus Clausus yy.
Derfiir isch an der Fasnacht – y find s glunge
s Comité in d Lugge gsprunge!
Schnitzelbangg Hanslimaa

Drei Daag pfyffe, drei Daag fääge
inne d Clique – usse d Wääge...
Laternenvers Spale-Clique

s Fasnachtscomité gseht rot
...wenns am Mändig Ornig schloht!
Zeedel Junteressli

Im Rhy, grad nebe de 3 E
hätt s non e Platz fir s Comité
Laternenvers Sans-Gêne

Das Comité im Dienste der Kunstszene:

Gege d Reklame-Pins, do kasch di kuum me wehre,
s losst mit Reklame-Pins dr Umsatz sich vermehre.
Au s Fasnachts-Comité bewegt sich in däm Rahme
Und macht fir s greeschti Basler Pissoir jetz Reklame!
Schnitzelbangg d Kärnebigger

Ein Flohmarkt der staatlichen Verwaltung hat dem ‹Stachelbeeri› für seine Abschiedsvorstellung Sujets en masse geliefert:

D Staatsbetrieb dien am e scheene Morge
Eschtrig, Käller und Byyro entsorge
Und verkaufe an der Mäss der Grimpel –
Und ych zahl Sagg-Gebyyr, ych Simple.

Uff d Froog vom Entrimpler: «Was isch das?»
Sait der Schnyder Karli: «E Wysswyglas!
Das duesch mer nit an d Gant entfiehre,
Das bruucht der Tschudi zem trainiere.»

Der Vischer Ueli findet bim ruume
in der Pultschubladen e Gummiduume.
Dä duet är zer Verfiegig stelle,
Är haig jo doch kai Gäld zem zelle.

Schnitzelbangg s Stachelbeeri

Und, wenn wir schon bei der alles dominierenden Sparpolitik sind:

Wenn s Gäld nimm fliesse will, mien halt
Gidangge blätschere
So à la Norbert Bluemefritz und Dante Thatchere:
Fir waas Theater, Schuele, Muusig und Museeum?
Fir waas e Gsundhaitsdienscht? Dää bringt is nur
no meh um.
E Kasse fir die Bangsionierte-n-as e Quälle
Wo s Huus und d Raisli bläächt fir dää Chef oder
sälle?
Worum e-n-Uni mit Studänte-n-und Brofässer?
Im Lääbe längt s, wenn d waisch wie umgoh mit
em Mässer.
Wäär läbt, bruucht Subvention und isch persee
verdorbe,
S wäär besser fir dr Staatshuushalt, me wäär scho
gstorbe.
Jetz will me-n-Ämter zämmerleege – ‹Synergie›,
Isch s Zauberwort und zimpftig spaare kasch
derbyy.
Doo wäär e Vorschlaag: D Chefärzt solle
d Drämmli fiehre
Und alli Kontrolleur vom Dramm verpflanze
Niere.
Me fasst die Grubbe zämme wie im Stogg als
d Biine,
Si understehn em Amt fir Haizig und Maschiine:
Esoo spaarsch Lehn yy, zwai Regierigsreet am
Rand
Und d Rächnig schigge mer Änds Johr uff
Baselland. Zeedel Pfluderi-Clique

Die MUBA–Entschuldigung: die Messe Basel – und der ‹Abschied› von ihrem Chef Philippe Lévy:

D Regierig sait zum Philipp barsch:
Nimm di Huet – und vorwärts, marsch!

Laternenvers Alti Lälli

Via Sechseläuten-Blamage mit dem gefallenen Böögg gehts direkt weiter in die Bundespolitik:

Damit sich d Zircher nimme blamiere,
Sett me dä Böögg nei konschtruiere!
Stellet doch der Blocher druff,

dä drotzt em sterggschte Wind,
Und falls äär drotzdäm aabe kunnt:
Dää hett e harte Grind. Schnitzelbangg Peperoni

Es blocheret, es blocheret,
es blocht e kiele Wind.
Dr Blocher ziet die Rächten aa.
Die lingge Nätte laufe gschwind!

Schnitzelbangg Stächmugge

Das Ewige Rom wird auch an der Fasnacht zum ewigen Thema:

Dä Zeedel, s het my richtig griehrt,
blybt vo dr Kirche unzensiert,
will nämmlig die vatikanische Gleen
zem Gligg kai Baseldytsch versteen.

Oh hätt doch d Mamma Woytila
e Ahnig vo Verhietig ghaa
Zeedel Basler Bebbi Alti Garde

Was will dr Papscht vo Sex scho wisse?
Dä darf jo nur dr Boode kisse.
Laternenvers Basler Bebbi Alti Garde

Dr Papscht fliegt nimme – är goht z Fuess,
wenn är e Härde bsueche muess.
Dr Grund syg dä – so hämmer verstande,
die Fluugi, die bruuche z vyyl Gummi bim Lande.
Schnitzelbangg d Nunnefirz

Aber vielleicht tut sich doch ein Hoffnungsschimmer auf, mit dem neuen Bischof von Basel:

Wenn unsere Bischof – wo mr jetz hänn
als Vogel frey blybt – wie mr en wänn,
denn wärs dr Bewyys – au d Kirche ka leere,
ass Haase sich nimme wie Kingel vermeere.
Schnitzelbangg d Nunnefirz

Von Rom geht's nahtlos zum Thema der Gen-Manipulation:

Y hoff, dass me dr Woytila
Mindeschtens nid kloone kaa.
Laternenvers Alti Spezi

Und mit dem letzten Laternenvers nehmen wir Abschied vom fasnächtlichen Leben – in den grauen Basler Alltag der 365 Tage bis zum nächsten Morgestraich:

S isch uff em Heernli glych vyl los
wie zoobe in dr Freiestrooss… Laternenvers Harlekin

zusammengestellt von Hans Peter Muster

Januar	**1.**	Spatenstich EuroVille	Dreissig Minuten nach Mitternacht wird im Beisein des Baudirektors sowie von Führungskräften der Projekt- und der Bauleitung, der PTT und der SBB durch den Abbruch eines Perrondaches mit dem Bau des 520 Mio. Franken teuren ‹Bahnhof Ost, Westteil› begonnen.
		Varia	Das neue Jahr bringt den Baslern erhöhte Gebühren der Kehrichtverbrennungsanlage, für die Spitäler tritt eine neue Taxverordnung in Kraft, die Fährimänner erhöhen ihre Preise.
	4.	Regierungsrat	Als Sparmassnahme sistiert der Regierungsrat den Bau des 55 Mio. Franken teuren Energieleitungstunnels Steinenberg-Wettsteinbrücke-Kleinbasel. Weiterhin will er mit einem Antrag an den Grossen Rat künftig die Arbeit des Blauen Kreuzes und des Abstinentenverbandes mit Kantonsbeiträgen subventionieren.
		†	† *Albert Wagner-Müller* (84), Bankdirektor, Präsident des TV-Kaufleute, Generalsekretär des Internationalen Handball-Ausschusses, Mitorganisator des Eidg. Turnfestes 1959 und der Gymnaestrada 1969 in Basel, Initiant der Feldhandball-Weltmeisterschaft 1963 in der Schweiz, vielfaches Ehrenmitglied, LdU-Grossrat.
	5.	Grosser Rat	Die Debatte über die Dringlichkeit der Klinikum-1-Sanierung scheitert an der fehlenden Zweidrittelsmehrheit und wird vertagt. Von 16 ausgabenträchtigen Budget-Postulaten wird nur gerade jenes an die Regierung überwiesen, das für den Sozialstellenplan eine Erhöhung um 500 000 Franken verlangt. Das neue regionale Schulabkommen wird ohne Gegenstimme genehmigt.
	6.	Abendverkauf	Basels erster offizieller Abendverkauf beginnt mit einer Vernissage im Rathaus, mit Trommelklängen, Resslitram und drei in der Innerstadt zirkulierenden Musikformationen. Bei Ladenschluss um 20.00 Uhr zeigen sich die meisten Detaillisten zufrieden.
		Asylgesuche	Das Polizeidepartement verzeichnet mit 922 noch hängigen Asylgesuchen einen Rückgang um 15% gegenüber dem Vorjahr.
		†	† *René Armbruster-Hunziker,* vulgo ‹Pfluttebegg› (66), stadtbekannter Bäckermeister, Präsident des Basler Bäcker- und Metzgermeistervereins, Vorstandsmitglied des Basler Gewerbeverbandes, des Schweizerischen Bäcker- und Konditormeisterverbandes und der Basler Becken-Zunft, markanter Tambourmajor der Spezi-Clique, beliebter Amateur-Zauberer an Wohltätigkeitsveranstaltungen, während Jahren Rahmenspieler des Glaibasler Charivari.
	7.	Arbeitslosigkeit	Durch die Zunahme um 134 Personen auf 6329 Erwerbslose erhöht sich die Basler Arbeitslosenquote auf derzeit 6,1 %.

Januar		Musical	In der Messehalle 106 feiert das mit Millionenaufwand inszenierte Musical ‹Cats› vor 1800 Besuchern Première.
		Rücktritt	*Nationalrat Paul Wyss,* Vorsitzender der Geschäftsleitung der Messe Basel, erklärt per 30. Juni seinen Rücktritt aus dem eidgenössischen Parlament, sein Sitz geht an den *FDP-Politiker Stefan Cornaz.*
	10.	†	*† Helene Vischer* (98), seit 1924 während über vier Jahrzehnten engagierte Förderin der Basler Webstube, während des Krieges Rotkreuzfahrerin, später FHD-Dienstchefin im 2. Armeekorps, nach Kriegsende Kinderbetreuerin für das Schweizerische Rote Kreuz im Elsass, nach dem Tibet-Konflikt und dem Erdbeben von Agadir (1960) IKRK-Delegierte in Marokko. Ab 1937 frühes Mitglied des LdU, ab 1961 Bürgerrätin.
	11.	Regierungsrat	Der Regierungsrat lehnt vorerst neue Anlagen für den Hochschulsport ab und bewilligt 1,7 Mio. Franken für ein computergestütztes radiologisches Informationssystem am Kantonsspital.
		Wirtschaft	Immobilienfachleute bestätigen eine Zunahme leerstehender Büro- und Gewerbräume im Stadtkanton und in der Umgebung um 18% auf 241 000 m^2.
		†	*† Dr. iur. Peter Max Suter-Pongratz* (68), als Automobilhändler Leiter des Familienbetriebes ‹Schlotterbeck›, Präsident der Schweizerischen Automobil-Importeure, Vorstandsmitglied im Autogewerbeverband der Schweiz, Sektion Basel, Vorsitzender des Fussballclubs Basel, Förderer des Jugendsports in Riehen.
	12.	Grosser Rat	Der Grosse Rat heisst mehrere Bauprojekte gut, darunter die Umgestaltung der Steinenvorstadt zur ganztägigen Fussgängerzone, den Umbau des Ewig'schen Landgutes an der äusseren Grenzacherstrasse für die Bedürfnisse des Sportamtes sowie ein Blockheizkraftwerk für die Sporthalle St. Jakob. Er bewilligt ausserdem 2,6 Mio. Franken zur Anschaffung eines Computersystems für die Administration der Kantonspolizei.
		Bahnhof SBB	Der Verwaltungsrat der SBB bewilligt 34 Mio. Franken für Perronausbauten und -anpassungen im Rahmen der ‹Bahn 2000›.
	14.	Bischofswahl	Das Domkapitel wählt in Solothurn den Nachfolger von *Otto Wüst, Bischof von Basel.* Der Name des Gewählten bleibt bis zum Abschluss des päpstlichen Approbationsverfahrens noch geheim.
		Universität	*Prof. Dr. phil. Bernhard Schmid,* Extraordinarius für Natur-, Landschafts- und Umweltschutz, folgt einem Ruf nach Zürich.
		Urteil	Das Basler Appellationsgericht erklärt die Nachrüstung der Hirudin-Produktion bei der Ciba für rechtens und weist einen Rekurs des ‹Basler Appells gegen Gentechnologie› ab.
	15.	†	*† Hans-Joerg Scholer-Zierleyn* (78), während mehr als 50 Jahren Chef der Möbelwerkstätte Hofstetter AG, Initiant der ‹Hofstatt› im Geviert Malzgasse/St. Alban-Vorstadt, Altmeister der Vorstadtgesellschaft zum Hohen Dolder.
	17.	Basler Literaturpreis	Der Basler Lenos-Verlag wird mit dem Literaturpreis 1993 der Stadt Basel geehrt.
	18.	Regierungsrat	Der Regierungsrat beschliesst mit der Neuorganisation des Strassenunterhalts (Strassenreinigung) eine Straffung der bisher dezentral angesiedelten Strukturen

und damit einen Spareffekt von rund 850000 Franken p.a. Er beantragt dem Grossen Rat eine Erhöhung der Gasttaxe von Fr. 1.20 auf 2.40 pro Logiernacht und ersucht um eine Erhöhung der Subvention an den Verkehrsverein Basel.

	Infrastructa	In der Messe Basel öffnet die Fachmesse für Gebäudetechnik ‹Infrastructa 94› ihre Pforten.
19.	Grosser Rat	Mit grossem Mehr stimmt der Rat dem Basler Pilotprojekt für eine kontrollierte Abgabe von Suchtmitteln an Drogenabhängige zu und bewilligt 1,24 Mio. Franken an die Gesamtkosten (6,1 Mio. Franken). Weitere 818000 Franken dienen der Sanierung der Liegenschaft Spitalstrasse 2 als Drogen-Abgabestelle. Zusätzliche 2,6 Mio. Franken als Beitrag sowie 4,4 Mio. Franken als zinsloses Darlehen bewilligt er zur Neugestaltung des Dreiländerecks am Hafeneingang Kleinhüningen.
20.	Vogel Gryff	Bei idealem Wetter feiern die Kleinbasler den diesjährigen Vogel Gryff im Beisein von *Bundesrat Adolf Ogi.* Gleichzeitig nimmt der vorsitzende *Hären-Meister Karl Schweizer* nach 18 Jahren Abschied von seinem Amt, der *Spielchef Fille Lehr* tritt nach 19 Jahren ins zweite Glied zurück und bei der Talfahrt des Wild-Maa-Flosses sorgen die *beiden Kanoniere H.P. Bürgin* und *Jürg Dahler* nach einem Vierteljahrhundert letztmals für den obligaten Kanonendonner.
21.	Schweizerisches Tropeninstitut	Das Schweizerische Tropeninstitut feiert sein 50jähriges Jubiläum.
	Universität	Das Nachdiplomfach ‹Museologie›, ein gesamtschweizerisches Pilotprojekt an der Universität Basel, wird aus Spargründen vorerst sistiert.
22.	Offizielles Bryysdrummlen und -pfyffe	Im Grossen Festsaal der Messe Basel werden zu Königen gekürt: bei den alten Pfeiferinnen und Pfeifern *Patricia Rudolf von Rohr,* bei den alten Tambouren *Oliver Jetzer,* bei den jungen Pfeiferinnen und Pfeifern *Cathrin Cattelan* und bei den jungen Tambouren *Philippe Glaser.*
23.	Wahl	Bei einer Stimmbeteiligung von 43,75% wird *Hans Martin Tschudi* (DSP) mit 30893 Stimmen zum Nachfolger des altershalber zurücktretenden *Regierungsrates Karl Schnyder* gewählt. Die Gegenkandidatin *Beatrice Breitenmoser* (SP) erhält 22337 Stimmen.
27.	Wirtschaftsstandort Basel	Als erster Schritt auf dem Weg zur Umsetzung des Basler Wirtschaftsleitbildes findet im Burgfelderhof ein Seminar mit Referaten der *Regierungsräte Feldges* und *Stutz* sowie der Führungskräfte der drei grossen Basler Chemiefirmen statt.
28.	Wirtschaft	Im Ciba-Stammhaus Basel werden im Jahre 1994 im Pharma-Bereich zwischen 100 und 150 Arbeitsplätze abgebaut.
	Basler Ferienmesse	Im Kongresszentrum verlocken über 100 Aussteller zu verschiedensten Möglichkeiten, in aller Welt Ferien zu machen.
29.	†	† *Claude Nigon* (65), Fechtmeister, früherer Präsident und Ehrenmitglied der Basler Fechtgesellschaft.

Februar	**1.**	Regierungsrat	Der Regierungsrat beschliesst die neue Spitex-Verordnung, setzt ein neues Zahnpflegegesetz in Kraft und befasst sich mit der Erhöhung der Zuschauerplatzzahl im projektierten Stadion St. Jakob. Er beantragt dem Grossen Rat, die Volksinitiative ‹Stopp den Atommülltransporten durch Basel-Stadt› für ungültig zu erklären und bewilligt einen Kredit von 600000 Franken für den Ausbau des Gasleitungsnetzes.
		Vollkanton Basel	In einem Schreiben an die *Nationalratspräsidentin Gret Haller* erklärt die Basler Regierung die vom Landkanton angestrebte Aufwertung zu einem Vollkanton als unerwünscht. Gleichentags bildet sich im Stadtkanton ein Initiativkomitee, das sich in einer Verfassungsinitiative mit Erstunterzeichner *Ständerat Carl Miville* genau diese Aufwertung zum Ziel setzt.
		†	† *Dr. iur. Dr. phil. h.c. Jakob Frey-Clavel* (76), Advokat, Verwaltungsrats- und Ehrenpräsident der AG für Billige Wohnungen Basel, Ehrenmitglied der Basler Fechtgesellschaft, verdient um die Belange der Römerstiftung Augst, Begründer und Förderer des Collegium Rauricum, Ehrendoktor der Universität Basel, LDP-Gemeinderat von Riehen, Grossrat, Mitglied des Verfassungsrates.
	2.	Balair-CTA	Der Verwaltungsrat der Chartergesellschaft Balair-CTA beschliesst die Verlegung der bisher auf dem EuroAirport Basel-Mulhouse domizilierten operativen Basis nach Genf.
	3.	Bischof von Basel	Domkapitel und Diözesankonferenz geben die von Papst Johannes Paul II bestätigte Wahl des Berner Pfarrers und Stadtdekans *Dr. theol. Hansjörg Vogel* zum neuen Bischof von Basel bekannt.
	5.	Krebsforschung	Die Onkologen der Universitäten von Freiburg, Strassburg und Basel beschliessen im Rahmen des European Cancer Centre einen vertieften Informationsaustausch.
	7.	Wahlbeschwerde	Die seit längerem insgeheim bereits am Samstag praktizierte Auszählung der Wählerstimmen im Wahllokal Rathaus und die interne Bekanntgabe des jeweiligen Wahlresultates führt zu einer Wahlbeschwerde und zu Ermittlungen durch den Staatsanwalt.
		Messe Basel	Die Genossenschaft Schweizer Mustermesse in Basel (Muba) ermöglicht mit einer Statutenänderung auch Ausländern die Mitgliedschaft.
		†	† *Ludwig Steffen-Bolis* (90), Schulhausabwart, als frühes Mitglied der SP markante Figur der Basler Arbeiterbewegung, während des Krieges unter Einsatz seines Lebens Flüchtlingshelfer, von 1941–1968 SP-Grossrat, 1943–1960 Appellationsrichter, ab 1962 Bankrat, langjährig Kolumnenschreiber für die AZ.
	8.	Regierungsrat	Der bisherige *Justizdirektor Jörg Schild* wechselt als Vorsteher zum Polizei- und Militärdepartement, der neugewählte *Regierungsrat Hans Martin Tschudi* wird Vorsteher des Justizdepartementes, vorbehältlich der formellen Beschlussfassung am 16. Mai a.c. In den Sachgeschäften befasst sich die Exekutive mit den Sendeleistungen der Lokalradios, dem Tagesbetreuungsangebot, der Denkmalpflege des Bundes, den Trottoirparkierern und den privatärztlichen Tätigkeiten an den staatlichen Spitälern.
		Studentenschaft	Mit einem Aktionstag protestieren Basels Studierende gegen höhere Studiengebühren und allgemeine, den Lehrbetrieb hemmende Sparmassnahmen der Regierung.

Februar 9.	Grosser Rat	Mit Zweidrittelsmehrheit stimmt der Grosse Rat der Übernahme des um 20000 Franken verminderten Stadtfest-Defizits von 130000 Franken doch noch zu, weist die Gesetzesänderung über die Abwasserreinigung an eine Kommission, verbilligt das Tramfahren für Rentner und wählt den Zürcher *Juristen Thomas B. Hug* zum Ersten Staatsanwalt.
12.	Brandstiftung	Die enorme Rauchentwicklung eines vorsätzlich gelegten Kellerbrandes in einem Wohnblock an der Ecke Hegenheimer-/Türkheimerstrasse macht die Evakuierung und z.T. ärztliche Untersuchung von 30 Hausbewohnern nötig.
	†	† *Prof. Dr. rer. nat. Wolfgang Czaja-Savoie* (66), emerit. Ordinarius für Angewandte Physik an der Universität Basel.
15.	Regierungsrat	Der Regierungsrat beschliesst, das neue Subventionsverhältnis für die beiden Basler Orchester, die unabhängig bestehen bleiben sollen, bis ins Jahr 2000 weiterzuführen. Für gebundene Ausgaben in Universitäts-Instituten bewilligt er einen Kredit von 3,4 Mio. Franken, für solche beim Kantonsspital einen Kredit von rund 8,5 Mio. Franken.
	Universität	Der Regierungsrat ernennt *Frau Prof. Dr. phil. Claudia Opitz-Belakhal* zur Ordinaria am Historischen Seminar der Philosophisch-Historischen Fakultät der Universität Basel.
16.	Regierungsrat	Aus Gründen der Rationalisierung beschliesst der Regierungsrat die Zusammenlegung von Friedhofamt und Stadtgärtnerei unter der Oberaufsicht des Baudepartementes.
	Grosser Rat	Mit deutlicher Zustimmung bewilligt der Grosse Rat einen Kredit von 206 Mio. Franken zur Sanierung des Klinikum-1-Westflügels und weitere 14 Mio. Franken zum Bau einer Vergärungsanlage auf dem Areal der Kehrichtverbrennung.
	Basler Freisinn	Vor genau 100 Jahren kam es zur Neugründung einer Freisinnig-demokratischen Partei Basel-Stadt, die als Verein der Liberalen schon seit 1869 bestanden hatte.
17.	Basler Teuerung	Die Basler Teuerung fällt auf den seit 1988 nicht mehr erreichten Tiefstand von 2,2%.
	†	† *Dr. phil. Willi Wenk-Gaiser* (80), Physiklehrer, 1961–1975 Rektor des Mathematisch-Naturwissenschaftlichen Gymnasiums, SP-Grossrat, Einwohnerrat von Riehen, bis 1972 Präsident der SP Basel-Stadt, ab 1967 Ständerat, 1975 letzter aus Basel stammender Präsident der kleinen Kammer, Gründungsmitglied der Basler DSP.
20.	Abstimmungen	Die eidgenössischen Vorlagen über die Verkehrsabgaben (Autobahnvignette, pauschale und/oder leistungsabhängige Schwerverkehrsabgabe) und über das Luftfahrtgesetz sowie die ‹Initiative zum Schutz des Alpengebietes vor dem Transitverkehr› (Alpeninitiative) werden im Kanton Basel-Stadt und auch gesamtschweizerisch alle angenommen.
21.	Fasnacht	Mit einem nasskalten Morgestraich beginnt die Fasnacht 1994, deren Cortège neuen Verkehrsvorschriften unterliegt.
25.	Wirtschaft	Für die Jahre zwischen 1980 und 1990 verzeichnet das Statistische Amt eine Zunahme der Binnen- und Auslandpendler um 33%. Die Zahl der Grenzgänger hat sich im Zeitraum von 1985 bis 1993 auf 48000 verdoppelt.

März	**1.**	Regierungsrat	Der Regierungsrat genehmigt eine neue Fischereiverordnung, ersucht um einen Nachtragskredit in Höhe von 2,7 Mio. Franken zur Sanierung der Trottoirs und der Fahrbahn der Johanniterbrücke und erklärt die ‹Volksinitiative zur Grünerhaltung des Familiengarten-Areals Dreispitz› für rechtlich zulässig.
		Fussballstadion St. Jakob	Vertreter der Bauherrschaft und der Behörden legen der Öffentlichkeit ein FIFA-konformes, auf maximal 40000 Plätze ausgelegtes Stadionprojekt vor.
		†	*† Dr. phil. Georg Peter Landmann-Schweizer* (89), Lehrer, Übersetzer, Herausgeber, Träger des Wissenschaftspreises der Stadt Basel.
	2.	Urteil	Das Bundesgericht spricht 19 Basler Kindergärtnerinnen und Hauswirtschaftslehrerinnen im Einklang mit der Verfassung höhere Löhne zu, indem es auf eine staatsrechtliche Beschwerde der Basler Regierung Nichteintreten beschliesst.
	4.	Muba 94	Mit einem Gratistag erwarten ab heute 1400 Aussteller auf einer Standfläche von 50000 m² an der «grössten Publikums- und Erlebnismesse der Schweiz» die ersten Besucher.
		Referendum	Die Gegner einer kontrollierten Abgabe von Suchtmitteln an Drogenabhängige deponieren ein von rund 2700 Unterschriften getragenes Referendum.
	7.	Theater Basel	Der Verwaltungsrat des Theaters Basel und *Direktor Wolfgang Zörner* beenden ihre Zusammenarbeit auf Ende der laufenden Spielzeit.
	8.	Regierungsrat	Der Regierungsrat ersucht um einen Kredit von 8,5 Mio. Franken für den Neubau eines Wohnheimes und einer Förderungsstätte für geistig behinderte Erwachsene an der Riehenstrasse 300. Gleichzeitig erhöht er die Kursgelder, Gebühren und Entschädigungen an den Berufsschulen, den Lehrerbildungskursen und bei den kantonalen Lehrerprüfungen.
	9.	Grosser Rat	Ohne Gegenstimme schafft der Grosse Rat die rechtlichen Voraussetzungen zum Bau des Tinguely-Museums in der Solitude durch den benachbarten Pharmakonzern F. Hoffmann-La Roche AG. Mit dem knappen Ergebnis von 50:45 Stimmen erklärt der Rat die Initiative ‹Stopp den Atommülltransporten durch Basel-Stadt› für ungültig, bewilligt die Erhöhung der Basler Gasttaxe auf 2.40 Franken und ermöglicht mit einem Kredit von 989000 Franken die Instandstellung der Liegenschaft Holbeinstrasse 12 für eine universitäre Nutzung.
	10.	Münster	Dank den Spenden der Ärzte und Apotheker beider Basel präsentiert sich das restaurierte Epitaph des Arztes und Forschers Felix Platter im Kreuzgang wieder im Glanz von 1614.
	14.	Kunsteisbahn Eglisee	Die erstmals auf privater Basis vom ‹Verein zur Erhaltung der Kunsteisbahn Eglisee› betriebene Anlage verzeichnet in ihrer ersten, erfolgreichen Saison eine Besucherzunahme um 16% auf 90000 Eisläuferinnen und -läufer.
	15.	Regierungsrat	Der Regierungsrat befürwortet Steuererleichterungen für neugegründete Unternehmen, erlässt neue Brandschutzvorschriften und gewährt dem Verein ‹Nachsorge im Suchtbereich› für 1994–1998 einen Kostenbeitrag von rund 168000 Franken p.a.
		Universität	Der Regierungsrat wählt *Frau Prof. Dr. phil. Anne C. Shreffler* zur Extraordinaria für ‹Neuere Musikgeschichte› an der Philosophisch-Historischen Fakultät der Universität Basel.

März	**16.**	Grosser Rat	Mit 75:21 Stimmen wendet sich der Grosse Rat klar gegen die von Baselbieter Seite lancierte Anregung zu einer Aufwertung von Basel-Stadt und Baselland zu Vollkantonen.
		Ehrung	*Prof. Dr. Ing. Dr. pharm. h.c. Dr. med. h.c. Tadeus Reichstein,* Nobelpreisträger, wird von der polnischen Akademie der Wissenschaften mit der höchsten Auszeichnung, der Copernicus-Medaille, geehrt.
	18.	Antikenmuseum	Unter dem Titel ‹Pompeji wiederentdeckt› zeigt das Antikenmuseum eine eindrückliche Schau originaler Grabungsergebnisse aus der versunkenen Stadt.
	20.	Kundgebung	Mit einem bewilligten Fackelzug vom Messe- zum Marktplatz machen rund 1500 Kurden auf ihr Neujahrsfest am 21. März aufmerksam.
	21.	Polizeikorps	Ausgelöst durch den vom Polizeikommandanten beschlossenen Einsatz von Polizeihostessen im Nachtdienst, trägt der Polizei-Beamten-Verband Basel-Stadt tiefgreifende Differenzen zwischen der Führungsspitze und den Korpsangehörigen an die Öffentlichkeit.
	22.	Regierungsrat	Mit einem vom Regierungsrat beschlossenen Kredit von 3 Mio. Franken beteiligt sich der Kanton Basel-Stadt am teilweise von der Eidgenossenschaft finanzierten Ausbau der Gross-Schiffahrtsschleusen in Kembs. Einen weiteren Beitrag von rund 3,7 Mio. Franken bewilligt die Exekutive an die Sanierung des Alters- und Pflegeheimes der Adullam-Stiftung, 1,18 Mio. Franken sind für den Ausbau des Gas- und Wasserleitungsnetzes bestimmt.
		Welttanzfestival	Vor rund 1000 Zuschauern beginnt in der St. Jakobshalle das sechstägige Gala- und Welttanzfestival.
		†	† *Alfred Röschard-Schneider* (83), Rayonchef, läutete als ‹Mässgleggner› während vier Jahrzehnten die Basler Herbstmesse ein.
		Basler Tafelwasser	Genau zum ‹UNO-Tag des Wassers› lancieren die Industriellen Werke Basel (IWB) für Spitäler, Alters- und Pflegeheime, die Administration und für private Selbstabholer ein mit Kohlensäure versetztes Tafelwasser aus den Basler Juraquellen.
	27.	†	† *Frau Prof. Dr. rer. nat. Elisabeth Schmid* (82), emerit. Ordinaria für Ältere Urgeschichte am Seminar für Ur- und Frühgeschichte, 1968 erste Dekanin der Universität Basel.
	29.	Regierungsrat	Mit dem Begehren um einen Investitionsbeitrag will der Regierungsrat beim Grossen Rat den Einbau eines Musical-Theaters in die Halle 107 der Messe Basel in die Wege leiten, ein Vorhaben, von dem er sich einen beachtlichen volkswirtschaftlichen Nutzen verspricht. Er befasst sich weiter mit Staatsbeiträgen im Kulturbereich, konzentriert alle Drogenbelange in der neugeschaffenen Abteilung ‹Koordination Drogenfragen›, regelt das Parkieren privater Motorfahrzeuge auf Staatsarealen und unterstützt mehrere soziale und karitative Institutionen mit einem Gesamtbeitrag von 565 000 Franken aus dem Alkoholzehntel.
		Radio	Die Regierungsräte der beiden Halbkantone intervenieren mit einem Schreiben gemeinsam gegen die von der SRG geplante Verlagerung von DRS 1-Sendeaufgaben von Basel nach Zürich.
		Feuerwehr	Mit der Brevetierung von *Frau Stefanie Truet* erhält die Ständige Feuerwache Basel-Stadt die erste professionelle Feuerwehrfrau der Schweiz.

März	**30.**	Universität	Im Schloss Ebenrain in Sissach unterzeichnen die *Regierungspräsidenten Werner Spitteler* (BL) und *Mathias Feldges* (BS) den neuen Vertrag über die Universität Basel, in dem eine um 30 auf 75 Mio. Franken erhöhte Beteiligung des Landkantons enthalten ist.
		Kartäuserkirche	In der Waisenhauskirche wird eine neue Orgel mit barockem Orgelprospekt und 1278 Pfeifen eingeweiht.
	31.	Geschäftsschliessung	Als Auftakt zu einer Gesamtsanierung wird die Traditionsbeiz ‹Zum neuen Warteck› beim Badischen Bahnhof geschlossen.
		Wetter	Mit einem Mittelwert von 10,4°C wird der heurige März zum wärmsten in der seit 1755 geführten Basler Temperaturstatistik.
April	**5.**	Regierungsrat	Der Regierungsrat bewilligt 1,5 Mio. Franken zum Einbau von Schallschutzfenstern entlang der Nordtangente im Abschnitt Horburg. Er beschliesst zudem, die Tarife für Fernwärme und Heizgas per 1. Mai zu senken.
		Universität	*Prof. Dr. phil. Friedrich-Karl Thielemann* wird Ordinarius für ‹Theoretische Physik› an der Philosophisch-Naturwissenschaftlichen Fakultät.
	11.	Lohngesetz-Revision	*Regierungsrat Ueli Vischer* erläutert der Öffentlichkeit die in vier Jahren erarbeitete Revision des Lohngesetzes für das baselstädtische Staatspersonal.
		Drogen	Als Schritt zur Auflösung der Drogenszene am Oberen Rheinweg sperrt die Regierung das Ueli-Gässli zur Rheingasse versuchsweise für sechs Wochen.
	12.	Regierungsrat	Mit der Einführung eines Vorlehr- und Überbrückungsjahres beschliesst der Regierungsrat dringliche Sofortmassnahmen gegen die Jugendarbeitslosigkeit. Er bewilligt einen Kredit von 994 000 Franken für eine Psychotherapie-Station an der Schönbeinstrasse.
		Waisenhaus	Der Bürgerrat wählt *Pfarrer Hansjakob Schibler* zum neuen Waisenvater und Vorsteher der Jugendfürsorge.
	13.	Nordtangente	Das Eidgenössische Verkehrs- und Energiewirtschaftsdepartement (EVED) genehmigt das Ausführungsprojekt Abschnitt 4, Horburg, der Nordtangente.
		Wirtschaft	Das Aktionsprogramm ‹Firma Schweiz› löst bei 314 Firmen des Basler Gewerbes einen Investitionsschub von über 700 Mio. Franken aus.
		Neue Messe	Die ‹European Fine Art Foundation› wird ab Herbst 1995 in den Hallen der Messe Basel jeweils eine Zweitveranstaltung der Maastrichter Kunst- und Antiquitätenmesse durchführen.
	14.	Basel 94	Die Europäische Uhren- und Schmuckmesse Basel 94 registriert eine erhöhte Besucherzahl, steigendes Interesse und damit Anzeichen eines zaghaften wirtschaftlichen Aufschwungs.
		Museen	Laut *Erziehungsdirektor Hans-Rudolf Striebel* werden die von der Regierung ins Auge gefassten Schliessungen einzelner Museen vorerst nicht verwirklicht.
	19.	Regierungsrat	Der Regierungsrat genehmigt die Staatsrechnung 1993 mit Einnahmen von 3371,2 Mio. und Ausgaben von 3639 Mio. Franken und einem gegenüber dem Budget um 100 Mio. Franken reduzierten Defizit von 268 Mio. Franken. Gleichzeitig genehmigt er eine neue Verordnung mit den Ausführungsbestimmungen zum Submissionsgesetz.

April	Theater Basel	Der Verwaltungsrat der Theatergenossenschaft Basel wählt *Prof. Hanspeter Doll*, Generalintendant des Staatstheaters Stuttgart, zum interimistischen Direktor des Theaters Basel.
	Schiffahrtsmuseum	Im Rheinhafen wird die vor der Schliessung bewahrte, nun neugestaltete Ausstellung ‹Verkehrsdrehscheibe Schweiz und Unser Weg zum Meer› eröffnet.
20.	Grosser Rat	Der Grosse Rat wählt für das Amtsjahr 1994/95 *Thomas Staehelin* (LDP, Riehen) zu seinem *Präsidenten, Michael Raith* (VEW, Riehen) zum neuen *Statthalter*; neuer *Regierungspräsident* wird *Christoph Stutz, Vizepräsident Jörg Schild*. Bei den Sachgeschäften bewilligt der Grosse Rat einen Kredit von 10 Mio. Franken zur Einrichtung eines Musical-Theaters und findet einen Kompromiss bei der Einführung der 5%-Sperrklausel bei Wahlen: Diese kommt nun erst dann zur Anwendung, wenn eine Liste in keinem Wahlkreis das 5%-Quorum erreicht.
21.	Grosser Rat	Mit der klaren Mehrheit von 76:8 Stimmen heisst der Grosse Rat das neue Wahlgesetz gut; um den darin verankerten Legislaturbeginn in der ersten Februar-Hälfte einführen zu können, verlängert er die laufende Amtsperiode um neun Monate bis Ende Januar 1997. Er beschliesst das Amtsjahr mit der ehrenvollen Verabschiedung des aus dem Amt scheidenden *Regierungsrates Karl Schnyder*.
	Jubiläum	Die Bäckerei Schneider an der Clarastrasse, Basels älteste ‹Brod- und Feinbäckerei›, feiert ihr 125jähriges Bestehen.
	Crossair	Die Crossair erzielt mit einem Gewinn von 24,1 Mio. Franken das beste Resultat ihrer Geschichte und erhöht gleichzeitig die Zahl der Arbeitsplätze um 10% auf 1300.
	Schiessplatz Allschwilerweiher	Das Bundesgericht erklärt die von Baselland verfügten Schiesszeitbeschränkungen für rechtens.
	Radio	In einer einstimmig beschlossenen Resolution an die eidgenössischen Behörden gibt der Grosse Rat seinem Unmut darüber Ausdruck, dass die SRG zunehmend Radiosendungen von Basel nach Zürich verlegt.
22.	Wettsteinbrücke	Die neue, talseitige Brückenhälfte der Wettsteinbrücke wird termingerecht fertiggestellt und ist ab sofort befahrbar.
	†	† *Hans Burkardt* (89), in Basel geborener, seit 1924 in Amerika lebender abstrakt-expressionistischer Kunstmaler, bekannter Schöpfer von Antikriegs-Bildern, nach 1959 zeitweilig Kunstdozent in Los Angeles, seit 1992 Träger eines renommierten US-Kunstpreises.
24.	100 Jahre Historisches Museum	Ein Festakt in der Barfüsserkirche bildet den Auftakt zu kommenden Jubiläumsveranstaltungen des Historischen Museums.
25.	Polizeikorps	Mit der Beförderung der Polizeigefreiten *Franziska Schwitter* zum *Polizeileutnant* erhält Basel die erste Polizistin in Offiziersrang.
	†	† *Heidi Würth* (73), frühere Kolumnistin ‹Marianne› bei der ‹National Zeitung›, Lyrikerin, Autorin mehrerer baseldeutscher Gedichtbändchen.
26.	Regierungsrat	Der Regierungsrat macht Baden-Württemberg das Angebot, Verhandlungen zu einer Gegenrechtsvereinbarung bei der Vergabe öffentlicher Aufträge aufzunehmen. Er verabschiedet das mit ‹Frau 94–99› etikettierte Chancengleichheitsprogramm für die öffentliche Verwaltung und befasst sich mit der stark ansteigenden Zahl von Schülerinnen, Schülern und Schulklassen.

April	Stadtzeitung	Der geringe Abonnementsbestand von 1755 Dauerlesern veranlasst die Verlagsgenossenschaft, die Zeitung künftig nur noch monatlich erscheinen zu lassen.
	†	*† Prof. Dr. med. Max Klingler-Hegi* (77), emerit. Extraordinarius für Neurochirurgie an der Universität, ab 1955 eigentlicher Begründer der neurochirurgischen Abteilung am Kantonsspital Basel, während fast drei Jahrzehnten im Bereich der klinischen Forschung tätiger Vizedirektor der F. Hoffmann-La Roche AG.
30.	Elisabethenkirche	In der sorgfältig renovierten Elisabethenkirche wird die erste ‹City-Kirche› der Schweiz festlich eröffnet. Die offene Kirche Elisabethen will interkonfessionelle und kulturelle Veranstaltungen anbieten und sich mit dem Tageshaus für Obdachlose und Bedürftige an der Wallstrasse 16 sozial engagieren.
	FC Basel	Vor einer nur in Basel möglichen Länderspielkulisse von 42 126 Anhängern erzielt der FC Basel im Kampf um den Aufstieg gegen den FC Zürich ein 1:1 Unentschieden.
Mai **1.**	Maifeier	Aufgerufen von Gewerkschaftsbund und Arbeitslosenkomitee, ziehen gegen 4000 Personen vom Messe- zum Marktplatz. Der offiziellen Ansprache von *Nationalrätin Angeline Fankhauser* (SP/BL) zum Dauerthema ‹Arbeitslosigkeit› folgt ein geselliges Fest auf dem Barfüsserplatz.
	Tarifverbund	Im Tarifverbund Nordwestschweiz (TNW) gelten ab heute um bis zu 20 % erhöhte Tarife.
2.	Vorträge	In der Aula der Universität umreisst *Bundesrat Adolf Ogi* seine ‹Vorwärtsstrategie für die Schweiz›. In der Brasserie des Bahnhofes SBB engagiert sich seine *Ratskollegin Ruth Dreifuss* für den Kulturförderungsartikel.
3.	Regierungsrat	Da der Tagesmittel-Grenzwert für Schwefeldioxid von 100 Mikrogramm pro Kubikmeter Luft in der Agglomeration Basel seit 1988 nicht mehr überschritten wurde, hebt der Regierungsrat die Winter-Immissionsverordnung auf.
	Bürgergemeinderat	Ohne Gegenstimme bewilligt der Bürgergemeinderat Beiträge an Pro Senectute, die Gesellschaft Arbeit und Wohnen, das Werkstätten- und Wohnzentrum Basel (WWB) und das Rehabilitationszentrum Basel (Rehab). Weitere Beratungsthemen sind die Privatisierung der Chrischonaklinik und die Finanzierung des Waisenhauses.
	FC Basel	Mit einem 1:1 gegen Etoile-Carouge schafft der FC Basel in Genf nach sechs bitteren Jahren der Unterklassigkeit den Aufstieg in die Nationalliga A. Die am späten Abend nach Basel zurückgeflogenen Spieler werden auf dem Barfüsserplatz von begeisterten Fans mit einer Freinacht ‹geehrt›.
	Vortrag	Im Kongesszentrum wirbt *Bundesrat Flavio Cotti* im Rahmen einer öffentlichen Veranstaltung für die sog. ‹Blauhelm-Vorlage›, d.h. für friedenserhaltende UNO-Einsätze schweizerischer Truppen.
4.	Immigration in Basel-Stadt	Der Bevölkerungsanteil ausländischer Staatsangehöriger (25,2 %, in einzelnen Quartieren bis 48 %) und der hohe Anteil jugendlicher Ausländer (42–70 % je nach Quartier) veranlassen den Regierungsrat, eine bevölkerungs- und migrationspolitische Analyse in Auftrag zu geben.
5.	Europatag	Der Regierungsrat nimmt den Europatag zum Anlass, jede Form von Rassismus mit aller Deutlichkeit zu verurteilen. Zum Gedenken an die am 5. Mai 1949 in

London verabschiedete Satzung des Europarates lässt er an sechs markanten Punkten unserer Stadt, darunter erstmals auch am Rathaus, die Europaflagge hissen.

9.	Arbeitslosigkeit	Das Arbeitsamt verzeichnet für den Monat April mit 225 Personen weniger einen Rückgang der Arbeitslosenquote von 6,2% im Vormonat auf 6%.
10.	Regierungsrat	Der Regierungsrat genehmigt die für den Bau des Beyeler-Museums in Riehen erforderlichen neuen Bau- und Strassenlinien und erklärt die Initiative ‹Basel autofrei› für zulässig. Er beantragt dem Grossen Rat, die im Staatsbesitz befindlichen Balair/CTA-Aktien in Swissair-Aktien umzutauschen, diese anschliessend zu veräussern um mit dem Erlös Crossair-Aktien zu erwerben. Er empfiehlt dem Grossen Rat, von drei Standesinitiativen betreffend Europapolitik abzusehen.
	FC Basel	Auf dem Barfüsserplatz feiern gegen 10000 Bebbi enthusiastisch die Spieler des FCB als Gruppensieger der Nationalliga B.
	†	† *Alfred Unterfinger-Lustenberger* (74), Präsident des Kirchenrates der Römisch-Katholischen Kirche Basel-Stadt, Mitglied der Diözesankonferenz des Bistums Basel.
16.	Regierungsrat	Der Regierungsrat bestätigt die am 8. Februar fixierte Departementsverteilung und nimmt die Halbzeit der laufenden Legislaturperiode zum Anlass, die höheren Kader der Administration im Kongresszentrum über die Finanzlage und die Vorhaben des Kantons zu informieren.
17.	Serra-Plastik	Mit der Unterzeichnung der entsprechenden Verträge durch den *Erziehungsdirektor Hans-Rudolf Striebel* und Vertreter der Donatoren vor der Plastik auf dem Theaterplatz geht Richard Serras ‹Intersection› in den Besitz der Öffentlichen Kunstsammlung über.
	†	† *Claire Zschokke-Roessiger* (88), als stadtbekannte Photographin die Porträtistin fast aller wichtigen Basler Zeitgenossen, seit 1947 führende Kraft im Schweizerischen Verband der Berufs- und Geschäftsfrauen, Witwe des Bildhauers Alexander Zschokke.
18.	Grosser Rat	Durch eine Gesetzesänderung gibt der Grosse Rat der Exekutive die Möglichkeit, für unternehmerische Neugründungen als Starthilfe Steuererleichterungen zu gewähren; auch bewilligt er einen Kredit von 3 Mio. Franken zum Ausbau der Kembser Schleuse.
19.	Hochwasser	Ungewöhnlich heftige, seit vielen Stunden ununterbrochene Regenfälle lassen den Rhein auf den Pegel von 445 cm ansteigen und beim Kleinen Klingental über das Ufer treten. Es wird Hochwasseralarm ausgelöst.
	Grosser Rat	Der Grosse Rat bewilligt mehrere, in der Höhe unveränderte Subventionen an kulturelle Einrichtungen sowie 1,044 Mio. Franken für eine Psychiatrische Therapiestation und empfiehlt dem Souverän, die zur Abstimmung anstehende Initiative für zwei Wochen Fasnachts- und Sportferien abzulehnen.
21.	F.C. Old Boys	Mit der 0:2 Niederlage gegen Gossau steht der Abstieg des Basler F.C. Old Boys in die 1. Liga fest.
	†	† *Willi ‹Söm› Bitterli-Lützelschwab* (83), Ehrenpräsident des Jugendfest-Vereins Kleinbasel, anfänglich ‹Ueli›, später Tänzer des ‹Wild Maa› im Spiel der Drei

Mai			Ehrengesellschaften Kleinbasels, während vier Jahrzehnten markanter Wurzengraber.
	22.	†	† *Dr. med. Markus Schüpbach-Friedlin* (62), Ophthalmologe, ab 1972 baselstädtischer Kantonsarzt, zuletzt Koordinationschef der sanitätsdienstlichen Bereiche im kantonalen Führungsstab, Stab der Kantonspolizei, VEW-Einwohnerrat der Gemeinde Riehen.
	23.	†	† *Emil Matter-Lüscher* (84), Direktionsmitglied und Personalchef von Coop Basel (ACV), während fünf Jahrzehnten im genossenschaftlichen und gemeinnützigen Wohnungsbau engagiert, Gründungsmitglied, Präsident und Ehrenpräsident mehrerer Bau- und Wohngenossenschaften, von 1944–1964 und von 1968–1980 SP-Grossrat, 1957/58 Grossratspräsident.
	24.	Regierungsrat	Der Regierungsrat verabschiedet ein Kreditbegehren in Höhe von 22,6 Mio. Franken für Sanierungs- und Umbauten an der Gewerbeschule und einen Turnhallenneubau beim Dreirosenschulhaus. In einer ersten Tranche bewilligt er rund 650000 Franken für Entwicklungshilfeprojekte im In- und Ausland. Auch empfiehlt er dem Grossen Rat die Ablehnung der Standesinitiative für einen Beitritt des Kantons Basel-Stadt als neuer Bezirk zum Kanton Basel-Landschaft.
	28.	†	† *Prof. Dr. phil. Kurt Wehrle-Haag* (57), Ordinarius für Schweizergeschichte und Neuere allgemeine Geschichte, Vorsteher des nach längerer Historiker-Kontroverse 1990 eigens für ihn geschaffenen ‹Instituts für spezielle Europäische Geschichte› an der Universität Basel.
	31.	Regierungsrat	Der Regierungsrat verabschiedet eine Revision des Gesetzes über die Basler Kantonalbank.
		Universität	Der Regierungsrat ernennt zu Extraordinarien: *PD Dr. theol. Klaus Otte* an der Theologischen, die *Ehrendozenten Dr. iur. et lic.oec. Heinrich Koller* und *Dr. iur. Kurt Jenny* an der Juristischen, die *PD Dres. med. Christoph Beglinger, Hans Rudolf Henche, Kurt A. Jäger, Alexander Kiss, Nicolas J. Lüscher, Sebastino Martinoli, Karl Skarvan, Peter M. Stuz, PD Dr. med. et Dipl. Psych. Ludwig Kappos* und *Prof. Dr. med. Markus Wolfensberger* (Umhabilitierung) an der Medizinischen, die *PD Dres. phil. Wolfram Malte Fues* und *Christian Simon* an der Philosophisch-Historischen und Frau *PD Dr. phil. Margaretha Zehnder* an der Philosophisch-Naturwissenschaftlichen Fakultät der Universität Basel.
		Wahl	Der Regierungsrat wählt den bisher im Bundesamt für Polizeiwesen tätigen *Fürsprech Ronald Patzold* zum Stellvertreter des Polizeikommandanten.
		Wolddidac	In den Hallen der Messe Basel wird auf erheblich vergrösserter Standfläche die biennale Worlddidac, die internationale Bildungs- und Lehrmittelmesse, eröffnet.
Juni	**1.**	Historisches Museum	Zu seinem Jubiläum zeigt das Historische Museum in einer Sonderausstellung einen Teil dessen, ‹Was Basel reich macht›.
	4.	Alumneum	Das ‹Theologische Alumneum›, Herberge nicht nur für theologische Studentinnen und Studenten an der Hebelstrasse, feiert sein 150jähriges Bestehen.
	7.	Regierungsrat	Der Regierungsrat verabschiedet einen Ratschlag über die Ausrichtung einer um 22% reduzierten Subvention an die Stiftung Basler Orchester in den Jahren 1995

bis 2000. Gleichzeitig mildert er das ursprüngliche Sparziel von 30% für die Subventionsperiode 1996 bis 2001 des Theaters Basel zugunsten eines stufenweisen Subventionsabbaues. Weiterhin stimmt er einer Öffnung der Genossenschaft Schweizerische Mustermesse für Personen aus dem Ausland zu.

8.	Grosser Rat	Durch seine Zustimmung zum ausgehandelten Kompromiss i.S. Grundstückgewinnsteuer ermöglicht der Grosse Rat den Rückzug der vom Volk sanktionierten ‹Anti-Spekulations-Initiative›. Anschliessend verweigert der Rat mit 51:45 Stimmen die Zuweisung des für eine Überbauung vorgesehenen Dreilinden-Areals zur Landwirtschaftszone. Auch befürwortet er mit grossem Mehr den Tausch staatseigener Balair/CTA- gegen Swissair-Aktien, deren Verkaufserlös zum Erwerb von Crossair-Aktien verwendet werden soll.
9.	Nietzsche in Basel	Zum Gedenken an die 150. Wiederkehr des Geburtstages und die vor 125 Jahren gehaltene Antrittsrede des Professors für Griechische Sprache und Literatur, Friedrich Nietzsche, eröffnet *Pro-Rektor Prof. Dr. phil. Karl Pestalozzi* einen dreitägigen Kongress zu Ehren des Philosophen.
10.	Arbeitslosigkeit	Eine Abnahme um 82 Personen auf derzeit 6109 Erwerbslose reduziert die Basler Arbeitslosenquote auf 5,9%, gegenüber 6,0% im Vormonat.
	Jäggi-Preis	Der Jäggi-Preis 1994 geht an den Leiter des Schweizerischen Papiermuseums, den *Papierhistoriker Peter F. Tschudin.*
	Neuer Park	Auf dem Grundstück des Breite-Zentrums übergibt *Regierungsrat Christoph Stutz* die neugeschaffene ‹Cécile Ines Loos-Anlage› an die Quartierbevölkerung.
12.	Abstimmungen	Bei den eidgenössischen Vorlagen findet der Kulturförderungsartikel in der Bundesverfassung und die erleichterte Einbürgerung junger Ausländer die Zustimmung des Stimmvolkes, während das Bundesgesetz über Schweizerische Truppen für friedenserhaltende Operationen (Blauhelme) bei einer Stimmbeteiligung von knapp 53% verworfen wird. Die kantonalen Vorlagen ‹Änderung des Spitalgesetzes›, ‹Änderung des Gesetzes betreffend Beitrag der Liegenschaftseigentümer an die Kosten der Strassenreinigung und der Kehrichtabfuhr› und der Projektkredit für die ‹Diversifizierte ärztliche Verschreibung von Suchtmitteln› werden klar angenommen, die ‹Initiative für ein demokratisches Basel› dagegen massiv abgelehnt.
	Wahl	Bei der Ersatzwahl einer Richterin/eines Richters ins Zivilgericht wird Frau *Gabriela Guldimann* gewählt.
13.	Zoologischer Garten	Der Verein zur Förderung des Zoologischen Gartens in Basel, Donator ungezählter Tiere, eines Affenfelsens und mehrerer namhafter Baukostenzuschüsse, feiert sein 75jähriges Bestehen.
	Basler Museen	Die Koordinationsstelle der Basler Museen orientiert die Öffentlichkeit über massive Sparmassnahmen, die von der Regierung auferlegt wurden und zu erhöhten Eintrittspreisen, einem zusätzlichen Schliesstag und der Einschränkung der Gratiseintritte führen.
14.	Regierungsart	Der Regierungsrat schenkt dem Film- und Kino-Museum Baden-Württemberg in Biberach die aus der Liegenschaft St. Alban-Vorstadt 15, vulgo ‹Braunes Haus› stammende, vollständig erhaltene Filmanlage der damaligen NSDAP-Auslandorganisation in Basel. Ausserdem bewilligt er einen Kredit von 2,7 Mio. Franken für die Erstellung neuer Fernwärmeleitungen.

	Universität	Der Regierungsrat wählt den Extraordinarius *Prof. Dr. med. Peter Marcel Stulz* zum ordentlichen Professor für Herz- und Thorax-Chirurgie und zum Chefarzt dieser Fächer am Kantonsspital.
	ART 25'94	Die von rund 300 Galeristen aus aller Welt beschickte Jubiläums-ART 25'94 beginnt mit der traditionellen Vernissage und einem anschliessenden Party-Spektakulum in Form einer ‹Vierteljahrhundertnacht›. Während der ART machen im Rathaushof die bronzenen ‹Neun Musen› der Baslerin *Bettina Eichin* auf ihrem Weg nach Berlin einen kurzen Zwischenhalt.
15.	Grosser Rat	Der Grosse Rat stimmt mit 81:7 Stimmen einer Sanierung und Erweiterung der Kehrichtverbrennungsanlage (KVA) zu, deren Finanzierung auf Antrag der Regierung einer erweiterten Pro Rheno AG übertragen wird. Einer regierungsrätlichen Vorlage für eine Indexierung der Motorfahrzeugsteuer verweigert der Rat das Eintreten, weil die Automobilisten nicht zusätzlich belastet werden sollen.
	Bahnjubiläum	Mit einer Sonderfahrt, einer Lokomotivtaufe und der Einweihung der neuen Stammgleis-Anlage Dreispitz erinnert die Stadt Basel im Beisein von *Bundesrat Adolf Ogi* daran, dass vor 150 Jahren erstmals ein Eisenbahnzug in die Schweiz fuhr.
	†	† *Helene ‹Helly› Giese* (77), Schauspielerin am Glaibasler Charivari und am Kellertheater Baseldytschi Bihni, Rahmenspielerin am Monster-Trommelkonzert.
16.	Basler Museen	*Erziehungsdirektor Hans-Rudolf Striebel* gibt bekannt, dass die Regierung auf die Einführung zusätzlicher Schliesstage verzichtet.
17.	Basler Existenz-Initiative	Der Nationalrat verwirft die im Anschluss an die Basler Armutsstudie 1992 vom Grossen Rat lancierte Standesinitiative für ein Grundrecht auf ein gesichertes Existenzminimum.
	Oberrheinkonferenz	Das 8. Plenum der deutsch-französisch-schweizerischen Oberrheinkonferenz beschliesst in Freiburg i.Br. die Errichtung eines gemeinsamen Sekretariates in Kehl.
	†	† *Peter Kocher-Meier* (70), Architekt und Bau-Unternehmer, CVP-Grossrat, Mitglied des Weiteren Bürgerrates, Vorgesetzter der E.E. Gesellschaft zum Greifen, Verwaltungsratsmitglied der Pro Rheno, der BVB und des Hausbesitzervereins.
19.	Jubiläen	Mit einem Festgottesdienst zu St. Clara erinnert die gleichnamige Frauengemeinschaft an ihre Gründung als ‹Erzbruderschaft Christlicher Mütter in Basel› vor 125 Jahren. Ebenfalls 125 Jahre sind seit der Gründung der landsmannschaftlichen Vereinigung ‹Berner-Leist Basel› vergangen.
	†	† *Prof. Dr. med. Hugo Johannes Bein-Klemm* (75), emeritierter Extraordinarius für Pathologische Physiologie an der Universität Basel.
21.	Regierungsrat	Der Regierungsrat verabschiedet den Finanzplan 1994 bis 1996 des Kantons Basel-Stadt, der Defizite von 362,3 Mio. Franken für 1995 und 335,6 Mio. Franken für 1996 vorsieht. Ausserdem ermöglicht er mit einer Änderung des IWB-Gesetzes nun auch den ausserkantonalen Vertretern von Konzessionsgemeinden die Einsitznahme in die IWB-Werkkommission.

Bürgergemeinderat	Der Bürgerrat wählt *lic.iur. Felix Moppert* (DSP) zum Präsidenten und Frau *Dr. Christine Heuss* zur Statthalterin, nachdem er den Verwaltungsbericht einstimmig gutgeheissen hat.
Hightech-Forum	Am 3. Energiekongress des ‹International Hightech-Forum Basel› propagieren der deutsche *Umweltminister Prof. Klaus Töpfer* und der *Energieminister Bundesrat Adolf Ogi* ihre Rezepte zur Energie- und Umweltpolitik und zu einer Wiederbelebung der europäischen Wirtschaft.
Basel tanzt	Das fünfte, unter der Leitung von Youri Vàmos stehende Basler Ballettfestival ‹Basel tanzt› vereinigt einmal mehr herausragende Solisten und Ensembles der klassischen und der modernen Richtung aus aller Welt.
†	*† Anton Hänggi* (77), von 1968–1982 Bischof von Basel, zum Priester geweiht 1941, Seelsorger bis 1954, Dozent an der Universität Fribourg von 1956–1967, zum Diözesanbischof konsekriert 1968, seit 1982 Resignat aus gesundheitlichen Gründen, Ehrendoktor der Universität Basel und der Hochschule San Anselmo in Rom.

22.

Regierungsrat	An einer Medienkonferenz orientiert der Regierungsrat über den neuen Subventionsvertrag mit dem Basler Theater und berichtet in einem Rückblick über den Stand der ersten REKABAS-Projekte sowie über fünf neue Teilprojekte. Ein weiteres Projekt gilt der Koordination der Berufsbildung in der Dreiland-Region, die dereinst mit einem ‹Regio-Zertifikat› abgeschlossen werden kann.
Theater Basel	An einer a.o. Generalversammlung fordern die Mitglieder der Theatergenossenschaft mehrheitlich den Rücktritt des Verwaltungsrates und verhindern so eine Nachwahl in die Verwaltung.

23.

Universität	In einem Schreiben an den Regierungsrat setzt sich *Prof. Dr. med. Urs A. Meyer,* Obmann des Bio-Zentrums, dafür ein, dass sich die Universität vermehrt den Forschungsaufgaben auf den Gebieten Bio- und Gentechnologie zuwenden solle.
†	*† Marianne Kappeler* (90), von 1944 bis 1969 Pfarrerin zu St. Leonhard, nachdem sie dort schon zuvor ein Frauenpfarramt bekleidet hatte.

25.

Spittel-Fest	Unter dem Motto ‹s Spittel im neye Kittel› nehmen über 50000 Besucher im Rahmen eines Riesenfestes den sanierten Ostflügel des Klinikums-1 in Augenschein.

27.

Musical-Theater	Der Verwaltungsrat der Messe Basel beschliesst den Einbau eines Musical-Theaters und unterzeichnet die Verträge für das Musical ‹Phantom der Oper› im kommenden Jahr.

28.

Regierungsrat	Der Regierungsrat beschliesst eine Erhöhung der Schulgelder zwischen 20% und 50% und verfügt die Schliessung des Instituts für spezielle Aspekte der europäischen Geschichte und der internationalen Politik, dessen Aufgaben er dem Historischen Seminar der Universität überträgt.

29.

Grosser Rat	Einem Antrag der Regierung folgend, bewilligt der Grosse Rat der Stiftung Basler Orchester eine Subvention von 83 Mio. Franken, verteilt auf die kommenden sechs Jahre. Den Ratschlag über eine Subvention an das Basler Theater verweist er dagegen an eine Kommission. Er bewilligt die Mittel zum Bau einer Dreifachturnhalle beim Dreirosenschulhaus und stimmt einer Umgestaltung der BVB-Haltestelle Riehen-Dorf zu.

Juni		Universität	Die Regenz der Universität Basel wählt *Prof. Dr. rer. pol. René L. Frey,* Ordinarius für Nationalökonomie, zum Rektor der Amtszeit 1996/1998.
	30.	Grosser Rat	Das 1992 lancierte Begehren für einen Beitritt des Stadtkantons zum Kanton Baselland wird dem Souverän vom Grossen Rat mit 72 gegen vier Stimmen zur Ablehnung empfohlen.
Juli	**1.**	Fahnenabgabe	An einer Feier auf dem Münsterplatz übergeben die Fähnriche der aufgelösten Landwehr-Füsilierbataillone 244 und 257 und des Landsturm-Füsilierbataillons 304 ihre Feldzeichen in die zivile Obhut des *Militärdirektors Jörg Schild.*
		†	† *Prof. Dr. theol. Markus Barth-Oswald* (79), Ordinarius emeritus für Neues Testament an der Universität Basel.
	3.	Jugend-Circus Basilisk	Mit einer Jubiläums-Galavorstellung im Chapiteau auf der Rosentalanlage feiert der jung gebliebene Jugend-Circus Basilisk sein erstes Vierteljahrhundert.
		Botanischer Garten Brüglingen	Mit verschiedenen Aktivitäten und thematischen Führungen erinnert der Botanische Garten in Brüglingen an seine Gründung vor 25 Jahren.
	4.	Universität	Die Dozenten des Pharmazeutischen Instituts fordern für das Vorgehen des Biozentrums in Sachen Biotechnologie eine Erklärung (vgl. 23. Juni).
		Silbermedaille	Der Basler Degenfechter *Olivier Jaquet* erkämpft sich an der Fecht-Weltmeisterschaft in Athen überraschend die Silbermedaille.
	5.	Käfer für Basel	Das Landgericht München II spricht nach siebenjährigem Rechtsstreit die Frey'sche Käfersammlung mit einem endgültigen Urteil dem Verein Käfer für Basel zu.
		Tödlicher Unfall	Beim Baden im Rhein gerät ein Schwimmer in die gefährlichen Hinterwasserwirbel der Eisenbahnbrücke und ertrinkt.
	7.	†	† *Ernst August Feigenwinter-Wenger* (78), Polizeikommissär, als beliebter ‹Verkehrserzieher› unzähligen Basler Kindern bekannt, Historiker, Initiant des Heimatmuseums in Reinach, CVP-Grossrat in Basel, Einwohnerrat, später erster CVP-Gemeinderat Riehens, erster Reinacher Kulturpreisträger.
	11.	Schmiedenhof	Nach halbjährigen Restaurierungsarbeiten öffnet die GGG wieder ihren prächtigen Zunftsaal mit Sandreuters acht Wandbildern.
	12.	Regierungsrat	Der Regierungsrat bewilligt 3,8 Mio. Franken zur EDV-mässigen Verkabelung der Departementsliegenschaften, weitere 600 000 Franken sind für bauliche Massnahmen zugunsten des Zweiradverkehrs, 387 000 Franken für den Ausbau der Gasversorgung bestimmt.
		Joggeli-Tattoo	In der St. Jakobs-Halle bringen am 2. Tattoo der Vereinigten Kleinbasler (VKB) in- und ausländische Formationen amerikanische, schottische und baslerische Trommelkunst der Spitzenklasse zu Gehör.
		Schlachtfeier St. Jakob	Ein überparteiliches, auch von kirchlichen Kreisen getragenes Forum wendet sich unter dem Motto ‹Wir wollen Krieg nicht feiern› gegen die geplanten Festivitäten zum Gedenken an die Schlacht bei St. Jakob.

Juli	**14.**	Regierungsrat	Der Regierungsrat befasst sich in einer a.o. Sitzung, in der er sich von internen und externen Fachleuten beraten lässt, mit grundsätzlichen Fragen des Gesundheitswesens im Allgemeinen und mit der Spitalpolitik im Besonderen.
		†	† *Dr. h.c. Richard Arioli-Kaspar* (89), Landschaftsarchitekt, Präsident des Bundes Schweizerischer Landschaftsarchitekten, während fast drei Jahrzehnten oberster Stadtgärtner in Basel.
	15.	Sondermüll	Der Ciba-Sondermüllofen wird heute stillgelegt. Er soll im kommenden Jahr von der Regionalen Sondermüll-Verbrennungsanlage (RSMVA) abgelöst werden.
	18.	Messe Basel	Eine Arbeitsgruppe der Messe Basel legt fünf Standortvarianten für neue Messehallen in der Stadt vor.
	19.	Regierungsrat	Um dem Wirtschaftsstandort Basel Chancengleichheit zu verschaffen, fordert *Regierungsrat Mathias Feldges Bundesrätin Ruth Dreifuss* auf, statt des heutigen das künftige EU-Recht auf dem Gebiet der Gen-Technologie vorwegzunehmen.
		†	† *Prof. Dr. med. Jonas Landmann-Suter* (50), Extraordinarius für Chirurgie an der Universität Basel, Leiter der Abteilung Organtransplantation und Gefäss-Chirurgie des Departementes Chirurgie am Kantonsspital Basel, wo er seit 1985 rund 270 Nierentransplantationen vorgenommen hat.
		†	† *Dr. phil. Jakob Dürrwang-Meyer* (83), ab 1947 Lehrer, ab 1955 Direktor der Allgemeinen Gewerbeschule (AGS) Basel.
	23.	Open-Air Konzert	Ein Open-Air Konzert des kanadischen Rocksängers Brian Adams begeistert im Fussball-Stadion St. Jakob rund 48000 Musikfans.
	25.	†	† *Otto Klein* (88), Kunstmaler. Eines seiner öffentlichen Werke ist das prämierte Wandbild im Bahnhofbuffet 2. Klasse.
		†	† *Hans René Jaeger-Adam* (58), Glasmaler, Restaurator sakraler Buntglasfenster in der Martins-, der Antonius- und der Elisabethenkirche und im Münsterchor.
	26.	Regierungsrat	Der Regierungsrat erhöht die Gebühren für die Kehrichtverbrennung und wendet sich klar gegen eine Art von Pendenzenbereinigung in Form erteilter Aufenthaltsbewilligungen für langjährig anwesende Asylsuchende. Für die Sanierung des Gartenbades und der Kunsteisbahn Eglisee stellt er ein Kreditbegehren über 19,9 Mio. Franken.
	28.	†	† *Rolf Bürgler-Frischknecht* (56), von 1979 bis 1994 Grenzwachtkommandant.
	29.	Open-Air Kino	Das unter das Motto ‹99 Jahre Lust auf Kino› gestellte, 4. Open-Air-Kino auf dem Münsterplatz beginnt mit Fellinis ‹La Strada›.
	31.	Bundesfeier	Die Bundesfeier am Rhein wird, wie schon im Vorjahr, bereits am 31. Juli abgehalten.
August	**2.**	Ozonwerte	Im Juli wurde der Grenzwert von 120 Mikrogramm Ozon pro Kubikmeter Luft an 23 Tagen überschritten.
		Spalentor	Die Basler und ihre auswärtigen Gäste erhalten erstmals Gelegenheit, das Spalentor im Sommer auch von innen zu besichtigen.

	†	† *Friedrich Matzinger-Schmutz* (91), Journalist, anfänglich bei der National-Zeitung, später bei der Basler Zeitung als Gerichtsreporter, Ausland-, dann Lokalredaktor, ‹Ratsstübli›-Betreuer, Strafrichter, zuletzt Redaktionsberater des ‹Baslerstab›.
3.	Regierungsrat	Für bauliche Massnahmen im Schulbereich ersucht der Regierungsrat um einen Globalkredit von 40 Mio. Franken und um weitere 13,5 Mio. Franken für die Erweiterung des Gundeldingerschulhauses.
6.	Open-Air Konzerte	Zwei ausverkaufte Konzerte der legendären Rock-Band ‹Pink Floyd› ziehen rund 100000 Fans ins St. Jakobs-Stadion.
8.	Hitzeperiode	Eine wochenlange Folge von Hitzetagen mit einem Spitzenwert von 36,3 Grad Celsius verschafft den Gartenbädern Rekordbesuche.
	Arbeitslosigkeit	Die Arbeitslosenquote sinkt auf 5,5% und damit auf den Stand vom Vorjahr.
9.	Regierungsrat	Im Rahmen des Interreg II-Programms plant der Regierungsrat eine Wegverbindung durch das Mattfeld von Basel zum Gelände der künftigen Landesgartenschau in Weil. Gleichzeitig erlässt er neue Patentgebühren für die Basler Effektenbörse.
10.	†	† *Ida Chagall* (78), Tochter des Malers Marc Chagall, in zweiter Ehe verheiratet mit Franz Meyer, vorm. Direktor des Basler Kunstmuseums.
15.	Schulreform	Für rund 1700 Schülerinnen und Schüler beginnt die praktische Umsetzung der 1988 beschlossenen Neuen Basler Orientierungsschule. Am gleichen Tag wird das neue Vogesen-Schulhaus seiner Bestimmung übergeben.
16.	Regierungsrat	Der Regierungsrat empfängt die Basler Ruderer *Lukas von Bidder, Patrick Stäuble* und *Björn Uhlmann* und gratuliert ihnen als Mitgliedern des Achters zur Weltmeisterschafts-Goldmedaille.
	Rheinschwimmen	Mehr als 1500 Schwimmerinnen und Schwimmer schwimmen auf der verkürzten Strecke ‹dr Bach ab› zum Ziel zwischen Bläsiring und Offenburgerstrasse.
18.	Universität	Der Regierungsrat wählt *Prof. Dr. med. Franz Müller-Spahn* zum Ordinarius für Psychiatrie an der Universität Basel und zum ärztlichen Direktor der Psychiatrischen Universitätsklinik (PUK).
	Kunstmuseum	Die Finanzkommission des Grossen Rates publiziert Erkenntnisse, nach denen die Öffentliche Kunstsammlung seit Jahren durch das Ausstellen fingierter Rechnungen Reserven angelegt hat.
	Zolli	Unter dem Vorwurf, mit der Weitergabe eines Rhinozeros-Horns an einen ausländischen Händler gegen das Artenschutz-Abkommen verstossen zu haben, verfügt der Verwaltungsrat einstimmig die Entlassung von *Zolli-Direktor Hon. Prof. Dr. med. vet. Dieter Rüedi* per 30. November.
19.	‹Em Bebbi sy Jazz›	Eine laue Sommernacht begünstigt die 11. Auflage des Innerstadt-Happenings ‹Em Bebbi sy Jazz›, einem Aufgebot von rund 300 Musikern in 35 Bands an 15 Spielorten rund um den Rümelinsplatz.
20.	St. Jakobs-Schiessen	Mit dem von 700 Schützen bestrittenen 79. St. Jakobsschiessen beginnen die Gedenkveranstaltungen zu ‹550 Jahre Schlacht bei St. Jakob›.

August	**23.**	Universität	Der Regierungsrat ernennt *Prof. Dr. phil. Jürg Glauser* zum Ordinarius an der Philosophisch-Historischen Fakultät der Universität Basel.
		Regierungsrat	In einem Schreiben an *Bundesrätin Ruth Dreifuss* begrüsst und unterstützt der Regierungsrat die erweiterte Nutzung des geplanten Phil. II-Neubaus der Universität durch die pharmazeutisch-pharmakologische und molekularbiologische Lehre und Forschung.
		†	† *Marguerite Arp-Hagenbach* (92), Witwe des Bildhauers und Dichters Hans Arp, Gründerin der Fondazione Marguerite Arp, grosszügige Donatorin bedeutender Werke der modernen Kunst an die Öffentliche Kunstsammlung Basel.
		†	† *Dr. phil. Elisabeth Flueler* (78), Sprachlehrerin, Autorin der Schriften ‹Die ersten Studentinnen der Universität Basel› und einer ‹Geschichte der Mädchenbildung in Basel›.
	24.	Regierungsrat	An einer Gemeinschaftssitzung mit den Kollegen der Landschaft vereinbaren beide Regierungen eine partnerschaftliche Bearbeitung von Koordinationsbereichen der Spitalpolitik und ein gemeinsames Vorgehen beim Aufbau von Fachhochschulen. Weitere Beratungsthemen sind der Behindertentransport, die Ausbildung im Sozialbereich und die Projektierung eines Kleinkraftwerkes in der Neuen Welt.
		Vollkanton Basel	Das von *Alt-Ständerat Carl Miville* präsidierte Komitee für einen ‹Vollkanton Basel-Stadt› hinterlegt sein von 5394 Unterschriften getragenes Begehren auf der Staatskanzlei.
		Wasserturm	Der altersbedingte Bruch einer Versorgungsleitung führt zum Auslaufen eines Reservoirs im Wasserturm auf dem Bruderholz. Rund 2 Mio. Liter Trinkwasser gehen verloren.
	25.	St. Jakobs-Feier	Mit einem Schreiben an das Organisationskomitee verzichten neun der elf Mitglieder der Bürgergemeinderatsfraktion der SP, der Gewerkschaften und der neuen PdA auf eine Teilnahme an den ‹Schlachtfeiern›.
	26.	St. Jakobs-Feier	Mit einer von den Bannern der Zünfte und Ehrengesellschaften und den Feldzeichen der militärischen Vereine umrahmten Kranzniederlegung beim St. Jakobsdenkmal werden die 550-Jahr-Gedenkfeiern zur Schlacht bei St. Jakob offiziell eröffnet, vor einer Helvetia, der von Festgegnern die rechte Hand mit dem Lorbeerkranz abgebrochen wurde.
		St. Jakobs-Gegenfeier	In der Elisabethenkirche wird mit brennenden Kerzen und Friedensgebeten am ‹Vostra Festa› der Opfer der Schlacht bei St. Jakob gedacht.
	27.	St. Jakobs-Feier	Der eigentliche Feiertag beginnt mit einem Festzug vom Zeughaus via Gellert hinunter nach Brüglingen. Nach den Festreden leitet die gemeinsam gesungene Nationalhymne über zu einem bis in die Nacht dauernden Volksfest.
		Weitere Feste	Das traditionelle Klosterbergfest zugunsten brasilianischer Kinder lockt einmal mehr Tausende von Festfreudigen in die Innerstadt. Auf dem Barfüsserplatz finden sich zahlreiche Senioren am 25-Jahr-Jubiläum des Basler Mahlzeitendienstes ein. Weitere Festgelegenheiten: Das Jubiläumsfest 75 Jahre Schweizerischer Eisenbahn-Verband (SEV) und ‹Vostra Festa›, das Fest der Solidarität mit Ausländern.
	29.	Siloterrasse	Die Siloterrasse der Schweizerischen Reederei und Neptun AG (SRN) ist wieder für einzigartige Rundblicke über das Dreiland geöffnet.

August **30.**	Regierungsrat	Der Regierungsrat ersucht um Kredite von insgesamt 6,2 Mio. Franken zum Einbau von Schallschluckfenstern in Liegenschaften entlang der Strassenzüge Schanzenstrasse, Nauenstrasse und Wasgenring.

September 1.	Baubeginn Nordtangente	Nach jahrzehntelanger Planung, Diskussionen, Auseinandersetzungen und Urnengängen beginnt der erste Bauabschnitt der Basler Nordtangente. Die Projektkosten werden auf insgesamt 1285 Mio. Franken geschätzt.
	Kunsthalle	Dem Leiter der Basler Kunsthalle, *Dr. Thomas Kellein,* wird trotz des vorangegangenen Vertrauensvotums von der Kommission des Basler Kunstvereins mündlich gekündigt.
2.	Neue Sportanlage	Die neue, auf französischem Boden liegende, durchwegs rollstuhlgängige Gemeinschaftssportanlage ‹Pfaffenholz› wird eröffnet.
	Wettsteinbrücke	Mit der Demontage des letzten Stahlbogenträgers erinnern nur noch die steinernen Widerlager und Pfeiler an den ersten Brückenbau aus dem Jahre 1879.
3.	Rheinbad Breite	Das vor dem vollständigen Abbruch gerettete, verkleinerte ‹Rhybaadhyysli› wird wieder in Betrieb genommen.
	125 Jahre Bell	Die vor 125 Jahren von Samuel Bell als ‹Ochsenmetzg› gegründete, heutige Grossmetzgerei Bell AG feiert ihr 125jähriges Bestehen.
6.	Regierungsrat	In einer Vernehmlassung wendet sich der Regierungsrat gegen eine zu weit gehende Privilegierung von Gewaltflüchtlingen im neuen Asylgesetz. Er beschliesst eine Beitragsleistung an die Entfernung von Sprayereien an privaten Liegenschaften und erteilt dem ‹Verein Jazz-Schule Basel› die Bewilligung zur Führung einer Privatschule.
	Orbit 94	In der Messe Basel werden die Internationale Fachmesse für Informatik, Kommunikation und Organisation Orbit 94 sowie die erstmals mit ihr gekoppelte Graphik-Fachmesse Publish eröffnet.
7.	Theater Basel	Der derzeitige Verwaltungsratspräsident des Theaters Basel, *Dr. iur. Armin Steiger,* legt mit sofortiger Wirkung sein Amt nieder.
8.	Staatsrechnung	Der Regierungsrat veröffentlicht das Budget 1995 mit Einnahmen von 3429,5 Mio. Franken, Ausgaben von 3699,5 Mio. Franken und einem Defizit von 270 Mio. Franken, das bei der Publikation des Finanzplans im Juni noch bei 362,3 Mio. Franken lag.
	†	† *Prof. Dr. phil. Heinz Rupp* (75), von 1959 bis 1987 Ordinarius für Deutsche Philologie an der Universität Basel.
9.	Oberrheinfahne	Im Rahmen der Oberrheinischen Bürgermeisterkonferenz wird die neue Oberrheinfahne feierlich an alle Gemeinden der Euregio Oberrhein übergeben.
	Kantonsspital	Die Finanzkommission des Grossen Rates entdeckt Pannen und Mängel im elektronischen Rechnungswesen des Kantonsspitals, die zu grossen Verlusten geführt haben.
10.	Oberrheintag	Mit den Bannern der angrenzenden in- und ausländischen Gemeinden, der Nachbarstädte Freiburg, Mulhouse und Liestal, samt neuer Oberrheinfahne und einer kleinen Flottenparade findet der 1. Oberrheintag statt.

September 13.	Bürgergemeinderat	Die vom Bürgerrat im Frühjahr veröffentlichte Zielsetzung 1993–1999 bildet das Haupttraktandum der Beratungen; ausserdem bewilligt der Rat Beiträge an soziale Institutionen und stimmt einem Anzug für die Offenlegung der Interessenbindungen der Mitglieder beider Räte zu.
14.	Grosser Rat	Das Informationsdefizit um die EDV-Vorkommnisse am Kantonsspital verhindert die traktandierte Behandlung der Staatsrechnung, die auf November neu anberaumt wird. 200000 Franken bewilligt der Rat für den Einbau einer Solaranlage zur Wasservorwärmung im Rahmen einer Sanierung des Gartenbades Eglisee und insgesamt 53,48 Mio. Franken für eine bauliche Nachrüstung von Schulhäusern infolge steigender Schülerzahlen.
17.	Serra-Plastik	Auf dem Theaterplatz wird die ‹Intersection›-Plastik des Amerikaners *Richard Serra* in dessen Beisein offiziell eingeweiht.
	Tramverkehr	Die vormalige Überlandlinie Basel–Aesch wird ab heute als Transversale via Bankverein und Schifflände bis St. Louis Grenze in die Innerstadt eingeführt.
19.	Beyeler-Museum	Im Riehener Berower-Gut setzt der *Galerist Ernst Beyeler* offiziell den Grundstein zum eigenen Museum.
20.	Regierungsrat	Der Regierungsrat ersucht um einen Kredit von 1,1 Mio. Franken zur Erweiterung bestehender Familiengärten-Areale und entrichtet während den kommenden fünf Jahren Beiträge an die Vereine ‹Quartiertreffpunkt Davidseck› und ‹Haus für Kinder und Eltern›. Als neue Subventionsregelung beschliesst er einen sukzessiven Abbau kantonaler Beiträge an das Schweizerische Sportmuseum.
21.	Grosser Rat	Mit 72:13 Stimmen heisst der Grosse Rat eine Erhöhung der Abwässergebühren gut. Einen Antrag, der eine Erhöhung der Schülerzahlen pro Klasse fordert, lehnt er mit 56:53 Stimmen ab.
24.	Swiss Indoors	In der St. Jakobshalle beginnt das 9-Mio.-Franken-Spektakel der ‹25th International Tennis Championships of Switzerland›.
25.	Abstimmungen	Die eidgenössischen Vorlagen ‹Aufhebung der Brotgetreideverbilligung› und ‹Verbot der Rassendiskriminierung› werden vom Basler Souverän ebenso angenommen wie die kantonalen Vorlagen ‹Aufhebung der Karenzfrist für neuzuziehende Stimmberechtigte›, die ‹Übergangsbestimmung in der Kantonsverfassung betreffend die Legislaturperiode des Grossen Rates› und die ‹Initiative für zwei Wochen Fasnachts- und Sportferien›. Abgelehnt wird dagegen eine Änderung des Umweltschutzgesetzes (Parkplätze für die Mitarbeiterinnen und Mitarbeiter der kantonalen Verwaltung).
26.	†	*† Dr. iur. Carl Binding-Hübscher* (83), Verwaltungsrat der Hansa-Aktiengesellschaft, 1963 zusammen mit seiner Gattin Gründer der in Basel domizilierten Sophie und Karl Binding Stiftung, die alljährlich den Sophie und Karl Binding Preis für vorbildliche Waldpflege vergibt.
27.	S.A.W. 94	In den Hallen der Messe Basel wird erstmals die Swiss Automation Week (S.A.W.), eine interdisziplinäre Fachmesse für industrielle Automation, durchgeführt.
	Reichstein-Medaille	Die erstmals verliehene, nach dem Basler Nobelpreisträger benannte Tadeus-Reichstein-Medaille wird in der Peterskirche an den amerikanischen *Pharma-Forscher William I. Higuchi* vergeben.

September 28.	‹Komitee Kanton Basel›	Das 1990 als ‹Manifest für einen Kanton Basel› lancierte Volksbegehren für einen Beitritt der Stadt zum Kanton Basel-Landschaft wird vom ‹Komitee Kanton Basel› zurückgezogen.	
	Gewerkschaften	In Basel beteiligen sich rund 600 Angehörige der drei grafischen Gewerkschaften an einer Kundgebung für einen neuen Gesamtarbeitsvertrag.	
29.	Fahnenabgabe	Das neu dem Stadtkommando unterstellte Füs. Bat. 99 verabschiedet sich auf dem Marktplatz mit einer feierlichen Fahnenabgabe, auf der Schützenmatte mit einer eindrücklichen Waffenschau aus dem Truppenverband des Inf. Rgt. 22.	
Oktober 3.	†	† *Prof. Dr. phil. Hans Walter Schaub-Nidecker* (82), emerit. Extraordinarius für Stratigraphie und Paläontologie an der Universität Basel, ehem. Direktor des Naturhistorischen Museums Basel, SP-Grossrat, Mitglied des Erziehungsrates.	
4.	Fawem	Die Fachmesse für die metallverarbeitende Branche Fawem wendet sich an ein Fachpublikum, das einem wirtschaftlichen Aufwärtstrend entgegensieht.	
5.	Verkehr	Nach vier Jahren Planungs- und Bauzeit kann die Grosspeterstrasse wieder in beiden Richtungen befahren werden, was zur Entlastung der St. Jakobs-Strasse führen soll.	
7.	†	† *Prof. Dr. med. et phil. Niels Kaj Jerne* (83), erster Direktor und ehem. Leiter des von Roche gegründeten und seither dotierten Basler Instituts für Immunologie, 1984 Nobelpreisträger für Physiologie und Medizin.	
8.	Wolfgottesacker	Durch die Publikation im Kantonsblatt gibt der Regierungsrat Kenntnis von seinem Beschluss «betreffend Nichteintragung der Gesamtanlage des Wolfgottesackers ins Denkmalverzeichnis».	
	Wetter	Mit minus 2,4 Grad Celsius registrieren Basels Meteorologen den frühesten Frosttag seit vier Jahrzehnten.	
9.	†	† *Dr. phil. h.c. Adolf Seebass-Gaupp* (95), als Buchantiquar vormaliger Inhaber des Erasmushaus-Haus der Bücher an der Bäumleingasse.	
10.	†	† *Otto Wyss-Dierks* (83), bis 1977 Inhaber eines Photogeschäftes, während vielen Jahren Hausphotograph der ‹Basler Nachrichten› und der Schweizerischen Mustermesse.	
14.	Rheinknie-Session	Den Auftakt zum Basler Musikfestival ‹Rheinknie-Session›, heuer unter der Mitwirkung der ‹sinfonietta basel› und des Basler Balletts, bildet die bereits zur Tradition gewordene Jazz-Night im ‹Atlantis›.	
	Theater Basel	*Johannes Klaus,* Schauspieldirektor am Theater Basel, tritt aus privaten Gründen zurück.	
15.	Winzerfest	Auch die zweite Auflage des Regio-Winzerfestes auf dem Rümelinsplatz wird dank der Teilnahme des Gastkantons Tessin, dank viel Folklore und noch mehr ‹Suuser› zum eigentlichen Volksfest.	
16.	†	† *Rudolf Karl Lorenz Grosse-Bungard* (90), Lehrer an der Rudolf-Steiner-Schule Basel, seit 1956 Vorstandsmitglied, später erster Vorsitzender der Anthroposophischen Gesellschaft.	

Oktober	17.	Chemiestandort Basel	Der Roche-Konzern streicht rund 350 Stellen in Basler Forschungs- und Entwicklungsabteilungen.
	18.	Regierungsrat	Der Regierungsrat beschliesst auf dem Gebiet der Herzchirurgie eine engere Zusammenarbeit mit dem Kanton Aargau und übergibt die Riehener Schulzahnpflege in die Autonomie der Landgemeinde. Den von Roche angekündigten massiven Stellenabbau nimmt der Regierungsrat zum Anlass, mit der Konzernleitung eine klärende Aussprache anzuberaumen.
		Wahl	Der Regierungsrat wählt *Dr. med. Martin Conzelmann* zum Klinikleiter und Direktor der Medizinisch-Geriatrischen Klinik des Felix-Platter-Spitals.
	19.	Grosser Rat	Nach einer kontrovers geführten Debatte bewilligt der Grosse Rat, trotz der EDV-Probleme am Kantonsspital, einen 1,5 Mio.-Franken-Kredit für eine Erweiterung der EDV-Anlage der Schul- und Volkszahnklinik. Er bewilligt weitere 6,1 Mio. Franken zum Einbau von Schallschluckfenstern und befasst sich ausserdem mit dem Gesetz über die Reproduktionsmedizin und mit einer Kompetenzausweitung für die Prüfungskommission des Grossen Rates.
	20.	Johann Rudolf Wettstein	Im Beisein von Delegationen aus der badischen und elsässischen Nachbarschaft, der Städte Freiburg, Mulhouse und Liestal, der Universität und der Zünfte gedenkt das offizielle Basel des 400. Geburtstages von Johann Rudolf Wettstein, Basler Landvogt, Schweizer Diplomat und Staatsmann.
		Grosser Rat	Siebzehn Anzüge veranlassen den Grossen Rat zu Debatten über Kindererziehung in Familien- und in Fremdbetreuung, über die Zollfreistrasse, das Velonetz, Tempo 30, die Sicherheit in Parkhäusern und über die Totalrevision der Strafprozessordnung und des Gerichtsorganisationsgesetzes.
	21.	Parteijubiläum	Die Genossinnen und Genossen der vor 50 Jahren gegründeten Partei der Arbeit (PdA) feiern im Volkshaus die wechselvollen ersten fünf Jahrzehnte ihrer Arbeiterpartei.
	24.	†	† *Prof. Dr. med. Gunther Wolff-Moerikofer* (62), Extraordinarius für Chirurgie an der Medizinischen Fakultät der Universität Basel, Konsiliarius der Klinik für Herz-Thorax-Chirurgie am Kantonsspital Basel.
		†	† *Hugo Breh (Bré)-Buser* (80), Kunstmaler.
	25.	Regierungsrat	Der Regierungsrat beschliesst, das im April/Mai probeweise geschlossene Ueli-Gässli wieder öffnen zu lassen. Er genehmigt eine neue ‹Ordnung über Amtsauftrag und Arbeitszeit der kantonalen Lehrkräfte› und beschliesst eine Weiterbeschäftigung stellenloser Lehrentlassener in der kantonalen Verwaltung.
		Arbeitslosigkeit	Durch den massiven Verlust von Arbeitsplätzen beunruhigt, fordern die Basler Wirtschaftsverbände eine Aktivierung der Wirtschafts- und Innovationsberatung Basel-Stadt (Wibs). Gleichentags einigen sich die Geschäftsleitung und die Arbeitnehmerschaft der Roche angesichts dem Abbau von zahlreichen Arbeitsplätzen im Bereich Pharma auf einen Sozialplan.
	26.	Basler Appell	Im Hinblick auf die geplante und heftig kritisierte Bio-Ethik-Konvention der EU veröffentlicht der Basler Appell gegen Gentechnologie ein ‹Manifest für die Menschenwürde›.
	27.	Universität	Ein Schreiben von *Bundesrätin Ruth Dreifuss* mit der Zusicherung von Investitionsbeiträgen an das Phil. II-Gebäude der Universität wird vom Regierungsrat mit Freude zur Kenntnis genommen.

Oktober	**29.**	Herbstmesse	Punkt 12 Uhr läutete das Mässgleggli zu St. Martin die 524. Basler Herbstmesse ein. Weil die im Umbau befindliche Halle 107 nicht verfügbar ist, dislozieren einige Fahrgeschäfte und Buden in die Rosentalhalle.
	31.	Zolli	Eine a.o. Generalversammlung der Zolli-Aktionäre stimmt deutlich gegen eine Wiedereinstellung des ehemaligen Direktors *Dr. Dieter Rüedi.*

November	**1.**	Regierungsrat	Erstmals subventionieren die Kantone Basel-Landschaft und Basel-Stadt gemeinsam die ‹Aids-Hilfe beider Basel› und die ‹Frauen-Oase›, eine Anlaufstelle für jene drogenabhängigen Frauen, die sich zur Drogenbeschaffung prostituieren. Der Regierungsrat beantragt dem Grossen Rat einen Kredit von 2 Mio. Franken p.a., um den Verein ‹Arbeitsgemeinschaft aktuelle Jugendfragen Basel› (AAJ), Betreiber der Gassenzimmer und des Drop-In, auch weiterhin zu subventionieren.
		Opiatverschreibung	In der Abgabestelle an der Spitalstrasse beginnt für vorerst 50, später für 150 Schwerstsüchtige die ärztlich kontrollierte Opiatabgabe.
		Universität	Der Regierungsrat ernennt zu Extraordinarien: *PD Dr. Karl Wilhelm Rennstich* an der Theologischen, die *PD Dres. med. Dieter Stürchler* und *Wolfgang Kiowski* an der Medizinischen, *PD Dr. oec.publ. René Capitelli* und *PD Dr. phil. André Vanoncini* an der Philosophisch-Historischen Fakultät der Universität Basel.
		Messe Basel	Der Regierungsrat wählt per 1. Juli 1995 den Bank- und Verwaltungsfachmann *Robert A. Jeker* zum neuen Präsidenten des Verwaltungsrates der Genossenschaft Schweizer Mustermesse in Basel (Messe Basel).
	2.	Stadtbild	Einen Entscheid des Basler Verwaltungsgerichtes bestätigend, stellt das Bundesgericht wesentliche Teile des Badischen Bahnhofes, insbesondere das frühere Bahnhofbuffet, unter Denkmalschutz.
		Bundesgericht	Die 1992 vom Grossen Rat, etwas später auch vom Appellationsgericht für unzulässig erklärte Basler Volksinitiative ‹Für einen rücksichtsvollen Flugverkehr› wird im wesentlichen für rechtens erklärt.
	4.	Universität	Das Anatomische Institut der Universität Basel eröffnet einen seit 24 Jahren geplanten Erweiterungstrakt mit Hör- und Präpariersaal.
	7.	Wahldelikt	Die vorzeitige Verbreitung eines Wahl-Teilergebnisses durch den früheren Rathausabwart führt zu einer Anklage durch den Staatsanwalt (vgl. 7. Februar).
		Wenkenhof	Die unheilbar geschädigten, 1735 gepflanzten 60 Winterlinden der beiden doppelreihigen Alleen im Wenkenhof werden gefällt und gesamthaft erneuert.
	8.	Regierungsrat	Der Regierungsrat beschliesst, vorbehaltlich der Genehmigung durch die Legislative, der interregionalen Vereinbarung über Beiträge an ausseruniversitäre Bildungsanstalten beizutreten. Er genehmigt nun auch für die Primarschulen den Ersatz der bisherigen Notengebung durch eine andere, modernere Lernbeurteilung.
		Bürgergemeinderat	Der Bürgergemeinderat stimmt dem bis Ende 1998 befristeten ‹Pilotprojekt ‹Waisenhaus› zur Einführung des Departementalsystems mit beratenden Kommissionen in der Bürgergemeinde der Stadt Basel› zu und leitet mit diesem

Schritt die Reform der Bürgergemeinde in die Wege. Er befasst sich zudem mit den Beiträgen der Bürgergemeinde aus ihrem Anteil am Ertrag der CMS.

9.	Grosser Rat	Der Grosse Rat bewilligt dem Schweizerischen Sportmuseum für zwei Jahre Subventionen von 300000 Franken p.a. Er genehmigt oppositionslos die Staatsrechnung 1993 mit einem Defizit von 268 Mio. Franken und bewilligt Beiträge an die Spielwerkstatt Kleinhüningen und an den Quartiertreffpunkt ‹Davidseck›.
	Zolli	Der Zolli erhält von seinen Freunden ein neues ‹Schaarebänggli›, zu deutsch: Char à banc, und dazu ein Vierergespann walisischer Schimmel zum Geschenk.
10.	Kunstverein	Eine a.o. Mitgliederversammlung des Basler Kunstvereins stimmt mehrheitlich gegen eine Vertragsverlängerung für den bisherigen *Konservator der Kunsthalle, Thomas Kellein.*
	Spitalvertrag	Der Baselbieter Landrat genehmigt mit nur zwei Gegenstimmen den Spitalvertrag mit dem Stadtkanton.
	Ueli-Bier	Im Restaurant Fischerstube in der Rheingassse feiert die gleichnamige Kleinbrauerei des Basler *Radiologen Hans-Jakob Nidecker* die ersten 20 Jahre ihres Bestehens.
	†	† *Balthasar Straumann-Pfrunder* (51), Baumeister, Verwaltungsrat von Straumann-Hipp, Hofstetter Hof AG und ‹Doppelstab›, Vizepräsident des Baumeisterverbandes Basel, Vorgesetzter der E.E. Zunft zu Safran, Vorstadtmeister zum Rupf, seit 1988 LDP-Grossrat.
15.	Regierungsrat	Der Regierungsrat fordert die interessierten Bankinstitute via Börsenkammer auf, sich zur technisch machbaren Weiterführung der Basler Präsenzbörse (Bourse à la criée) zu äussern. Er beantragt zudem einen Kredit von 447300 Franken für eine Analyse über Jugendarbeit und Jugendhilfe in Basel-Stadt und bewilligt rund 850000 Franken an 24 Entwicklungshilfeprojekte.
	Wahl	Der Regierungsrat wählt mit *Viviane Schlageter-Fahr* erstmals eine Frau zur Kantonsapothekerin.
16.	Grosser Rat	Den Stellenabbau in den Chemie-Konzernen nimmt der Grosse Rat zum Anlass einer vierstündigen Debatte zur Zukunft des Wirtschaftsstandortes Basel. Weitere Beratungsthemen sind die EDV-Probleme beim Kantonsspital und die Erweiterung von drei Familiengärten-Arealen.
	†	† *Dr. iur. Alfred Würz-Kuenzy* (91), Advokat und Notar, erarbeitete 1941 gemeinsam mit Gottlieb Duttweiler die Umwandlung der Migros AG in die heutige Genossenschaft. Von 1958 bis 1976 Verwaltungspräsident der Genossenschaft Migros Basel.
17.	Nordtangente	Mit der sog. Schlachthofverbindung zwischen Lyssbüchel und Neudorfstrasse übergibt *Baudirektor Christoph Stutz* ein erstes Teilstück der Nordtangente dem Verkehr.
	Chemiestandort Basel	Der Chemiekonzern Sandoz bekräftigt seine Pläne, in der Region Basel 650 Arbeitsplätze abzubauen.
	Stellenabbau	Die Firma Haefely & Cie AG, High Voltage Technology, an der Lehenmattstrasse kündigt ebenfalls 60 Entlassungen an.
18.	Entlassungen aus der Wehrpflicht	Als Folge der Armeereform 95 verabschiedet *Militärdirektor Jörg Schild* fünf Jahrgänge mit 2243 ‹Feldgrauen› aus der allgemeinen Wehrpflicht.

November	Séléction Grand Prix Charivari	Publikum und Jury ermitteln im Volkshaus die drei Finalisten im Wettbewerb um den Jubiläumsmarsch zum 20. Geburtstag des Glaibasler Charivari.
19.	Kunsteisbahn Eglisee	Das zweite attraktive ‹Schruubedämpferli›-Fest auf der Eisfläche des Gartenbades verschafft der privaten Trägerschaft die Mittel zum Weiterbetrieb.
21.	Wissenschaftspreis	Der Regierungsrat vergibt den Wissenschaftspreis 1994 der Stadt Basel an die Basler *Kunsthistorikerin Dr. phil. Yvonne Boerlin-Brodbeck.*
22.	Regierungsrat	Zur Beschaffung von 12 Niederflurbussen ersucht der Regierungsrat um einen Kredit von 8,62 Mio. Franken. Anschliessend informiert er das höhere Verwaltungskader über den Stand der Legislaturziele, die Einführung eines neuen Rechnungswesens und die Revision des Lohn- und Pensionskassengesetzes.
	Swisstech 94	Mit neuem Ausstellerrekord und prominenter ausländischer Beteiligung öffnet die Technologieschau der Zulieferindustrie, die Swisstech 94, ihre Pforten.
23.	Biotechnologie	Ein Rekurs des ‹Basler Appells gegen Gentechnologie› betreffend die Nachrüstung einer Biotechnologie-Anlage der Ciba wird vom Bundesgericht gutgeheissen und an das Basler Appellationsgericht zurückgewiesen.
25.	Dies academicus	An der 534. Jahrfeier der Universität Basel befasst sich *Prof. Dr. sc.nat. Hans-Joachim Güntherodt* in seiner Rektoratsrede mit den Errungenschaften der Physik der kondensierten Materie. Mit der Würde eines Ehrendoktorates werden ausgezeichnet: von der Theologischen Fakultät *Bruno Corsani* für seine theologischen Verdienste; von der Juristischen Fakultät *Ulrich Drobnig* für sein Engagement als Lehrer, Herausgeber und Experte in Privat- und Wirtschaftsrecht sowie *Maurice F. Strong,* seit 25 Jahren führend in der Kodifikation des Internationalen Umweltrechts; von der Medizinischen Fakultät *Etzel H. Gysling* für seinen persönlichen und publizistischen Einsatz für eine kompetente Arzneimittelinformation; von der Philosophisch-Historischen Fakultät *Carlo Dionisotti* für seinen Einsatz gegen Nationalismus und für die Einheit europäischer Bildung sowie *Oliver Hart* für seine neuen Erkenntnisse auf dem Gebiet der Wirtschaftswissenschaften; von der Philosophisch-Naturwissenschaftlichen Fakultät *Martin Peter* für wertvolle Ergebnisse auf mehreren Gebieten der Festkörperphysik sowie *Ernst Spiess* für seine gezielte Anwendung modernster EDV auf dem Gebiet der thematischen Kartographie.
	Sammlung Karikaturen & Cartoons	Mit einer Ausstellung von neuerworbenen Werken des ‹British humour› verabschiedet sich der Basler *Karikaturist Jürg ‹Jüsp› Spahr* von der Sammlung, die er seit ihrer Gründung als Kurator kompetent geleitet und aufgebaut hatte.
26.	Stadtlauf	Beim 12. Basler Stadtlauf messen sich eine Rekordzahl von 3648 Läuferinnen und Läufern in verschiedenen Kategorien über Distanzen von 1,65 bis 9,5 Kilometern.
	†	*† Bernhard Walter Füglistaller-Schachenmann* (89), Inhaber und bis 1981 Verwaltungsratspräsident der letzten Basler Grossbrauerei zum Warteck, vorm. B. Füglistaller.
28.	Neuer Dekan	Der Bischof von Basel ernennt *Pfarrer Paul Peyer* zum neuen Regionaldekan für die Bistumsregion Basel-Stadt.

November 29.	Regierungsrat	Der Regierungsrat subventioniert die Arbeitsgemeinschaft für offene Altershilfe (Agoa), unterstützt die technische Erneuerung der Luftseilbahn Reigoldswil und regelt die Entsorgung tierischer Abfälle neu.
	Universität	Der Regierungsrat wählt den *Extraordinarius Prof. Dr. phil. Volker Schmid* zum Ordinarius am Zoologischen Institut der Philosophisch-Naturwissenschaftlichen Fakultät.
	Messe Basel	Anlässlich der kombinierten Fachmessen für den Schienenverkehr und den Tunnelblau ‹ET 94› und ‹Intertunnel 94› stellt die AEG erstmals den Prototyp eines Luxuszuges für den Regionalverkehr vor.
	IWB-Tarife	Durch eine Tarifsenkung und den Wegfall der ‹Taxe occulte› ergeben sich in 1995 trotz Einführung der Mehrwertsteuer nur minimale Energiepreiserhöhungen.
	Benefiz-Gala	Der ‹American Womens Club of Basel› feiert 5 Jahre ‹Lighthouse Basel› und den kommenden Welt-Aids-Tag mit einer festlichen Adventsgala zugunsten des ‹Lighthouse›.
	†	*† Hans Stebler-Keller* (71), Optiker, Präsident der Genossenschaft Riehentor Basel und der Schweizerischen Friedensbewegung, Gründungsmitglied und Grossrat der PdA, Initiant der Dreiländer-Ostermärsche für den Frieden.
30.	Spital-EDV	Ein externer Expertenbericht errechnet für die Einführung des EDV-Rechnungssystems im Kantonsspital Mehrkosten von 3,39 Mio. Franken (vgl. 9. Sept. und 19. Okt.).
	EuroAirport	Als Folge der Zunahme von Passagierzahlen und Frachtmenge muss der Euro-Airport für beide Bereiche neue Terminals in Betrieb nehmen (vgl. 13. Jan. 1993).
Dezember 1	Welt-Aids-Tag	Mit einer Kundgebung auf dem Marktplatz, einem Fackelzug durch die Innerstadt und einer Meditation in der Peterskirche soll für das Thema ‹Aids und Familie› sensibilisiert werden.
	Umwelt	Das Bundesamt für Umwelt, Wald und Landschaft (Buwal) untersagt dem Kanton Basel-Stadt mit sofortiger Wirkung den Export von Kehrichtschlacke in ein grenznahes Baggerloch im Elsass.
2.	Pastoralbesuch	*Hansjörg Vogel, Bischof von Basel,* zieht nach mehreren Pastoralbesuchen, Messen und Firmungen eine hoffnungsvolle Bilanz für das Dekanat Basel.
	Schul-Initiative	Eine von 5400 Unterschriften getragene Initiative für Block-Unterrichtszeiten an den Primarschulen wird auf der Staatskanzlei hinterlegt.
3.	Benefiz-Gala	Für das Pilotprojekt ‹Familien mit Aids› des Basler Kinderspitals wird im Zelt des Weihnachtszirkus' eine hervorragend besetzte ‹World Aids-Day Gala› abgehalten.
	Rollstuhl-Demo	Gegen 500 Teilnehmerinnen und Teilnehmer, darunter rund 100 Behinderte in Rollstühlen, demonstrieren für behindertenfreundlichere Transportbetriebe.
4.	Abstimmungen	Die eidgenössische Vorlage der Revision des Krankenversicherungs-Gesetzes (KVG) wird vom Basler Souverän mit 62,3%, die Zwangsmassnahmen im Ausländerrecht mit 69,5% Ja-Stimmen angenommen. Die Krankenversicherungs-Initiative der SP wird dagegen mit 71,8% Nein-Stimmen deutlich verworfen.

Dezember 5.	Wettsteinbrücke	Rund drei Jahre nach Baubeginn wird die bergseitige, alte Brückenhälfte abgebrochen und durch den Neubau ersetzt.
	Eröffnung	Auf dem Areal der früheren Cardinal-Brauerei an der Viaduktstrasse wird das weltweit grösste Ausbildungs- und Konferenzzentrum (ABZ) des Schweizerischen Bankvereins eröffnet.
	Wolfgottesacker	Heimatschutz und Freiwillige Denkmalpflege rekurrieren gegen den Beschluss der Regierung, dem Wolfgottesacker den Denkmalschutz zu verweigern.
	Golden Gate Quartet	Dreissig Jahre nach ihrem ersten Auftritt feiern die Sänger des ‹Golden Gate Quartet› ihr 60jähriges Bühnenjubiläum mit einem begeistert aufgenommenen Konzertabend.
6.	Regierungsrat	Der Regierungsrat ordnet entlang den Strassenzügen Riehen-, Äussere Baselstrasse Grundwasser-Schutzmassnahmen an und setzt neue Pensions- und Pflegetaxen in den subventionierten Alters- und Pflegeheimen fest. Er gewährt Beiträge an die Stiftung ‹Band-Werkstätten›, an türkische Beratungsstellen, an die Drogenentzugsstation ‹Cikade› und an den Verein Gassenküche.
	Wahl	Der Regierungsrat bestätigt den Intendanten der Vereinigten Bühnen von Gera und Altenburg, *Michael Schindhelm,* als neuen künstlerischen Direktor des Basler Theaters ab Saison 1996/1997.
7.	Grosser Rat	Der Grosse Rat beschliesst Eintreten auf das Pensionskassen- und das Lohngesetz für das baselstädtische Staatspersonal, verschiebt die Detailberatung allerdings auf Januar 1995, weil noch eine Expertise zu den umstrittenen Kostenfolgen aussteht.
10.	Euroville	An einer Podiumsveranstaltung zum Projekt ‹Euroville› sind sich die Baselbieter Baudirektorin, der Basler Regierungspräsident, der Direktor der Basler Handelskammer, der SBB-Kreisdirektor und der Geschäftsführer der Regio Basiliensis darüber einig, dass ‹Euroville› nach Bedarf, d.h. schrittweise verwirklicht werden soll.
13.	Regierungsrat	Für die Realisierung eines Wärmeverbundes zwischen der Ciba und dem IWB-Wärmenetz ersucht der Regierungsrat um einen Kredit von 4,22 Mio. Franken. Er beginnt per 1.1.1995 mit einer schrittweisen Anpassung der Abwassergebühren an die effektiven Kosten, beantragt einen Kredit von 1,65 Mio. Franken zum Umbau der Liegenschaft Missionsstrasse 64A für universitäre Zwecke und gewährt den öffentlich-rechtlichen Kirchen einen jährlichen Beitrag von 775000 Franken zur Abgeltung von Leistungen zugunsten der Allgemeinheit.
	Bürgergemeinderat	Der Bürgergemeinderat genehmigt die Budgets der Zentralverwaltung und der sozialen Institutionen und nimmt Kenntnis vom Voranschlag der CMS.
	Baugewerbe	Die ‹Preiswerk Holding AG› und die ‹Cron, Ingenieure und Bau-Unternehmen AG› geben ihre Fusion bekannt.
14.	Grosser Rat	Der Grosse Rat beginnt mit der Debatte des Budgets 1995, dessen Defizit von 340 Mio. im September auf 282 Mio. Franken vermindert werden konnte. Neueste Zahlen, die eine weitere Reduzierung ermöglichen sollen, zusätzliche Anträge und offene Fragen veranlassen den Rat, die Verabschiedung auf den kommenden Tag zu verlegen.
15.	Grosser Rat	Der Grosse Rat genehmigt das Budget 1995 mit Einnahmen von 3,4 Mrd., Ausgaben von 3,7 Mrd. und einem Defizit von 267,5 Mio. Franken. Zur Weiter-

führung der Basler Gassenzimmer und zur Intensivierung des psychosozialen Angebots bewilligt der Rat eine jährliche Subvention von 1,3 Mio. Franken.

Regierungsrat	Der Regierungsrat beschliesst, die Freie Strasse in den Jahren 1996/1997 zur Fussgängerzone umzugestalten und dabei die Kanalisation zu erneuern.
Friedhof Hörnli	Statt der bisher üblichen ‹Kopf an Kopf›-Bestattung geht die Friedhofverwaltung erstmals zum ‹Kopf an Fuss›-Prinzip über, wie es auf Land-Gottesäckern seit Jahrhunderten Tradition ist.

20.

Regierungsrat	Der Regierungsrat setzt per 1. Januar 1995 das neue Mietvertragsgesetz in Kraft, beantragt dem Grossen Rat, verschiedene brachliegende Grundstücke in Basel, Augst und Lörrach einer neuen Nutzung zuzuführen, leistet Bausubventionen in Höhe von 11,43 Mio. Franken an die Sanierung und Erweiterung der Altersheime St. Johann und St. Christophorus und beantragt einen Kredit von 870000 Franken zur Erstellung einer rollstuhlgängigen Fussgängerrampe zum Uferweg am Westquai. Er beschliesst den organisatorischen Zusammenschluss von Volks- und Schulzahnklinik per 1. Januar 1995 unter der neuen Bezeichnung ‹Öffentliche Zahnkliniken Basel-Stadt› (ZKB).
Christoph Merians Testament	Das seit 1886 verschollen geglaubte Original-Testament von Christoph Merian (1800–1858) ist in Lausen wieder aufgetaucht.
Denkmalpflege	Der Regierungsrat wählt *Alexander Schlatter, dipl. Arch. ETH,* zum neuen Kantonalen Denkmalpfleger.

21.

Bürgergemeinde	An einer Medienkonferenz erläutern Vertreter des Regierungs- und des Bürgerrates neue Vereinbarungen zwischen dem Kanton und der Bürgergemeinde/Bürgerspital/Chrischonaklinik.

22.

Schliessung	An der Rheingasse 29 schliesst die ‹Pensione Huber-Rivaroli› ihr kleines liebenswertes Tessiner-Restauräntli.

24.

Konzert	39 Jahre nach ihrem Debüt in Basel wird ein Liederabend der Sopranistin und Primadonna assoluta Montserrat Caballé zum triumphalen und unvergesslichen Ereignis.

25.

†	*† Dr. phil. Ernst Benedict Vischer-Wadler* (77), Forschungschemiker, bis 1987 Vizepräsident des Verwaltungsrates der Ciba-Geigy AG, Kunstförderer.
Kundenweihnacht	Im Kirchgemeindehaus Matthäus organisiert der CVJM die 99. Kundenweihnacht für Einsame, Bedürftige und Nichtsesshafte.
Wetter	Mit einem Monatsmittel von 8,8 Grad Celsius erweist sich der vergangene November als der wärmste seit 240 Jahren.

Premieren am Theater Basel im Kalenderjahr 1994

GB = Grosse Bühne	U = Uraufführung	I = Inszenierung
K = Komödie	SE = Schweizer	BB = Bühnenbild
KB = Kleine Bühne	Erstaufführung	K = Kostüme
A = Andere Spielorte	DEA = Deutschsprachige	Ch = Choreographie
FGB = Foyer Grosse Bühne	Erstaufführung	Chor = Chorleitung
FK = Foyer Komödie	ML = Musikalische Leitung	

20.1.   GB   *Urfaust* nach Johann Wolfgang von Goethe
I: Theu Boermans, BB: Guus van Geffen, K: Catherine Cuykens

27.1   K   *Der Schauspieldirektor* von Wolfgang Amadeus Mozart
I: Andreas Rochholl, BB und K: Gerd Friedrich, ML: Rüdiger Bohn

---

18.2.   K   *Tartuffe* Schauspiel von Jean Baptiste Molière
I: Paolo Magelli, BB und K: Florica Malureanu

20.2.   KB   *Archäologia (SE)* von Alexej Schipenko
I: Gila Maria Becker, B und K: Mitra Nadjmabadi

6.3.   GB   *Lulu* Oper von Alban Berg
I: Hans Hollmann, ML: Friedrich Cerha/Baldo Podic,
BB: Wolfgang Mai, K: Franziska Loring

23.3.   K   *Fast ein Poet* Schauspiel von Eugene O'Neill
I: Werner Düggelin, BB und K: Siegfried E. Mayer

24.3.   GB   *Der holzgeschnitzte Prinz und Der wunderbare Mandarin*
Ballett von Béla Bartok
Ch: Youri Vàmos, B und K: Michael Scott, ML: James Tuggle/Kevin Rhodes

---

22.4.   GB   *La Favorite* Oper von Gaëtano Donizetti
I: Andreas Rochholl, ML: Rüdiger Bohn, B und K: Gerd Friedrich,
Chor: Werner Nitzer

4.5.   FGB   *Die Bergbahn* Volksstück von Ödön von Horvath
I: Johannes Klaus, BB und K: Herbert Wernicke

8.5.   KB   *Sala de Espera* Stationen des Exils
I: Barbara Frey, BB und K: Nives Widauer

18.5.   GB   *Ballettabend*
Inner Move Musik: Ludwig van Beethoven
Ch: Nils Christe, BB und K: Keso Dekker
Carmen Musik: Georges Bizet
Ch: Mats Ek, BB und K: Marie-Louise Ekman

19.5.	K	*Schade, dass sie eine Hure war* Schauspiel von John Ford I: B.K. Tragelehn, BB und K: Dieter Klass
29.5.	K	*Schneider und Schuster* Schauspiel von Joshua Sobol I: Joshua Sobol, BB und K: Edna Sobol
1.6.	KB	*Wishes, Dreams and a Dance* von F. Dion Davis Ch, I und K: F. Dion Davis, ML: Kevin Rhodes
11.6.	GB	*Theodora* Oratorium von Georg Friedrich Händel I: Herbert Wernicke, ML: Friedemann Layer, BB und K: Herbert Wernicke, Chor: Werner Nitzer
14.9.	K	*Golds Dämmerung* Schauspiel von Jonathan Toilns I: Wolf Seesemann, BB und K: Kazuko Watanabe/Andreas Tschui
16.9.	GB	*La Vestale* Oper von Gaspare Spontini I: Christine Mielitz, BB: Gerd Friedrich, K: Heinz Berner, Chor: Werner Nitzer
24.9.	GB	*Hoppla, wir leben!* Schauspiel von Ernst Toller I: Johannes Klaus, BB und K: Birgitta Weiss
25.9.	KB	*Der Mann im Pantherfell* Tanztheater von Schota Rustaweli I und Ch: Verena Weiss, BB und K: Ulrich Schulz
15.10.	K	*Profile – La notte – Pulcinella* Drei Ballette von Nils Christe Ch: Nils Christe, BB und K: Keso Dekker/Tom Schenk
16.10.	GB	*Dreyfus – «Die Affäre»* Oper von George Whyte Musik: Jost Meier I: Torsten Fischer, ML: Frank Cramer/Jürgen Henneberger, BB und K: Andreas Reinhardt, Chor: Henryk Polus
3.11.	K	*Leonce und Lena* Lustspiel von Georg Büchner I: Markus Dietz, BB und K: Katrin Scholz
13.11.	GB	*Carmen* Oper von Georges Bizet I, BB und K: Herbert Wernicke, ML: Rainer Mühlbach/Torsten Buldmann
18.11.	KB	*Meine Ortschaft* von Peter Weiss I: Oliver Reese, BB und K: Andreas Tschui
30.11.	K	*Stützen der Gesellschaft* Schauspiel von Henrik Ibsen I: Uwe Laufenberg, BB: Thomas Hoheisel, K: Jessica Karge
8.12.	K	*Jacke wie Hose* Schauspiel von Manfred Karge I: Manfred Karge
17.12.	GB	*Julien Sorel* Ballett von Youri Vàmos Musik: Edward Elgar Ch: Youri Vàmos, BB und K: Michael Scott

Ausstellungen in Basler Museen

Kulturgeschichte

Antikenmuseum und Sammlung Ludwig	Pompeji wiederentdeckt
Historisches Museum Basel Barfüsserkirche	Geschenke und Erwerbungen 1991–1992 Plakatwettbewerb. Ausstellung und Entwürfe Was Basel reich macht… Das Historische Museum Basel 100 Jahre in der Barfüsserkirche
Historisches Museum Basel Haus zum Kirschgarten	Kostüme und Textilien – Eingänge 1991 und 1992 Schwarzwälder Bildergeschirr aus den Manufakturen Zell, Schramberg und Hornberg Asiatische Motive auf Keramiken
Stadt- und Münstermuseum	Ludwig Bernauer: Basel, Bilder, Botschaften Samuel Buri: Rive droite 1994 Ereignis – Mythos – Deutung: 1444 – 1994 St. Jakob an der Birs Dem Auge fern, dem Herzen ewig nah! Der Wolfgottesacker in Basel und seine Grabmäler
Schweizerisches Sportmuseum	175 Jahre Bürgerturnverein Zeichnungen und Bilder zur Fussball-WM 1954 Nick Kaufmann – der Radakrobat A.H. Pellegrini (1881–1954): Sportbilder Berg extrem. Fotoausstellung Robert Bösch und Ilford-Galerie Wintersport: Ski-, Schlitten-, Eissportarten

Kunst und Gestaltung

Öffentliche Kunstsammlung Basel Kunstmuseum	Matthäus Merian d.Ä., Zeichner, Stecher und Verleger Julius Bissier: Tuschen, Monotypien, Miniaturen Jasper Johns: Neue Graphik-Geschenke Barnett Newman: 18 Cantos Fernand Léger 1911–1924, Le rythme de la vie moderne Hans Arp und Paul Klee: Die Werke der Sammlung aus dem Kupferstichkabinett
Öffentliche Kunstsammlung Basel Museum für Gegenwartskunst	Joseph Beuys: 4 Bücher aus ‹Projekt Westmensch› 1958 Thomas Lehnerer: Homo pauper Photographie in der deutschen Gegenwartskunst ARENA von Joseph Beuys Zimmer in denen die Zeit nicht zählt. Die Sammlung Udo und Anette Brandhorst Gary Hill – Imagining the brain closer than the eyes Claudia und Julia Müller: Es ist offengestanden sehr beruhigend

Museum für Gestaltung	Geräusche. Ein Hörspiel
	Netto. Nichts als Inhalt
	Die Geländer des Daseins. Gestaltung als Kompensation
	
	Plakatgalerie:
	    Tonangebend
	    Fülle in Hülle
	    Es fehlt an allem

Kunsthalle	Projekt Schweiz II: Natur-Kultur. Werke und Installationen Welt-Moral. Moralvorstellungen in der Kunst heute Rachel Whiteread Fluxus Jahresausstellung der Basler Künstlerinnen und Künstler
Ausstellungsraum Klingental	Dominique Neyer / Joseph Schäffler Peter Brunner-Brugg Samuel Buri: Rive droite 1994 Pt. Whitefield / Aldo Bonato Künstler der IABB: Paul Landon – Kanada / Peter Ruszwurm – Deutschland 20 Jahre Ausstellungsraum Klingental: Künstlerinnen und Künstler der Ateliergenossenschaft Beatrice Steudler / Balz Raz / Rolf Roger Tapfer Weihnachtsausstellung
Berowergut, Riehen	Zeichnungsausstellung mit Künstlerinnen und Künstlern der Regio Samuel Buri: Rive droite 1994 trio fatale vision Jürg Kreienbühl – Hommage à Bâle
Architekturmuseum	Architekturführer: Basel und Umgebung Maurice Braillard 1879–1956 Theo Hotz, Architekt, Zürich Hermann Baur, Architekt Räume wie Stilleben. Basler Innenraum-Darstellungen im Klassizismus und im Neuen Bauen
Sammlung Karikaturen & Cartoons	Belgien. Essen und Trinken Charakterköpfe und Neuerwerbungen British humour and other highlights

Naturwissenschaft und Technik

Naturhistorisches Museum	20 Jahre Gentechnik. Pro und Contra Wiederbelebungsversuch des Affen Oreopithecus anhand seines 7 Millionen Jahre alten Skelettes Gespensterschrecken. Lebende Insekten im Museum Früchte und Samen
Anatomisches Museum	Knochen, eine besondere Substanz Wilhelm His (1831–1904): Präparate und Modelle aus dem 19. Jahrhundert

Basler Papiermühle	Das Narren Schyff: 500 Jahre Narren Schyff von Sebastian Brant
Botanischer Garten in Brüglingen	25 Jahre Botanischer Garten Brüglingen: Entwicklung an Hand von Plänen, Bildern, Modellen

Völker- und Volkskunde

Museum für Völkerkunde	Fenster zur Welt. 100 Jahre Museum für Völkerkunde und Volkskunde Basel Werte – Normen – Riten: Aspekte japanischer Wirklichkeit Afrika: Kunst in Kamerun Von Liebe, Macht und Mystik. Persische Bildteppiche erzählen Geschichten Galleria 　Yanuar Ernawati. Bildwelten einer indonesischen Malerin 　Leseecke – Neue afrikanische Kinder- und Jugendbücher
Schweizerisches Museum für Volkskunde	Freischütz und Schneewittchen: Papiertheater für gross und klein Wiegen aus der Sammlung des Schweizerischen Museums für Volkskunde Ziger, Schiefer, bunte Tücher. Aus dem Glarnerland Wie sie sich betten: Zur Kulturgeschichte des Schlafens
Spielzeugmuseum, Dorf- und Rebbau-Museum im Wettsteinhaus	Es brennt, es brennt, die Feuerwehr, die rennt! Bodenfunde aus der Alten Landvogtei in Riehen
Jüdisches Museum der Schweiz	Gegenstände des jüdischen Kults

Monats- und Jahresmittelwerte der meteorologischen Elemente im Jahre 1994

	Januar	Februar	März	April	Mai	Juni	Juli
Temperatur in °C	+ 3,9	+ 3,4	+10,4	+ 8,6	14,1	18,0	22,6
Monatsminimum	– 8,4	– 5,6	– 1,4	– 1,7	2,8	5,8	10,7
Monatsmaximum	15,1	16,7	23,5	26,1	26,1	31,6	35,1
Anzahl Hitzetage				0	0	4	16
Anzahl Sommertage			0	2	2	17	26
Anzahl Frosttage	13	11	1	3	0		
Anzahl Eistage	1	0	0	0			
Luftdruck hPa	979,5	977,2	983,4	975,2	976,9	982,5	980,4
Luftdruck, tiefster	951,7	961,0	972,3	962,1	963,3	973,3	975,1
Luftdruck, höchster	1000,0	990,6	993,9	994,2	986,4	990,2	986,2
Niederschlag in mm	60,3	62,0	27,0	85,5	189,2	57,1	40,9
Anzahl Tage mind. 0,1 mm	16	16	17	18	21	9	11
Anzahl Tage mind. 0,3 mm	16	14	11	16	20	9	8
Anzahl Tage mind. 1,0 mm	13	11	8	14	17	8	6
Maximale Tagesmenge in mm	9,7	16,4	4,6	11,1	74,5	17,8	24,4
Tage mit Schneefall	5	4	1	2	0		
Tage mit Schneedecke	1	0	0	0			
Tage mit Reif	11	5	2	3	0	0	
Tage mit Hagel	0	0	0	0	1	0	0
Tage mit Nahgewitter	2	1	0	0	4	4	4
Tage mit Gewitter, alle	2	1	1	0	7	8	11
Bewölkung in %	75	85	77	79	75	67	53
Helle Tage	1	0	1	2	2	3	4
Trübe Tage	17	21	22	19	18	12	8
Tage mit Nebel	0	2	1	0	3	0	0
Sonnenscheindauer in Stunden	64,3	42,7	105,0	108,9	148,4	216,8	267,6
Globalstrahlung Wh/m²	974	1335	2455	3112	4172	5355	5659
Maximum Tag	2151	3094	5380	6906	7523	7783	7754
Relative Feuchte %	79	80	67	74	75	68	64
Dampfdruck hPa	6,6	6,5	8,7	8,6	12,6	15,1	18,4
Schwüle Tage					1	7	22
Windgeschwindigkeit m/sec, mittl.	3,3	2,7	3,4	2,8	2,2	2,5	2,1
Windmaximum	28,8	14,7	19,3	23,5	16,2	22,3	17,0
Aus Richtung	WSW	WSW	W	W	W	W	NW

August	September	Oktober	November	Dezember	Summe	Mittel-wert	Extrem-wert	Abw. v. Norm	Norm 1961–90
20,3	14,7	10,2	8,8	+ 5,0		+11,67		+ 1,93	+ 9,74
8,6	4,2	– 1,6	– 0,9	– 2,6			– 8,4	+ 4,5	– 12,9
35,4	26,2	24,4	18,1	14,6			35,4	+ 1,9	33,5
8	0	0			28			+ 18	10
18	1	0			66			+ 16	50
	0	1	1	9	39			– 33	72
		0	0	1	2			– 12	14
979,2	978,4	980,0	983,7	985,0		980,1		+ 0,6	979,5
970,3	963,0	965,1	970,9	961,4			951,7		
986,7	986,1	995,9	996,4	996,6			1000,0		
100,2	107,9	60,6	32,1	89,2	912,0			+ 124	788
15	20	16	11	18	188			+ 21	167
13	18	11	7	16	159			+ 9	151
11	14	9	6	14	131			+ 10	121
21,7	31,9	16,1	11,9	33,4			74,5		
		0	0	1	13			– 16	29
		0	0	0	1			– 29	30
0	0	5	2	7	35			– 8	43
3	0	0	0	0	4			+ 2	2
7	1	0	0	0	23			+ 9	14
14	3	0	0	0	47			+ 9	38
60	80	64	76	84		73		+ 6	67
4	1	3	0	0	21			– 21	42
10	17	10	16	19	189			+ 26	163
1	6	5	4	2	24			– 10	34
222,0	97,0	130,3	61,6	42,3	1506,9			– 172	1679
4616	2705	2192	1100	682		2863			
6842	5611	3816	2148	1503			7783		
70	80	80	87	82		76		– 2	78
17,2	14,1	10,5	10,2	7,5		11,3		+ 1,1	10,2
15	1	1			47			+ 22	25
2,2	2,2	2,1	2,1	3,1		2,6		+ 0,2	2,4
21,5	17,8	18,6	14,0	20,0			28,8		
NNW	W	WNW	WNW	W			WSW		

Eidgenössische Volksabstimmungen 1994 – Ergebnisse der Abstimmungen

		Kanton Basel-Stadt				Bund	
Datum der Abstimmung	Vorlage	Stimmbeteiligung in %	Ja	Nein	Annehmende Stimmen in %	Annehmende Stimmen in %	Annehmende Stände
20.2.1994	Weiterführung der Nationalstrassen-abgabe (Autobahn-vignette)	44,4	47 372	10 598	81,7	68,5	21
20.2.1994	Weiterführung der Schwer-verkehrsabgabe	44,4	50 186	7 623	86,8	72,1	23
20.2.1994	Einführung einer leistungs-abhängigen Schwer-verkehrsabgabe	44,3	47 684	9 669	83,1	67,1	21
20.2.1994	Schutz des Alpen-gebietes vor dem Transitverkehr	44,5	33 036	24 821	57,1	51,9	16
20.2.1994	Änderung des Luftfahrtgesetzes	44,2	33 970	21 862	60,8	61,0	(23)
12.6.1994	Kulturförderungs-artikel	52,9	43 154	24 871	63,4	51,0	11
12.6.1994	Erleichterte Einbürgerung für junge Ausländer	53,2	38 479	30 800	55,5	52,9	10
12.6.1994	Friedenserhaltende Truppen (Blauhelm-Gesetz)	53,2	33 983	34 443	49,7	42,8	4
25.9.1994	Aufhebung der Brotverbilligung	51,3	45 477	19 346	70,2	64,8	23

Eidgenössische Volksabstimmungen 1994 – Ergebnisse der Abstimmungen

Datum der Abstimmung	Vorlage	Kanton Basel-Stadt				Bund	
		Stimmbe-teiligung in %	Ja	Nein	Anneh-mende Stimmen in %	Anneh-mende Stimmen in %	Anneh-mende Stände
25.9.1994	Änderung des Strafgesetzbuches und des Militärstraf-gesetzes (Rassen-diskriminierung)	52,2	43 064	24 498	63,7	54,7	(11,5)
4.12.1994	Bundesgesetz über die Kranken-versicherung	49,3	39 364	23 843	62,3	51,8	(12)
4.12.1994	Volksinitiative ‹Für eine gesunde Kranken-versicherung›	49,2	17 726	45 225	28,2	23,5	0
4.12.1994	Zwangsmass-nahmen im Ausländerrecht	49,3	44 036	19 314	69,5	72,9	(23)

(Zahlen in Klammern: Kein Ständemehr erforderlich)

Kantonale Volksabstimmungen 1994 – Ergebnisse der Abstimmungen

Datum der Abstimmung	Vorlage	Stimm-beteiligung in %	Ja	Nein	Annehmende Stimmen in %
12.6.1994	Änderung des Spitalgesetzes (Kinderspital auf Kantonsgebiet)	51,0	50 698	11 217	81,9
12.6.1994	Beitrag der Liegenschaftseigen-tümer an die Strassenreinigung	51,3	37 060	26 230	58,6
12.6.1994	Projektkredit ‹Diversifizierte ärztliche Verschreibung von Suchtmitteln›	52,1	43 000	22 530	65,6
12.6.1994	Initiative ‹Für ein Demokratisches Basel› (Stimm- und Wahlrecht für Ausländer)	51,5	16 733	47 013	26,2
25.9.1994	Aufhebung der Karenzfrist für Neuzuzüger	50,0	44 552	16 998	72,4

Kantonale Volksabstimmungen 1994 – Ergebnisse der Abstimmungen

Datum der Abstimmung	Vorlage	Stimm-beteiligung in %	Ja	Nein	Annehmende Stimmen in %
25.9.1994	Übergangsbestimmung betr. Legislaturperiode des Grossen Rates	49,2	45 578	11 002	80,6
25.9.1994	Initiative ‹Zwei Wochen Fasnachts- und Sportferien›	50,4	32 839	27 925	54,0
25.9.1994	Parkplätze für Mitarbeiter/innen der Kantonsverwaltung	50,0	29 148	31 275	48,2

Basler Börse

Die Basler Börse verzeichnete 1994 einen Umsatz von 62,999 Mrd. SFr. (Vorjahr: 84,276 Mrd. SFr.). Am Jahresende waren 547 (Vorjahr: 532) Aktien, Optionen und Anlagefonds sowie 1803 (Vorjahr: 1982) Obligationen kotiert.

Nach dem aussergewöhnlich guten Börsenverlauf im Vorjahr folgte 1994 die Ernüchterung. Trotz günstigen Vorzeichen vermochte der Effektenhandel die Erwartungen in keiner Weise zu erfüllen. Mit Ausnahme des Januars blieben die Monatsumsätze durchwegs unter jenen des Vorjahres. Ja, die Ringhändler waren wegen der schwachen Börse und den ausbleibenden Aufträgen gar zum Nichtstun verurteilt.

Während die Basler Börse in den letzten Jahren wiederholt Abgänge hinnehmen musste, konnte sie im Berichtsjahr die Banque Bonhôte & Cie SA in Neuenburg als neue Ringbank begrüssen.

Die Basler Ringbanken waren in den letzten Monaten durch die Vorbereitungsarbeiten im Zusammenhang mit ihrem Anschluss an die Elektronische Börse Schweiz (EBS) stark gefordert. Nebst Bestreitung des konventionellen Börsengeschäftes hatten sie die bankinterne Hardware zu beschaffen und zu installieren. Die EBS ihrerseits stellte den Instituten Leitungen und Anschlüsse zum elektronischen System (gateways) zur Verfügung. Die Auslieferung der Software für den computerunterstützten Handel an der EBS erfolgte Ende Oktober.

Das Schwergewicht der Vorbereitungsarbeiten der Institute lag 1994 aber in der Schulung der Mitarbeiter. Dies in der klaren Erkenntnis, dass der Einstieg ins computergestützte Wertpapiergeschäft um so leichter fallen wird, je umfassender der Ausbildungs- und Informationsstand ihrer Mitarbeiter zum Zeitpunkt der EBS-Betriebsaufnahme sein wird. Zur Unterstützung der Basler Ringbanken in allen Fragen rund um die EBS wurde ein Local Support Center (LSC) geschaffen, das von Spezialisten der Börsen-Informations AG (BIAG) betrieben wird.

Das von der BIAG zusammen mit den Basler Banken zur Marktreife gebrachte Projekt ‹EBS-Zentra› wurde im Januar 1994 von der Schweizerischen Effektenbörse (SEB) erworben. Sie bietet diese Handelsplattform nun allen schweizerischen Ringbanken gratis an und ermöglicht insbesondere auch kleineren und mittleren Instituten, ab erstem Handelstag am elektronischen Börsengeschehen teilzunehmen. Somit darf mit Fug und Recht festgehalten werden, dass diese Basler Innovation zur Modernisierung des Börsenplatzes Schweiz massgebend beigetragen hat.

Die Basler Börse steht während der Handelszeiten (ab 09.15 Uhr) dem Publikum offen. Einzelbesucher müssen sich nicht anmelden. Gruppen melden ihren Besuch bei der Basler Börsenkammer, Telefon-Nr. 061/272 05 55, an. Auf Voranmeldung wird den Gästen im Rahmen einer Tonbildschau auf lehrreich-unterhaltende Art das Börsengeschehen erläutert. Das Börsencafé ist werktags geöffnet (08.30 bis 16.00 Uhr). Es hat sich zu einem eigentlichen Basler Treffpunkt entwickelt. Reservationen über Telefon-Nr. 061/272 08 07 sind deshalb angezeigt.

Nach Inbetriebnahme der EBS im Sommer 1995 wird der traditionelle Börsenhandel an den Basler Ringen eingestellt. Wie die Räumlichkeiten am Aeschenplatz hernach genutzt werden, wird zum Zeitpunkt der Drucklegung des Basler Stadtbuchs 1994 von den zuständigen Stellen noch diskutiert.

Rheinhafen-Umschlag

Im Jahr 1994 sind in den Rheinhäfen beider Basel insgesamt 8 206 774 Tonnen Güter umgeschlagen worden. Gegenüber dem Vorjahr ist ein Rückgang um 76 608 Tonnen oder 0,9 % zu verzeichnen. An diesem Ergebnis partizipierten die baselstädtischen Hafenanlagen mit 3 467 796 Tonnen = 42,26 % (Vorjahr 46,32 %).

Überblick Wohnbevölkerung

Jahr	Kantons-bürger	Übrige Schweizer	Ausländer	Stadt Basel	Riehen	Bettingen	Männlich	Weiblich	Zu-sammen
Mittlere Wohnbevölkerung									
1985	83524	79094	40455	181466	20491	1116	96407	106666	203073
1986	82466	78550	40808	180170	20514	1140	95754	106070	201824
1987	81105	77838	40983	178457	20320	1149	94713	105213	199926
1988	79945	76752	42042	177448	20159	1132	94215	104524	198739
1989	79155	75582	43137	176612	20164	1098	93668	104206	197874
1990	78181	74731	44710	176412	20118	1092	93687	103935	197622
1991	77195	74692	47205	177855	20122	1115	94508	104584	199092
1992	76420	74534	48827	178573	20086	1122	94625	105156	199781
1993	75544	74434	50175	178777	20238	1138	94632	105521	200153
1994*	74536	73986	51137	178136	20374	1149	94213	105446	199659
Wohnbevölkerung am Jahresende									
1985	82997	78853	40053	180290	20501	1112	95614	106289	201903
1986	81818	78197	39533	177985	20417	1146	93932	105616	199548
1987	80303	77493	40408	176843	20213	1148	93426	104778	198204
1988	79557	75887	40961	175233	20056	1116	92233	104172	196405
1989	78706	75002	42151	174679	20095	1085	91961	103898	195859
1990	77632	74522	44265	175257	20071	1091	92399	104020	196419
1991	76773	74627	46694	176902	20076	1116	93229	104865	198094
1992	75852	74288	48316	177181	20154	1121	93374	105082	198456
1993	75054	74236	49896	177835	20200	1151	93740	105446	199186
1994*	74001	73542	50937	176835	20478	1167	93323	105157	198480

* provisorische Zahlen

EuroAirport Basel-Mulhouse-Freiburg

Im vergangenen Jahr befand sich der Luftverkehr weiterhin in einer schwierigen Phase. Infolge weltweiter Überkapazitäten standen hohen Auslastungsgraden oft ungenügende Erträge gegenüber. Für das kommende Jahr sind kaum Besserungen zu erwarten. Immerhin hat die EU-Kommission mit der Schweiz nun in diversen Bereichen sektorielle bilaterale Verhandlungen aufgenommen, wenn dabei auch das Dossier ‹Luftverkehr› noch nicht endgültig traktandiert ist.

Mit einem Wachstum von 6% im Passagierverkehr hat der EuroAirport seine Bedeutung als Flughafen der Dreiländer-Region bestätigt. Insgesamt wurden 2,21 Mio. Passagiere gezählt. Davon waren 1,46 Mio. Linien- (+8%) und 0,69 Mio. Ferienflugpassagiere (+0,4%). 36% des Verkehrs wurden durch Schweizer, 31% durch französische, 2% durch deutsche und 31% durch ausländische Fluggesellschaften abgewickelt.

Im direkten Linienverkehr wurden neue Verbindungen nach Birmingham, Hannover und Kopenhagen (Crossair) sowie nach Clermont-Ferrand und Bordeaux aufgenommen. Mit 483 Flügen pro Woche offerierten 13 Gesellschaften direkte Verbindungen mit 30 Destinationen, wobei 65% der Flüge von Crossair geflogen wurden.

Im Ferienflugverkehr boten im Sommer 40 Reiseveranstalter 44 Feriendestinationen an, die von 29 Chartergesellschaften direkt bedient wurden. Mit den neuen Langstreckenverbindungen nach La Réunion resp. nach Barbados und Santo Domingo konnten die Verluste der Verbindungen nach Havanna und Cancún kompensiert werden.

Der Frachtverkehr hat sich nach dem Einbruch im Vorjahr nur zögernd erholt. Mit 63 300 Tonnen Gesamtumschlag weist er eine Zunahme von 4% aus, liegt aber immer noch 3% unter dem Ergebnis des Jahres 1992. Der Anteil der LKW-Ersatzverkehre hat von 57% auf 60% zugenommen. Die geflogene Luftfracht hat um 2% auf 25 700 Tonnen abgenommen. Während die klassische Luftfracht einen Rückgang um 11% verzeichnet, haben die Express- und Kurierdienste um 17% zugelegt und machen mit über 10 000 Tonnen 40% der geflogenen Luftfracht aus. Die Basler Handelskammer hat zusammen mit dem EuroAirport Massnahmen eingeleitet, um die Luftfracht, die im Einzugsgebiet des Flughafens produziert wird, wieder vermehrt über den EuroAirport zu leiten.

Die Zulassung einer dritten Abfertigungsgesellschaft hat die Konkurrenzsituation in diesem Bereich belebt. Swissair und Balair haben ihre Abfertigungsdienste in der Swissair Ground Services AG Basel zusammengelegt und sich so der neuen Situation gestellt.

Im Juni feierte Sabena das 70-Jahr-Jubiläum ihrer Verbindung von Brüssel nach Basel. Im gleichen Monat musste der Konkurs der am EuroAirport beheimateten Chartergesellschaft TransAlsace zur Kenntnis genommen werden. Gegen Jahresende gestand Swissair ihrer Tochter Crossair zu, auf dem EuroAirport in einem sogenannten ‹secondary hub› vermehrt Anschlussverkehr zu betreiben. Damit wurde nicht nur für Crossair, sondern auch für den EuroAirport und die ganze Region ein positives Zeichen gesetzt. Seit Verwaltungsrat und Beirat des Flughafens im Oktober in Freiburg tagten, wird intensiv geprüft, wie eine noch bessere Einbindung des deutschen Einzugsgebietes erreicht werden kann.

Zu Beginn der Sommerferien konnte die neue Abflughalle Süd mit vier zusätzlichen Gates eröffnet werden. Im Juli war Baubeginn für den neuen Schweizer Expressfracht-Terminal, der im Herbst 1995 fertiggestellt sein wird. Im August konnte der kleinere französische Expressfracht-Terminal in Betrieb genommen werden. Für die Inkraftsetzung des Schengen-Abkommens am 26.3.1995 wird der EuroAirport rechtzeitig bereit sein; die dafür nötigen Anpassungen wurden teilweise schon im vergangenen Jahr ausgeführt.

Da die Kapazität des Passagierterminals in Spitzenzeiten schon seit der letzten Erweiterung überschritten wird, ist ein weiterer Ausbau vordringlich. Seit einiger Zeit befasst sich die Flughafendirektion mit der konzeptionellen Planung einer Terminal-Erweiterung, bei der die Gesamtüberbauung des stadtseitigen Areals bis zur Autobahn mitberücksichtigt werden muss. Ein Entscheid über das weitere Vorgehen wird 1995 fallen müssen.

Index der Konsumentenpreise

Der vom Statistischen Amt des Kantons Basel-Stadt ermittelte Basler Index der Konsumentenpreise hat sich innerhalb des Jahres 1994 um 0,5 Prozent auf 101,3 Punkte (Mai 1993 = 100) erhöht.

Autoren und Autorinnen in diesem Buch

Hermann Amstad	1959 in Villmergen/AG geboren. Maturität am Gymnasium Engelberg. Medizinstudium an der Universität Basel. Staatsexamen 1985, Promotion 1991. 1986–1989 medizinischer Lektor beim SchwabeVerlag in Basel. Seit 1990 Teilzeitstelle als wissenschaftlicher Mitarbeiter (mit Schwergewicht Statistik und Gesundheitsförderung) beim Schularztamt Basel-Stadt; daneben Hausmann und Vater.
Werner Blaser	geboren 1924 in Basel, Architekt und Möbeldesigner, lernte früh Alvar Alto in Helsinki und Ludwig Mies van der Rohe in Chicago kennen, woraus sich eine langjährige Mitarbeit entwickelte; deren Architektur und Designprinzipien beeinflussten ihn ebenso wie Kontakte mit der klassichen Architektur Japans und Chinas. Er gilt als massgebender Vertreter einer auf der Logik objektiver Gesetzmässigkeiten gründenden ‹objektiven Architektur›, dokumentiert auch durch seine weltweit beachteten Publikationen.
Peter Blome	1948 in Basel geboren. Studium an den Universitäten Basel und Bonn in den Fächern Klassische Archäologie, Griechisch und Alte Geschichte; Promotion 1975. Forschungsaufenthalt am Schweizer Institut in Rom 1975–1978. 1979–1985 Assistent am Seminar für Klassische Archäologie der Universität Basel. 1982 Habilitation, 1986 Wahl zum Konservator am Antikenmuseum. 1988 Ernennung zum ausserordentlichen Professor an der Universität Basel. Seit 1993 Direktor des Antikenmuseums Basel und Sammlung Ludwig.
Yvonne Bollag	1959 in Zürich geboren. Zwei Söhne, lebt in Basel. Studium der Jurisprudenz an der Universität Basel. 1984 Lizentiat. 1985–1991 akademische Mitarbeiterin; Leiterin Personal- und Rechtsbereich; Vizedirektorin Öffentliche Krankenkasse OeKK Basel. Seit Oktober 1992 Co-Leiterin des Gleichstellungsbüros Basel-Stadt (Teilzeitstelle). Daneben Betreuungs- und Hausarbeit. Publikationen zu Sozialversicherungs- und Gleichstellungsfragen.
Sabine Braunschweig	1961 in Basel geboren. Maturität an der Kantonsschule Zürich, Abteilung Oerlikon. Studium an der Universität Basel in den Fächern Geschichte, Wirtschaftswissenschaften und Philosophie. Mitarbeiterin und Autorin der Ausstellungen ‹Noth und Hülf› (Bern 1991) und ‹Leben in Kleinbasel 1392/1892/1992› (Basel 1992). Seit 1993 Geschäftsführerin der Gruppe Schweiz-Philippinen in Zürich und freischaffende Historikerin.
Fabrizio Brentini	Am 13. März 1957 in Luzern geboren. Studium der Theologie in Fribourg und Luzern, abgeschlossen 1982 mit einer Arbeit über die Schweizerische St. Lukasgesellschaft. 1983–1992 als Religionslehrer und Jugendarbeiter in Zug und Luzern tätig. Studium der Kunstgeschichte und der Philosophie in Fribourg, abgeschlossen 1990 mit einer Arbeit über den Obwaldner Maler Franz Bucher. 1993 Promotion an der Universität Zürich. Lebt und arbeitet in Luzern als Publizist, Ausstellungsmacher und Berater.
Dieter Bürgi	1952 in St. Gallen geboren. Maturität am Wirtschaftsgymnasium. Rechtsstudien in Zürich und Bern. 1979 Lizentiat an der Universität Bern. Praktika bei Gericht und Advokatur. 1981–1985 Jurist beim Volkswirtschaftsdepartement des Kantons

St. Gallen. 1985–1990 Sektionskoordinator beim WWF Schweiz. Seit 1990 Geschäftsführer der Schweizerischen Gesellschaft für Umweltschutz.

Rudolf Bussmann	1947 in Olten geboren. Studium der Germanistik und Romanistik in Basel und Paris, 1976 Promotion. Ausbildung zum Oberlehrer, zehn Jahre Schultätigkeit in Basel. Seit 1987 freier Schriftsteller. 1991 erschien der Roman ‹Der Flötenspieler› im Luchterhand Literaturverlag. Mitherausgeber der Literaturzeitschrift ‹drehpunkt›.
Arthur Einsele	1944 in Rorschach geboren. Maturität an der Kantonsschule in St. Gallen. Studium der Landwirtschaft an der ETH in Zürich, Promotion 1972, Habilitation an der ETHZ 1977 im Lehrgebiet Biotechnologie; Forschungsaufenthalt als Visiting Professor an der Cornell University 1977/78; seit 1980 bei Sandoz in Basel, zuerst in der Pharma Forschung, anschliessend in der Pharma Produktion, seit 1990 in der Abteilung Planung und Organisation des Stabes der Geschäftsleitung von Sandoz; Mitglied des wissenschaftlichen Beirates von Sandoz.
Christian Fluri	1950 in Baden geboren, Matur in Basel 1973, Studium der Germanistik, Geschichte und Philosophie an der Universität Basel, Lizentiat/Oberlehrerdiplom 1983. 1975 bis 1989 Lehrer für Deutsch und Geschichte an den Minerva Schulen in Basel, ab 1983 in fester Anstellung. 1985 bis 1989 Redaktor beim Kultur Magazin. 1988 freier Mitarbeiter bei der Basellandschaftlichen Zeitung, Ressort Kultur, seit 1989 Kulturredaktor bei der Basellandschaftlichen Zeitung.
Fredy Gröbli	1930 in Basel geboren. Maturität am Realgymnasium. Lehre im Buchhandel. Studium an der Universität Basel in den Fächern Schweizer und Allgemeine Geschichte und Germanistik; Promotion 1973. An der Universitätsbibliothek Basel 1961 wissenschaftlicher Bibliothekar für Geschichte und Buch- und Bibliothekswesen, 1974 Direktor.
Lukas Hartmann	1950 in Basel geboren. Schriftsetzerlehre. Diplom an der Polygrafischen Tagesfachschule in Basel. Abendmatur. Studium ohne Abschluss an der Universität Basel in den Fächern Germanistik, Geschichte, Historische Hilfswissenschaften, Psychologie. Stellen in der grafischen Branche als Korrektor, Revisor, typografischer Gestalter, Geschäftsführer. Seit 1992 Direktionssekretär im Historischen Museum Basel.
Guido Helmig	1951 in Basel geboren. Schulen in Riehen und Basel. Matura. Studium der Ur- und Frühgeschichte, Ethnologie und Somatischen Anthropologie an der Universität Basel. Lizentiat 1978. Seit 1977 wissenschaftlicher Mitarbeiter bei der Archäologischen Bodenforschung Basel-Stadt. Seit 1982 wissenschaftlicher Adjunkt und Stellvertreter des Kantonsarchäologen.
David Marc Hoffmann	1959 in Basel geboren, Studium der Germanistik und Geschichte in Basel und Paris, Lizentiatsarbeit über Christian Morgenstern, Promotion mit einer Studie über das Nietzsche-Archiv; seit 1985 wissenschaftlicher Mitarbeiter und Herausgeber im Archiv der Rudolf Steiner Nachlassverwaltung in Dornach, Organisation der Ausstellung ‹Das Basler Nietzsche-Archiv› (Universitätsbibliothek Basel, 1993) und ‹Nietzsche und die Schweiz› (Strauhof Zürich, 1994), verschiedene Publikationen zum Thema Nietzsche.
Eric Jakob	1962 in Basel geboren. Maturität am Gymnasium Oberwil. Studium der Germanistik, Philosophie, Anglistik und Medienwissenschaft an der Universität Basel. Freier Mitarbeiter bei der Nordschweiz und der Basler Zeitung. Lizentiat 1988. 1988–1989 Koordinator Logistik für den europäischen Kirchenkongress ‹Frieden in Gerechtigkeit› in Basel. 1990–1993 Mitarbeiter bei der IBFG AG, Interdisziplinäre

	Berater- und Forschungsgruppe, für das Projekt ‹Kommunikations-Modellgemeinde Basel›. Seit April 1993 Schweizer Mitarbeiter bei der Infobest Palmrain.
Martin Jösel	1955 in Karlsruhe geboren, Abitur am Goethe-Gymnasium Karlsruhe. Studium an den Universitäten Freiburg i. Br. und Innsbruck in den Fächern Germanistik, Geschichte und Vergleichende Literaturwissenschaft, Staatsexamen und Magister Artium 1979. Privates Klavier- und Orgelstudium. Gymnasiallehrer, von 1984–1990 an der Deutschen Schule Brüssel tätig. Seit 1992 Leiter der Volkshochschule Hochrhein in Grenzach-Wyhlen. Buch- und Zeitschriftenveröffentlichungen über Alexander den Großen, die Didaktik des Hörspiels, zur Faust-Tradition in Basel und im südwestdeutschen Raum sowie über Brants ‹Narrenschiff› und J.P. Hebels ‹Carfunkel›-Gedicht.
Eva Keller	1960 in Baden (AG) geboren. Studium der Kunstgeschichte, Literaturkritik und italienischen Linguistik an der Universität Zürich. Seit 1986 Mitarbeit an verschiedenen Ausstellungsprojekten u.a. der Nationalgalerie SMPK Berlin, des Kunsthauses Aarau und der Öffentlichen Kunstsammlung Basel. Von 1991 bis 1993 Assistenz an der Kunsthalle Basel. 1994 Beginn des Promotionsstudiums an der Universität Basel.
Thomas Kessler	1959 in Meyriez (FR) geboren. Nach den Schulen landwirtschaftliche Ausbildung im Waadtland und in Zürich sowie naturwissenschaftliche Ausbildung in Zollikofen-Bern und Basel (am Schweizerischen Tropeninstitut). Seit 1981 in der Drogenforschung tätig; zeitweise Assistenz am Pharmazeutischen Institut der Universität Bern. 1983–1991 eigenes Consulting-Büro für Drittwelt-Projekte; 1987–1991 Mitglied des Zürcher Kantonsrates und der Justizverwaltungskommission. Seit 1991 Drogenbeauftragter des Kantons Basel-Stadt; ab 1. Mai 1994 zudem Leiter der Abteilung Koordination Drogenfragen im Justizdepartement.
Ueli O. Kräuchi	1946 in Bern geboren. Aufgewachsen und Schulen in Basel. Bauzeichnerlehre, Ausbildung und Praxis in der Kommunikation. Studium an der Universität Basel: zuerst Wirtschaftswissenschaften, dann Kunstwissenschaft, Klassische Archäologie und Geschichte. Lic. phil. Inhaber eines Kommunikations-Beratungsunternehmens, daneben Architektur- und Kunstpublizist.
Georg Kreis	1943 in Basel geboren, Schulen in Basel und Schiers, Studium in Basel, Paris und Cambridge, 1972 Dr. phil. in Neuerer Allgemeiner Geschichte und Schweizergeschichte, 1981 Habilitation, 1986 Extraordinarius der Universität Basel. 1985–1993 Leiter des Nationalen Forschungsprogramms ‹Kulturelle Vielfalt und nationale Identität›. Seit 1. November 1993 Leiter des Europainstituts an der Universität Basel. Vielfältige Engagements im Bereich der schweizerischen Aussenbeziehungen, z.B. als Mitglied des Herausgeberkomitees der ‹Diplomatischen Dokumente der Schweiz›, der Schweiz. Unesco-Kommission, der Redaktion ‹relations internationales›, des Vorstandes der Schweiz. Gesellschaft für Aussenpolitik, Mitglied des Auslandschweizerrates. Zahlreiche Publikationen.
Markus Kutter	Geboren 1925, seit 1940 in Basel. Humanistisches Gymnasium, danach Studium der Geschichte in Paris, Genf, Rom und Basel. Abschluss in Basel mit einer Dissertation über einen italienischen Refuganten des 16. Jahrhunderts. Redaktor in der Chemischen Industrie, 1959 Gründung der Werbeagentur GGK. Seit 1975 als Publizist, Schriftsteller und Medienberater tätig. Verschiedene literarische, historische und fachspezifische Publikationen. Inhaber der Alphaville AG, Agentur für Publizität in Basel.
Stephan Laur	1963 in Basel geboren. Nach erfolglosen Zwischenstationen in verschiedenen Basler Schulen 1979 Flucht nach London zum Erlernen der englischen Sprache. Ab 1980

Arbeit als Möbelpacker, Hilfsgärtner, Strassenwischer und Chauffeur. 1984–85 Ausbildung zum Spanischübersetzer in Madrid. 1986–87 Publizistikstudium an der Schule für Angewandte Linguistik in Zürich. 1988–90 Redaktor der Basler Monatszeitung Dementi (heute Stadtzeitung), daneben Ausbildung zum Filmautor und -regisseur. Seit 1991 freier Journalist und Filmemacher.

Brigitte Meles	1939 in Deutschland geboren. Kunstgeschichts-Studium an den Universitäten Hamburg und Zürich. 1972 Promotion. 1973–1976 Forschungsstipendium des Schweizerischen Nationalfonds. 1978/79 Assistentin am kunstgeschichtlichen Seminar der Universität Zürich. Seit 1979 wissenschaftliche Mitarbeiterin bei der Basler Denkmalpflege. Heute Konservatorin am Stadt- und Münstermuseum.
Werner Meyer	1937 in Basel geboren. Maturität am Humanistischen Gymnasium. Studium an der Universität Basel in den Fächern Geschichte, Germanistik und Lateinische Philologie (Mittellehrerabschluss), ferner Volkskunde (Promotion). 1970 Habilitation, seit 1989 vollamtlicher Dozent für Allgemeine und Schweizer Geschichte des Mittelalters. 1977 Verleihung des Wissenschaftspreises der Stadt Basel.
Gleb K. Michajlow	1929 in Tbilisi (Georgien, damals UdSSR) geboren. Prof. Dr., korr. Mitglied der Internationalen Akademie der Geschichte der Wissenschaften. Generalsekretär des Nationalkomitees UdSSR / Russlands für theoretische und angewandte Mechanik, Mitglied des Redaktionskomitees der ‹Opera omnia› L. Eulers (ser. 4). Publikationen in den Gebieten der Geschichte der Mechanik, Eulerforschung, Hydrodynamik und Genealogie. Lebt und arbeitet in Moskau.
-minu (Hanspeter Hammel)	1947 in Basel geboren. Realgymnasium. Journalistenschule der Nationalzeitung unter Werner Meyer. Studien-Aufenthalt in Rom. Seit 1969 ständiger Mitarbeiter der ehem. National-Zeitung und heutigen Basler Zeitung. Publizist in Weltwoche, Sonntagszeitung, Nebelspalter. Autor verschiedenster Bücher. Lebt halbjährlich in Italien.
Ion Mureşan	1955 geboren in Vulturemi bei Cluj/Rumänien. Studium der Geschichte und Philosophie an der Universität Cluj, währenddessen Redaktor der dreisprachigen Literaturzeitschrift ‹Echinox› (rumänisch, deutsch, ungarisch). Nach dem Studium Lehrer an einer Dorfschule, heute Schriftsteller und Redaktor der Wochenzeitung für Kultur ‹Revista Tribuna›. Publikationen: 1981 und 1993 je ein Lyrikband. Für beide Veröffentlichungen erhielt er den Preis des rumänischen Schriftstellerverbandes. 1995 wird ein Band mit Essays erscheinen; während seines Aufenthaltes im Schreibatelier der Literaturkreditkommission in Basel hat Mureşan seinen ersten Roman begonnen.
Hans Peter Muster	Geboren 1927 in Basel als Bürger von Basel und Lützelflüh. Nach dem Realschulbesuch 1943–1949 Laborant bei Roche, anschliessend Angehöriger des Basler Polizeikorps, zuletzt als Unteroffizier und Leiter der Radarkontrolle der Verkehrsaufsicht. Ab 1961 Fondé de pouvoir des ersten Duty Free Shops auf dem Flughafen Basel-Mulhouse, seit 1965 selbständiger Antiquitätenhändler in Riehen. Verschiedene eigene Sachbuch-Veröffentlichungen und Mitarbeit an lexikographischen Werken.
Xaver Pfister	1947 in Basel geboren, Besuch der Schulen in Basel, Studium der Theologie in Freiburg im Breisgau, Paris und Luzern, Abschluss mit einer Dissertation zu Blaise Pascal bei Professor Bernhard Welte, seit 1975 im Dienst der Römisch-katholischen Kirche Basel-Stadt. Bis 1986 in der Pfarrei St. Clara, danach als Leiter der katholischen Erwachsenenbildung und der Informationsstelle der RKK, seit 1994 Prodekan des Dekanates Basel-Stadt, publizistisch tätig, verheiratet, Vater von vier Buben.

Dora Renfer	1939 geboren in Chur. Jurastudium an der Universität Basel. Mit Lizentiat abgeschlossen. 4 Jahre Bildredaktorin an der National-Zeitung, bis 1992 redaktionelle Mitarbeit an der Basler AZ. Seit 1984 freie Mitarbeiterin am Regio Magazin Freiburg i. Br. für die Region Basel und die übrige Schweiz und seit Sommer 1993 Teilzeit-Sekretärin im Botanischen Garten in Brüglingen.
Christine Richard	1954 in Chemnitz geboren. Abitur in Freiburg im Breisgau. Studium der Fächer Germanistik, Geschichte und Politik an der Albert-Ludwigs-Universität. Ausbildung zur Gymnasiallehrerin, sieben Jahre Lehrtätigkeit am Fürstenberg-Gymnasium, Donaueschingen. Arbeit als Theater- und Tanzkritikerin bei der Badischen Zeitung (Freiburg) und seit 1988 bei der Basler Zeitung; Korrespondentin der Fachzeitschrift ‹Theater heute›.
Markus Ries	1959 geboren und aufgewachsen in Weinfelden. Studium der Theologie in Luzern, Freiburg/CH und München; 1990 Promotion. 1986–1990 wiss. Assistent an der Universität München, 1990–1994 bischöflicher Archivar des Bistums Basel in Solothurn, seit 1994 Professor für Kirchengeschichte an der Hochschule Luzern.
Burkard von Roda	1949 in Würzburg geboren. Abitur am Humanistischen Gymnasium. Studium der Kunstgeschichte, der Klassischen Archäologie und der Historischen Hilfswissenschaften an der Universität Würzburg. Promotion 1978. Anschliessend Volontariat am Bayerischen Landesamt für Denkmalpflege, 1979–1984 Konservator in der Museumsabteilung der Bayerischen Verwaltung der staatlichen Schlösser, Gärten und Seen, München. 1984–1985 Leiter des Historischen Museums Bamberg. 1985 Konservator am Historischen Museum Basel, seit 1992 ebenda Direktor.
Felix Rudolf von Rohr	Geboren 1944. Bürger von Basel und Egerkingen. Schulen und kaufmännische Lehre in Basel. Seit 1968 beim Bankverein tätig. 12 Jahre im Grossen Rat, 1986/87 als dessen Präsident. Vorgesetzter der E.E. Zunft zum Schlüssel. Seit 1987 im Fasnachts-Comité. Seit 1993 Bürgerrat.
Luc Saner	1956 in Basel geboren. Dr. iur.; Advokat. Präsident der Drogenkommission der Basler FDP; Mitglied der Drogenkommission der FDP der Schweiz. Grossrat.
Sigfried Schibli	1951 in Basel geboren. Schulen in Baselland und Basel-Stadt (A-Maturität 1971). Studium der Germanistik, Musikwissenschaft und Philosophie in Basel und Frankfurt a.M., dort 1984 Promotion in Musikwissenschaft. Freier Journalist in Deutschland, Redaktor der ‹Neuen Zeitschrift für Musik›, seit Herbst 1988 Feuilleton-Redaktor der ‹Basler Zeitung›. Buchveröffentlichung über Alexander Skrjabin, Franz Liszt und Jürg Wyttenbach.
Roland Schlumpf	1952 in Thun geboren. Schulen in Basel. Maturität am Realgymnasium. Studium der Wirtschaftswissenschaften an der Universität Basel. Wirtschaftsredaktor bei den Basler Nachrichten und der Neuen Zürcher Zeitung. 1980–1985 Korrespondent der Neuen Zürcher Zeitung in Tokio. 1985-1987 Direktionssekretär der AGIE, Losone. 1987–1990 Leiter des Ressorts Information Basel von Radio DRS. Seit 1990 Korrespondent für die Neue Zürcher Zeitung in Basel.
Maria Schoch Thomann	Geboren 1946. Matura, Studium der Geschichte und Ethnologie an der Universität Basel. Seit 1966 journalistisch tätig: Freiberuflich für verschiedene Medien, als Redaktorin unter anderem bei den Basler Nachrichten und bei der Basler Zeitung sowie bei der Tagesschau des Schweizer Fernsehens. Heute Informationsbeauftragte beim Sanitätsdepartement Basel-Stadt.

Paul Schorno	1930 in Seewen/Schwyz geboren. Schulen bis zum Primarlehrerpatent im Kollegium Schwyz und im Lehrerseminar Rickenbach/SZ. Lehr- und Wanderjahre als Lehrer, Organist und Heimerzieher. Bibliothekar und Organist vorwiegend in der Innerschweiz. Musikstudien an den Konservatorien von Luzern und Zürich. Ab 1959 Lehrer an den Sekundarschulen Basel-Stadt. Studien an der Universität Basel. Verfasser von Manuskripten für die ‹Montagabende› der Basler Theater. Tätigkeit als Theater-, Musik- und Literaturkritiker. Präsident der Schweizer Literaturfreunde, Mitredaktor des Balser Schulblattes, Mitglied des PEN-Club.
Hansrudolf Schwabe	1924 in Basel geboren, Maturität am Humanistischen Gymnasium Basel. Studium der Nationalökonomie in Basel und Bern. Verfasste nach längerem Aufenthalt in Holland die Geschichte der schweizerischen Rheinschiffahrt 1904–1954 und danach bis heute eine Reihe von Werken hauptsächlich eisenbahnhistorischen Inhalts. Leitete den Pharos-Verlag Basel seit 1958, eine Buchhandlung als Filiale 1962–1990 und dazu eine Druckerei seit 1972. Verlegt und redigiert das Quartierblatt ‹Stadt-Tambour›. Schreibt und publiziert darin baseldeutsche Lyrik unter dem Pseudonym ‹Urban›.
Daniel Spehr	1962 in Basel geboren. Schule für Gestaltung, Fotografenlehre bei Hugo Jaeggi. Seit 1991 selbständiger Fotograf (Werbung, Industrie und Mode).
Charles Stirnimann	1954 in Basel geboren. Schulen in Basel. Nach einer Buchhändlerlehre und mehreren Jahren Berufstätigkeit Eidgenössische Matur mit anschliessendem Studium der Geschichte und Französischen Philologie in Basel und Paris. 1988 Veröffentlichung der Studie ‹Die ersten Jahre des Roten Basel 1935–1938›. Promotion in Geschichte 1992 (Dissertation: Der Weg in die Nachkriegszeit 1943–1948. Ein Beitrag zur politischen Sozialgeschichte des Roten Basel). Von 1992 bis 1993 Adjunkt der Abteilung Kultur des Erziehungsdepartementes Basel-Stadt. Seit 1993 Leiter des Amtes für Ausbildungsbeiträge (Stipendienamt) des Kantons Basel-Stadt.
Anna Carolina Strasky	1966 in Olten geboren, aufgewachsen in Aarburg (AG). Maturität an der Kantonsschule Zofingen (AG). Studium der Geschichte und der Germanistik an der Universität Basel; Lizentiat 1993. 1989–1990 Mitarbeit am Forschungsprojekt ‹Richtstätte Emmen›; 1991–1992 Aufarbeitung des Berein-Bestandes im Staatsarchiv Liestal; 1994 Aufarbeitung des Schriftgutbestandes des Heimatmuseums Aarburg. Seit Herbst 1994 Arbeit an einer Dissertation im Rahmen des NF-Projektes ‹Evangelische Predigerschule Basel, 1876–1915›.
Raphael Suter	1961 in Sursee (LU) geboren. Maturität Typus A an der Kantonsschule Sursee. Journalistische Tätigkeit bei verschiedenen Zeitungen. 1982 Studium der Klassischen Archäologie, Kunstgeschichte und Ägyptologie an der Universität Basel. Abschluss mit dem Lizentiat. Auslandaufenthalte in England und Italien. 1987 bis 1990 Reporter der Basler Zeitung. Seit 1991 Redaktor im Ressort Basel-Stadt.
Beat von Wartburg	1959 in Basel geboren. Studium der Geschichte und der Deutschen Sprach- und Literaturwissenschaft in Basel und Paris. 1986 Lizentiat. 1986/87 bei der Bürgermeinde der Stadt Basel, seit 1988 bei der Christoph Merian Stiftung tätig. Leiter des Christoph Merian Verlages.
Georges Weber	1919 als Basler Bürger in Basel geboren. Maturität am Humanistischen Gymnasium. Architekturstudium an der ETH Zürich. Seit 1951 eigenes Büro mit Florian Vischer (Fl.Vischer + G.Weber Architekten BSA/SIA). Mitarbeit in zahlreichen Fachgremien und Kommissionen wie Wettbewerbskommission SIA, Zentralvorstand BSA, Heimatschutz- und Baurekurskommission, GGG-Vorstand. Private und öffent-

liche Bautätigkeit, u.a. Alterswohnungen Luzernerring, alte Universität, Altersheim Humanitas, Hirzbodenpark, Sanierung Barfüsserkirche, Alters- und Pflegeheim Johanniter.

Hans-Peter Wessels	1962 in St. Gallen geboren. Maturität an der Kantonsschule St. Gallen. Studium an der Abteilung für Naturwissenschaften der ETH Zürich. Promotion 1990 am Biozentrum der Universität Basel im Fach Biochemie. Anschliessend zwei Jahre wissenschaftlicher Mitarbeiter des Umweltberatungsbüros ‹Ökoscience› in Zürich. Ab 1992 Öffentlichkeitsarbeit und Beratung in den Bereichen Umwelt und Gesundheit als Mitarbeiter der Locher, Brauchbar & Partner AG, Basel. Seit 1991 Mitglied des Grossen Rates des Kantons Basel-Stadt.
Thomas Wilhelmi	1955 in Basel geboren. Maturität am Humanistischen Gymnasium. Studium der Griechischen, Lateinischen und Deutschen Philologie sowie der Geschichte an den Universitäten Basel, Bern und Berlin. Wissenschaftlicher Mitarbeiter an der Freien Universität Berlin 1980–1982. Gymnasiallehrer in Basel 1982–1987. Journalistische und wissenschaftliche Tätigkeit in Basel 1987–1989. Wissenschaftlicher Mitarbeiter an der Universitätsbibliothek Tübingen seit 1990. Publikationen zum deutschen Humanismus sowie zur Inkunabel- und Handschriftenkunde.
Lutz Windhöfel	1954 in Wuppertal-Elberfeld geboren. Studium der europäischen und ostasiatischen Kunstgeschichte sowie der politischen Geschichte in Heidelberg und Basel. 1989 Promotion. Von 1980–1984 Mitglied der Dramaturgie der Basler Theater. 1987/88 stellv. Konservator am Gewerbemuseum/Museum für Gestaltung, Basel. 1989–1993 Kulturredaktor der Bündner Zeitung in Chur. Arbeitet als Publizist und Kritiker u.a. für die Basler Zeitung, das ‹du›, die Frankfurter Allgemeine Zeitung, die Neue Zürcher Zeitung und Die Weltwoche. Lebt in Basel.
Rainer Wirtz	Geboren 1942. Studium Geschichte, Deutsch, Politik und Soziologie in Heidelberg und im Ausland. 1974 Wiss. Angestellter, später Hochschulassistent, 1979 Promotion. Lehr- und Forschungsaufenthalte in Schweden, Frankreich und der Schweiz. Wiss. Beschäftigung mit dem Museums- und Ausstellungswesen, insbesondere zur Arbeitswelt und Industriekultur. Zahlreiche Publikationen. 1984 Stellvertreter Direktor des Landesmuseums für Technik und Arbeit in Mannheim. 1987 Habilitation in neuerer Geschichte, Ernennung zum Privatdozenten; 1993 Professor in Konstanz. Direktor des Rheinischen Industriemuseums/Landesmuseum für Industrie und Sozialgeschichte.
Alfred Wyss	Geboren 1929 in Basel. Besuch des Mathematisch-Naturwissenschaftlichen Gymnasiums in Basel. Studium der Kunstgeschichte in Basel und Paris. Dr. phil. 1960–1978 Denkmalpfleger des Kantons Graubünden, 1978–1994 Denkmalpfleger in Basel. Vizepräsident der Eidgenössischen Kommission für Denkmalpflege.
Alfred Ziltener	geboren 1952 in Basel, Matur am Basler Realgymnasium, Studium der Fächer Germanistik und Französisch an den Universitäten Basel und Paris-Sorbonne, 1989 Doktorat in Basel, Lehrer an der Basler Berufs- und Frauenfachschule, daneben journalistisch tätig, Präsident des ‹Komitees Pro Rheinbad Breite›.
Ulrike Zophoniasson-Baierl	Geboren 1948 in Waldkirch im Breisgau. 1967–1973 Studium der Germanistik, Geschichte, Politologie und Publizistik an den Universitäten Hannover und Zürich. 1985 Promotion. Seit 1978 wohnhaft in Basel. Verheiratet, 2 Kinder. Seit 1987 Arbeit als freie Journalistin; seit 1990 regelmässige Mitarbeit im Feuilleton der Basler Zeitung für die Rubriken Architektur und Kunst.

Alphabetisches Inhaltsverzeichnis nach Autoren und Autorinnen

Abbildungsnachweis

S. 13–15 Museum für Gestaltung. S. 17, 18, 19 (oben) Staatsarchiv Basel/Kurt Wyss. S. 19 (unten) Adam Varady/Sammlung Peter und Ruth Herzog-Wyss. S. 21, 34, 113, 155, 195, 197 Staatsarchiv Basel. S. 22 (oben) W. Speiser. S. 24 (oben) Fam. Euler. S. 24 (unten) Felix Widler. S. 26 Staatl. Museen Berlin, Kupferstichkabinett. S. 27 Heinz Höflinger. S. 28, 31, 194, 196 Öffentliche Bibliothek der Universität Basel. S. 33, 103, 114, 115, 117 Historisches Museum. S. 35, 36 Andreas F. Voegelin. S. 41 Peter Ochs Gesellschaft. S. 43 Sandoz Pharma AG. S. 48, 49 Hans-Peter Wessels. S. 51–53 Claude Giger. S. 55 Regio Basilensis. S. 60 Archiv Stamm. S. 61 Archiv Sulzer-Burckhardt. S. 62, 63 Archiv Bell. S. 65 Hannes-Dirk Flury. S. 66, 206, 208–211 Peter Armbruster. S. 67–71 Stephan Laur. S. 77, 79, 123, 189, 203 Thomas Kneubühler. S. 83 Archiv CMS/Kurt Wyss. S. 86, 87 Archiv CMS. S. 88 Peter Schnetz. S. 89 (oben) Anonym. S. 89 (unten) Tanzschule Fromm. S. 93 Buchverlag BaZ. S. 94–97 Bischöfl. Ordinariat der Diözese Basel. S. 99 Fam. Gross-Riepe. S. 118 André Muelhaupt. S. 125 Stephan Nyffeler. S. 126 Martin Schulte-Kellinghaus. S. 127 (rechts) Paul Merkle. S. 127 (links), 128 Basler Marionettentheater. S. 130 Daniel Spehr. S. 155, 156 Archiv Hochbauamt. S. 157, 179 Ruedi Walti. S. 159 Vischer & Weber. S. 160, 162 Baudepartement Basel. S. 161 Peter Hemann. S. 165, 166, 167 Christian Lichtenberg. S. 168–174 Vitra. S. 175 Werner Blaser. S. 176, 177 Herzog & de Meuron. S. 178 Margherita Spiluttini. S. 182, 183 (unten), 184, 185 Basler Denkmalpflege. S. 183 (oben) Nick Bürgin. S. 187, 188 Ruth Schneider. S. 192 Schweizerisches Tropeninstitut. S. 193 (oben) H. Stricker. S. 193 (unten) M. Tanner. S. 200, 202, 204 Archäologische Bodenforschung. S. 207 Ruth Eidenbenz-Tschudin. S. 213 Humbert & Vogt.

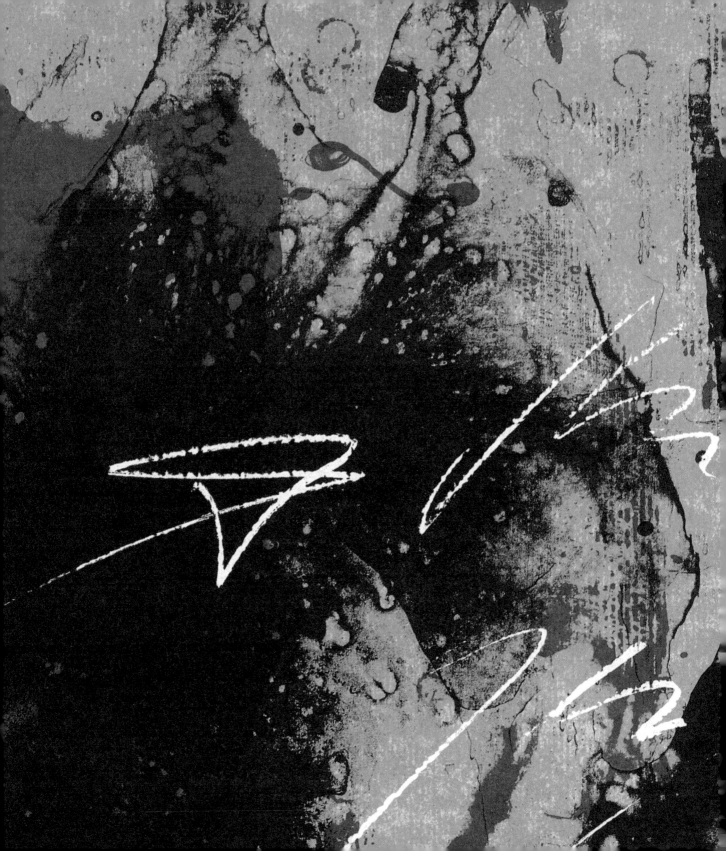